# LA TARIFICATION DIFFERENCIEE DE L'ELECTRICITE

**Sorbonne Défense**

*Collection dirigée par*
*Christian CHABBERT et Laurent VIDAL*

La collection « Sorbonne-Défense » à l'ambition de promouvoir un dialogue à la fois institutionnel et intellectuel entre ces deux piliers majeurs de la Nation que sont l'Université et la Défense.
La Délégation générale de l'armement et l'université Paris 1 Panthéon-Sorbonne ont créé en 2009 le master 2 « Stratégies industrielles et politiques publiques de défense ». Les mémoires les plus aboutis et remarqués pour leur richesse et leurs qualités académiques sont publiés dans cette collection afin de prolonger le dialogue intellectuel au-delà de la formation institutionnelle.

**Déjà parus**

Sébastien GALLAIS, *Le cadre juridique de l'emploi des drones au combat*, 2013.
Benjamin GAILLY, *L'influence des religions sur le droit laïc*, 2013.

Bertrand LE BRAS

# La tarification différenciée de l'électricité

L'HARMATTAN

5-7, rue de l'École-Polytechnique ; 75005 Paris

www.harmattan.fr
diffusion.harmattan@wanadoo.fr
harmattan1@wanadoo.fr

ISBN : 978-2-343-03867-4
EAN : 9782343038674

**Une association Université - Défense :**

L'association des anciens élèves du Master 2 Paris 1 « Stratégies industrielles et politiques publiques de Défense » baptisée « MSIPP Défense » a été créée en 2011.

Elle est née de l'évidence que cette année de formation de haut niveau s'adressant à des cadres d'expérience devait être valorisée sur du long terme et que cette relation inédite entre l'université de la Sorbonne (Paris 1 Panthéon-Sorbonne), reconnue pour son excellence dans le domaine des sciences sociales, et la communauté de Défense, à la pointe des nouvelles technologies, devrait être poursuivie au-delà de ce master.

L'objectif de l'association est de faire vivre ce réseau en contribuant au renom du master, notamment par la publication des travaux de recherche des diplômés, l'organisation de conférences ou de débats sur ces travaux et de participer à des réflexions sur les politiques publiques de défense en lien avec la communauté de Défense, la Sorbonne et autres instances de réflexion. La publication de cet excellent mémoire sur le thème de la tarification de l'électricité est l'exemple type de ce que souhaite promouvoir et faire partager l'association.

Bonne lecture à chacun,

Le président MSIPP défense
François-Régis BOULVERT

Contact : association MSIPP Défense, 4 rue Maurice Champeau
92130 Issy les Moulineaux
www.msipp.webnode.fr – email : msipp@free.fr

# Préface

par

**Christian CHABBERT**

*Ingénieur général de l'armement*

*Inspecteur général des armées*

et

**Laurent VIDAL**

*Maître de Conférences (HDR) en droit public à l'École de droit de la Sorbonne*
*Codirecteur du Département de Droit Public de l'Économie de l'Institut de Recherche Juridique de la Sorbonne – André Tunc*
*Codirecteur du Master 2 « Droit public des affaires, du Diplôme d'Université « Droit de l'énergie » et Directeur de la Chaire Sorbonne-ICSS sur l'éthique et l'intégrité du sport de l'Université Paris 1 Panthéon-Sorbonne*
*Avocat au barreau de Paris spécialisé en droit public*

La nouvelle collection « *Sorbonne-Défense* » s'enrichit. Le mémoire de Monsieur Bertrand LE BRAS sur « *La tarification différenciée de l'électricité* » illustre avec bonheur, une fois de plus, l'ambition que nourrit cette collection d'un dialogue à la fois institutionnel et intellectuel entre les deux piliers majeurs de la Nation que sont l'Université et la Défense.

Un dialogue assurément institutionnel puisque, on le redit cette année encore, dès 2009, la Direction générale de l'armement et l'Université Paris 1 Panthéon-Sorbonne ont relevé le défi de s'associer pour créer le Master 2 « *Stratégies industrielles et politiques publiques de défense* ». Défi qui s'est transformé en succès, ainsi qu'en témoignent, outre la présente publication, le parcours exemplaire des officiers et cadres supérieurs de la Défense qui suivent ce cursus. Durant un an, ces hommes et ces femmes viennent y acquérir des connaissances, entre autres, administratives, juridiques, économiques et stratégiques. Mais l'enjeu consiste surtout, en les incitant à prendre du champ avec leur univers professionnel, à leur donner une ouverture d'esprit et à leur offrir les outils intellectuels d'une vision globale des enjeux du monde présent. En parallèle à leur travail, en plus de leurs cours, il leur est demandé de rédiger un mémoire sur une problématique d'actualité. Plus d'une centaine de mémoires, d'excellente facture dans leur très grande majorité, ont été soutenus à ce jour, tous plus variés les uns que les autres. Quelques-uns ont été remarqués par leur richesse et leurs qualités académiques, démontrant, si besoin était encore, la capacité de réflexion et d'adaptation des ingénieurs de notre temps.

De cette richesse et de cette qualité est née l'idée d'une collection appuyée, sans hésitation, par les plus hautes autorités de la Direction générale de l'armement et par la direction du Centre d'éducation permanente de l'Université Paris 1 Panthéon-Sorbonne, devenu Formation Continue Panthéon Sorbonne (FCPS), et du Master 2 « *Stratégies industrielles et politiques publiques de défense* ». Les mémoires considérés comme les plus aboutis ont été présélectionnés en vue d'une seconde phase durant laquelle un comité de lecture, composé d'une partie des enseignants du Master et de membres de la Direction générale de l'armement, ont confronté leurs vues, leurs appréciations, parfois leurs hésitations, mais toujours leurs convictions.

Pour cette deuxième année, les mémoires de Messieurs Bertrand LE BRAS sur « *La tarification différenciée de l'électricité* » et Stéphane MERLET sur les « *Hydrocarbures non conventionnels en France – Du problème social à la définition d'une politique* » ont recueilli les suffrages du jury.

Mais cette collection, si elle illustre et prolonge le dialogue institutionnel entre l'Université et la Défense, se veut également le lieu d'un dialogue intellectuel et de prospective. N'ayons pas peur des mots : le mémoire de Monsieur LE BRAS confirme qu'au-delà d'une brillante synthèse de sujets souvent très complexes, les auditeurs de la Direction générale de l'armement sont capables, grâce à leur formation d'origine, et après avoir été initiés au droit, à l'économie, à la sociologie, *etc.*, de formuler des propositions de réformes, dignes d'être examinées par les pouvoirs publics.

À cet égard, l'auteur a eu le courage de retenir comme champ d'étude le secteur de l'électricité, un domaine pour le moins complexe en raison, notamment, de la combinaison des éléments qui le structurent et qui, aussi bien juridiques, qu'économiques, physiques, géographiques ou encore sociaux-catégoriels, interagissent entre eux ou avec leur environnement. Ce secteur, en outre, est au cœur de la toute dernière actualité, dont l'importance n'a fait que croître depuis la soutenance du mémoire de Monsieur LE BRAS. Qu'il s'agisse en effet du projet de loi relatif à la transition énergétique pour la croissance verte, de la conférence climat prévue en France en 2015, des deux avis, essentiels, de l'Autorité de la concurrence des 15 et 20 octobre 2014[1] ou encore de l'évolution depuis le début d'année des tarifs réglementés, très souvent à la hausse[2], les facteurs qui déterminent les tarifs de l'électricité ne cessent d'évoluer depuis le début de la libéralisation du secteur en 1996[3].

---

[1] Avis n° 14-A-14 du 26 septembre 2014 concernant un projet de décret modifiant le décret n° 2009-75 du 12 août 2009 relatif aux tarifs réglementés de vente d'électricité et Avis n° 14-A-16 du 20 octobre 2014 concernant un projet de décret portant modification du décret n° 2011-466 du 28 avril 2011 fixant les modalités d'accès régulé à l'électricité nucléaire historique.

[2] Voy. à cet égard le Rapport d'activité pour 2013 du Médiateur national de l'énergie qui souligne, en page 115 du rapport, que « *la hausse des prix de l'électricité semble inéluctable. Sur dix-huit mois, de l'été 2012 à fin décembre 2013, ces derniers ont augmenté de près de 11 %* ».

[3] Premier paquet énergie de l'Union européenne comprenant les directives marchés électricité et gaz.

Par ailleurs, l'auteur intègre dans son étude la question de l'indépendance énergétique dans un cadre européen ainsi que celle de la cohérence des évolutions du secteur de l'électricité dans une perspective de croissance durable et d'un environnement énergétique sûr et décarboné. Car c'est bien l'énergie qui est sous-jacente, « *cette force économiquement vitale, cette force en action qui irrigue toutes nos activités à la manière du sang qui circule dans les tissus et alimente les cellules, cependant que nos systèmes de communication, matériels et immatériels, gèrent à la manière d'un système nerveux sa production et son acheminement, ses circulations, ses aiguillages et sa distribution* »[4].

Aussi, quel meilleur choix pour faire ressortir les enjeux propres au domaine de l'énergie que de l'aborder *via* une énergie secondaire, l'électricité, cette énergie présente partout autour de nous et dont la caractéristique majeure est de cesser d'exister dès qu'elle n'est plus produite et qui s'intégrera probablement, à terme, dans un réseau intelligent territorialisé comprenant l'électricité, le gaz et les réseaux de chaleur ? Cette spécificité, liée à sa nature non stockable, est d'ailleurs un élément de complexité supplémentaire qui nécessite, entre autres, la mise en place de mécanismes tarifaires adaptés et efficients. À cet égard, le rôle de la Commission de régulation de l'énergie apparaît essentiel pour contribuer, par des mesures incitatives, à l'amélioration de la qualité de l'électricité et de la sûreté de fonctionnement des réseaux au bénéfice des consommateurs.

Pour autant, établir des mécanismes tarifaires adaptés et efficients est une question complexe. Car si faire baisser la consommation d'électricité ainsi que la facture des plus pauvres, répondre au pic hivernal en toute sécurité sans crainte d'une rupture, améliorer l'efficacité énergétique, chercher à stocker l'électricité… sont autant d'objectifs qui passent par la tarification de l'électricité, il existe cependant une multitude de composantes tarifaires différentes, précisément définies juridiquement, et emportant chacune ses propres effets. Il fallait donc trouver un dispositif permettant de conférer au tout une cohérence d'ensemble : c'est là le rôle de la tarification différenciée de l'électricité. Le défi pour l'auteur consistait alors, dans un premier temps, à identifier ces mécanismes tarifaires et évaluer leurs effets afin, dans un second temps, d'établir des liens entre la tarification différenciée et les problématiques actuelles majeures inhérentes à ce secteur tout en veillant à la pertinence des liens ainsi créés.

Pour parvenir à tisser ces liens, il fallait établir une sorte de ligne directrice. Cette ligne directrice a consisté à prendre comme point de départ et support principal de l'étude, la proposition de loi instaurant un bonus-malus de l'électricité, examinée par le Parlement lors de la session 2012-2013.

---

[4] Projet de loi relatif à la transition énergétique pour la croissance verte, Assemblée nationale, 30 juillet 2014.

L'étude globale de la tarification différenciée de l'électricité est alors apparue l'approche la plus naturelle. L'auteur prenait toutefois le risque, dans le cadre d'un mémoire de Master 2, de n'aboutir qu'à une sorte de catalogue des tarifs de l'électricité. Mais cet écueil a été évité. Mieux, en choisissant d'étudier la tarification différenciée de l'électricité sous ses différentes formes, Monsieur LE BRAS est parvenu à créer ces fameux liens entre les principales composantes tarifaires et les problèmes actuels de la consommation de l'électricité en France en démontrant, calculs à l'appui, l'impact de la tarification sur l'amélioration du fonctionnement de notre système électrique par des effets de lissage notamment. Il démontre ainsi que des solutions aux coûts et aux effets temporels variés existent et seraient de nature à contribuer à réduire la facture d'électricité des ménages français par une tarification dynamique alors même que le marché intérieur de l'électricité voit l'achèvement de ses interconnections physiques et des mécanismes de marchés sur les bourses de l'électricité.

Pour ne citer qu'un seul exemple, pourquoi l'augmentation du prix de l'électricité peut-elle avoir un impact positif sur la consommation d'électricité en pointe et dans le même temps améliorer l'efficacité énergétique des bâtiments ? La question de l'effet rebond est alors reliée à la tarification analysée sous l'angle de l'économie classique ou de l'économie comportementale.

De plus, la transformation du secteur de l'électricité est bien réelle et commence déjà à produire ses effets sur le consommateur d'électricité. Passif hier, il devient acteur dans un marché de la consommation d'électricité concurrentiel s'appuyant sur un marché de production de l'électricité également concurrentiel et un réseau de transport et de distribution en monopole naturel intégrant des incitations à l'optimisation des coûts. Dans ce nouvel environnement, les plus vulnérables doivent être protégés, ce que le législateur a prévu dès le vote de la loi n° 2000-108 du 10 février 2000 relative à la modernisation et au développement du service public de l'électricité qui matérialise « *le droit de tous à l'électricité, produit de première nécessité* », le code de l'énergie disposant en son article L. 100-1 que : « *La politique énergétique* [vise à] *maintenir un prix de l'énergie compétitif* ».

Car, au-delà des analyses de la Commission de régulation de l'énergie en matière tarifaire, des arrêtés du Gouvernement ou des annulations contentieuses des tarifs réglementés de vente d'électricité par le Conseil d'État, les tarifs régulés de détail de l'électricité, dits tarifs bleus d'EDF, augmentent régulièrement et nombreux sont ceux qui se posent légitimement la question de savoir si elle ne devient pas trop chère alors qu'elle reste très compétitive par comparaison avec les pays voisins[5].

Ces augmentations successives et la volonté de réduire la consommation peuvent suggérer qu'il serait reproché aux français de « gaspiller » l'électricité puisque depuis 50 ans, elle est l'une des moins chères. Mais si des tarifs aussi bas ont été possibles, c'est surtout grâce aux investissements colossaux consentis par la France dans les centrales nucléaires. Dès lors, si inciter à une augmentation des prix de l'électricité afin de réduire la consommation peut paraître un raisonnement logique, c'est en réalité un raisonnement assez étrange puisque les prix bas pratiqués en France ont été aussi le résultat d'une garantie d'indépendance pour le pays acquise grâce aux centrales nucléaires.

Pourtant, il semble bien que cette option nucléaire d'hier devienne aujourd'hui un problème technique, économique et politique s'accentuant avec le temps.

Mais au-delà des problèmes posés et des solutions proposées dans un cadre très technique, le présent mémoire renvoie à une véritable interrogation de fond sur la conception que nous nourrissons de notre avenir ? La croissance économique sans fin est-elle le seul modèle proposé à l'humanité ?

Répondre à cette interrogation passe, entre autres, par une réflexion sur la répartition optimale par catégorie d'énergie de la production d'électricité en France à l'horizon d'une décennie ou, encore, sur la meilleure politique énergétique à mener et le choix à effectuer entre la construction de bâtiments à énergie positive et celle de nouvelles centrales de production d'électricité. Le présent ouvrage n'a pas pour objectif de répondre directement à ces questions. En revanche, les résultats obtenus par l'auteur dans cette étude approfondie, pour qui il faut accorder une priorité aux économies d'énergie *via* la tarification de l'électricité, constituent à la fois un apport complémentaire précieux aux débats actuels sur la transition énergétique et également un outil prospectif.

Ce travail permet ainsi d'enrichir certaines réflexions sur le mix énergétique pour la France et l'Union européenne à l'horizon de la prochaine décennie, sur le rythme et la priorité des investissements dans le secteur du stockage de l'électricité, sur l'amélioration du bilan thermique des bâtiments publics et privés, sur la modernisation des réseaux électriques vers les *smart grids* ou encore sur l'augmentation de la production d'électricité par la construction de nouvelles centrales de production d'électricité de nouvelle génération nucléaires ou au gaz, étant entendu que les niveaux de maturité des technologies et les retours sur investissements sont parfois très longs.

---

[5] Voy. le Rapport d'activité pour 2013 précité du Médiateur national de l'énergie, pp. 111 à 123.

En outre, ce mémoire, soutenu à la fin de 2013, ouvre sur des perspectives d'études ou de développements complémentaires sans remettre en cause les analyses développées par l'auteur, dont la pertinence, en ce début 2015, demeure entière nonobstant les évolutions juridiques en cours et le contexte économique ou climatique actuel. Certes, si l'hiver 2013-2014 a été particulièrement doux, le début de l'hiver 2014-2015 a été plus rude. Et si le risque de *black out* est apparu minime, ce risque est toujours présent à l'horizon de deux ou trois hivers. Or le marché de capacité qui se développe actuellement ne sera peut-être pas suffisant. L'électricité pourrait donc bien manquer à court ou moyen terme.

Pour conclure, effectuer une analyse et une synthèse claires de la tarification différenciée de l'électricité en mettant en lumière les grands enjeux à venir en les intégrant dans leur environnement sans ignorer certains aspects tels que la réduction de la facture énergétique, la compétitivité des entreprises ou encore le maintien des emplois, n'était pas acquis d'avance.

C'est l'immense mérite de Monsieur Bertrand LE BRAS que d'y être parvenu.

## REMERCIEMENTS DE L'AUTEUR

Je remercie Monsieur Laurent VIDAL, mon directeur de mémoire, pour son excellente pédagogie, ses conseils méthodologiques préalables opérationnels et des points d'étape essentiels et décisifs.

Je remercie également Monsieur Henri BERGERON pour les suggestions de lecture qui m'ont été utiles dans l'analyse de la tarification progressive de l'électricité selon une approche de l'économie comportementale ainsi que l'ensemble des conférenciers du Master 2 dont Messieurs Stéphane RODRIGUES, Louis GAUTIER, Olivier CHOPIN, François HEISBOURG, Jean-Pierre CAMBY pour la qualité de leur enseignement ayant influencé la construction de mon mémoire.

Je remercie mes collègues Alban MATHIEU, Marie DAVID, Roland JOANNIC, Jean-Claude URCUN, Christophe VAILLANT pour leurs suggestions avisées.

Je les remercie également en y associant Anne-Marie LEROY et Jean-Christophe VERDELET pour avoir concilié les activités d'ingénierie des projets au profit du porte-avions *Charles de Gaulle* avec mes absences durant cette année universitaire, tout particulièrement Marie DAVID.

Enfin, je remercie Patrick DEBONS et Roland JOANNIC pour s'être assurés que je puisse effectuer cette formation dans des bonnes conditions en parallèle de mes activités professionnelles.

## SOMMAIRE

INTRODUCTION

PREMIERE PARTIE : LA TARIFICATION DIFFERENCIEE EN CONSTRUCTION

**CHAPITRE I Une individualisation progressive des tarifs de d'électricité**

SECTION I La tarification différenciée dans la législation

SECTION II La tarification différenciée dans les marchés de l'électricité

**CHAPITRE II Un système de bonus-malus pour une tarification plus dynamique**

SECTION I Une proposition de loi dans un contexte d'amélioration de l'efficacité énergétique

SECTION II Un parcours législatif mouvementé

SECONDE PARTIE : LA TARIFICATION DIFFERENCIEE DE L'ELECTRICITE POUR CHANGER LES COMPORTEMENTS

**CHAPITRE I Un changement des comportements nécessaire**

SECTION I Les évolutions techniques seules insuffisantes pour atteindre les objectifs Europe 2020

SECTION II Des gains potentiellement importants en termes d'efficacité énergétique

**CHAPITRE II Un dispositif de bonus-malus et de mesures d'accompagnement incitatives au changement**

SECTION I Un outil complémentaire au dispositif tarifaire vers l'efficacité énergétique

SECTION II Le bonus-malus n'est pas le seul outil

CONCLUSION GENERALE

# INTRODUCTION

Dans un contexte de dettes publiques des États importantes, de contraintes environnementales liées à l'accès aux ressources naturelles, à la protection du climat et à la réduction de l'empreinte écologique[6] quand des milliards de personnes dans les pays dits émergents aspirent à de meilleures conditions de vie, la crise bancaire et financière de 2008 a probablement marqué un tournant majeur dans l'histoire industrielle, sur nos modes de vie occidentaux et sur notre rapport à l'environnement dans la vie quotidienne. Certains auteurs proposent d'ailleurs des ébauches de conceptions de société pour l'avenir comme Philippe DESSERTINE et son esquisse d'une nouvelle société[7], Edgar MORIN et les voies éco-réformatrices[8] ou encore Jeremy RIFKIN et une infrastructure « énergie-communications » conçue autour de cinq piliers[9] à mettre en place en parallèle : « *(1) le passage aux énergies renouvelables ; (2) la transformation du parc immobilier de tous les continents en ensemble de microcentrales énergétiques qui collectent sur site des énergies renouvelables ; (3) le déploiement de la technologie de l'hydrogène et d'autres techniques de stockage dans chaque immeuble et dans l'ensemble de l'infrastructure, pour stocker les énergies intermittentes ; (4) l'utilisation de la technologie d'Internet pour transformer le réseau électrique de tous les continents en inter-réseau de partage de l'énergie fonctionnant exactement comme Internet* [...] *; (5) et le changement de moyens de transport par passage aux véhicules électriques* [connectables] *ou à pile à combustible, capables d'acheter et de vendre de l'électricité sur un réseau électrique interactif continental intelligent* ».

Il apparaît que l'Union européenne et la France se sont résolument engagées dans une voie ni si différente ni si éloignée[10]. L'Europe s'est résolument

---

[6] Le ministère de l'écologie, du développement durable et de l'énergie a publié son panorama énergies-climat édition 2013 le 30 juillet 2013 sur le site internet http://www.developpement-durable.gouv.fr/Panorama-energies-climat-2013.html. Il confirme en introduction le changement climatique en cours.

[7] Philippe DESSERTINE, La décompression (des solutions après le krach), Éditions Anne Carrière, 2011, Chapitre 10 et s.

[8] Edgar MORIN, La Voie : Pour l'avenir de l'humanité, Fayard, 2011, p. 84-93

[9] Jeremy RIFKIN, La troisième révolution industrielle : Comment le pouvoir latéral va transformer l'énergie, l'économie et le monde, Les liens qui libèrent pour la traduction française, 2012

[10] Même pour le stockage de l'hydrogène pour lequel l'institut Néel du CNRS, laboratoire grenoblois de recherche fondamentale en physique de la matière condensée, a mis au point un disque de 30 cm de diamètre composé de graphite et d'hydrure de magnésium capable de stocker 600 l d'hydrogène à pression atmosphérique en sécurité avec un débit cependant

engagée dans la création du marché intérieur de l'énergie pour lequel « *les chefs d'État ou de gouvernement européens ont fixé clairement, à 2014, l'échéance pour* [son] *achèvement* »[11]. Mais les investissements nécessaires sont très importants, évalués à 1000 milliards d'euros uniquement pour moderniser les systèmes énergétiques existants dans l'Union européenne.

En termes d'objectifs, l'Union européenne a fixé ceux d'Europe 2020[12]. Pour mesurer les progrès accomplis dans leur réalisation, ils sont ensuite déclinés en objectifs nationaux. On peut notamment en citer trois qui donnent un cadre en matière énergétique de façon directe pour l'objectif climatique ou indirecte pour les autres :

- Objectif recherche et développement (R&D) : investissement à hauteur de 3 % du produit intérieur brut (P.I.B.) de l'Union dans la R&D ;
- Objectif changement climatique et énergies durables :
  - réduction des émissions de gaz à effet de serre de 20 % par rapport à 1990
  - utilisation d'énergie provenant de sources renouvelables à hauteur de 20 % (23% pour la France[13])
  - augmentation de 20 % de l'efficacité énergétique[14]
- Objectif lutter contre la pauvreté et l'exclusion sociale : réduction d'au moins 20 millions du nombre de personnes touchées ou menacées par la pauvreté et l'exclusion sociale[15].

Les indicateurs correspondants sont disponibles sur le portail officiel des statistiques de l'Union, Eurostat[16], et on peut y constater les efforts qui devraient être réalisés ainsi que la non-atteinte très probable de l'objectif « changement climatique et énergies durables ». Dans la directive 2012/27/UE, au considérant 2, le « *Conseil européen du 4 février 2011 a souligné, dans ses conclusions, que l'objectif visant à augmenter de 20%*

---

encore faible (v. site http://www.neel.cnrs.fr/spip.php?article3579 consulté le 2 juin 2013). Par ailleurs, l'Office parlementaire d'évaluation des choix scientifiques et technologiques a lancé une étude intitulée « L'hydrogène : vecteur de la transition énergétique ? » dont les résultats sont attendus le 24 octobre 2013 (v. site http://www.senat.fr/opecst/saisine.html consulté le 16 juin 2013)

[11] Communication de la Commission au Parlement européen, au Conseil, au Comité économique et social européen et au Comité des régions pour un bon fonctionnement du marché intérieur de l'énergie, COM/2012/0663, 15 novembre 2012

[12] http://ec.europa.eu/europe2020/europe-2020-in-a-nutshell/targets/index_fr.htm consulté le 2 juin 2013

[13] La loi dite Grenelle I n°2009-967 du 3 août 2009 de programmation relative à la mise en œuvre du Grenelle de l'environnement (Journal Officiel 5 août 2009) a fixé comme objectif de porter à au moins 23% en 2020 la part des énergies renouvelables.

[14] Elle est définie comme le rapport entre les résultats, le service, la marchandise ou l'énergie que l'on obtient et l'énergie consacrée à cet effet (v. directive 2012/27/UE)

[15] Nous verrons le lien dans l'étude *via* les tarifs sociaux

[16] http://epp.eurostat.ec.europa.eu/portal/page/portal/europe_2020_indicators/headline_indicators consulté le 2 juin 2013

*l'efficacité énergétique d'ici à 2020, qui aujourd'hui n'est pas en voie d'être atteint, devait être réalisé* ».

La France, elle, s'est engagée résolument dans la transition énergétique. Dans son avis de 2013, le Conseil économique, social et environnemental souligne en synthèse : « *L'efficacité énergétique est ou sera – selon la volonté des acteurs, des pouvoirs publics et de la société toute entière – un marché clé du futur et une filière créatrice d'innovation* »[17]. Cette transition se situe dans le cadre de la stratégie énergétique de la France actée dans la loi depuis 2005 puisque la loi dite POPE[18] du 13 juillet 2005 dispose notamment que « *La lutte contre le changement climatique est une priorité de la politique énergétique qui vise à diminuer de **3% par an** en moyenne les émissions de gaz à effet de serre de la France* [et que le premier axe] *est de maîtriser la demande d'énergie afin de porter le rythme de baisse de l'intensité énergétique finale*[19] *de **2% dès 2015** et à 2,5% d'ici 2030* ». Le retour d'expérience montre que la réduction moyenne annuelle de l'intensité énergétique de la France entre 2005 et 2011 est de 1,3 %[20] et il ne faut pas non plus perdre de vue que : « *Sur un plan macroéconomique, la baisse de l'intensité énergétique qu'a connue la France ces dernières années est aussi due à la désindustrialisation de la France et ne doit pas être confondue avec l'efficacité énergétique* »[21].

Concernant la transition énergétique, dans son programme dans le cadre de l'élection présidentielle de 2012, François Hollande prenait l'engagement qu'il ferait « *adopter une nouvelle **tarification progressive** de l'eau, **de l'électricité** et du gaz afin de garantir l'accès de tous à ces biens essentiels et **d'inciter à une consommation responsable*** ».

Lors de sa conférence de presse du 16 mai 2013, le président de la République, a réaffirmé sa volonté en matière énergétique et a confié au Premier ministre une mission pour un plan d'investissement dans quatre domaines dont la transition énergétique[22] avec une stratégie « *fondée sur*

---

[17] Avis du conseil économique, social et environnemental, Efficacité énergétique : un gisement d'économie ; un objectif prioritaire, Journaux officiels, 2013

[18] Loi n°2005-781 du 13 juillet 2005 de programme fixant les orientations de la politique énergétique (Journal Officiel 14 juillet 2005)

[19] L'intensité énergétique finale est définie comme le ratio entre la consommation finale d'énergie et le P.I.B. (v. Panorama énergies-climat 2013, p. 9)

[20] Panorama énergies-climat édition 2013, Ministère de l'écologie, du développement durable et de l'énergie, 30 juillet 2013, p. 10 ; site internet http://www.developpement-durable.gouv.fr/Panorama-energies-climat-2013.html consulté le 31 juillet 2013

[21] Avis du conseil économique, social et environnemental, Efficacité énergétique : un gisement d'économie ; un objectif prioritaire, Journaux officiels, 2013, p. 40

[22] Le président de la République a confirmé que : « La transition énergétique n'est pas un choix de circonstance, n'est pas un compromis, n'est pas une négociation, **la transition énergétique est une décision stratégique**, ce n'est pas un problème, c'est la solution » dans

*deux principes : l'efficacité et la sobriété énergétiques d'une part, et la priorité donnée aux énergies renouvelables d'autre part* »[23]. Par ailleurs, un site internet spécifique pour la transition énergétique a été récemment créé par le gouvernement (www.transition-énergétique.gouv.fr) et un Conseil national de la transition écologique a désormais pour mission d'apporter « *son concours à l'élaboration, au suivi et à l'évaluation des objectifs de la politique nationale en faveur de la transition écologique et du développement durable et des stratégies nationales mentionnées au 2°* [de l'article L. 133-2 du code de l'environnement] »[24].

En France, en 2012 selon les dernières valeurs disponibles de ces indicateurs clés Europe 2020[25], les efforts devraient être accentués dans trois axes, celui de la recherche et développement, celui du changement climatique et des énergies durables, et celui de la lutte contre la pauvreté et l'exclusion, puisque la dépense intérieure brute de R&D (D.I.R.D.) pourtant en augmentation, n'atteint que 2,24% du PIB en 2011, la réduction de gaz à effet de serre par rapport à 1990 n'est que de 7% en 2010, la part des énergies renouvelables est de 11,5% en 2011[26] mais elle était déjà à 9,5% en 2005, la consommation d'énergie primaire n'a baissé que de 2% en cinq ans de 2005 à 2010 et pour finir le nombre de personnes à risque de pauvreté ou d'exclusion sociale a augmenté de 6,4% entre 2005 et 2010 au lieu de baisser.

En France, des objectifs de la politique énergétique ont été définis et intégrés en droit interne notamment au titre liminaire du code de l'énergie[27] qui dispose notamment à l'article L100-1 : « *La politique énergétique garantit l'indépendance stratégique de la nation et favorise sa compétitivité économique. Cette politique vise à :*

- *assurer la sécurité d'approvisionnement ;*
- *maintenir un prix de l'énergie compétitif ;*

---

son allocution d'ouverture de la 2ème Conférence environnementale pour la transition écologique le 20 septembre 2013 (site http://www.elysee.fr/ consulté le 21 septembre 2013)

[23] Circulaire du 30 janvier 2013 sur l'organisation du débat national de la transition énergétique, Ministère de l'écologie, du développement durable et de l'énergie, 2013

[24] Décret n°2013-753 du 16 août 2013 relatif au Conseil national de la transition écologique (Journal Officiel 18 août 2013)

[25] Site internet : http://epp.eurostat.ec.europa.eu/portal/page/portal/europe_2020_indicators/headline_indicators consulté le 26 juillet 2012

[26] Cette valeur est de 13,1% en 2011 mesurée par les indicateurs de résultat du Grenelle (Avis du conseil économique, social et environnemental, La transition énergétique : 2020-2050 un avenir à bâtir, une voie à tracer, Journaux officiels, 2013, p. 21)

[27] Le code de l'énergie est entré en vigueur le 1er juin 2011 par l'ordonnance n°2011-504 du 9 mai 2011 portant codification de la partie législative du code de l'énergie. Il est à valeur règlementaire puisque le projet de loi n°776 déposé au Sénat le 27 juillet 2011 ratifiant l'ordonnance n°2011-504, n'a pas été ratifié. L'article 8 de cette même ordonnance a été annulé par le Conseil d'État (CE, 21 mars 2012, Société EDF).

- *préserver la santé humaine et l'environnement, en particulier en luttant contre l'aggravation de l'effet de serre ;*
- *garantir la cohésion sociale et territoriale en assurant l'accès de tous à l'énergie.* »

Il intègre les textes communautaires relatifs à la libéralisation des marchés de l'électricité et du gaz pour une meilleure concurrence en vue du marché intérieur de l'énergie, à savoir les directives électricité (2009/72/CE) et gaz (2009/73/CE) du troisième paquet énergie.

Dans ce cadre, l'électricité est une énergie de réseau qui fait partie intégrante du marché intérieur de l'énergie. Elle est indissociable des politiques relatives aux objectifs Europe 2020, du service public, du service d'intérêt général ou du service universel. Elle est une énergie spécifique parce qu'elle ne se stocke pas à échelle industrielle[28] (sauf *via* des barrages de retenue) ou parce qu'il peut parfois exister des prix de vente de l'électricité négatifs[29]. Nous pouvons alors l'aborder selon différentes approches : le droit, le service public, l'économie, la notion sociale, l'écologie, la technique.

On pourrait schématiser le secteur de l'électricité par rapport aux différents objectifs de la politique énergétique en prenant l'image d'un triangle à trois « sommets » : Lisbonne pour la libéralisation du secteur de l'énergie, Kyoto pour la protection de l'environnement et Moscou pour la sécurité d'approvisionnement[30] sachant que **l'électricité est un service public** dont les missions et obligations sont définies dans le code de l'énergie et dans les deux directives précitées.

*Sur un plan chronologique*

Nous aborderons l'électricité dans notre étude sous l'angle de la tarification, mais tout particulièrement de **la tarification différenciée**[31], sa construction

---

[28] François MIRABEL, La déréglementation des marchés de l'électricité et du gaz : Les grands enjeux économiques, Presses des Mines, 2012, p. 18 ; Jean-Pierre HANSEN et Jacques PERCEBOIS, Énergie : Économie et politiques, De Boeck, 2011, p.124

[29] Jacques PERCEBOIS, Stockage massif de l'énergie: un impératif pour réussir le mix énergétique de demain? Quelques éléments de prospective en matière électrique, C.R.E.D.E.N., Présentation, 31 janvier 2013

[30] Jacqueline RIFFAULT-SILK, La régulation de l'énergie : bilan et réformes, Revue internationale de droit économique, 2011/1 t.XXV, p. 5-41

[31] Pour éviter les confusions par la suite, nous choisissons d'utiliser la convention suivante :
- **la tarification différenciée** pour désigner les situations de tarifs différenciés entre deux ou plusieurs catégories ou composantes de la tarification, qu'elle soit voulue par les pouvoirs publics ou qu'elle soit constatée (exemple : tarifs entre deux pays),
- **la tarification progressive** pour désigner le bonus-malus de l'électricité ou tout autre mécanisme équivalent qui instaure un prix au kWh plus élevé pour des tranches de consommation plus élevées

en cours dans le contexte de la transition énergétique et des objectifs européens associés à l'horizon de la prochaine décennie en abordant des aspects juridiques et économiques. Nous introduirons **la tarification progressive** en examinant sa conformité au droit de l'Union européenne et les difficultés rencontrées en droit national dans un premier temps (**première partie**). Nous examinerons dans un second temps la participation de la tarification progressive aux objectifs d'efficacité énergétique *via* le changement des comportements qu'elle devra induire selon une approche principalement de l'économie comportementale et du retour d'expérience dans quelques pays l'ayant mise en œuvre, avant de proposer plusieurs solutions alternatives dont une en particulier, **la taxation progressive** (**seconde partie**).

Dans la première partie, nous montrerons que la tarification différenciée (*et même la tarification progressive*) existe déjà dans le droit de l'Union européenne et dans le droit interne, qu'elle est en construction dans la pratique, puisqu'on a au moins les tarifs de l'électricité de détail dits de base (règlementés ou en ordre de marché) et les tarifs sociaux (tarif de première nécessité pour l'électricité). Mais les bénéficiaires théoriques de ces tarifs sociaux n'y accèdent pas automatiquement ou facilement et la question plus générale de la concordance entre la tarification appliquée en pratique et celle qui devrait être mise en œuvre en théorie sera posée *via* l'analyse de l'indépendance de la Commission de régulation de l'énergie, les distorsions de marché ou les stratégies des industriels possibles[32].

Nous verrons les évolutions de la tarification différenciée en lien avec les évolutions des quatre activités du secteur de l'électricité : la production, le transport, la distribution et la fourniture. Certaines de ces activités ont un lien plus fort avec le service public, nous expliquerons les raisons historiques, l'ouverture à la concurrence pour créer un marché européen de l'électricité efficient et nous en tiendrons compte pour bâtir un modèle de tarification innovant.

La tarification différenciée telle qu'elle existe transforme progressivement les acteurs du secteur de l'électricité et en particulier les consommateurs finals qui étaient passifs jusqu'à récemment deviennent de plus en plus acteurs de la maîtrise de leur consommation en fonction des mesures mises en œuvre.

Le parcours législatif de la proposition de loi sur la tarification progressive de l'électricité[33] sera le cas d'étude principalement utilisé dans chacune des

---

Toutefois, même si nous effectuons cette distinction pour notre étude, la tarification progressive reste une forme de tarification différenciée.

[32] Dans la seconde partie pour ce dernier aspect

[33] Proposition de loi instaurant une tarification progressive de l'énergie enregistrée au Bureau de l'Assemblée nationale, N°150, 6 septembre 2012

deux parties pour les enrichir d'une part, relier la dynamique de la tarification de l'électricité au changement des comportements d'autre part.

Dans la seconde partie, nous expliquerons l'évolution des comportements des usagers du service public de l'électricité et examinerons différentes solutions techniques (postes électriques et compteurs intelligents, amélioration de la performance énergétique des logements) et comportementales, combinées ou non, pour leurs effets sur la réduction de la consommation d'électricité.

Enfin, nous verrons qu'il est nécessaire de renforcer la tarification différenciée et nous proposerons plusieurs solutions eu égard à la réalité de la précarité énergétique et aux exigences de changement des comportements pour une consommation plus sobre sachant que des gisements d'économie existent bien et que les usages de l'électricité se développent (véhicules électriques). Dans ce contexte de transition énergétique, nous démontrerons l'intérêt et la possibilité de déployer la tarification progressive sous la forme du bonus-malus, sans pour autant l'appliquer à la composante d'acheminement de l'électricité.

*Sur un plan méthodologique*

Notre recherche portera sur la tarification dans le droit et dans l'économie, dans l'Union européenne et en France, axée plutôt sur la tarification de détail que sur la tarification de gros, les tarifs règlementés de vente du fournisseur historique EDF et les tarifs en ordre de marché des fournisseurs alternatifs[34].

Il est possible d'étudier la tarification différemment selon l'approche choisie. Plusieurs angles de vue sont envisageables :

- vu de l'Union européenne : la France, les États membres ;
- vu des activités au sens de l'article L111-1 du code de l'énergie : les tarifs de gros, les tarifs de détail ;
- vu des fournisseurs d'électricité : l'A.R.E.N.H.[35], les marchés de gros ;
- vu des consommateurs finals (entreprises, particuliers)[36] : les tarifs règlementés de vente, les tarifs en ordre de marché ;
- vu des tarifs règlementés de vente : les tarifs verts, jaunes, bleus[37] ;

---

[34] GDF Suez, Direct Énergie, Énergem, Enel France, E.ON Énergie, Planète Oui, Lampiris, Enovos, Vattenfall, Axpo, Iberdrola, Enercoop, Alpiq Énergie, Edenkia, Alterna, GEG Source d'Énergies, Sélia

[35] Le prix de l'A.R.E.N.H., à savoir l'accès régulé à l'électricité nucléaire historique, sera expliqué *infra*

[36] Jacques Percebois dans Les nouvelles régulations électriques 1 : monopole et concurrence, Hermès Science Lavoisier, 2012, p.250

[37] Les tarifs réglementés de vente de l'électricité seront présentés mais on peut d'ores et déjà retenir qu'ils correspondent à des gammes de puissance de l'électricité souscrite avec deux frontières : 36 kVA et 250 kVA

- vu des tarifs en ordre de marché : les tarifs pratiqués par EDF, ceux pratiqués par les alternatifs ;
- vu des tarifs d'achat d'électricité par EDF : les tarifs d'achat de l'électricité produite par l'énergie solaire, l'énergie éolienne, le biogaz, la biomasse, la cogénération ;
- vu des catégories de particuliers : les tarifs standards (base, heures creuses, tempo), les tarifs progressifs (bonus-malus), les tarifs sociaux (première nécessité), les tarifs pour les agents d'EDF.

Notre axe pour la présente étude sera celle des consommateurs finals, qu'ils soient de petits professionnels ou des particuliers. Nous aborderons les autres catégories pour leurs liens avec les tarifs de détail (tarifs réglementés de vente et tarifs en ordre de marché) étudiés ici, par exemple l'effet des prix *spot*[38] sur les prix de détail pour les tarifs en ordre de marché.

Toutefois, nous examinerons certains aspects sur le marché de gros de l'électricité afin d'évaluer les effets sur la tarification différenciée de détail en abordant les réseaux transfrontaliers avec des tarifs de gros différenciés mais en phase de convergence, les pointes d'électricité sur la bourse d'électricité EPEX SPOT[39] atteints en particulier en février 2012.

La question de la conformité de la tarification progressive au droit de l'Union européenne ou au droit national sera traitée en identifiant les conditions éventuelles à remplir avant son application.

Au cours des analyses tarifaires, nous montrerons que les principes du service public sont bien présents quand on aborde la tarification différenciée de l'électricité :

- la continuité : elle est incontournable et les risques de coupures à venir seront traités, que ce soit la question de la réduction de la marge de sécurité de l'alimentation électrique qui se réduit dès 2016[40] ou la trêve hivernale pour les plus vulnérables ;
- l'égalité : elle sera au cœur de nos analyses relatives à la tarification différenciée, aussi bien en droit de l'Union européenne qu'en droit interne ;
- l'adaptation : la libéralisation du secteur de l'électricité et les exigences d'efficacité énergique nous fourniront plusieurs exemples de mutabilité : la loi NOME, la priorité à l'effacement, ... ;
- la gratuité : le service public de l'électricité protège les plus vulnérables créant *de facto* une tarification différenciée de

---

[38] http://www.epexspot.com/fr/ : « Epex Spot : une bourse de l'électricité au cœur de l'Europe » consulté le 2 juin 2013. Nous expliquerons la construction des prix *spot infra*.

[39] Nous expliquerons quelques aspects sur le fonctionnement des bourses européennes de l'électricité dont EPEX SPOT

[40] Économie & entreprise, Journal Le Monde, Mercredi 10 juillet 2013, p. 4

l'électricité reconnue dans le droit de l'Union européenne et le droit national ;

- la transparence : nous verrons si l'efficacité du bonus-malus peut être amplifiée si l'information apparaît sur les compteurs communicants en phase de déploiement ;
- la participation des usagers : la question du rôle du consommateur final dans le système électrique dans son ensemble contribuant de façon plus dynamique à l'équilibre entre l'offre et la demande au fur et à mesure du développement des énergies renouvelables intermittentes sera analysée ;
- la qualité : la qualité de l'électricité est clairement définie par voie règlementaire et la question de son utilisation comme critère dans une formule tarifaire innovante (progressive ou différenciée) sera traitée.

Mais ces règles doivent aussi être conciliées avec celles de la libre concurrence non faussée. Le droit de la concurrence sera donc pris en compte.

Une analyse par l'approche de l'économie comportementale et par comparaison avec d'autres pays ayant mis en application la tarification progressive sera également menée. Cette approche de type faisceau d'indices nous permettra de consolider notre avis *in fine*.

Des synthèses partielles dans la rubrique « *En bref* » en fin de chaque paragraphe[41] résumeront les conclusions.

Mais avant de commencer cette exploration des tarifs de l'électricité, nous précisons qu'elle n'est pas exhaustive tant ce sujet est vaste ainsi que l'a souligné l'auteur Gilles DARMOIS[42] et en préliminaire de l'étude, nous proposons à la page suivante, une heuristique de mise en perspective de déclinaison des objectifs en moyens permettant de visualiser comment nous inscrivons la contribution de la tarification progressive dans le système de l'électricité et les objectifs qu'il remplit dans un cadre national et européen. Il comprend uniquement certains aspects mis en lumière dans l'étude par rapport à la tarification différenciée ou progressive qui nous sont apparus utiles au cours de notre recherche. Cette illustration prendra tout son sens au fur et à mesure notamment dans la seconde partie de l'étude où on intégrera plus précisément la tarification progressive dans le contexte énergétique.

[41] Niveaux A, B, C, ou D au sein des 8 sections

[42] Michel LAPEYRE, Les nouvelles régulations électriques 1 : monopole et concurrence, Hermès Science Lavoisier, 2012, p. 165-202

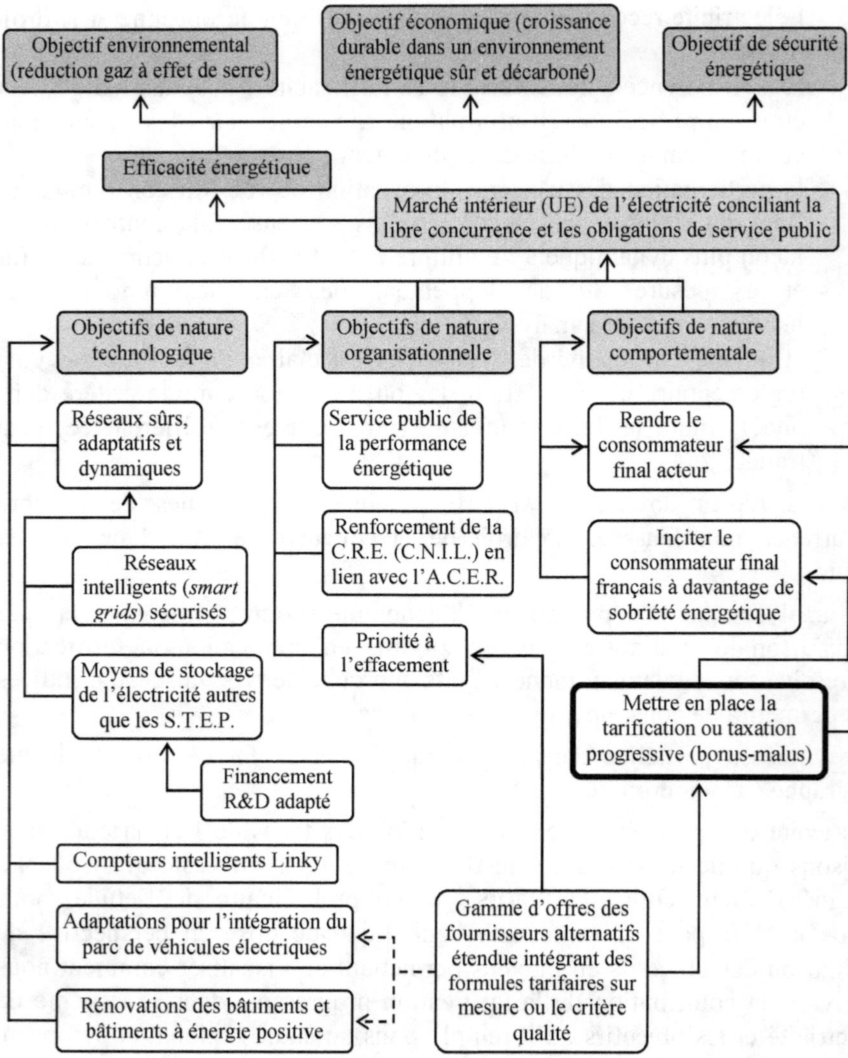


**Figure 1 – Déclinaison d'objectifs en moyens**

# PREMIERE PARTIE :
# LA TARIFICATION DIFFERENCIEE EN CONSTRUCTION

La tarification de l'électricité n'est pas figée, elle évolue à un rythme qui s'est accéléré ces dernières années avec la libéralisation du marché sous l'action de la Commission européenne. Ce n'est pas seulement une hausse annoncée par le gouvernement de 5% du tarif bleu[43] au 1er août 2013 puis de 5% au 1er août 2014. Ce sont plusieurs mécanismes enchevêtrés qui se complètent pour aboutir à une tarification qui se veut théoriquement claire, facile à comprendre pour le consommateur final. Nous examinons ces différents mécanismes dans la législation et l'économie dans un processus d'individualisation progressive (**chapitre I**) avant d'aborder un mécanisme complémentaire de bonus-malus de l'électricité qui a manqué d'être mis en œuvre dès cette année et qui aurait dynamisé le marché de détail en France en complément de la libéralisation (**chapitre II**).

[43] Le tarif bleu d'EDF est un des trois tarifs règlementés de vente avec les tarifs verts et jaunes qui seront décrits *infra* dans l'étude

# CHAPITRE I UNE INDIVIDUALISATION PROGRESSIVE DES TARIFS DE D'ELECTRICITE

Pendant des décennies, le consommateur d'électricité français n'a pas eu le choix puisque ce secteur (comme celui du gaz) était nationalisé depuis 1946 par détermination de la loi[44]. Avec les trois paquets énergie européens (1996, 2003, 2007) se traduisant par la libéralisation du secteur de l'électricité (et du gaz), la concurrence a pu entrer sur ce marché très concentré en France de la production et de la fourniture. Complétés par la création des réseaux transfrontaliers et la bourse de l'électricité EPEX SPOT, on a assisté depuis une quinzaine d'années à l'apparition de tarifs différenciés de l'électricité sur le marché de gros et de détail et la question de l'effet de ces tarifs sur le consommateur final se pose alors. Nous l'abordons par l'analyse de la tarification différenciée dans la législation (**section I**) puis dans l'économie (**section II**). Nous avons choisi de ne pas l'examiner dans son aspect environnemental, vis-à-vis des émissions de $CO_2$, et le mix électrique de la France est déjà peu carboné :

**Contenu carbone de l'électricité par pays pour 2010**

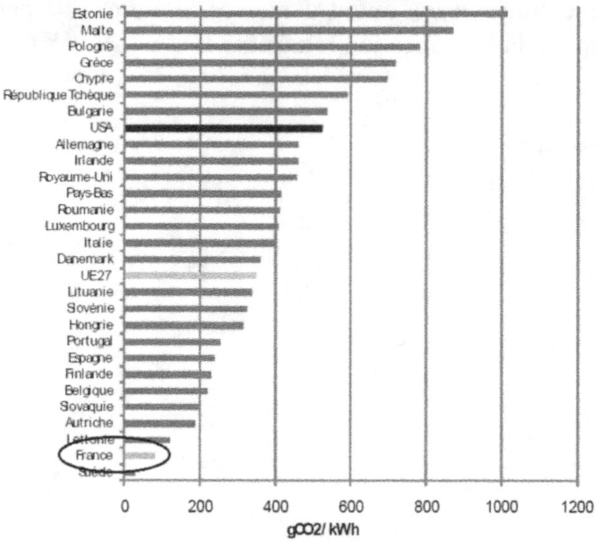


*Source : Panorama énergies-climat édition 2013, données AIE*

[44] Loi n° 46-628 du 8 avril 1946 sur la nationalisation de l'électricité et du gaz, J.O.R.F., 9 avril 1946, p. 2651

**Figure 2 – La France faiblement émettrice de CO2**

# SECTION I LA TARIFICATION DIFFERENCIEE DANS LA LEGISLATION

Notre objectif ici est de présenter la tarification différenciée, dans un premier temps en droit national (**I**), dans un deuxième temps en droit européen (**II**), afin de comprendre comment cette tarification intervient, à l'intersection, en les conciliant, des obligations de service public et de la libéralisation du marché européen de l'électricité ouvert à la concurrence.

## I - DANS LA LEGISLATION INTERNE

Le premier principe du service public, à savoir la continuité, pour lequel le Commissaire du gouvernement GAZIER parle d'« état à éclipses » dans l'arrêt DEHAENE du Conseil d'État du 7 juillet 1950, prend tout son sens avec le service public de l'électricité où on imagine aisément les conséquences possibles de coupures[45]. Nous verrons comment il se traduit dans la tarification différenciée de l'électricité comprenant des tarifs règlementés de vente, des tarifs en ordre de marché et des composantes spécifiques règlementées.

Nous tiendrons particulièrement compte dans nos analyses du deuxième principe du service public, l'égalité. Par conséquent, il sera possible que des tarifs puissent être différenciés dès lors qu'ils permettent de contribuer à un effort de diminution de la consommation d'énergie également réparti entre tous les consommateurs finals par exemple. Nous l'analyserons dans le cadre de la tarification progressive sachant qu'un traitement différencié de situations différentes est possible, il résulte de l'arrêt du Conseil d'État du 10 mai 1974 DENOYEZ et CHORQUES qui a jugé que « *la fixation des tarifs différents applicables, pour un même service rendu à différentes catégories d'usagers d'un service ou d'un ouvrage public implique, à moins qu'elle ne soit la conséquence nécessaire d'une loi, soit qu'il existe entre les usagers des différences de situation appréciables, soit qu'une nécessité d'intérêt général en rapport avec les conditions d'exploitation du service ou de l'ouvrage commande cette mesure* ».

Nous examinons en approfondissant progressivement les différents tarifs de l'électricité en mettant en évidence la tarification différenciée quand elle existe. Pour cela, la décomposition des tarifs de l'électricité (**A**) est un préalable nécessaire qui nous permet de mettre en évidence des composantes différenciées et d'autres communes qui nous amène à faire le lien avec la séparation des activités d'acheminement et de production-fourniture de l'électricité (**B**). À partir de là, une étape nécessaire par les nombreux décrets

[45] Le 4 novembre 2006, une panne technique sur la partie ouest du réseau électrique européen a privé 15 millions de foyers européens d'électricité pendant près d'1 heure

ou arrêtés relatifs aux différents tarifs régulés (**C**) nous amène à examiner le rôle majeur de la Commission de régulation de l'énergie dans l'organisation et le fonctionnement de ce secteur (**D**).

## A - CONSTRUCTION DES PRIX ET TARIFICATION DIFFERENCIEE

Pour nous permettre d'aborder l'étude de la tarification différenciée de l'électricité, nous commençons par présenter la construction d'un tarif de l'électricité (nous expliquerons chaque composante progressivement) et nous prenons le cas du tarif bleu d'EDF qui concerne les petits consommateurs résidentiels ou professionnels dont la tranche de consommation est comprise entre 3 kVA[46] et 36 kVA. Il se décompose comme suit :

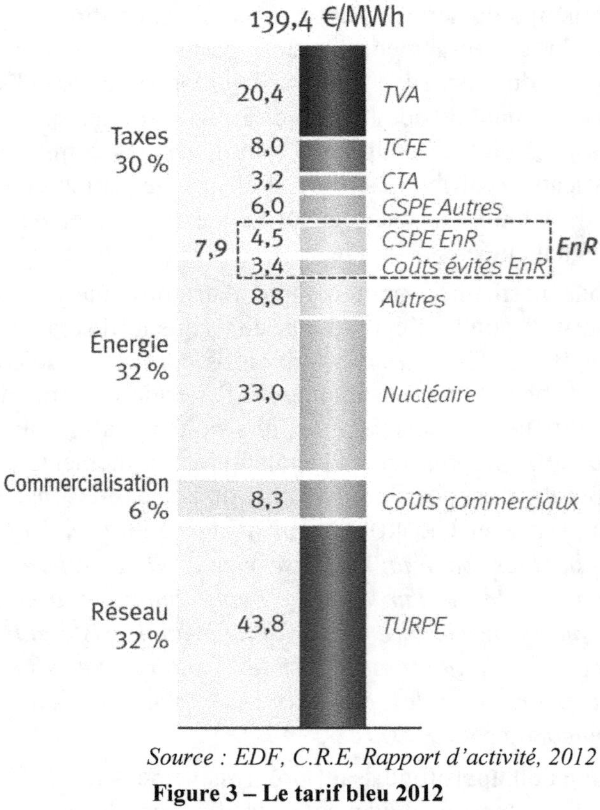


*Source : EDF, C.R.E, Rapport d'activité, 2012*

**Figure 3 – Le tarif bleu 2012**

[46] Kilovoltampères

En résumé, le consommateur final au tarif bleu (ou en ordre de marché) paie à peu près :

- un tiers pour les **taxes** qui comprennent la C.S.P.E.[47], les taxes locales, la C.T.A.[48] et la T.V.A. ;
- un tiers pour l'**acheminement**, c'est le tarif d'utilisation du réseau public d'électricité qui revient aux gestionnaires de réseau (RTE, ERDF) ;
- un tiers pour la **fourniture** qui revient au fournisseur et lui permet de couvrir :
    - ses frais commerciaux ;
    - ses coûts d'approvisionnement en énergie (production propre ou approvisionnement sur le marché de gros).

Dans la construction des prix de l'électricité, certaines composantes peuvent être utilisées pour différencier la tarification, c'est déjà le cas pour certaines d'entre elles ou ce peut être la tarification dans son ensemble qui peut être différenciée.

Sur la base du tarif bleu de la figure 3 *supra*, le prix de l'électricité comprend quatre composantes principales, deux communes aux tarifs réglementés de vente et aux tarifs en ordre de marché, deux qui les distinguent :

- **composantes communes** :
    - le tarif d'utilisation des réseaux publics d'électricité (T.U.R.P.E.[49]),
    - les taxes nationales (T.V.A., C.S.P.E., C.T.A.) et locales (T.C.F.E.[50], T.I.C.F.E.[51], taxe à Mayotte),
- **composantes distinctes** : les coûts commerciaux et l'achat d'électricité sur le marché de gros :
    - soit nucléaire (A.R.E.N.H.[52]),
    - soit au marché (O.T.C., EPEX SPOT)

Dans le cadre de l'étude sur la tarification différenciée, nous examinerons donc surtout les composantes distinctes, notamment l'A.R.E.N.H. et le ciseau tarifaire, l'ouverture à la concurrence et les tarifs en ordre de marché *versus* les tarifs règlementés de vente.

Pour autant, dans les composantes communes, nous pouvons identifier des facteurs de différenciation de l'électricité. La C.S.P.E. contribue et

---

47 Contribution au service public de l'électricité qui a pour but de compenser les charges du service public de l'opérateur historique. **Nous détaillerons davantage chaque composante tarifaire *infra***

48 Contribution tarifaire d'acheminement

49 Tarif d'utilisation des réseaux publics d'électricité

50 Taxe sur la consommation finale d'électricité

51 Taxe intérieure sur la consommation finale d'électricité

52 Accès régulé à l'électricité nucléaire historique

contribuera particulièrement à constituer des tarifs différenciés notamment pour un but de politique énergétique, pour la protection des plus vulnérables.

La différenciation géographique est réalisée avec les taxes locales, un point qui a fait l'objet de griefs de la part de la Commission européenne exposés dans l'arrêt de la Cour du 25 octobre 2012, affaire C-164/11. La directive 2003/96 en cours de refonte comprendra certainement une modification sur ce type de différenciation.

S'agissant des composantes communes, le T.U.R.P.E. est finalement désormais la seule véritable composante de la tarification différenciée commune à tous les clients du réseau électrique français avec les taxes de niveau national qui traduit le principe d'égalité du service public de l'électricité, la péréquation tarifaire et l'image du timbre-poste, qui résulte du monopole naturel que constitue le réseau électrique.

Avant de poursuivre sur la législation interne, nous effectuons *infra* une description rapide des composantes de la tarification : le part taxation (**1**), la part acheminement (**2**) et la part fourniture (**3**).

### 1 - *La fiscalité de l'électricité*

L'électricité est soumise à des taxes et est encadrée au niveau de l'Union européenne par la directive 2003/96[53]. Elle impose de taxer l'électricité sauf quand elle est utilisée pour la réduction chimique, l'électrolyse ou intervient à plus de 50% dans le coût d'un produit[54]. Elle fixe un niveau minimum de taxation qui comprend l'ensemble des impôts indirects à l'exception de la T.V.A. et s'agissant de l'électricité, la France avait jusqu'au 1er janvier 2009 pour adapter son système de taxation et se conformer à la directive (*v. article 18*). Actuellement, on distingue la **T.V.A.**, les taxes **locales sur l'électricité**, la **C.S.P.E.** et la **C.T.A.**

*La taxe sur la valeur ajoutée (T.V.A.)*

Le taux de la T.V.A. varie en fonction de la puissance souscrite. Il est de 5,5% sur le segment du tarif bleu pour l'abonnement hors taxes et pour la contribution tarifaire d'acheminement. Il est de 19,6% autrement.

---

[53] Directive 2003/96/CE du Conseil du 27 octobre 2003 restructurant le cadre communautaire de taxation des produits énergétiques et de l'électricité (Journal officiel de l'Union européenne 31 octobre 2003)

[54] Cette exclusion pourrait être supprimée dans le cadre de la refonte de la directive 2003/96 en projet

*Les taxes locales sur l'électricité*

Depuis le 1er janvier 2011, suite aux modifications du code général des collectivités territoriales par l'article 23 de la loi NOME[55] en réponse à l'article 18 de la directive 2003/96, elles comprennent :

- la taxe communale sur la consommation finale d'électricité due par les fournisseurs qui la prélèvent sur le prix de vente aux consommateurs finals ;
- la taxe départementale sur la consommation finale d'électricité due par les fournisseurs qui la prélèvent sur le prix de vente aux consommateurs finals et due par les auto-producteurs produisant moins de 240 GWh[56]. La taxe communale et la taxe départementale forment la taxe sur la consommation finale d'électricité (T.C.F.E.) ;
- la taxe intérieure sur la consommation finale d'électricité (T.I.C.F.E.) pour les clients dont la puissance souscrite est supérieure à 250 kVA[57] ;
- la taxe de la collectivité départementale (Mayotte) sur la consommation finale d'électricité en application de l'article 76 de la loi POPE du 13 juillet 2005[58].

Actuellement, les deux premières taxes communales et départementales ont des taux variant de 0,25 à 0,75 €/MWh[59] selon la catégorie professionnelle ou non professionnelle et selon la puissance correspondant aux segments des tarifs bleus ou jaunes, multipliés par des coefficients choisis par les communes et les départements, compris respectivement entre 0 et 8 et entre 2 et 4[60].

*La contribution au service public de l'électricité (C.S.P.E.)*

La composition actuelle de la C.S.P.E. a été instituée par la loi n°2003-8 du 3 janvier 2003[61]. Son article 37 modifiant l'article 5 de la loi n°2000-108 du 10 février 2000 prévoit que les charges imputables aux missions de service public assignées aux fournisseurs historiques d'électricité (EDF pour l'essentiel, Électricité de Mayotte et les entreprises locales de distribution

---

[55] Loi n°2010-1488 du 7 décembre 2010 portant nouvelle organisation du marché de l'électricité (Journal Officiel 8 décembre 2010)

[56] Gigawattheures

[57] Elle a été créé par l'article 266 quinquies C du code des douanes par l'article 23 de la loi NOME

[58] Loi n°2005-781 du 13 juillet 2005 de programme fixant les orientations de la politique énergétique (Journal Officiel 14 juillet 2005)

[59] Mégawatheures

[60] Site http://www.developpement-durable.gouv.fr/-Fiscalite,269-.html consulté le 9 août 2013

[61] Loi n°2003-8 du 3 janvier 2003 relative aux marchés du gaz et de l'électricité et au service public de l'énergie (Journal Officiel 4 janvier 2003)

dites E.L.D.) soient intégralement compensées. Ces charges de service public comprennent :

- les surcoûts dus au **soutien à la cogénération et aux énergies renouvelables** pour les contrats antérieurs au 11 février 2000, les obligations d'achat et les appels d'offres ;
- les surcoûts dans les **zones non-interconnectées** dus à la péréquation tarifaire en Corse, dans les départements d'outre-mer et collectivités d'outre-mer et dans trois îles bretonnes ;
- les coûts dus aux **dispositions sociales** du tarif de première nécessité, de la gratuité des mises en service, des remises sur les interventions pour impayés et versement au fond de solidarité logement.

La C.S.P.E. sert également à financer le budget du médiateur de l'énergie et les frais de gestion exposés par la Caisse des dépôts et consignations.

Notons que la C.S.P.E. finançait également une partie des charges du tarif règlementé et transitoire d'ajustement au marché dit Ta.R.T.A.M. Ce tarif a disparu depuis le 1er juillet 2011 avec la mise en place de l'A.R.E.N.H.

Par ailleurs, si on la confronte aux quatre critères de l'arrêt « *Altmark* » (*CJUE, 24 juillet 2003, Affaire C-280/00, Altmark Trans GmbH*) :

- l'opérateur historique EDF est bien chargé de l'exécution d'obligations de service public clairement définies dans le code de l'énergie notamment au titre II du livre Ier ;
- les paramètres de calcul de la C.S.P.E. sont établis préalablement de façon objective et transparente par la Commission de régulation de l'énergie ;
- la compensation ne dépasse pas ce qui est nécessaire pour couvrir les surcoûts occasionnés par l'exécution des obligations de service public, ce serait même plutôt l'inverse depuis quelques années, ce qui entraînera un rattrapage ;
- son niveau doit être déterminé par comparaison avec les coûts qu'une entité placée dans une situation comparable aurait à supporter. Il ne peut l'être que par des audits. La Cour des comptes a notamment publié plusieurs rapports sur les coûts de la filière électronucléaire en 2012, sur la C.S.P.E. en 2013.

Ce respect des critères est un point essentiel de compréhension de cette C.S.P.E. dont nous devrons tenir compte par la suite dans le cadre d'une proposition de taxation progressive (*v. dernier paragraphe*)

Le montant actuel de la C.S.P.E. est de 13,5 €/MWh en augmentation régulière. Nous y reviendrons au paragraphe C *infra*.

*La contribution tarifaire d'acheminement (C.T.A.)*

La C.T.A. est une taxe commune au gaz et à l'électricité qui a été instituée par l'article 18 de la loi n°2004-803 du 9 août 2004[62]. Elle permet de financer les droits spécifiques relatifs à l'assurance vieillesse des personnels des entreprises de réseaux de transport et de distribution d'électricité et de gaz naturel pour les droits passés acquis avant l'adossement au régime général le 1er janvier 2005. Elle est fixée par arrêté ministériel et représente de l'ordre de 2% du prix de l'électricité facturé.

### 2 - *L'acheminement*

C'est une **composante de la tarification commune** dans les tarifs régulés et non régulés.

Elle se traduit par le T.U.R.P.E. qui a pour but de financer l'exploitation, l'entretien et le développement des réseaux de transport de RTE et de distribution d'ERDF.

RTE et ERDF, toutes deux filiales à 100% d'EDF, sont en monopole dit naturel sur leur marché respectif du transport et de la distribution, et pour que le prix du T.U.R.P.E. reste compétitif, la Commission de régulation de l'énergie le fixe de telle sorte à encourager l'efficience et à maintenir leur capacité de recherche et développement indispensable aux futurs réseaux électriques intelligents et au bon fonctionnement du marché intérieur de l'électricité.

Le T.U.R.P.E. repose sur trois principes : **le principe du timbre-poste** tel que le tarif ne dépende pas de la distance parcourue, **la péréquation tarifaire** tel que le tarif est unique sur tout le territoire français, et la tarification fixée en fonction de la puissance souscrite et de l'électricité soutirée qui représente une différenciation intrinsèque à cette composante du tarif complet.

### 3 - *La fourniture*

Pour le bon fonctionnement du marché intérieur de l'électricité en Europe, la directive 2009/72/CE prévoit l'ouverture du marché et la réciprocité notamment à l'article 33 qui prévoit que tous les clients sont éligibles à compter du 1er juillet 2007.

L'ouverture à la concurrence avait déjà commencé pour les clients non résidentiels depuis le 1er juillet 2004 qui avaient alors le choix de rester aux tarifs règlementés de vente ou de passer un contrat avec un fournisseur alternatif. Elle s'est donc étendue à l'ensemble des clients.

---

[62] Loi n°2004-803 du 9 août 2004 relative au service public de l'électricité et du gaz et aux entreprises électriques et gazières (Journal Officiel 11 août 2004)

C'est sur ce tiers de la tarification que se font les différences de prix de vente entre l'opérateur historique et les autres dont GDF Suez Dolce Vita par exemple. Ces différences proviennent de la commercialisation, c'est-à-dire de l'efficacité ou de la stratégie vis-à-vis des marges et des investissements, et de l'achat d'électricité de gros nucléaire au prix de l'A.R.E.N.H., de gré à gré ou sur les bourses de l'électricité.

La construction des prix règlementés a été profondément marquée par la réforme de 2010 avec la loi NOME[63] et la création de l'A.R.E.N.H., l'accès régulé à l'électricité nucléaire historique. Cette loi marque un tournant majeur dans la libéralisation du secteur de l'électricité en ayant notamment défini un prix d'accès à l'électricité nucléaire d'EDF qui concilie à lui seul de nombreux intérêts divergents et devrait permettre le développement d'un marché concurrentiel conforme aux attentes de l'Union européenne (*v. notamment la décision de la Commission européenne du 12 juin 2012*[64]). Ainsi, Jacques PERCEBOIS, lors d'une présentation à l'école Polytechnique en novembre 2012 a indiqué que « *si on veut éviter de restreindre les ambitions d'EDF à l'international (menace de Bruxelles ?), il faut permettre aux entrants d'accéder au nucléaire historique qui peut être considéré en partie et pour une certaine durée comme une "essential facility"* ».

*En bref*

La décomposition d'un seul tarif, le tarif bleu, permet de mettre en évidence plusieurs tarifications différenciées (composante fourniture des tarifs réglementés de vente et des tarifs en ordre de marché, ciseau tarifaire, taxes) et d'autres non différenciées (T.U.R.P.E., C.S.P.E.).

## B - LE CODE DE L'ENERGIE ET LA TARIFICATION DIFFERENCIEE

Sans être exhaustif, le récent code de l'énergie **désormais à valeur législative depuis le 18 juillet 2013**[65], dans la version en vigueur actuellement regroupe la plupart des articles des lois suivantes[66] :

---

63 Loi n°2010-1488 du 7 décembre 2010 portant nouvelle organisation du marché de l'électricité (Journal Officiel 8 décembre 2010)

64 Décision de la commission du 12 juin 2012, concernant l'aide d'État SA.21918 (C 17/07) (ex NN 17/07) mise à exécution par la France – Tarifs réglementés de l'électricité en France [notifiée sous le numéro C(2012) 2559], J.O.U.E. C 398/10, 22 décembre 2012, p. 12-32, considérant 167

65 Le code de l'énergie est entré en vigueur le 1er juin 2011 par l'ordonnance n°2011-504 du 9 mai 2011 portant codification de la partie législative du code de l'énergie. Le projet de loi n°776 de ratification a été déposé au Sénat le 27 juillet 2011. L'article 8 de cette même ordonnance a été annulé par le Conseil d'État (CE, 21 mars 2012, Société EDF). Il est consultable en ligne sur http://www.legifrance.gouv.fr/ ou http://www.ineris.fr/aida/consultation_document/1689. Le code de l'énergie a valeur législative et non plus

- loi n°2013-312 du 15 avril 2013 visant à préparer la transition vers un système énergétique sobre et portant diverses dispositions sur la tarification de l'eau et sur les éoliennes dite loi BROTTES ;
- loi n°2010-1488 du 7 décembre 2010 portant nouvelle organisation du marché de l'électricité dite loi NOME ;
- loi n°2005-781 du 13 juillet 2005 de programme fixant les orientations de la politique énergétique dite loi POPE ;
- loi n°2004-803 du 9 août 2004 relative au service public d'électricité et du gaz et aux entreprises électriques et gazières ;
- loi n°2003-8 du 3 janvier 2003 relative aux marchés du gaz et de l'électricité et au service public de l'énergie ;
- loi n°2000-108 du 10 février 2000 relative à la modernisation et au développement du service public de l'électricité ;
- loi n°46-628 du 8 avril 1946 sur la nationalisation de l'électricité et du gaz.

Et les directives européennes 2009/72/CE et 2009/73/CE dites du troisième paquet énergie y ont été transposées.

Nous avons donc, regroupé dans un seul texte, l'ensemble des dispositions législatives en vigueur. Nous nous en servons dans le cadre de la tarification différenciée soit parce qu'elle y est déjà intégrée soit parce qu'il est possible d'intégrer des ajouts en les conciliant avec les règles en vigueur, avec les obligations de service public en particulier. Après un historique de la tarification différenciée ou non (**1**), la séparation des activités voulue par la Communauté européenne (**2**), puis la conciliation de la tarification différenciée et du service public (**3**) sont abordées ainsi que le cas particulier du ciseau tarifaire qui doit disparaître (**4**).

## 1 - *L'évolution de la tarification dans l'histoire de l'électricité*

L'histoire de l'électricité commence à la fin du XIX^e^ siècle avec l'électrification dans les villes, de l'éclairage et des transports ferroviaires notamment. À cette époque, les compagnies d'électricité fournissent de l'électricité aux caractéristiques (fréquence, tension, qualité, tarifs) différentes et sans interconnexion possible. Les ouvrages et équipements électriques se multiplient, ils représentent un marché d'avenir pour les compagnies et provoquent parfois des contentieux comme dans l'arrêt du Conseil d'État « *Compagnie nouvelle du gaz de Deville-lès Rouen* » du 10

---

réglementaire depuis le 18 juillet 2013, l'article 38 de la loi n°2013-619 du 16 juillet (Journal Officiel 17 juillet 2013) ayant ratifié l'ordonnance n°2011-504 du 9 mai 2011.

[66] Pour davantage de précisions, la correspondance entre les anciens textes et le code de l'énergie est disponible sur le site http://www.legifrance.gouv.fr/Droit-francais/Codification/Tables-de-concordance/Code-de-l-energie consulté le 16 septembre 2013 ; les lois citées ici sont aussi celles que nous avons surtout utilisées dans cette étude

janvier 1902[67] avec le passage du gaz à l'électricité pour l'éclairage dans la commune. Il devient alors important d'encadrer ce secteur en plein essor, ce que fait l'État par la loi du 15 juin 1906[68] sur les distributions d'énergie électrique qui ne sont pas destinées à la transmission des signaux et de la parole. Pour pouvoir assurer la continuité du service public et faire face aux coupures en s'aidant mutuellement, les compagnies d'électricité adoptent des standards techniques communs et le maillage des réseaux électriques se met en place, notamment par le moyen de concessions de service public dans les zones rurales non rentables en application du titre V de la loi précitée relatif au régime des concessions déclarées d'utilité publique qui confèrent au concessionnaire tous les droits en matière de travaux publics.

En matière de tarification, l'article 3 de cette même loi dispose qu'une « *distribution d'énergie électrique empruntant sur tout ou partie de son parcours les voies publiques peut être établie et exploitée* […] *avec cahier des charges et tarif maximum* […] » et à l'article 3 bis que le « *cahier des charges fixera les taxes maxima de péage que l'organisme collectif sera autorisé à percevoir des usagers du réseau que tous les producteurs et distributeurs de la région intéressée pourront être tenus d'emprunter pour le transport de leur énergie* ».

S'agissant du droit de la concurrence et donc de la possibilité potentielle pour le consommateur final de pouvoir choisir des produits différenciés, l'article 8 dispose qu'aucune « *concession ne peut faire obstacle à ce qu'il soit accordé des permissions de voirie ou une concession à une entreprise concurrente, sous la réserve que celle-ci n'aura pas des conditions plus avantageuses.* » […] *L'acte de concession ne peut* […] *attribuer à l'État, au département, ou à la commune des avantages particuliers autres que les prix réduits d'abonnements qui seraient accordés aux services publics pour des fournitures équivalentes* ».

Ainsi, au début du XX^e^ siècle jusqu'en 1938, le secteur de l'électricité en France est caractérisé notamment par un service public de qualité plus ou moins bonne, un marché de la distribution qui n'est pas fermé à la concurrence, un maillage électrique progressif du territoire réglementé et contrôlé par l'État en vertu de la loi précitée, des interconnections qui répondent à une logique locale puis nationale, des tarifs différents selon les fournisseurs mais toutefois une partie encadrée par la loi quant à l'utilisation du réseau. On peut alors assimiler la tarification pour le consommateur final à une tarification différenciée géographiquement imposée par le fournisseur local avec un début d'harmonisation du fait de la constitution progressive du réseau électrique et de l'encadrement minimum dans les cahiers des charges par la loi de 1906.

---

[67] Arrêt CE 10 janv. 1902, Compagnie nouvelle du gaz de Déville-lès-Rouen, note Hauriou
[68] Loi du 15 juin 1906 sur les distributions d'énergie (Journal Officiel 17 juin 1906)

Toutefois, les tarifs différenciés ne facilitaient pas la création d'un réseau national et deux décrets-lois des 16 juillet et 30 octobre 1935 ont alors eu pour but d'unifier le prix de l'électricité afin de favoriser les interconnexions.

À la sortie de la seconde guerre mondiale, un vaste mouvement de nationalisation des entreprises électriques et gazières est engagé dans un contexte de reconstruction. Le principal instrument utilisé est la création d'un secteur public en situation de monopole étatique. Il en résulte qu'EDF devient, avec la loi n°46-628 du 8 avril 1946 l'unique acteur intégré verticalement du secteur de l'électricité en situation de monopole en France. Seules restent quelques entreprises locales de distribution (E.L.D.) indépendantes[69] qui échappent au régime exorbitant du droit commun comme Électricité de Strasbourg ou Gaz Électricité de Grenoble. Elles représentent la fourniture d'électricité de 5% de la population française. Toutefois, avec l'arrêt du Conseil d'État réuni en section « *Société d'exploitation électrique de la rivière du Sant* » du 19 janvier 1973, nous savons qu'elles ne sont pas indépendantes car ces petits producteurs sont obligés de vendre la totalité de leur production à EDF qui doit l'acheter à un prix prédéterminé. Cette obligation d'achat entraîne que le contrat total est exorbitant du droit commun.

Les prix sont alors régulés pendant plus de 50 ans.

Avec la première directive de libéralisation de l'énergie en 1996[70], les nouvelles théories économiques venues de travaux menés par des économistes de l'école de Chicago[71] ont été mises en application et la **dé-intégration de l'opérateur historique** d'électricité et de gaz a commencé avec **la séparation progressive des activités d'acheminement d'un côté et de production-distribution de l'autre**, l'acheminement correspondant à un monopole naturel, c'est-à-dire que le coût minimal du bien est obtenu lorsque la totalité de la production est assurée par une seule firme[72].

Les étapes successives de la **dé-intégration** suivent les directives de la Commission européenne des trois paquets énergie de 1996, 2003 et 2007 qui

[69] Actuellement, on compte 165 entreprises locales de distribution en France

[70] Directive 96/92/CE du Parlement européen et du Conseil du 19 décembre 1996 concernant des règles communes pour le marché intérieur de l'électricité, J.O.C.E. n° L 199 du 26 juillet 1997, p. 32

[71] Guillaume DEZOBRY, L'indépendance des autorités de régulation économique à l'égard des opérateurs régulés, Revue française d'administration publique, 2012/3 n° 143, p. 646-647

[72] *Ibidem*, p. 646 ; F. LEVEQUE, Économie de la règlementation, Paris, La découverte, Repères, 1998, p. 51

comprennent des directives sur les marchés du gaz et de l'électricité, notamment la dernière directive électricité 2009/72/CE[73].

EDF change de statut par la loi du 9 août 2004. D'établissement public, industriel et commercial, l'opérateur historique devient une société anonyme et une partie de son capital est introduit en bourse le 21 novembre 2005.

L'ouverture à la concurrence est effectuée en plusieurs étapes qui voient apparaître **la tarification différenciée de l'électricité entre les tarifs régulés historiques et les tarifs en ordre de marché** avec plusieurs étapes précisées dans les trois directives électricité 96/92/CE, 2003/54/CE et 2009/72/CE qui élargissent progressivement les clients éligibles[74] à tous les clients, d'abord ceux qui consomment plus de 100 GWh/an en 1999, puis le seuil est abaissé à 16 GWh/an en 2000, 7 GWh en 2003, puis les clients éligibles sont élargis à tous les clients non résidentiels au 1er juillet 2004 et enfin aux clients résidentiels depuis le 1er juillet 2007.

L'ouverture du marché concerne également les E.L.D. En 2000, elles continuent à détenir un monopole de distribution sur leur territoire. Toutefois, en 2008, elles doivent également procéder à une séparation complète des activités de production, de transport, de distribution et de fourniture d'électricité.

La tarification différenciée entre les tarifs réglementés et les tarifs en ordre de marché s'est donc mise en place sur le marché de détail en une dizaine d'années. La tarification différenciée s'est aussi mise en place sur le marché de gros de l'électricité notamment entre le tarif d'accès à l'électricité nucléaire régulé et les prix au marché.

La tarification règlementée actuelle est notamment le résultat d'un compromis historique qui s'est traduit dans la loi dite NOME[75] à l'issue des travaux de la Commission CHAMPSAUR (2009). La réforme de cette loi NOME du 7 décembre 2010 qualifiée de réforme la plus importante depuis 1946 en matière d'énergie[76] a pour objectif de répondre au dilemme de la rente nucléaire en mettant en place un mécanisme habile qui concilie les différents intérêts. La Commission européenne a d'ailleurs estimé dans sa décision du 12 juin 2012[77] à propos de l'aide d'état que constitue les tarifs

---

73 Directive 2009/72/CE du parlement européen et du Conseil du 13 juillet 2009 concernant des règles communes pour le marché intérieur de l'électricité et abrogeant la directive 2003/54/CE (Journal officiel de l'Union européenne 14 août 2009)

74 Un client éligible est un client qui est libre d'acheter de l'électricité au fournisseur de son choix

75 Loi n°2010-1488 du 7 décembre 2010 portant nouvelle organisation du marché de l'électricité (Journal Officiel 8 décembre 2010)

76 Jacqueline RIFFAULT-SILK, La régulation de l'énergie : bilan et réformes, Revue internationale de droit économique, 2011/1 t.XXV, p. 35-41

77 Considérant 167 de la décision de la Commission du 12 juin 2012, concernant l'aide d'État SA.21918 (C 17/07) (ex NN 17/07) mise à exécution par la France – Tarifs réglementés de

règlementés verts et jaunes, que « *la réforme portée par la loi n°2010-1488 aura un impact favorable sur le marché intérieur européen, en ce qu'elle favorise l'entrée de nouveaux concurrents et le maintien de ceux qui y sont actifs. L'accès régulé à l'énergie nucléaire à hauteur du plafond conséquent de 100 TWh devrait contribuer, en parallèle avec le couplage progressif des marchés à l'intérieur de l'Union européenne et le développement des interconnexions, au développement de la concurrence conduisant à une pression sur les prix en France et dans les autres États membres* ». L'idée principale est de gérer la rente de rareté constituée par l'électricité fournie par le parc nucléaire français d'EDF en continuant à faire bénéficier les consommateurs de tarifs avantageux d'une part, en permettant aux concurrents d'EDF de prendre des parts de marché à l'opérateur historique dans le cadre de la libéralisation du marché de l'électricité sans prélever la rente différentielle qui permet à EDF de recouvrer les coûts fixes du nucléaire d'autre part[78]. Il en résulte le prix régulé dit l'A.R.E.N.H.[79] en association avec les autres mesures telles que le volume d'accès à l'électricité nucléaire aux concurrents d'EDF pour 100 TWh[80]/an sur une production totale d'électricité nucléaire de l'ordre de 410 TWh/an[81].

On a donc une tarification différenciée par produits mais qui ne signifie pas que les composantes tarifaires (hors taxes locales) de l'électricité ou les tarifs régulés soient différenciés géographiquement.

Ainsi, actuellement, nous avons à la fois une péréquation tarifaire sur le territoire national, le principe du timbre-poste, des tarifs différenciés sur le marché de gros de l'électricité et sur le marché de détail et des interactions entre le marché de gros et le marché de détail. Parmi les interactions principales, il reste le ciseau tarifaire entre le tarif de vente règlementé par le gouvernement qui reste avantageux pour le consommateur final et le prix réel qui devrait lui être facturé après sommation des différents coûts.

Pour le consommateur final qui regarde sa facture, le prix de l'électricité a baissé régulièrement depuis la loi de nationalisation de 1946 pour atteindre un point bas à l'été 2008, le mouvement est désormais haussier depuis et devrait se poursuivre. La graphique suivant illustre cette évolution :

---

l'électricité en France [notifiée sous le numéro C(2012) 2559], J.O.U.E. C 398/10, 22 décembre 2012, p. 12-32

[78] Jacques PERCEBOIS dans Les nouvelles régulations électriques 1 : monopole et concurrence, Hermès Science Lavoisier, 2012, p.256-267

[79] Accès régulé à l'électricité nucléaire historique

[80] Térawattheures

[81] Site http://energie.edf.com/nucleaire/accueil-45699.html consulté le 11 août 2013

**Évolution du prix de l'électricité TTC entre 1950 et 2012 en € constants par MWh**

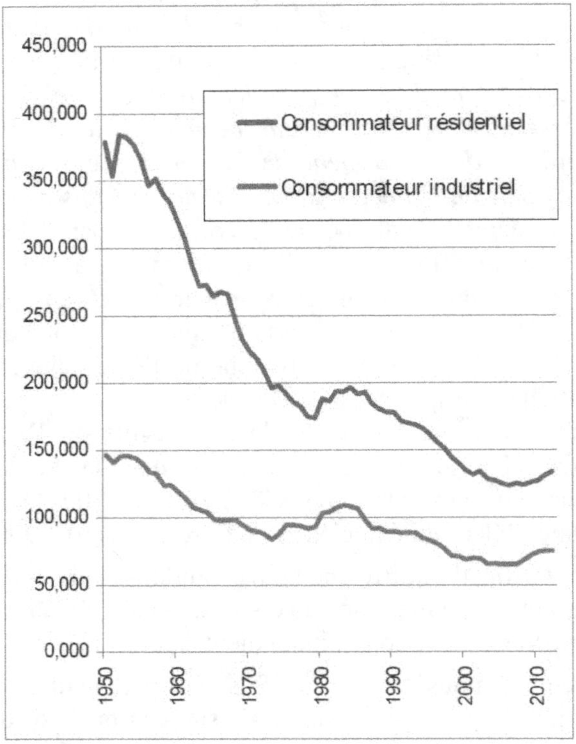


*Source : Panorama énergies-climat 2013, données DGEC*

**Figure 4 – L'historique du prix de l'électricité**

## 2 - *La séparation des activités et la tarification différenciée*

Le code de l'énergie dispose à l'article L111-1 que : « *Les secteurs de l'électricité et du gaz distinguent, notamment, quatre activités obéissant à des règles d'organisation et soumises à des obligations différentes. Les activités* ***d'exploitation des réseaux publics de transport et de distribution*** *d'électricité ainsi que d'exploitation des réseaux de transport et des réseaux publics de distribution de gaz naturel sont régulées conformément aux dispositions du présent livre. Les activités de* ***production*** *et de* ***vente aux consommateurs finals ou fourniture*** *s'exercent au sein de marchés concurrentiels sous réserve des obligations de service public énoncées au présent livre et des dispositions des livres III et IV.* »

En France, on distingue donc :

- La production et la fourniture ;
- L'acheminement (qui regroupe le transport et la distribution).

Cette organisation, complétée de quelques informations relatives aux tarifs notamment, peut être représentée de la façon suivante :

<table>
<tr><td colspan="4">Activité</td></tr>
<tr><th>Production</th><th>Transport</th><th>Distribution</th><th>Fourniture</th></tr>
<tr><td colspan="4">Type de marché</td></tr>
<tr><td>Concurrence</td><td colspan="2">Monopole naturel</td><td>Concurrence</td></tr>
<tr><td colspan="4">Quelques sociétés ou entités</td></tr>
<tr><td rowspan="2">EDF<br><br>La Compagnie nationale du Rhône<br>Endesa<br>E.ON France<br>E.L.D.<br>Collectivités locales<br>Autres</td><td rowspan="2">RTE</td><td>ERDF</td><td rowspan="2">EDF<br><br>GDF Suez<br>Direct Énergie<br>Énergem<br>Enel France<br>E.ON Énergie<br>Planète Oui<br>Lampiris<br>Enovos<br>Vattenfall<br>Axpo<br>Iberdrola<br>Enercoop<br>Alpiq Énergie<br>Edenkia<br>Alterna<br>GEG Source d'Énergies<br>Sélia</td></tr>
<tr><td>E.L.D.</td></tr>
<tr><td colspan="4">Quelques composantes tarifaires ou tarifs associés</td></tr>
<tr><td>A.R.E.N.H.<br><br>Prix du marché de gros de l'électricité</td><td colspan="2">T.U.R.P.E</td><td>Tarifs jaunes, verts, bleus<br><br>Tarifs en ordre de marché</td></tr>
</table>

*Source : MINEDDE ; C.R.E., Observatoire du premier trimestre 2013 ; analyse Bertrand* Le Bras

**Tableau 1 – La séparation des activités du secteur de l'électricité**

Cette séparation dans sa forme actuelle est récente puisqu'elle est le résultat du troisième paquet énergie de la Commission européenne[82].

Pour l'opérateur historique EDF, on a donc la situation suivante[83] qui résulte de la filialisation de Réseau de transport d'électricité (RTE) au 1er septembre 2005 et d'Électricité réseau distribution France (ERDF) au 1er janvier 2008 :

[82] Directives marchés de l'électricité 2009/72/CE et du gaz 20096/73/CE

[83] Le rapport public annuel 2013 de la Cour des comptes – Tome I : Les observations – Volume I-2 : La gestion publique – Chapitre IV : Les entreprises publiques – 1 : Les rémunérations à EDF SA : une progression rapide, une accumulation d'avantages, peu de liens avec les performances, Cour des comptes, 2013, p. 361-402

EDF SA

Établissement public industriel et commercial devenu société anonyme

CA : 41,95 Md€ Effectifs : 65 931

RTE SA (Filiale à 100% d'EDF SA)

Réseau de transport d'électricité

CA : 4,23 Md€ Effectifs : 8 769

ERDF SA (Filiale à 100% d'EDF SA)

Électricité réseau distribution France

CA : 12,26 Md€ Effectifs : 36 207

*Source : Rapport annuel 2013 Cour des comptes*

**Figure 5 – EDF et ses deux filiales**

Avec cette dé-intégration de l'opérateur historique verticalement intégré EDF, les questions qui se posent sont celles de l'effet sur la construction tarifaire et de savoir si la séparation juridique, comptable d'EDF et de ses deux filiales RTE et ERDF a modifié les tarifs depuis 2005 pour la première filiale, depuis 2008 pour la seconde, ou alors si finalement cette restructuration profonde d'EDF a moins d'effet que les lois n°2000-108, n°2003-8, n°2004-803, n°2005-781, n°2010-1488.

Pour cela, il peut être intéressant de placer la création des différentes composantes tarifaires par détermination de la loi sur le graphique suivant qui représente l'historique des tarifs règlementés de vente d'électricité (bleu résidentiel, bleu professionnel, jaune et vert, de haut en bas) hors taxes en euros constants 2012 par MWh[84] :

[84] Sur la base du portefeuille de clients EDF à la fin 2011

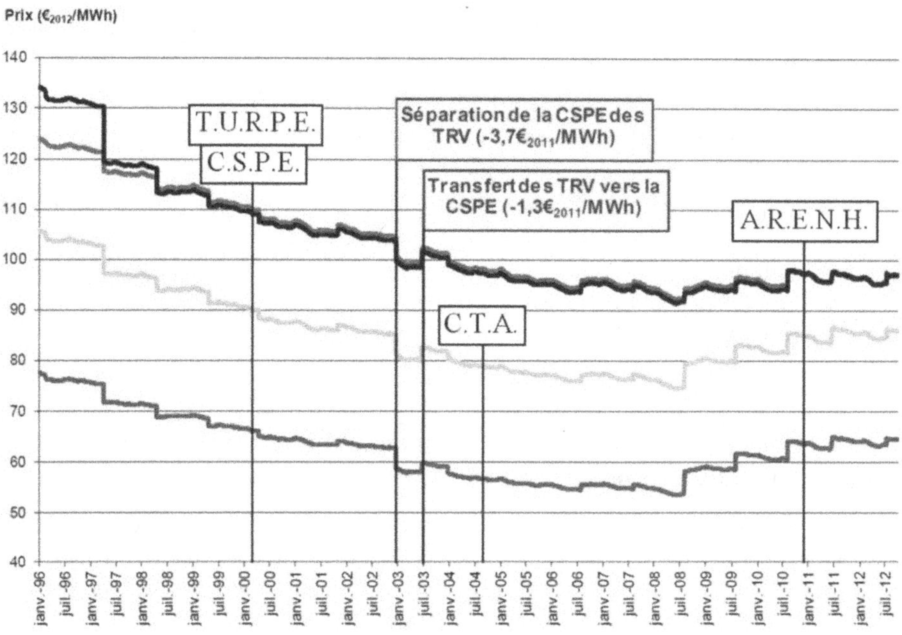


*Source : C.R.E., Observatoire du premier trimestre 2013*

**Figure 6 – L'évolution des tarifs règlementés de vente de l'électricité**

Les taxes locales actuelles (communales et départementales) ont été créées par la loi NOME mais elles existaient auparavant sous une autre forme. Cela n'a pas eu un effet de changement significatif sur le prix de vente. Notons toutefois ici que c'est la seule composante de différenciation règlementaire géographique.

Nous n'avons volontairement pas indiqué le tarif réglementé transitoire d'ajustement du marché (Ta.R.T.A.M.), un tarif temporaire mis en place fin 2006 par la loi n°2004-803 du 9 août 2004 qui s'est éteint le 1er juillet 2011 avec la mise en place de l'A.R.E.N.H.

La seule composante globale (*hors taxes détaillées*) qui exclut toute tarification différenciée (sauf intrinsèquement) est le T.U.R.P.E. Mais il convient de chercher à comprendre pourquoi on ne pourrait pas également avoir une composante différenciée.

Pour cela, prenons un exemple qui encourage à consolider le principe du marché monopolistique pour l'acheminement et du marché concurrentiel pour la production et la fourniture, c'est celui de l'Allemagne qui a ouvert dès 2000 son marché de l'électricité à la concurrence, a fixé le tarif d'accès au réseau de transport « *par rapport à la distance parcourue, ce qui a entraîné une opacité dans les tarifs pratiqués par les opérateurs de transport et de distribution* ». Cette tarification indéchiffrable pour les concurrents potentiels a constitué une véritable barrière à l'entrée et par conséquent une atteinte aux règles de la concurrence qui a obligé l'Allemagne à revenir au principe du tarif timbre-poste ne dépendant pas de la distance parcourue[85].

Il serait donc risqué de vouloir toucher au principe du T.U.R.P.E. sous cet angle. Ce tarif est très fortement lié au service public de l'électricité d'une part, et le fait d'être unique n'empêche pas le législateur de le fixer de telle manière à **encourager l'efficience interne** de RTE et d'ERDF et ainsi de pouvoir conserver suffisamment de marges de manœuvre pour les investissements à venir dans les réseaux électriques intelligents et d'autres projets d'autre part. Nous verrons ces deux points respectivement dans les paragraphes suivant et C.

### 3 - *La tarification différenciée et le service public*

L'électricité a des caractéristiques communes à d'autres réseaux et des caractéristiques spécifiques.

La loi du 10 février 2000 relative à la modernisation et au développement du service public de l'électricité[86] définissait déjà en 2000 **le service public de l'électricité**. Désormais, on retrouve la définition des **obligations de service public de l'électricité** dans le code de l'énergie (Articles L121-1 à L121-5).

De plus, un lien fort entre les missions de service public et la tarification de l'électricité existe par l'article L121-6 du code de l'énergie qui dispose que les charges imputables aux missions de service public assignées aux opérateurs électriques sont intégralement compensées.

Pour chaque catégorie, le code de l'énergie prévoit des obligations de service public. Et toutes les composantes règlementaires contribuent chacune à sa façon à assurer les missions du service public de l'électricité à l'exception *a priori* de la C.T.A. Ainsi :

- la C.S.P.E. assure notamment un rôle social de redistribution depuis 2003 avec le tarif de première nécessité. Les autres charges compensées sont aussi des missions de service public ;
- le T.U.R.P.E. assure la péréquation tarifaire y compris dans les zones non interconnectées. C'est lui aussi qui contribue à la qualité définie de l'électricité à un prix raisonnable qui provient notamment du service universel en droit européen ; la qualité contribue aussi à assurer le principe de continuité du service public de l'électricité ;
- l'A.R.E.N.H. contribue également au service universel en permettant de conserver un prix raisonnable de l'électricité aux ménages car sans lui, la concurrence ne pourrait pas se développer et le tarif bleu aurait peut-être disparu sous la pression de la Commission

[85] François MIRABEL, La déréglementation des marchés de l'électricité et du gaz : Les grands enjeux économiques, Presses des Mines, 2012, p. 55-60

[86] Loi n°2000-108 du 10 février 2000 relative à la modernisation et au développement du service public de l'électricité (Journal Officiel 11 février 2000)

européenne[87]. EDF, fort de son parc nucléaire, aurait alors fait disparaître la concurrence et aurait naturellement envisagé des hausses de prix à condition de pouvoir justifier que l'électricité fournie respecte l'obligation du prix raisonnable. Cela n'aurait pas été difficile étant donné l'historique du prix de l'électricité en France et du prix dans les autres pays européens.

Les missions de service public sont également à concilier avec l'ouverture à la concurrence qui représente un intérêt général pour le marché intérieur de l'électricité européen. Mais comme dans les faits, l'ouverture à la concurrence n'est pas très rapide et afin d'encourager les consommateurs finals à aller vers les tarifs non régulés et de lever leurs réticences, une loi autorisant le retour aux tarifs régulés est parue au journal officiel en 2010[88].

*Sur une tarification progressive à deux ou trois tranches*

S'agissant de la tarification progressive, sans rentrer dans le détail pour le moment, il résulte de l'article L121-1 du code de l'énergie qui dispose : « *Matérialisant le droit de tous à l'électricité, produit de première nécessité, le service public de l'électricité est géré dans le* ***respect des principes d'égalité, de continuité et d'adaptabilité et dans les meilleures conditions de sécurité, de qualité, de coûts, de prix et d'efficacité économique, sociale et énergétique*** », qu'elle existe déjà *de facto*. En effet, la tarification différenciée de l'électricité ne peut être mise en œuvre que dans le respect de cet article. Or le fait de prévoir des tarifs sociaux (tarif de première nécessité) par détermination de la loi, c'est déjà non seulement une tarification différenciée de l'électricité par rapport au tarif de base, mais c'est aussi une tarification progressive par blocs. La question qui fera l'objet d'une analyse détaillée est celle du passage de cette tarification à deux tranches à une tarification à plusieurs tranches respectant les principes et missions du service public d'une part et respectant les règles de la concurrence d'autre part.

L'Autorité de la concurrence a rendu un avis très favorable le 24 juillet 2013[89] sur la réforme du tarif social de l'électricité votée dans le cadre de la loi BROTTES du 15 avril 2013[90]. Elle y a rappelé qu'il n'existe pas

---

[87] Nous revoyons ce point plus en détail dans la suite de l'étude notamment dans le cadre de l'exploitation de la décision de la Commission européenne du 12 juin 2012 sur les aides d'état que constituent les tarifs jaunes et verts

[88] Loi n° 2010-607 du 7 juin 2010 autorisant les petits consommateurs domestiques et non domestiques d'électricité et de gaz naturel à accéder ou à retourner au tarif réglementé. (Journal Officiel 8 juin 2010).

[89] Avis n°13-A-13 concernant un projet de décret relatif aux tarifs sociaux du gaz et de l'électricité, Autorité de la concurrence, 24 juillet 2013

[90] Loi n°2013-312 du 15 avril 2013 visant à préparer la transition vers un système énergétique sobre et portant diverses dispositions sur la tarification de l'eau et sur les éoliennes (Journal Officiel 16 avril 2013)

d'incompatibilité entre la mise en place de mécanismes sociaux visant à protéger les plus vulnérables et l'application du droit de la concurrence, que dans certains secteurs, l'intervention des pouvoirs publics est légitime quand « *elle vise à* ***corriger une défaillance de marché et à remplir un objectif d'intérêt général*** »[91].

Dans le cas d'une tarification progressive à trois tranches, l'objectif d'intérêt général est justifié par l'efficacité énergétique et la sobriété énergétique mais il faut aussi qu'elle corrige une défaillance de marché. Il est possible d'appliquer le mécanisme à l'une ou plusieurs des trois composantes : les taxes, l'acheminement et la fourniture. **Nous traitons l'acheminement dans le présent paragraphe, nous analysons la fourniture dans la première partie de notre étude et nous ferons une proposition de mise en œuvre de la taxation progressive en fin d'étude** qui sera un aboutissement logique des analyses réalisées. Cette articulation correspond à l'idée initiale d'étudier la tarification différenciée et progressive dans leur ensemble sans avoir à l'avance imaginé la complexité de mettre en place une tarification progressive sur la composante fourniture des tarifs en ordre de marché. En effet, si on veut mettre en place une tarification progressive de l'électricité qui responsabilise de la même façon les consommateurs finals aux objectifs de maîtrise de la consommation d'électricité, **il ne faut notamment pas créer des ruptures d'égalité devant les charges publiques**. C'est l'argument principal qui a conduit le Conseil constitutionnel à rejeter l'article 2 de la proposition de loi BROTTES instaurant le bonus-malus de l'électricité. Il faut donc appliquer une tarification progressive aux consommateurs finals aux tarifs réglementés de vente mais aussi aux consommateurs finals aux tarifs en ordre de marché puisqu'on ne peut pas justifier objectivement notamment qu'un ménage au tarif bleu serait un ménage différent s'il passait au tarif en ordre de marché. On comprend alors qu'il est probablement plus difficile de proposer une composante tarifaire supplémentaire sur la fourniture que sur les deux autres composantes, les taxes et l'acheminement, dès lors qu'on doit le concilier avec le droit de la concurrence.

Une autre tarification progressive existe par détermination de la loi, c'est celle appliquée en Polynésie française. Son statut juridique est différent de celui de la France continentale, il est régi par l'article 74 de la Constitution française et la loi organique n°2004-192 du 27 février 2004 portant statut d'autonomie de la Polynésie française modifiée par les lois organiques n°2007-1719 du 7 décembre 2007 et n°2011-918 du 1er août 2011. Après quelques recherches, nous avons conclu que la tarification progressive en Polynésie française n'est pas prévue explicitement dans le code de l'énergie mais elle n'y est pas non plus interdite et ne fait pas partie de dérogations

[91] *Ibidem*, considérant 26

accordées aux Z.N.I. dans le cadre de la transposition des directives électricité européennes[92].

*Sur le tarif d'utilisation des réseaux publics d'électricité*

Après avoir présenté brièvement le T.U.R.P.E. au paragraphe précédent, nous poursuivons sur ce tarif et le service public en revenant à l'origine de la raison de sa création. Si on n'avait pas créé ce tarif résultant de la dé-intégration de l'opérateur historique, la France aurait été condamnée par la Cour de justice de l'Union européenne[93] puisque dans l'arrêt de la Cour du 29 octobre 2009, affaire C-274/08, la Suède a été condamnée pour n'avoir pas séparé fonctionnellement les activités de production et distribution dans une entreprise verticalement intégrée et aussi pour n'avoir pas établi de tarifs d'accès aux réseaux de transport et de distribution conformément à l'article 20 de la directive 2003/54. La Cour a ainsi précisé aux considérants 40 et 41 de l'arrêt précité que : « *L'objectif de la directive ne peut être réalisé que par l'établissement de tarifs concrets ou d'éléments d'une méthodologie de calcul des tarifs atteignant un niveau de précision tel qu'il permette aux opérateurs économiques d'estimer leur coût d'accès aux réseaux de transport et de distribution.* [...] *Il s'ensuit que le cadre réglementaire suédois ne répond pas à l'exigence de prévisibilité des tarifs découlant de la directive, nécessaire pour permettre de réaliser les investissements assurant la viabilité des réseaux de transport et de distribution d'électricité* [...] ».

En France, le T.U.R.P.E. a été mis en place par l'article 4 de la loi n°2000-108 du 10 février 2000, il est désormais codifié aux articles L341-1 à L341-5 du code de l'énergie. Ce tarif est donc une partie du contrat qui lie les gestionnaires de réseaux et leurs clients et qui garantit un droit d'accès aux réseaux publics de transport et de distribution pour assurer les missions de service public définies à l'article L121-5 du code de l'énergie en vertu de l'article L111-91 du même code.

Il en résulte que ce tarif contribue à remplir les missions du service public de l'électricité, qu'il est le même qu'elle que soit la distance parcourue par l'énergie électrique et quelle que soit la localisation territoriale selon le principe de la péréquation tarifaire, et qu'il rémunère les gestionnaires (RTE, ERDF). Et si par exemple d'un point de vue économique, il pourrait être tentant de vouloir régionaliser le coût de l'acheminement de l'électricité et par conséquent différencier le tarif d'utilisation des réseaux publics d'électricité en incluant le coût de congestion et les pertes thermiques dans la partie fourniture de la facture, ce n'est pas envisageable en raison des

---

[92] Site http://www.smartgrids-cre.fr/index.php?p=zonesinsulaires-organisation-marche-electricite consulté le 11 août 2013

[93] Arrêt de la Cour (quatrième chambre), 29 octobre 2009, affaire C-274/08, Commission des Communautés européennes contre Royaume de Suède

missions qu'il remplit et ce serait contraire au droit national, au principe d'égalité devant le service public défini à l'article L121-1 du code de l'énergie ainsi qu'au droit de l'Union européenne, à l'article 14 du règlement (CE) n°714/2009[94] qui dispose que : « *Les redevances d'accès aux réseaux* [...] *ne sont pas fonction de la distance* ». Quant à la question des investissements, de leur orientation vers des régions ou l'équilibre offre-demande est sous tension en période de pointe, à savoir en particulier les régions Bretagne, Provence-Alpes-Côte d'Azur et dans une moindre mesure l'Île-de-France, c'est du domaine de la politique énergétique de diriger les flux financiers de manière pertinente et c'est d'ailleurs une obligation de service public de « *garantir la cohésion sociale et* ***territoriale en assurant l'accès à tous à l'énergie*** » prévue à l'article 1er de la loi POPE du 13 juillet 2005. L'article L121-2 du code de l'énergie dispose que « *le service public de l'électricité assure les missions de* ***développement équilibré de l'approvisionnement en électricité****, de développement et d'exploitation des réseaux publics de transport et de distribution d'électricité ainsi que de fourniture d'électricité* ».

Il en résulte donc à ce stade que nous avons identifié au moins une composante de la construction tarifaire, le T.U.R.P.E. qui repose sur un monopole naturel, qui n'est pas et ne doit pas être différencié. Or, il l'est pourtant *de facto* quand on se place au niveau du réseau électrique interconnecté européen. Le marché intérieur de l'électricité est en achèvement et on est finalement dans une situation d'entre-deux selon le périmètre choisi. On peut toutefois imaginer que le tarif unique d'acheminement pourrait le devenir à l'échelle européenne à long terme non sans difficulté puisque cela passerait notamment par toute une série de fusions-acquisitions dans ce secteur, cela poserait des problèmes de concentration, des questions de sécurité nationale, etc. Nous n'allons pas plus loin mais nous indiquons juste que si cette idée devait devenir un objectif de long terme, il est alors préférable de ne rien changer à ce principe du timbre-poste du T.U.R.P.E., cela ferait une étape de moins à franchir.

Il résulte aussi de ce qui précède que **nous excluons la possibilité d'utiliser le T.U.R.P.E. pour contribuer à la construction d'une structure tarifaire progressive** tel que le bonus-malus de l'électricité de la proposition de loi instaurant une tarification progressive de l'énergie sinon l'image du timbre-poste disparaîtrait au moins en apparence.

Nous avons choisi de développer ce tarif ici et pas la C.S.P.E. car nous revenons à plusieurs reprises sur cette taxe dans des cadres spécifiques alors

---

94 Règlement (CE) n°714/2009 du Parlement européen et du Conseil du 13 juillet 2009 sur les conditions d'accès au réseau pour les échanges transfrontaliers d'électricité et abrogeant le règlement (CE) n°1228/2003, (Journal Officiel de l'Union européenne 14 août 2009)

que le T.U.R.P.E. ne sera ré-abordé que dans le cadre de la règlementation et de son mode de régulation incitatif à la productivité.

En définitive, parmi les composantes de la tarification, celles qui sont le plus en lien avec le service public de l'électricité sont les composantes communes aux tarifs réglementés de vente et aux tarifs en ordre de marché (C.S.P.E., T.U.R.P.E.). Les composantes différenciées peuvent également remplir des missions d'intérêt général, c'est le cas de l'A.R.E.N.H. en contribuant à une concurrence plus équilibrée sur le marché de détail de l'électricité au bénéfice futur des consommateurs finals. Mais l'A.R.E.N.H. a aussi un inconvénient. Il a créé une distorsion de marché temporaire, un ciseau tarifaire.

### 4 - *Le ciseau tarifaire*

Parmi les différentes formes de tarifications différenciées, le ciseau tarifaire en est une particulière. Il s'agit de la différence entre le tarif règlementé de vente construit sur la base du coût de production de l'électricité d'origine nucléaire (environ 33 €/MWh) en l'absence d'A.R.E.N.H (40 puis 42 €/MWh) et le tarif de vente qui devrait être appliqué construit par empilement des différents coûts (A.R.E.N.H., complément au prix *spot* du marché environ 50 €/MWh, coûts commerciaux, T.U.R.P.E., taxes).

Toutefois, en vertu de l'article L337-6 du code de l'énergie, il disparaîtra au plus tard le 31 décembre 2015. Cela signifie que les tarifs règlementés de vente jaunes, verts et bleus devront continuer à augmenter pour résorber cet écart.

On peut noter qu'à cette date, deux tarifications différenciées disparaîtront avec la disparition concomitante du ciseau tarifaire et des tarifs jaunes et verts.

*En bref*

La libéralisation du secteur de l'électricité a entraîné la dé-intégration d'EDF et l'apparition de tarifs différenciés comprenant des composantes tarifaires différenciées (production, fourniture) ou communes (T.U.R.P.E. pour l'acheminement, taxes).

En-dehors de la composante fourniture au prix du marché, toutes les autres composantes sont encadrées par loi (A.R.E.N.H., T.U.R.P.E., tarifs jaunes, verts, bleus, taxes).

**Le tarif d'acheminement** (T.U.R.P.E.) n'est pas régionalisé, il répond à des obligations de service public et **ne peut pas constituer** une forme de tarification différenciée ou **une composante de tarification progressive**, il est au contraire unique sur l'ensemble du territoire.

La tarification de l'électricité est cependant légèrement différenciée géographiquement mais localement du fait des taxes locales (communales et départementales)

Le ciseau tarifaire suite à la mise en place de l'A.R.E.N.H. aura disparu au 1er janvier 2016.

## C - Reglementation et tarification

De nombreux textes réglementaires précisent la législation en matière de tarification de l'électricité depuis quelques années, soit pour l'achat d'électricité produite localement par des entreprises ou des particuliers, soit pour fixer les tarifs réglementés de vente.

Avant de poursuivre l'étude de la tarification différenciée, il est alors utile d'en extraire quelques points remarquables s'agissant de tarification. Chaque catégorie de tarifs est abordée sans nécessairement entrer dans le détail, uniquement pour identifier quelques différences ou constituer notre boîte à outils pour la suite de l'étude en relevant les évolutions tarifaires. Un point particulier est effectué sur le T.U.R.P.E. et l'incitation à l'optimisation des coûts (de production, d'investissement) ainsi que sur la C.S.P.E.

*L'achat d'électricités produites par des installations d'une puissance installée inférieure ou égale à 12 MW utilisant des énergies renouvelables*[95]

Les textes réglementaires, outre la définition des tarifs, prévoient des dispositions particulières, telles que :

- **une préférence communautaire** *via* une majoration des tarifs pour l'achat de l'électricité produite par l'énergie radiative du soleil[96]

[95] Article 2 du décret n°2000-1196 du 6 décembre 2000 fixant par catégorie d'installations les limites de puissance des installations pouvant bénéficier de l'obligation d'achat d'électricité (Journal Officiel 9 décembre 2000)

- **des primes à l'efficacité énergétique** pour l'achat de l'électricité produite par le biogaz[97]

*Le tarif règlementé transitoire d'ajustement du marché (Ta.R.T.A.M.)*

Nous n'abordons pas ce tarif[98] qui a pris fin le 30 juin 2011 suite à la parution de la loi NOME[99].

*L'accès régulé à l'électricité nucléaire historique (A.R.E.N.H.)*

Les modalités d'A.R.E.N.H. sont fixées par le décret n°2011-466 du 28 avril 2011[100] et l'évolution est la suivante :

- 21 mai 2011[101] : **40 €/MWh**
- 1er janvier 2012[102] : **42 €/MWh**

Ce prix est ensuite à comparer au prix *spot* qui est généralement plus élevé comme nous le verrons.

---

[96] Arrêtés du 7 janvier 2013 portant majoration des tarifs de l'électricité produite par certaines installations utilisant l'énergie radiative du soleil telles que visées au 3° de l'article 2 du décret n°2000-1196 du 6 décembre 2000 (Journal Officiel 31 janvier 2013 et rectificatif Journal Officiel 26 mars 2013) ; Arrêté du 7 janvier 2013 modifiant l'arrêté du 4 mars 2011 fixant les conditions d'achat de l'électricité produite par les installations utilisant l'énergie radiative du soleil telles que visées au 3° de l'article 2 du décret n°2000-1196 du 6 décembre 2000 (Journal Officiel 31 janvier 2013)

[97] Arrêtés du 27 février 2013 modifiant l'arrêté du 19 mai 2011 fixant les conditions d'achat de l'électricité produite par les installations qui valorisent le biogaz (Journal Officiel 28 février 2013 et rectificatif Journal Officiel 23 mars 2013) ; arrêtés du 19 mai 2011 fixant les conditions d'achat de l'électricité produite par les installations qui valorisent le biogaz (Journal Officiel 21 mai 2011 et rectificatif Journal Officiel 28 mai).

[98] Le Ta.R.T.A.M. a été mis en place par l'article 15 de la loi n°2006-1537 du 7 décembre 2006 relative au secteur de l'énergie

[99] Loi n°2010-1488 du 7 décembre 2010 portant nouvelle organisation du marché de l'électricité (Journal Officiel 8 décembre 2010)

[100] Décret n° 2011-466 du 28 avril 2011 fixant les modalités d'accès régulé à l'électricité nucléaire historique, (Journal Officiel 29 avril 2011)

[101] Arrêté du 17 mai 2011 fixant le prix de l'accès régulé à l'électricité nucléaire historique (Journal Officiel 20 mai 2011)

[102] Arrêté du 17 mai 2011 fixant le prix de l'accès régulé à l'électricité nucléaire historique à compter du 1er janvier 2012 (Journal Officiel 20 mai 2011)

*Les tarifs règlementés de vente*

L'historique des tarifs verts, jaunes, bleus est synthétisé comme suit en application du décret du 12 août 2009[103] et des arrêtés successifs et cités :

**Hausse moyenne tenant compte d'une modification tarifaire en structure**

| Date | Tarifs **bleus** (3 kVA à 36 kVA) | Tarifs **jaunes** (36 à 250 kVA) | Tarifs **verts** (> 250 kVA) |
|---|---|---|---|
| 16 août 2007[104] | + 1,1% | + 1,5% | + 1,5% |
| 16 août 2008[105] | + 2% | + 6% | + 8% |
| 15 août 2009[106] | + 1,9% | + 4% | + 5% |
| 15 août 2010[107] | + 3,2% | + 4,5% | + 5,5% |
| 1er juillet 2011[108] | + 1,7% | + 3,2% | + 3,2% |
| 23 juillet 2012[109] | + 2% | + 2% | + 2% |
| 1er août 2013[110] | + 4,9% | + 2,3% | 0% |

*Source : Analyse CRE et Bertrand Le Bras*

**Tableau 2 – Évolutions successives des tarifs bleus, jaunes, verts**

Malgré les hausses régulières depuis 2008, les tarifs règlementés sont finalement encore assez bas par rapport à 1996, l'année du premier paquet énergie de la Commission européenne. Dans le secteur résidentiel, ils sont inférieurs d'environ 25% par rapport à 1996. Au 1er septembre 2013, **il faudrait donc que les tarifs de l'électricité dans le résidentiel augmentent de l'ordre de 25%** pour retrouver les niveaux de 1996. La Commission de régulation a établi les derniers tarifs en respectant les principes de couverture des coûts et de convergence progressive vers une situation de contestabilité de ces tarifs[111].

---

[103] Décret n°2009-975 du 12 août 2009 relatif aux tarifs réglementés de vente de l'électricité (Journal Officiel 13 août 2009)

[104] Arrêté du 13 août 2007 relatif au prix de l'électricité (Journal Officiel 15 août 2007)

[105] Arrêté du 12 août 2008 relatif au prix de l'électricité (Journal Officiel 14 août 2008)

[106] Arrêté du 13 août 2009 relatif aux tarifs réglementés de vente de l'électricité, J.O.R.F. n°0187, 14 août 2009, Texte 1 sur 97 ; Arrêté du 13 août 2009 relatif aux tarifs réglementés de vente de l'électricité (rectificatif), J.O.R.F. n°0193, 22 août 2009, Texte 20 sur 118

[107] Arrêté du 12 août 2010 relatif aux tarifs réglementés de vente de l'électricité (Journal Officiel 13 août 2010) ; Arrêté du 12 août 2010 relatif aux tarifs réglementés de vente de l'électricité (rectificatif), J.O.R.F. n°0223, 25 septembre 2010, Texte 8 sur 80

[108] Arrêté du 28 juin 2011 relatif aux tarifs réglementés de vente de l'électricité (Journal Officiel 30 juin 2011)

[109] Arrêté du 20 juillet 2012 relatif aux tarifs réglementés de vente de l'électricité (Journal Officiel 22 juillet 2012)

[110] Arrêté du 26 juillet 2013 relatif aux tarifs réglementés de vente de l'électricité (Journal Officiel 31 juillet 2013)

[111] Délibération du 25 juillet 2013 portant avis sur le projet d'arrêté relatif aux tarifs réglementés de vente de l'électricité, J.O.R.F. n°0176, 31 juillet 2013, Texte 88 sur 122

Ces trois tarifs de couleur sont des moyennes car dans le détail ils comprennent plusieurs options ou versions tarifaires effectives actuellement dont les suivantes qui ne sont pas en extinction :

| Sites faisant un usage résidentiel de l'électricité | | | | |
|---|---|---|---|---|
| Option Heures Creuses Résidentiel de 6 à 36 kVA | | Option Tempo Résidentiel de 9 à 36 kVA | | |
| Heures Pleines (16 heures par jour) | Heures Creuses (8 heures par jour) | Jours Rouges (22 par an) | Jours Blancs (43 par an) | Jours Bleus (300/301 par an) |

| Sites faisant un usage non résidentiel de l'électricité | | | | |
|---|---|---|---|---|
| Option Base Non Résidentiel de 3 à 36 KVA | Tarif Bleu Non Résidentiel pour utilisations longues 6 kVA | Tarif Bleu Non Résidentiel pour fourniture à partir de moyens de production non raccordés au réseau | | |
| Une seule période tarifaire | Un seul prix | Forfait 1 kW pour les sites desservis par des générateurs photovoltaïques et prix annuel pour chaque kW supplémentaire | Forfait 2 kW pour les sites desservis par des générateurs éoliens de puissance inférieure ou égale à 4 kW et prix annuel pour chaque kW supplémentaire | Abonnement fonction de la puissance et un prix de l'énergie unique pour toute l'année |

**Tableau 3 – Options ouvertes du tarif bleu le 1er août 2013**

Pour les ménages, la tarification est différenciée soit selon les heures de la journée soit selon les jours de l'année et les appels de puissance en période de pointe sont pris en compte hors effacement.

Pour les professionnels, ce n'est manifestement pas encore le cas (pour le tarif bleu).

Enfin, il est nécessaire de souligner que le Conseil d'État, dans l'arrêt Sipperec du 22 octobre 2012 a annulé l'arrêté du 13 août 2009 relatif aux tarifs réglementés de vente de l'électricité. Un nouvel arrêté du 14 février 2013 a donc fixé les tarifs réglementés de vente pour la période du 15 août 2009 au 13 août 2010[112]. Nous n'abordons pas les raisons qui ont abouti à cette décision pour l'instant puisque nous le verrons dans le cadre de l'analyse de la proposition de loi instaurant une tarification progressive de l'énergie. On peut toutefois indiquer, pour le tarif bleu, que l'arrêté n'avait pas respecté le principe d'égalité du service public.

[112] Arrêté du 14 février 2013 fixant les tarifs réglementés de vente de l'électricité pour la période comprise entre le 15 août 2009 et le 13 août 2010, J.O.R.F. n°0063, 15 mars 2013, Texte 21 sur 111

*Le tarif d'utilisation des réseaux publics d'électricité (T.U.R.P.E.)*

Rémunérant les gestionnaires de réseaux publics (RTE, ERDF) pour compenser les charges qu'ils engagent pour l'exploitation, le développement et l'entretien des réseaux, il fait l'objet de révisions périodiques et parce qu'il est lié à un monopole naturel, il est nécessaire d'élaborer une stratégie tarifaire incitative pour éviter une dérive des coûts. Plusieurs versions du T.U.R.P.E. sont entrées en vigueur successivement sur proposition de la Commission de régulation d'énergie :

- 1er janvier 2002[113] : T.U.R.P.E. 1
- 1er janvier 2006[114] : T.U.R.P.E. 2
- 1 er août 2009 : T.U.R.P.E. 3 (version initiale)
- 1er juin 2013 : T.U.R.P.E. 3 (nouvelle version), -2,5%
- 1er août 2013[115] : T.U.R.P.E. 4 HTB[116], + 2,4%
- 1er août 2013 : T.U.R.P.E. 3 HTA/BT[117], +2,1%

Nota : HTB représente la partie transport du tarif, HTA/BT la partie distribution du tarif

La nouvelle version du T.U.R.P.E. 3 est le résultat de l'annulation par le Conseil d'État le 28 novembre 2012[118] de la version initiale du T.U.R.P.E. 3 avec effet rétroactif à la date d'entrée en vigueur de ces tarifs le 1er août 2009. La Commission de régulation de l'énergie a différé son annulation au 1er juin 2013[119] pour pouvoir adopter les nouveaux tarifs au préalable[120] et a

[113] Décret n° 2002-1014 du 19 juillet 2002 fixant les tarifs d'utilisation des réseaux publics de transport et de distribution d'électricité en application de l'article 4 de la loi n°2000-108 du 10 février 2000 relative à la modernisation et au développement du service public de l'électricité (Journal Officiel 23 juillet 2002)

[114] Décret n°2005-1750 du 30 décembre 2005 modifiant le décret n°2001-365 du 26 avril 2001 relatif aux tarifs d'utilisation des réseaux publics de transport et de distribution d'électricité (Journal Officiel 31 décembre 2005) qui abroge le décret n°2002-1014 et permet l'évolution du T.U.R.P.E. en application du décret n°2001-365 du 26 avril 2001 relatif aux tarifs d'utilisation des réseaux publics de transport et de distribution d'électricité (Journal Officiel 28 avril 2001)

[115] Délibération du 3 avril 2013 portant décision relative aux tarifs d'utilisation d'un réseau public d'électricité dans le domaine HTB (Journal Officiel 30 juin 2013)

[116] Il concerne les tensions de connexions supérieures à 50 kV. La C.R.E. a choisi de différer l'entrée en vigueur du T.U.R.P.E. 4 HTA/BT au 1er janvier 2014 dans sa délibération du 28 mai 2013

[117] Délibération de la Commission de régulation de l'énergie du 28 mai 2013 portant décision relative aux tarifs d'utilisation d'un réseau public d'électricité dans le domaine de tension HTA ou BT pour la période du 1er août au 31 décembre 2013 (Journal Officiel 30 juillet 2013)

[118] N°330548, 332639, 332643, Décision du Conseil d'État statuant au contentieux, Société Direct Énergie et autres, Conseil d'État, 28 novembre 2012

[119] Le Conseil d'État a imposé que ces nouveaux tarifs entrent en vigueur avant le 1er juin 2013 dans sa décision

[120] Délibération du 29 mars 2013 portant proposition relative aux tarifs d'utilisation d'un réseau public d'électricité dans le domaine de tension HTA ou BT pour la période du 1er août 2009 au 31 juillet 2013 (Journal Officiel 26 mai 2013) ; Décision du 24 mai 2013 relative aux

imputé la différence entre les deux versions du T.U.R.P.E. 3 pour la période du 1er août 2009 au 1er juin 2013 sur la période du 1er juin 2013 au 31 juillet 2013.

La raison de l'annulation par le Conseil d'État est le fait qu'en changeant de méthode de calcul des charges de capital au 1er janvier 2006, la Commission de régulation de l'énergie ne prenait plus en considération les comptes spécifiques des concessions pour déterminer le coût moyen pondéré du capital alors que l'article 4-II de la loi n°2000-108 du 10 février 2000 relative à la modernisation et au développement du service public de l'électricité modifié par la loi n°2005-781 POPE du 13 juillet 2005 disposait à cette date que : « *Les tarifs d'utilisation du réseau public de transport et des réseaux publics de distribution applicables aux utilisateurs sont calculés de manière non discriminatoire, afin de couvrir l'ensemble des coûts supportés par les gestionnaires de ces réseaux,* ***y compris les coûts résultant de l'exécution des missions et des contrats de service public*** ». La Commission de régulation a donc repris la méthode du T.U.R.P.E. 2 pour la nouvelle version du T.U.R.P.E. 3 et le T.U.R.P.E. 3 HTA/BT selon une méthode basée sur le passif des entreprises (dite méthode comptable) plutôt que sur la valeur des actifs (dite méthode économique).

Pour le T.U.R.PE. 4 HTB, la Commission de régulation a défini un dispositif de prime quand RTE améliore ses performances et de pénalités dans le cas contraire. Les mécanismes incitatifs sont relatifs à la maîtrise des charges d'exploitation, à la minimisation du coût d'achat des pertes sur les réseaux, à l'amélioration de la continuité d'alimentation, à l'amélioration de la qualité du service rendu aux utilisateurs.

Les incitations visent aussi les activités de recherche et développement, notamment le développement des interconnexions, dans un cadre régulé par la Commission de régulation de l'énergie. La prévision d'évolution du T.U.R.P.E. les prochaines années est alors la suivante :

---

tarifs d'utilisation d'un réseau public d'électricité dans le domaine de tension HTA ou BT pour la période du 1er août 2009 au 31 juillet 2013 (Journal Officiel 26 mai 2013)

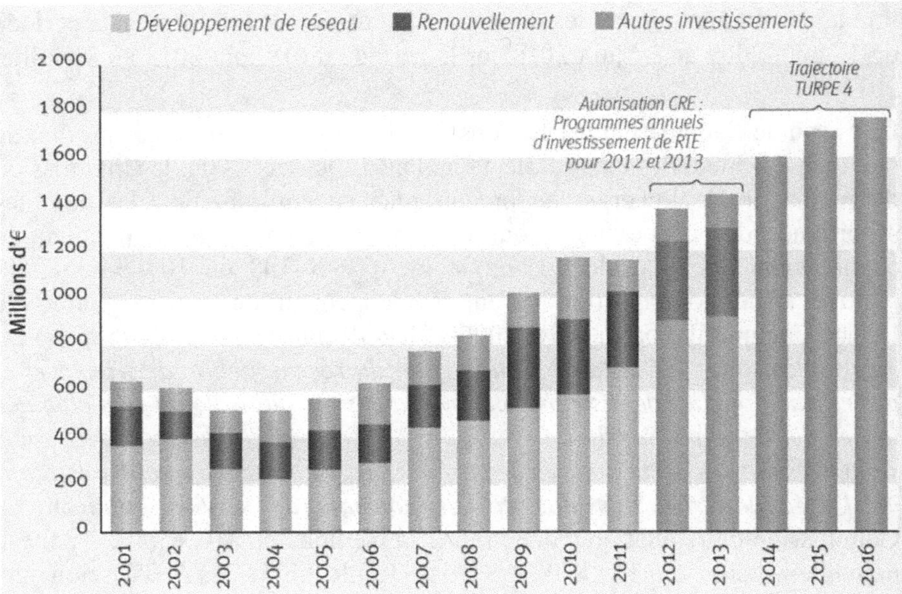


*Source : C.R.E., Rapport d'activité 2012, p. 67*

**Figure 7 – Évolution prévisionnelle du T.U.R.PE.**

Il est à noter que le T.U.R.P.E. 4 HTB a introduit une nouveauté, **une tarification différenciée selon la puissance souscrite et selon les périodes d'utilisation de cette puissance dans l'année et les heures de la journée**. Il existe alors désormais des heures d'hyper pointe parmi les heures pleines d'hiver.

*Les tarifs de cession de vente de l'électricité aux entreprises locales de distribution (E.L.D.)*

Auparavant dénommées distributeurs non nationalisés, 159 E.L.D. alimentent 2450 communes en France. 151 ont un contrat aux tarifs de cession avec EDF, pour un volume total de 17,6 TWH/an et un chiffre d'affaires de 670 M€/an[121].

Nous ne détaillons pas cette tarification car nous ne la développerons pas ensuite, mais nous indiquons simplement les hausses de ces dernières années :

- 15 août 2010[122] : hausse moyenne de **10%** (par rapport aux tarifs de 2009)

[121] Site d'EDF : http://collectivites.edf.com/fourniture-d-energie/tarifs-de-cession-90228.html consulté le 31 juillet 2013

[122] Arrêté du 12 août 2010 relatif aux tarifs de cession de l'électricité aux distributeurs non nationalisés (Journal Officiel 13 août 2010) ; Arrêté du 13 août 2009 relatif aux tarifs de cession de l'électricité aux distributeurs non nationalisés (Journal Officiel 14 août 2009) pour l'estimation de la hausse moyenne

- 1er août 2011[123] : hausse moyenne de 1,3%
- 23 juillet 2012[124] : hausse moyenne de 2,3%
- 1er août 2013[125] : hausse moyenne de **8,4%**

Cette tarification de cession est différenciée pour les E.L.D. qui ont le choix entre cinq options qui comprennent chacune des tarifs différenciés en fonction des heures de **pointe** ou non, de la saison (**hiver, été, demi-saison**) et des **heures creuses** ou pleines.

Selon l'analyse de la Commission de régulation de l'énergie, ces tarifs au 1er août 2013 sont construits de telle manière qu'ils permettent la préservation d'une marge nette de 7,5% pour une E.L.D. théorique de dimension nationale[126].

La question des E.L.D. et de la tarification pourrait être développée par ailleurs. On peut toutefois noter que la hausse moyenne a été nettement supérieure à celle des tarifs réglementés de vente de l'électricité entre 2010 et 2013.

*Les tarifs sociaux*

La tarification de première nécessité[127] a été réglementée comme suit s'agissant du plafond de revenus annuels du foyer ouvrant droit à réduction de tarif de 40% à 60% :

- 11 avril 2004[128] : **5 520 €**
- 15 août 2008[129] : **7 934 €** en métropole au 1er juillet 2012[130]
- 27 décembre 2012[131] : **10 704 €** en métropole[132]

---

123 Arrêté du 28 juillet 2011 relatif aux tarifs de cession de l'électricité aux entreprises locales de distribution (Journal Officiel 31 juillet 2011)

124 Arrêté du 20 juillet 2012 relatif aux tarifs de cession de l'électricité aux entreprises locales de distribution (Journal Officiel 22 juillet 2012)

125 Arrêté du 26 juillet 2013 relatif aux tarifs de cession de l'électricité aux entreprises locales de distribution (Journal Officiel 31 juillet 2013)

126 Délibération du 25 juillet 2013 portant avis sur le projet d'arrêté relatif aux tarifs de cession de l'électricité aux entreprises locales de distribution, C.R.E. (Journal Officiel 31 juillet 2013)

127 Cette tarification spéciale est prévue à l'article 4 de la loi n°2000-108 du 10 février 2000 relative à la modernisation et au développement du service public de l'électricité (Journal Officiel 11 février 2000) ; elle est désormais prévue à l'article L337-3 du code de l'énergie

128 Décret n°2004-325 du 8 avril 2004 relatif à la tarification spéciale de l'électricité comme produit de première nécessité (Journal Officiel 10 avril 2004), modifié ensuite par le décret n°2006-924 du 26 juillet 2006, par l'arrêté du 5 août 2008, par l'arrêté du 23 décembre 2010, par le décret n°2012-309 du 6 mars 2012, par l'arrêté du 21 décembre 2012

129 Arrêté du 5 août 2008 portant modification de l'annexe au décret n°2004-325 du 8 avril 2004 (Journal Officiel 14 août 2008)

130 Décret n°2012-1080 du 25 septembre 2012 (Journal officiel 27 septembre 2012) ; le plafond est celui ouvrant droit à la couverture maladie universelle complémentaire (CMUC) soit 7 934 € en métropole et 8831 € dans les départements d'outre-mer au 1er juillet 2012

Cette augmentation importante traduit à l'évidence l'observation de l'aggravation de la précarité énergétique en France depuis une dizaine d'années, donc l'augmentation du nombre de personnes devant recourir au tarif de première nécessité (T.P.N.) puisque les dépenses contraintes ou pré-engagées des ménages ont certes augmenté de l'ordre de 30%[133] mais pas dans de telles proportions. Nous reparlerons de ce point *infra* dans les paragraphes consacrés à la précarité énergétique.

*La contribution au service public de l'électricité (C.S.P.E.)*

Le montant de la C.S.P.E. est déterminé par une loi de 2006[134]. Son évolution tarifaire est la suivante[135] :

- 1er janvier 2004 : 4,5 €/MWh[136]
- 31 juillet 2011 : 9 €/MWh
- 1er juillet 2012 : 10,5 €/MWh
- 1er janvier 2013[137] : 13,5 €/MWh

La C.S.P.E. devrait être revue à la hausse en 2014 à 18,8 €/MWh pour couvrir les charges prévisionnelles en hausse de 43% en 2013 par rapport à 2011 principalement due à la croissance générale des énergies renouvelables qui devraient représenter 59% des charges de la C.S.P.E., et plus particulièrement la filière photovoltaïque qui devrait représenter 41% des charges de la C.S.P.E.

À défaut d'arrêté avant le 31 décembre 2013 fixant la C.S.P.E. au 1er janvier 2014, elle sera probablement fixée à 16,5 €/MWh conformément à l'article L121-13 du code de l'énergie et dans son rapport de juin 2012, la Cour des comptes indique qu'il faudra sans doute attendre 2017 pour que les déficits d'EDF soient résorbés du fait de l'accumulation de déficits passés.

---

[131] Arrêté du 21 décembre 2012 portant modification de l'annexe au décret no 2004-325 du 8 avril 2004 modifié relatif à la tarification spéciale de l'électricité comme produit de première nécessité (Journal Officiel 26 décembre 2012)

[132] Site internet http://www.energie-info.fr/fichier/17TarifsSociaux.pdf consulté le 1er juin 2013 ; le plafond est celui ouvrant droit à la déduction prévue à l'article L. 863-2 du code de la sécurité sociale soit 10704 € en métropole et 11928 € dans les départements d'outre-mer

[133] Hugo HANNE, Évolution des dépenses contraintes et de « la relation client » sectorielle, Ministère de l'économie et des finances, Note dgccrf éco n°2, Janvier 2012, Graphique 1

[134] Loi n°2006-1537 du 7 décembre 2006 relative au secteur de l'énergie, Journal Officiel 8 décembre 2006

[135] Site de la C.R.E. : http://www.cre.fr/operateurs/service-public-de-l-electricite-cspe/montant consulté le 13 août 2013

[136] Arrêté du 28 février 2004 fixant les montants des charges imputables aux missions de service public de l'électricité pour l'année 2004 (Journal Officiel 30 mars 2004)

[137] Fixé par la C.R.E. à défaut d'arrêté ministériel conformément à l'article L121-13 du code de l'énergie

La tendance haussière de la C.S.P.E. est donc en partie le reflet de la politique de développement des énergies renouvelables **que finance le consommateur d'électricité et pas le consommateur d'énergie**[138].

Toutefois, elle est encore loin de la taxe E.E.G. en Allemagne qui s'élevait à 36 €/MWh en 2012, qui s'élève à **53 €/MWh** en 2013[139] payée par les consommateurs et qui finance les énergies renouvelables permettant à l'Allemagne d'avoir des prix très bas pour l'électricité produite par ces sources d'énergie intermittente sur le marché de gros de l'électricité dans l'ordre de préséance économique avec tarifs rémunérateurs que nous décrirons *infra*.

*En bref*

Les tarifs règlementés sont différenciés par catégorie d'électricité, chacune faisant l'objet d'options et versions pour ce qui concerne les tarifs bleus, jaunes et verts. Ils font apparaître des mécanismes de fixation de ces tarifs relativement complexes et on peut constater une tendance à la hausse sur toutes les composantes de la tarification, sauf sur l'A.R.E.N.H. qui n'a été modifié qu'une fois mais sa création est récente. Dans le secteur résidentiel, les tarifs bleus devraient ainsi augmenter de 25% pour retrouver leur niveau de 1996 en euros constants. Le tarif bleu ne prévoit désormais que des tarifs différenciés temporellement sur la journée ou sur l'année.

Une nouvelle tarification différenciée est en place depuis le 1er août 2013, elle concerne le T.U.R.P.E. 4 HTB qui comprend une différenciation selon la puissance souscrite (composante progressive) et l'horo-saisonnalité de l'utilisation de cette puissance.

**La C.S.P.E. pourrait éventuellement être élargie au consommateur d'énergie**, pas seulement au consommateur d'électricité.

### D - Les effets de la Commission de regulation de l'energie

La Commission de régulation de l'énergie (C.R.E.) a été créée par la loi n°2000-108 du 10 février 2000 relative à la modernisation et au développement du service public de l'électricité. Elle comprend alors six membres. Ses missions de protection du consommateur, de la non-entrave du développement de la concurrence, de la surveillance des marchés de l'électricité, du gaz naturel et des quotas de gaz à effets de serre notamment

138 Recommandation de la Cour des comptes dans son rapport sur la C.S.P.E. de juin 2012, d'explorer l'élargissement de la C.S.P.E. au consommateur d'énergie

139 Panorama énergies-climat édition 2013, Ministère de l'écologie, du développement durable et de l'énergie, 30 juillet 2013, p. 42

sont intégrées dans le code de l'énergie aux articles L131-1 à L135-16. Et actuellement, elle comprend un collège composé de neuf membres et un comité de règlement des différends et des sanctions, dit Co.R.Di.S., composé de quatre membres. Les présidents du collège et du comité ont qualité pour agir en justice par détermination de la loi (article L132-1 du code de l'énergie).

Avant d'aborder les liens de cause à effet entre la C.R.E. et la tarification différenciée, nous commençons par un point sur l'indépendance de cette autorité de régulation car c'est nécessaire pour la transparence et la fiabilité des tarifs vus au paragraphe précédent afin de savoir si notre analyse de la tarification différenciée n'est pas biaisée.

En plus d'être impartiale et transparente, **la C.R.E. doit être indépendante des opérateurs et des pressions politiques**[140]. La question de son indépendance effective a été posée et analysée dans plusieurs articles parus notamment dans la revue française d'administration publique[141]. Il en ressort notamment que l'objectif de cette indépendance est, entre autres, l'efficacité de la régulation sectorielle de l'électricité, la préservation des intérêts concurrentiels ou non et la fiabilité de la C.R.E. aux yeux des citoyens, et que la C.R.E. doit disposer de moyens importants. Les auteurs notent que la législation française est très protectrice de l'indépendance du régulateur et en matière de révocation avec toutefois des atténuations[142]. Au niveau de l'Union européenne, la directive 2009/72 prévoit que « *les États membres garantissent l'indépendance de l'autorité de régulation et veillent à ce qu'elle exerce ses compétences de manière impartiale* [,] *transparente* [et qu'elle] *soit juridiquement distincte et fonctionnellement indépendante de toute autre entité publique ou privée* » [143] et la Commission européenne a un pouvoir reconnu à l'égard de la C.R.E. puisque lorsqu'elle « *constate que la décision d'une autorité de régulation soulève des doutes sérieux quant à sa compatibilité avec les orientations visées dans la présente directive ou dans le règlement (CE) n°714/2009* [...] *elle demande à l'autorité de régulation*

[140] Article 35 de la directive 2009/72/CE

[141] Gabriel ECKERT, L'indépendance des autorités de régulation économique à l'égard du pouvoir politique, Revue française d'administration publique, 2012/3 n° 143, p. 629-643 ; Guillaume DEZOBRY, L'indépendance des autorités de régulation économique à l'égard des opérateurs régulés, Revue française d'administration publique, 2012/3 n° 143, p. 645-654 ;Olivier BEATRIX, L'indépendance de la Commission de régulation de l'énergie, Revue française d'administration publique, 2012/3 n° 143, p. 769-778

[142] L'article L132-5 du code de l'énergie dispose que qu'il peut être mis fin aux fonctions d'un membre en cas de manquement grave à ses obligations

[143] Directive 2009/72/CE du parlement européen et du conseil du 13 juillet 2009 concernant des règles communes pour le marché intérieur de l'électricité et abrogeant la directive 2003/54/CE (Journal Officiel de l'Union européenne14 août 2009), article 35

*concernée de retirer sa décision au motif que les orientations n'ont pas été respectées* »[144].

La C.R.E. a une **influence forte sur la fixation des tarifs règlementés**. Ainsi, récemment, s'agissant des tarifs règlementés de vente, si c'est le gouvernement qui a fixé les tarifs applicables à partir du 1er août 2013 par arrêté[145], c'est la C.R.E qui a réalisé une analyse sur la base des informations fournies par les entreprises d'électricité et a formulé un avis[146] qui prévoyait une hausse pour couvrir les coûts de production d'EDF, supérieure à celle finalement retenue par le gouvernement, comprise entre de **6,8%** et **9,6%** à l'été 2013 pour le tarif bleu.

Mais elle a aussi une **influence indirecte sur les offres tarifaires des fournisseurs alternatifs**, au moins de trois manières. La première est due aux composantes tarifaires communes (tarif d'acheminement, taxes). La deuxième est due à l'alignement partiel constaté des offres des fournisseurs alternatifs sur les tarifs règlementés de vente, certains proposant systématiquement depuis l'éligibilité en 2007, une offre calquée sur le tarif bleu (GDF Suez Dolce Vita, Énergem, Lampiris)[147]. Toutefois, nous notons par exemple la publicité récente de GDF Suez à l'annonce de la hausse des tarifs qui a décidé de se démarquer en proposant une offre sans augmentation de tarif pendant deux ans. La troisième est liée au fait que la C.R.E., en vertu de l'article L131-2 du code de l'énergie, surveille les transactions effectuées entre fournisseurs, négociants et producteurs, les transactions effectuées sur les marchés organisés, les échanges aux frontières, la cohérence des offres et elle peut formuler des avis sur les tarifs pour le bon fonctionnement du marché de détail.

Sur le tarif d'acheminement, depuis l'entrée en vigueur du code de l'énergie le 1er juin 2011, **la C.R.E. fixe les tarifs d'utilisation des réseaux publics d'électricité (T.U.R.P.E.)** alors qu'auparavant elle donnait un avis au gouvernement. Elle influe donc sur tous les tarifs de fourniture de l'électricité de détail. Elle ne peut donc pas se permettre de ne pas réaliser d'études suffisamment précises et pertinentes. À titre d'illustration, citons la décision du Conseil d'État du 28 novembre 2012[148] qui a annulé la décision relative au T.U.R.P.E. 3 dans sa version initiale du 1er août 2009 (*v. paragraphe précédent*).

---

144 *Ibidem*, article 39

145 Arrêté du 26 juillet 2013 relatif aux tarifs réglementés de vente de l'électricité (Journal Officiel 31 juillet 2013)

146 Analyse des coûts de production et de commercialisation d'EDF dans le cadre des tarifs réglementés de vente d'électricité, C.R.E., 4 juin 2013

147 Observatoire des marchés de l'électricité, du gaz et du CO2, C.R.E., Premier trimestre 2013, p. 19

148 N°330548, 332639, 332643, Décision du Conseil d'État statuant au contentieux, Société Direct Énergie et autres, Conseil d'État, 28 novembre 2012

La C.R.E. propose donc des tarifs régulés de l'électricité alors même que cet exercice est complexe, voire impossible *ex ante* selon certains auteurs[149] et que l'intérêt de la concurrence est de permettre de révéler les prix. Or, les tarifs en ordre de marché étant eux-mêmes influencés par les avis ou par les fixations de tarifs par la C.R.E., on en déduit que la tarification différenciée de l'électricité (entre les tarifs règlementés de vente et les tarifs en ordre de marché) pourrait elle-même être considérée comme régulée ce qui n'est sans doute pas négatif vis-à-vis de la protection des consommateurs finals à condition que la C.R.E. ait suffisamment de moyens sans conflit d'intérêt pour éviter le risque de capture et **limiter l'asymétrie d'information**[150].

En effet, un des risques (de capture) est que l'opérateur historique EDF exerce une influence sur la C.R.E. conduisant à une protection excessive des intérêts de l'entreprise ou arrive à profiter de l'asymétrie d'information déjà possible[151] mais renforcée du fait d'un manque de moyens de la C.R.E et par conséquent qu'EDF influe réellement sur la formation des tarifs règlementés. On aurait alors finalement **EDF qui pourrait influencer jusqu'aux tarifs en ordre de marché des fournisseurs alternatifs**, à savoir GDF Suez et les autres.

Ce risque latent doit être pris au sérieux puisque dans son rapport d'activité annuel 2012[152], la C.R.E. se plaint d'un manque d'effectifs pour assurer ses missions. En 2012, elle comprenait **131** personnes en équivalents temps plein alors que huit autres régulateurs en Allemagne, Grande-Bretagne, Espagne, Hongrie, Italie, Pologne, République tchèque et Roumanie ont accru leurs effectifs en 2012 allant de **186** à **593** personnes en équivalents temps plein pour l'énergie. La difficulté majeure soulevée par la C.R.E. concerne sa capacité à réaliser des études afin de proposer des prix.

Or, concernant les moyens, la Commission européenne a prévu que « *les États membres veillent à ce que l'autorité de régulation* [...] *dispose de ressources humaines et financières suffisantes pour s'acquitter de ses obligations* »[153].

Les risques identifiés sont donc bien réels et cela peut avoir un effet sur la tarification de l'électricité et *in fine* sur la facture du consommateur final.

---

[149] Friedrich HAYEK dans l'article de Guillaume DEZOBRY, L'indépendance des autorités de régulation économique à l'égard des opérateurs régulés, Revue française d'administration publique, 2012/3 n° 143, p. 647

[150] Guillaume DEZOBRY, L'indépendance des autorités de régulation économique à l'égard des opérateurs régulés, Revue française d'administration publique, 2012/3 n° 143, p. 645-654

[151] Selon Marcel BOITEUX dans l'article précité, le seul moyen de tout savoir sur l'entreprise régulée est d'être à sa tête

[152] Rapport d'activité 2012, C.R.E., 4 juillet 2013, p. 16

[153] Directive 2009/72/CE du parlement européen et du conseil du 13 juillet 2009 concernant des règles communes pour le marché intérieur de l'électricité et abrogeant la directive 2003/54/CE (Journal Officiel de l'Union européenne14 août 2009), article 35

S'agissant de l'instauration éventuelle de la tarification progressive, selon le mécanisme qui peut être retenu (après l'échec du bonus-malus de l'énergie rejeté par le Conseil constitutionnel le 11 avril 2013[154] analysé *infra*), la C.R.E. aura un rôle à jouer dans la construction tarifaire.

> *En bref*
>
> La tarification différenciée est traitée dans le code de l'énergie jusqu'à la dernière réforme majeure, celle de la loi NOME. La législation interne concilie le service public de l'électricité et la libéralisation du marché. Ainsi, la disparition du ciseau tarifaire est prévue. Toutefois, toute introduction d'un nouveau mécanisme tarifaire (tarification progressive) devra se traduire par une modification des textes en vigueur. Enfin, la tarification différenciée, comme la tarification règlementée, pourrait s'écarter d'un prix jugé juste par une autorité de régulation (C.R.E.) qui ne serait pas indépendante. La question des moyens de la C.R.E. est alors importante pour éviter que la concurrence ne soit faussée par un effet de capture ou d'asymétrie d'information.

## II - DANS LA LEGISLATION EUROPEENNE

Dans un premier temps, ce paragraphe aborde la question de l'électricité dans le droit de l'Union européenne selon trois approches, celle du marché intérieur de l'électricité (**A**), celle de l'efficacité énergétique (**B**) et celle du service public de l'électricité (**C**). Il s'agit donc de dresser un panorama général autour de trois thèmes principaux, de les rapprocher de la tarification différenciée mais sans aller plus loin à ce stade. Dans un second temps, nous analyserons plus précisément le bonus-malus dans le droit de l'Union européenne au chapitre II, section I de la présente étude dans le cadre de la proposition de loi du député BROTTES.

### A - VERS UN MARCHE INTEGRE ET INTERCONNECTE DE L'ELECTRICITE

Avec l'entrée en vigueur du traité de Lisbonne le 1er décembre 2009 et pour la première fois en droit primaire de l'Union européenne, un chapitre du Traité sur le fonctionnement de l'Union européenne (T.F.U.E.) est dédié à la politique énergétique de l'Union. En vertu de l'article 4 du T.F.U.E., l'énergie est désormais une compétence partagée entre l'Union et les États membres. Au titre XXI sur l'énergie, à l'article 194, « *la politique de l'Union*

[154] Décision N°2013-666 DC du Conseil constitutionnel, Loi visant à préparer la transition vers un système énergétique sobre et portant diverses dispositions sur la tarification de l'eau et les éoliennes, 11 avril 2013

*dans le domaine de l'énergie vise, dans un esprit de solidarité entre les États membres:*

*a)* ***à assurer le fonctionnement du marché de l'énergie;***
*b)* ***à assurer la sécurité de l'approvisionnement énergétique dans l'Union;***
*c)* ***à promouvoir l'efficacité énergétique et les économies d'énergie ainsi que le développement des énergies nouvelles et renouvelables; et***
*d)* ***à promouvoir l'interconnexion des réseaux énergétiques.*** »

Pour répondre à ce dernier alinéa, il faut des réseaux transfrontaliers qui sont également une compétence partagée de l'Union européenne avec les États membres en vertu de l'article 4 du T.F.U.E. L'article 170 du T.F.U.E. dispose en effet que « *l'Union contribue à l'établissement et au développement de réseaux transeuropéens dans les secteurs des infrastructures* [...] *et de l'énergie* » et le règlement n°714/2009[155] « *vise à : a) établir des règles équitables pour les échanges transfrontaliers d'électricité afin d'améliorer la concurrence sur le marché intérieur de l'électricité* [...] *; b) faciliter l'émergence d'un marché de gros qui soit transparent, qui fonctionne bien et qui présente un niveau élevé de sécurité d'approvisionnement en électricité* [...] » (*v. article premier*).

L'Union européenne veut créer progressivement un marché commun intérieur de l'électricité depuis 1999 pour donner une liberté de choix à tous ses consommateurs[156].

Les directives successives 96/92/CE, 2003/54/CE et 2009/72/CE ont entraîné la séparation des réseaux (transport, distribution) et des activités de production et de fourniture par étapes successives puisque l'article 14-3 de la première directive 96/92/CE disposait que les entreprises d'électricité intégrées tiennent des comptes séparés pour les activités de production, de transport et de distribution[157], les articles 10 et 15 de la directive 2003/54/CE disposaient de l'indépendance des gestionnaires de réseaux « *au moins sur le plan de la forme juridique, l'organisation et la prise de décision* » par rapport aux autres activités que les leurs dans les entreprises verticalement intégrées, et les articles 9 et 26 de la directive 2009/72/CE renforcent la séparation des activités de transport, distribution des activités de production et fourniture, à savoir les réseaux et les gestionnaires. En France, cela s'est traduit par la dé-intégration d'EDF que nous avons abordée *supra*.

---

[155] Règlement (CE) n°714/2009 du Parlement européen et du Conseil du 13 juillet 2009 sur les conditions d'accès au réseau pour les échanges transfrontaliers d'électricité et abrogeant le règlement (CE) n°1228/2003 (Journal Officiel de l'Union européenne 14 août 2009)

[156] Directive 2009/72/CE du Parlement européen et du Conseil du 13 juillet 2009

[157] Il a été transposé en droit interne dans les articles 25 et 26 de la loi n°2000-108 du 10 février 2000

La tarification de l'électricité a alors évolué en accompagnant le processus de libéralisation et de spécialisation des métiers du secteur de l'électricité. La tarification différenciée s'est alors développée.

Avec l'éligibilité élargie progressivement à tous les consommateurs finals, la tarification différenciée entre les tarifs règlementés de vente et les tarifs en ordre de marché a également été étendue successivement aux catégories de consommateurs finals concernés.

Par ailleurs, avec les règles de protection des plus vulnérables dans le cadre des obligations de service public apparue notamment dans la directive 2003/54/CE, une nouvelle tarification différenciée (et même progressive) est apparue avec le tarif de première nécessité même si l'article 1 de la loi n°2000-108 du 10 février 2000[158] l'avait anticipé puisqu'il disposait notamment que : « *Matérialisant le droit de tous à l'électricité,* ***produit de première nécessité****, le service public de l'électricité est géré dans le respect des principes d'égalité, de continuité et d'adaptabilité, et dans les meilleures conditions de sécurité, de qualité, de coûts, de prix et d'efficacité économique, sociale et énergétique* » et l'article 4 de cette même loi qui l'a créé :« *Les tarifs aux usagers domestiques tiennent compte, pour les usagers dont les revenus du foyer sont, au regard de la composition familiale, inférieurs à un plafond, du caractère indispensable de l'électricité en instaurant pour une tranche de leur consommation* ***une tarification spéciale "produit de première nécessité"*** », mais il a fallu attendre ensuite le décret d'application n°2004-325 du 8 avril 2004[159] pour sa mise en œuvre effective.

Sur le marché de gros, la tarification différenciée s'est aussi développée avec les réseaux transfrontaliers et les bourses de l'électricité. Ainsi, l'article 11 du règlement n°714/2009 dispose que : « *Les gestionnaires de réseau de transport favorisent la mise en place de modalités pratiques* [...] encouragent l'établissement de bourses de l'énergie ». En France, le marché de gros de l'électricité s'est développé depuis novembre 2000 selon la chronologie détaillée en annexe 1.

La tarification différenciée existe aussi entre les pays et entre l'électricité produite par les centrales nucléaires et les autres énergies produisant de l'électricité. Nous comparerons les différents tarifs par la suite, notamment les tarifs réglementés de vente et les tarifs en ordre de marché et s'agissant des tarifs régulés, la Commission européenne a considéré, dans une décision importante du 12 juin 2012[160] sur les tarifs règlementés en France hors tarifs

---

[158] Loi n°2000-108 du 10 février 2000 relative à la modernisation et au développement du service public de l'électricité, J.O.R.F. n°35, 11 février 2000, p. 2143

[159] Décret n°2004-325 du 8 avril 2004 relatif à la tarification spéciale de l'électricité comme produit de première nécessité (Journal Officiel 10 avril 2004)

[160] Décision de la Commission du 12 juin 2012, concernant l'aide d'État SA.21918 (C 17/07) (ex NN 17/07) mise à exécution par la France – Tarifs réglementés de l'électricité en France [notifiée sous le numéro C(2012) 2559], J.O.U.E. C 398/10, 22 décembre 2012, p. 12-32

bleu, au considérant 168, que « *les avantages pour le marché de la fourniture d'électricité dont la libéralisation réussie est une priorité pour le marché intérieur de l'Union, contrebalancent les effets certes négatifs pour la concurrence et les échanges entre États membres mais néanmoins limités compte tenu du caractère peu sélectif de la mesure* [...]. *De ce fait, l'aide d'État présente dans les tarifs standards et de retour ne nuit pas aux échanges dans une mesure contraire à l'intérêt commun de l'Union et respecte par là le critère prévu à l'article 107, paragraphe 3, point c), du TFUE.* »

La création et le bon fonctionnement du marché intérieur de l'électricité s'appuyant sur un réseau intégré et interconnecté ainsi que sur les règles de la libre concurrence non faussée, n'empêchent toutefois pas qu'un accès privilégié au réseau de transport d'électricité puisse être octroyé dans certains cas particuliers comme dans celui de l'arrêt « Commission contre Slovaquie » du 15 août 2011[161] où la Cour de justice de l'Union européenne juge qu'un accès privilégié au réseau peut être considéré comme un investissement protégé par un accord entre cette société et la République slovaque conclu **avant** l'adhésion de cet État membre à l'Union européenne. Il s'agit d'une exception qui confirme la règle générale qui s'applique et rappelée par la Cour aux considérants 9 et 10 de l'arrêt précité, à savoir « *garantir la non-discrimination entre utilisateurs ou catégories d'utilisateurs du réseau* » (*v. article 9 de la directive 2003/54/CE*) et des tarifs publiés appliqués « *objectivement et sans discrimination entre les utilisateurs du réseau* » (*v. article 20 de la directive 2003-54/CE*). En France, ce tarif est le T.U.R.P.E. et il contribue aussi à l'achèvement du marché intérieur de l'électricité efficace. Et finalement, on pourrait comparer, aux techniques et technologies près, la création du réseau électrique national où l'unification de la tarification a joué un rôle durant la période de l'entre-deux guerres et celui au plan européen dans la période actuelle.

> *En bref*
>
> La tarification différenciée de l'électricité s'est largement développée en accompagnant le mouvement de libéralisation du secteur de l'électricité au plan européen et la création du marché intérieur de l'électricité intégré et interconnecté.

[161] Arrêt de la Cour (première chambre), 15 septembre 2011, affaire C-264/09, Commission européenne contre République slovaque

## B - VERS L'EFFICACITE ENERGETIQUE

L'efficacité énergétique est peut-être un des principaux enjeux de la période actuelle. Elle vise à découpler la croissance économique et la consommation d'énergie (*v. directive 2012/27/UE, considérant 4*), elle contribue à la sécurité d'approvisionnement énergétique par la maîtrise de la demande, elle améliore la compétitivité des entreprises dans la concurrence mondialisée, elle améliore le pouvoir d'achat des ménages, …

L'article 37 de la Charte des droits fondamentaux prévoit qu'un « *niveau élevé de protection de l'environnement et* [que] *l'amélioration de sa qualité doivent être intégrés dans les politiques de l'Union et assurés conformément au principe du développement durable* ». Les mesures visant à la sobriété énergétique sont donc à encourager dans ce cadre.

Le secteur de l'électricité est marqué par la conciliation de la libéralisation avec des obligations de service public d'une part, la création du marché intérieur de l'électricité avec l'achèvement des réseaux transfrontaliers et avec un renforcement des objectifs d'efficacité énergétique depuis la parution de la directive 2012/27/UE[162] d'autre part.

L'efficacité énergétique est donc importante à considérer, elle entraîne des réflexions d'abord de nature économique qui aboutissent à des adaptations de la législation, en l'occurrence la modification du code de l'énergie. Il est à noter à ce sujet que l'article L100-2 du code de l'énergie dispose notamment que : « *L'État* […] *veille à* […] ***maîtriser la demande d'énergie*** *et* ***favoriser l'efficacité*** *ainsi que* ***la sobriété énergétiques*** ».

Si des mesures supplémentaires permettent de contribuer à l'efficacité ou à la sobriété énergétique, il convient alors de les encourager en accord avec les textes européens et nationaux tout en gardant à l'esprit le conflit potentiel avec la préservation de la compétitivité de la France à court et moyen terme.

Nous n'avons pas besoin de développer davantage ce point puisque nous nous inscrirons naturellement dans ce cadre législatif et règlementaire, la tarification progressive que nous étudierons a pour objectif de s'y conformer et ne nécessite pas d'étude particulière autre que celle qui consiste à montrer sa réelle efficacité potentielle avec un bon niveau de confiance ainsi que sa conformité au droit sur les autres aspects. Pour la tarification différenciée, selon sa forme ou les catégories concernées, nous pouvons être amenés à nous poser la question de l'effet sur l'efficacité énergétique. Toutefois, si on reprend les différentes catégories citées en introduction, c'est surtout l'inefficience économique d'une tarification qui peut être source d'inefficacité énergétique et on identifie un point particulier, celui de la tarification sur les marchés de gros de l'électricité des énergies intermittentes

[162] Directive 2012/27/UE du Parlement européen et du Conseil du 25 octobre 2012 relative à l'efficacité énergétique, modifiant les directives 2009/125/CE et 2010/30/UE et abrogeant les directives 2004/8/CE et 2006/32/CE, J.O.U.E. L 315, 14 novembre 2012, p. 1-56

tant que les réseaux intelligents et les moyens de stockage de l'électricité à grande échelle ne sont pas développés, efficaces et matures. Nous aborderons ce point dans la suite de l'étude dont la distorsion de marché constatée actuellement du fait du soutien très fort des énergies renouvelables.

| |
|---|
| *En bref*<br>La tarification différenciée de l'électricité peut contribuer à l'efficacité énergétique mais c'est surtout la tarification progressive qui devrait remplir le mieux cet objectif et cela ne pose pas de difficulté vis-à-vis de la nouvelle directive 2012/27/UE en-dehors de l'atteinte effective des objectifs. |

### C - La tarification differenciee et le service public

Le droit primaire de l'Union européenne reconnait le service public de l'électricité. Dans l'article 36 de la Charte des droits fondamentaux, l'Union « *reconnait et respecte l'accès aux services d'intérêt économique général tel qu'il est prévu par les législations et pratiques nationales, conformément au traité instituant la Communauté européenne, afin de promouvoir la cohésion sociale et territoriale de l'Union* ». Ils font également l'objet d'un protocole n°9 annexé au Traité de Lisbonne. Et les réseaux énergétiques sont inclus dans la catégorie des services d'intérêt économique général. Dans le secteur de l'électricité, en droit dérivé, les obligations de service public sont explicitement précisées notamment à l'article 3 de la directive 2009/72/CE[163] qui dispose que : « *Les États membres veillent à ce que tous les clients résidentiels et, lorsqu'ils le jugent approprié, les petites entreprises (à savoir les entreprises employant moins de 50 personnes et dont le chiffre d'affaires ou le bilan annuel n'excède pas10 000 000 EUR) aient le droit de bénéficier du* ***service universel****, c'est-à-dire du droit d'être approvisionnés, sur leur territoire, en électricité d'une qualité définie, et ce à des prix raisonnables, aisément et clairement comparables, transparents et non discriminatoires* ».

Des obligations de service public y sont définies également en matière de sécurité. La notion de tarification différenciée peut être déduite de plusieurs de ses considérants en préliminaire.

Ainsi au considérant 37 de cette directive, « *il y a lieu de conférer aux régulateurs de l'énergie le pouvoir de contribuer à assurer un service universel et public de grande qualité, dans le respect de l'ouverture du marché et dans un souci de protection des clients vulnérables, et de garantir le plein effet des mesures de protection des consommateurs* ».

---

[163] Directive 2009/72/CE du parlement européen et du conseil du 13 juillet 2009 concernant des règles communes pour le marché intérieur de l'électricité et abrogeant la directive 2003/54/CE (Journal Officiel de l'UE 14 août 2009)

Au considérant 45, la Commission européenne dispose qu'il « *convient que les États membres prennent les mesures nécessaires pour protéger les consommateurs vulnérables dans le contexte du marché intérieur de l'électricité.* ***Ces mesures peuvent être différentes*** *selon les circonstances particulières de l'État membre concerné* ***et peuvent inclure des mesures spécifiques concernant le paiement des factures d'électricité*** *ou des mesures plus générales prises dans le cadre du système de sécurité sociale* » sachant qu'au considérant 7, « *chaque État membre définit le concept de consommateurs vulnérables, en faisant éventuellement référence à la pauvreté énergétique et, notamment, à l'interdiction de l'interruption de la connexion à l'électricité de ces clients lorsqu'ils traversent des difficultés* ». Une différenciation est donc possible entre deux catégories de ménages, et compatible du droit de l'Union vu sous cet angle. La traduction en droit interne, ce sont les tarifs sociaux pour les ménages ayant droit à la couverture maladie universelle complémentaire.

Au même considérant, la directive permet une différenciation entre les deux catégories de consommateurs finals qu'on retrouve généralement dans le tarif bleu, puisque lorsque « *le service universel est également assuré aux petites entreprises, les mesures visant à faire en sorte que ce service universel soit fourni peuvent différer selon qu'elles visent des clients résidentiels ou des petites entreprises* ».

Si on considère que l'application de deux tarifs différents à deux catégories de ménages différents (les plus vulnérables et les autres) correspond à créer une tarification progressive à deux tranches, on commence déjà à entrevoir une possibilité de conformité de la tarification progressive à trois tranches (ou plus) avec le droit de l'Union européenne.

De plus, la Cour de justice de l'Union européenne reconnait le service d'intérêt économique général de l'électricité notamment dans l'arrêt « *Enel Produzione* » du 21 décembre 2011[164] où elle dit au considérant 50 : « *Il importe de rappeler que les États membres sont en droit, dans le respect du droit de l'Union, de définir l'étendue et l'organisation de leurs services d'intérêt économique général. Ils peuvent en particulier tenir compte d'objectifs propres à leur politique nationale (voir, en ce sens, arrêts précités Albany, point 104, ainsi que Federutility e.a., point 29)* ».

Mais nous revenons plus en détail par la suite dans le cadre de l'analyse de la conformité de la tarification progressive de l'électricité (bonus-malus) au droit européen.

En droit de l'Union européenne, un principe important est la conciliation des obligations de service public avec l'ouverture du marché à la concurrence et le respect des règles de concurrence. Il ne faut ni fausser, ni ralentir

164 Arrêt de la Cour (deuxième chambre), 21 décembre 2011, affaire C-242-10, Enel Produzione SpA contre Autorità per l'energia elettrica e il gas

l'ouverture réelle à la concurrence prévue à l'article 33 de la directive 2009/72/CE relatif à **l'ouverture du marché et à la réciprocité** même si le fait que dans la plupart des pays de l'Union, un acteur national est souvent en position dominante sur son secteur, ce qui *de facto* n'est pas de nature à accélérer la prise de parts de marché par les fournisseurs alternatifs sur les marchés de détail. Nous analyserons ce point selon un équilibre de STACKELBERG *infra* (*v. section II, D*) pour comprendre la difficulté des nouveaux entrants et le dilemme de l'acteur dominant.

*En bref*

À condition de respecter en les conciliant à la fois les règles de concurrence et les obligations de service public, de nombreuses formes de tarification de l'électricité peuvent en principe être mises en place par les États membres.

## SECTION II LA TARIFICATION DIFFERENCIEE DANS LES MARCHES DE L'ELECTRICITE

La tarification différenciée existe sur les marchés de gros et de détail. Pour le consommateur final, c'est le marché concurrentiel de la fourniture qu'il convient d'étudier. Toutefois, le marché de gros n'est pas sans effet sur la tarification de détail. Nous examinons alors le marché de gros dans un premier temps (**I**) puis le marché de détail dans un second temps (**II**).

### I - LA TARIFICATION DIFFERENCIEE EN AMONT DES CONSOMMATEURS FINALS

Analyser la tarification différenciée sur le marché de gros signifie s'intéresser aux différences moyennes de tarifs entre pays interconnectés avec la France dans le cadre du marché intérieur de l'électricité (**A**), puis nous nous intéresserons aux réseaux transfrontaliers (**B**) et aux bourses de l'électricité (**C**).

#### A - LES TARIFS MOYENS DANS LES ÉTATS MEMBRES

Afin d'analyser correctement la tarification différenciée, il est nécessaire d'examiner les différences de tarifs dans les états membres de l'Union européenne[165]. Pour simplifier, nous prenons les cinq États membres interconnectés avec le réseau RTE[166] en France puisque ce qui nous intéresse, ce sont les écarts de tarification pour les ménages et les entreprises afin de comprendre les conséquences de la convergence sur les producteurs.

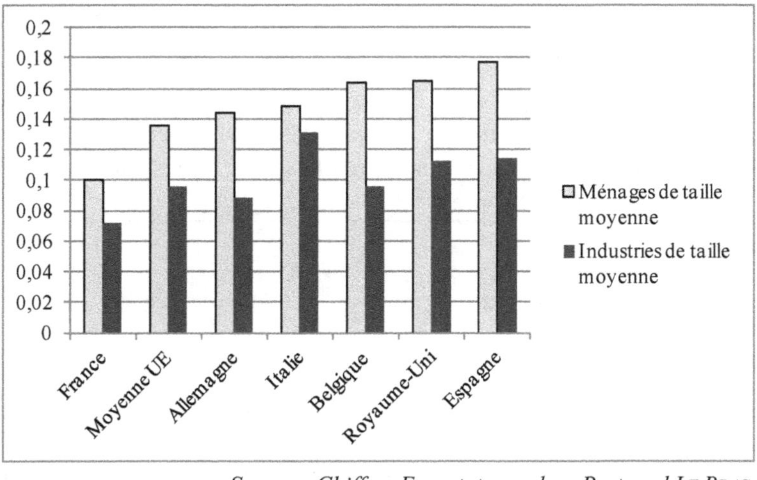


*Source : Chiffres Eurostat ; analyse Bertrand LE BRAS*

**Figure 8 – Tarifs moyens dans six États membres**

165 http://epp.eurostat.ec.europa.eu/tgm/table.do?tab=table&init=1&plugin=1&language=fr&pcode=ten00117 consulté le 5 juin 2013

166 La Suisse est le sixième pays interconnecté au réseau RTE mais en-dehors de l'Union européenne

Ce sont les prix annuels 2012 en €/kWh pour les ménages de taille moyenne[167] et pour les industries de taille moyenne[168] publiés par Eurostat à partir des prix semestriels.

On peut constater deux points remarquables. Le premier est la différence systématique de l'électricité facturée aux particuliers par rapport aux industries. On pourrait l'interpréter comme un soutien à l'industrie ou une incitation à la sobriété énergétique des ménages mais elle reflète probablement la capacité des entreprises à négocier de meilleurs tarifs. Une question serait alors celle de l'écart plus faible pour la France par rapport à l'Allemagne en regard des marges de négociation par exemple.

Le second point est l'écart entre la France et la moyenne de l'Union européenne. Il est de l'ordre de 30%[169]. Or, depuis quelques mois, la presse se fait l'écho d'augmentation des tarifs de l'électricité dans les années à venir. La C.R.E. a également fait la même analyse dans son rapport d'activité 2012 avec une prévision de **hausse de 28,2% du tarif bleu** de fin 2012 à fin 2017[170] incluant 10,4% d'inflation. La convergence des prix entre la France et ses voisins devrait s'effectuer progressivement si leurs tarifs n'augmentent pas trop.

Enfin, il s'agit des prix hors taxes. Si on ajoutait les taxes, certains écarts seraient encore accentués à l'instar des taxes allemandes supérieures de 0,82 €/kWh aux taxes françaises[171].

*En bref*

Tendanciellement et eu égard à la construction du marché intérieur de l'électricité, tout porte à croire que la tarification différenciée entre les pays interconnectés régressera progressivement vers la moyenne de l'Union européenne au bénéfice des producteurs d'électricité mais aussi en théorie des consommateurs des autres États membres que la France qui la paieraient plus cher autrement.

---

[167] Prix hors taxes national moyen en Euro par KWh au premier semestre de chaque année pour des ménages consommateurs de taille moyenne ("bande de consommation Dc" correspondant à une consommation annuelle de 2 500 à 5 000 KWh)

[168] Prix hors taxes national moyen en Euro par KWh au premier semestre de chaque année pour des consommateurs industriels de taille moyenne (bande de consommation Ic correspondant à une consommation annuelle de 500 à 2 000 MWh)

[169] Ce chiffre est cohérent avec les 27% dans l'avis du Conseil économique, social et environnemental (La transition énergétique : 2020-2050 un avenir à bâtir, une voie à tracer, Journaux officiels, 2013, p. 17)

[170] Rapport d'activité 2012, C.R.E., 4 juillet 2013, p. 123

[171] v. *infra*, Ch. II, Sect. II, III, B, Une fiscalité de l'électricité en développement

## B - Les reseaux transfrontaliers et la tarification differenciee

Aujourd'hui, l'Europe de l'électricité est déjà une réalité puisque quarante-six interconnexions aux six frontières de la France avec ses pays voisins et le réseau de transport électrique français contribuent à la création d'une maille intégrée en Europe qui comprend vingt-quatre pays, 525 millions de personnes et 305 000 kilomètres de lignes électriques[172].

Nous examinons alors la tarification différenciée entre les pays interconnectés voisins de la France dans le cadre des échanges transfrontaliers (**2**) après avoir présenté les capacités d'échanges (**1**) mais nous n'aborderons pas les réseaux physiques ou les normes d'interconnexion. Ensuite, nous abordons deux effets particuliers, celui des énergies renouvelables sur la tarification en prenant l'exemple de l'Allemagne (**3**) et celui sur la tarification différenciée en aval (**4**).

### 1 - *Les capacités d'échanges*

Quand les capacités d'échanges augmentent et se rapprochent d'un optimum, le marché de gros de l'électricité, à condition de mettre en place les mécanismes de marché adaptés, peut en parallèle se rapprocher d'un optimum d'efficience au bénéfice de tous les consommateurs finals européens dans leur ensemble.

Actuellement, les capacités d'échanges **en MW** sont représentées sur la carte suivante :

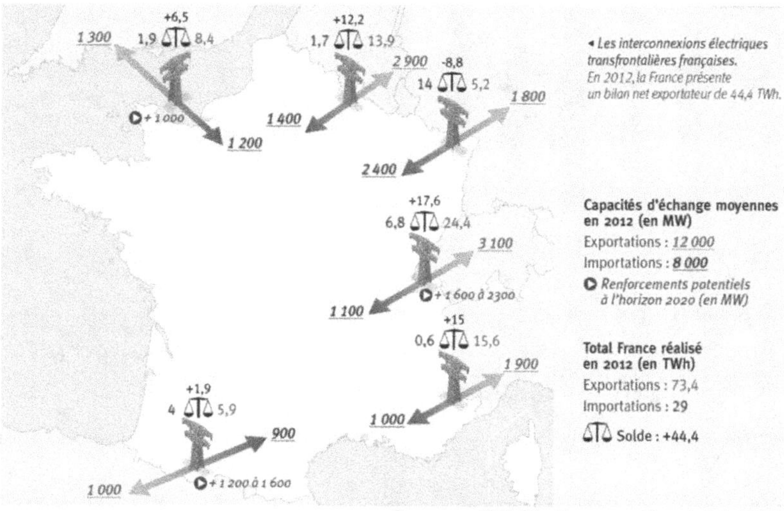


*Source : C.R.E., Rapport d'activité, 2012*

**Figure 9 – Capacités d'échanges transfrontaliers en 2012**

[172] Avis du conseil économique, social et environnemental, La transition énergétique : 2020-2050 un avenir à bâtir, une voie à tracer, Journaux officiels, 2013, p. 30

La France poursuit le développement des interconnexions électriques avec les pays voisins. Les travaux de l'interconnexion électrique France-Espagne ont commencé en 2012 pour une mise en service en 2015. La capacité d'échange sera alors de 2800 MW. L'interconnexion électrique France-Italie (Savoie Piémont) a été déclarée d'utilité publique en avril 2012 et le processus d'autorisation se poursuit avant le début des travaux[173].

Pour la suite de notre étude, nous pouvons prendre l'hypothèse que progressivement, les capacités d'échanges physiques d'électricité avec les pays interconnectés augmenteront ce qui permettra théoriquement de faire baisser les prix de gros de l'électricité.

### 2 - *Les échanges*

**La France exporte donc davantage d'électricité qu'elle n'en importe[174].** Ainsi, en 2012, le solde net des échanges aux frontières françaises est exportateur à hauteur de **44 TWh**. La France est ainsi le premier exportateur net d'électricité d'Europe de l'Ouest et les volumes exportés représentent **15%** de la consommation nationale[175]. Les échanges avec les pays voisins de la France ont évolué de la façon suivante ces dernières années :

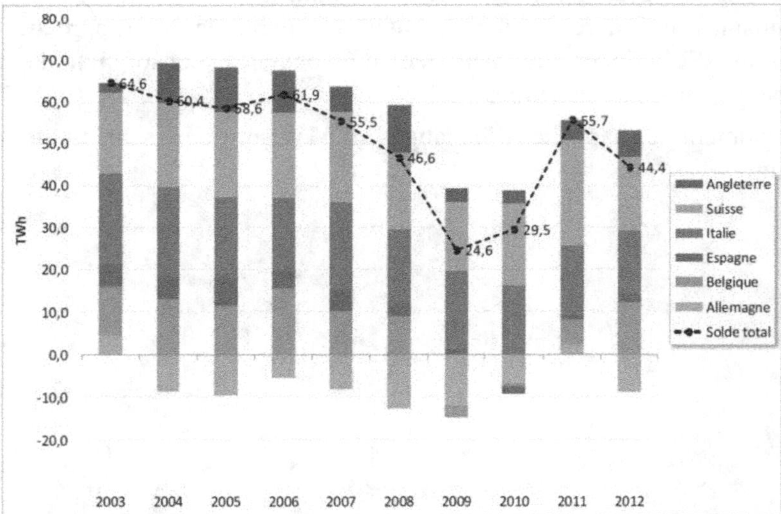


*Source : RTE – Analyse : C.R.E.*[176]

**Figure 10 – Historique des échanges transfrontaliers**

[173] Plan national de réforme, République française, Avril 2013

[174] Panorama énergies-climat édition 2013, Ministère de l'écologie, du développement durable et de l'énergie, 30 juillet 2013, p. 84

[175] Réseaux : Échanges d'électricité aux frontières. Utilisation et gestion des interconnexions en 2012, C.R.E., Juin 2013

[176] *Ibidem*, p. 11

Pour augmenter les échanges, il ne faut pas seulement augmenter les capacités physiques, il est également nécessaire de mettre en place des marchés qui permettent de les utiliser pleinement et on distingue alors quatre modèles cibles en vue de l'achèvement du marché intérieur en 2014 qui se distinguent selon l'échéance[177] :

- l'allocation par enchères explicites pour les marchés long terme ;
- le couplage de marché par enchères implicites pour les marchés journaliers ;
- l'allocation implicite et continue pour les marchés infra journaliers ;
- les échanges d'ajustement inter gestionnaires de réseaux de transport (G.R.T.) pour les marchés d'ajustement.

Sans rentrer dans le détail des mécanismes associés, retenons que ces mécanismes contribuent notamment à mieux utiliser les capacités physiques, à réduire la congestion en augmentant le nombre de jours de l'année où les prix sont « identiques » dans les pays couplés. Ainsi, en 2012, les prix entre la France, l'Allemagne, la Belgique et les Pays-Bas ont convergé[178] **50%** du temps[179] et grâce au couplage de marché mis en place en 2010 entre la France et l'Allemagne, les prix entre ces deux pays ont convergé **65%** du temps en 2012, contre **10%** auparavant.

Au contraire de la tarification différenciée actuelle, **le futur marché intérieur de l'électricité devrait davantage faire converger les prix de gros de l'électricité entre pays interconnectés**. C'est une forme de tarification différenciée en future voie d'extinction théorique que nous détaillerons dans le cadre des bourses de l'électricité car ce n'est pas si simple.

### 3 - *L'effet des énergies renouvelables sur la tarification différenciée et l'exemple de l'Allemagne*

Les énergies renouvelables font l'objet d'un soutien important dans les directives européennes et par détermination de la loi. En France, leur poids dans la part énergie du tarif bleu en 2012 est de **6,6%** mais leur poids dans le volume de consommation est bien plus important puisqu'il est de **16,9%**[180].

En Allemagne, après la sortie accélérée du nucléaire suite à la catastrophe de Fukushima, l'objectif de la part d'énergie renouvelable dans la production d'électricité est désormais de 50% en 2030[181].

Cela n'est déjà pas sans effet sur la régulation électrique et sur l'économie électrique. À partir des deux cartes suivantes, on peut illustrer « le chemin »

---

[177] *Ibidem*, p. 4
[178] Les prix ont convergés quand la différence est inférieure à 1 € par MWh (C.R.E.)
[179] *Ibidem*, p. 5
[180] Rapport d'activité 2012, C.R.E., 4 juillet 2013
[181] *Ibidem*, p. 113

que prend l'électricité sur un grand réseau très interconnecté qui correspond à la « ligne de plus grande pente » électrique à la manière de l'eau qui ruisselle d'une colline après la pluie[182].

**Répartition des flux de puissance en Europe suivant que les éoliennes du nord de l'Allemagne fonctionnent en régime de vents faibles (*à gauche*) ou forts (*à droite*) en 2008**

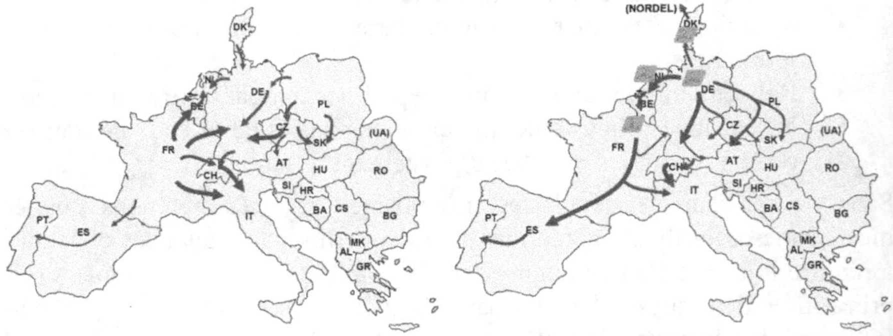


*Source : European Wind Integration Study (EWIS), Juillet 2008*

**Figure 11 – Flux de puissance électrique par vent faible et vent fort en 2008**

On constate alors qu'outre certains flux indésirables sur les réseaux que peuvent subir les gestionnaires de réseaux, si les capacités transfrontalières le permettent et si le tarif de l'électricité produite par les éoliennes du nord de l'Allemagne par régime de vent fort est moins chère que les autres sources d'électricité (nucléaire, thermique), les prix devraient baisser sur le marché de gros et inversement par régime de vent faible.

Nous reviendrons sur l'effet des énergies renouvelables par la suite, dans le cadre de la formation des prix sur les bourses de l'électricité.

### 4 - *L'effet sur la tarification différenciée en aval*

Comme nous l'avons indiqué en introduction, la tarification différenciée de l'électricité peut prendre plusieurs formes et être regardée sous différents angles. Nous avons abordé succinctement le marché de gros de l'électricité par l'approche des réseaux transfrontaliers mais c'est déjà suffisant pour se poser la question de l'effet sur les tarifications en aval sur le marché de la fourniture.

La Commission de régulation de l'énergie indique dans son dernier rapport sur les réseaux transfrontaliers[183] que « *les échanges d'électricité aux frontières permettent ainsi aux fournisseurs d'électricité de s'approvisionner au moindre coût en utilisant les sources de production les moins chères, au*

[182] Jean-Pierre HANSEN et Jacques PERCEBOIS, Énergie : Économie et politiques, De Boeck, 2010, p. 426-427

[183] Réseaux : Échanges d'électricité aux frontières. Utilisation et gestion des interconnexions en 2012, C.R.E., Juin 2013, p. 3

*bénéfice du consommateur final. À titre illustratif, le couplage de marché entre la France, le Benelux et l'Allemagne, en place depuis novembre 2010, a permis d'économiser environ 50 M€/an en termes de coûts d'approvisionnement* ».

Nous pouvons également constater sur les deux graphiques suivants l'évolution comparée du prix à terme (échéance annuelle) de plusieurs sources d'énergie corrigé des effets de change, et constater que la tendance du prix à terme (échéance annuelle) de l'électricité depuis 2011 est plutôt orientée à la baisse :

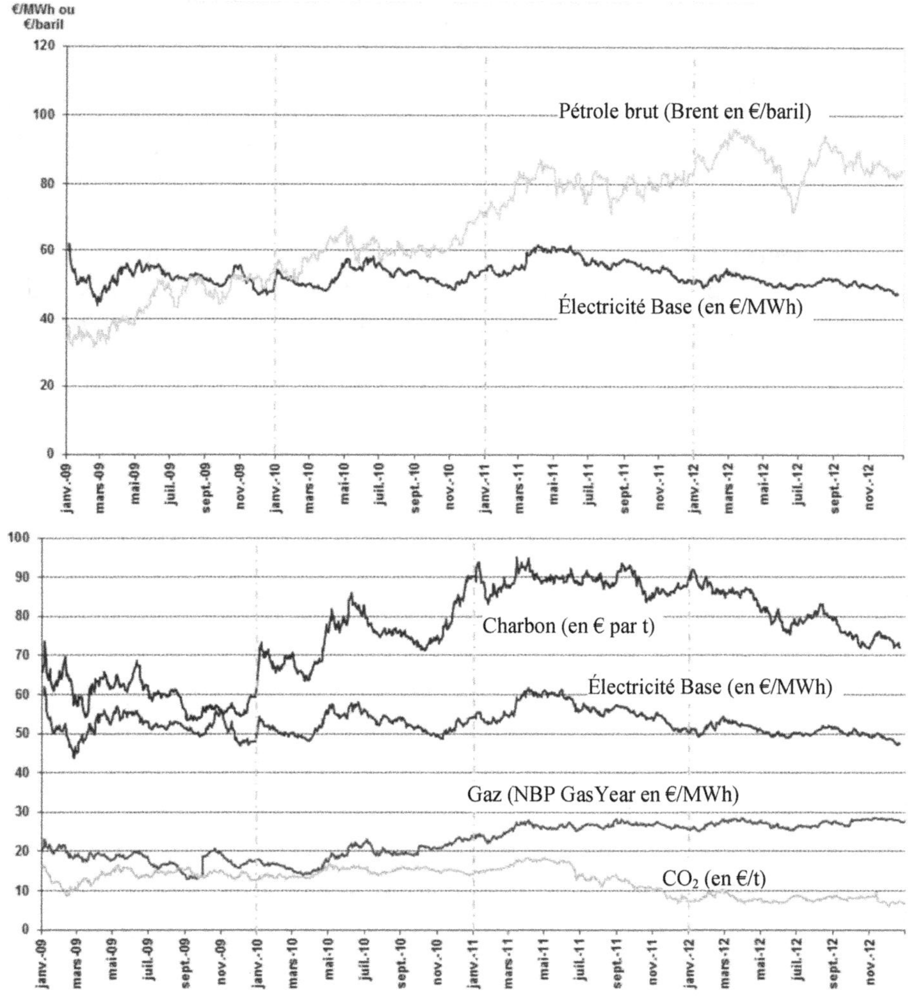


*Source : C.R.E., Indicateurs des marchés de gros de l'électricité mars 2013*

**Figure 12 – Évolution comparée du prix à terme (à un an) des énergies**

La question est désormais de pouvoir corréler le prix de l'électricité sur le marché de gros avec celui sur le marché de détail et d'essayer de comprendre pourquoi sur le marché de gros le prix baisse alors qu'en France, le prix de détail est en hausse et ce n'est qu'un début selon les prévisions de la C.R.E. La première explication reste celle de la régression vers la moyenne des prix de détail en Europe comme nous l'avons indiqué au paragraphe A. La deuxième est que le marché de détail en France est très concentré avec l'opérateur historique et que le consommateur final doit attendre quelques années avant de bénéficier des effets positifs du marché européen. La troisième est liée à la somme des composantes qui entrent dans la tarification de l'électricité et que chaque composante a une bonne raison d'augmenter notamment :

- le T.U.R.P.E. parce que les investissements dans les réseaux intelligents sont importants ;
- la C.S.P.E. parce que la précarité énergétique augmente, que les zones non interconnectées connaissent une croissance annuelle de la consommation électrique préoccupante[184] qui se répercute sur les charges à compenser.

La quatrième pourrait être liée à la concentration très forte du marché de détail en France et d'un manque d'indépendance de la C.R.E. liés à des risques de capture ou d'asymétrie d'information que nous avons vu dans la première section.

[184] Rapport d'activité 2012, C.R.E., 4 juillet 2013, p. 72

*En bref*

La tarification différenciée entre pays interconnectés du marché intérieur de l'électricité en achèvement (pour 2014), n'est pas la tarification progressive telle qu'elle sera analysée dans la suite de l'étude, mais des prix de l'électricité différents historiquement et qui convergent puisque le taux de prix identiques en 2012 entre la France, l'Allemagne, la Belgique et les Pays-Bas a été de 50% du temps.

Pour les consommateurs finals français, la convergence des prix entre pays interconnectés a un effet sur l'évolution des tarifs de vente de l'électricité en France, c'est ce qu'on a appelé la régression vers la moyenne, l'augmentation progressive des flux d'électricité transfrontaliers fait augmenter les prix de la fourniture d'électricité.

L'augmentation des capacités d'échange contribue à deux objectifs importants : un meilleur fonctionnement du marché intérieur de l'électricité et des revenus complémentaires probables pour les opérateurs d'électricité qui viendraient compenser une diminution de la consommation liée au changement des comportements vers la sobriété énergétique et aussi maintenir une compétition sur le territoire national. Elle devrait également faire disparaître la tarification différenciée entre les pays du marché intérieur au profit d'un « euro de l'électricité ».

## C - Les bourses de l'electricite, ses effets sur la tarification en aval

Le marché de gros de l'électricité comprend les échanges d'électricité entre les producteurs, les intermédiaires (courtiers, traders) et les fournisseurs sous deux formes, des produits *spot* qui sont livrés le lendemain (*day-ahead*) ou le jour même (*intraday*) et des produits à terme qui sont livrés à une échéance donnée (hebdomadaire, mensuelle, trimestrielle ou annuelle). Les échanges se font de gré à gré (O.T.C.), par des transactions directes ou par des intermédiaires qui peuvent être des sociétés de courtage ou des plateformes de négoce[185].

En France, les produits à terme sont plus réduits du fait du marché organisé de l'électricité nucléaire suite à la loi NOME du 7 décembre 2010 qui permet aux fournisseurs alternatifs d'acheter cette électricité au tarif régulé dit de l'A.R.E.N.H. (**42** €/MWh[186] alors que le prix *spot* a été en moyenne de **46,9** €/MWh en 2012[187]). L'annexe 1 rappelle les principales étapes concernant

[185] Observatoire des marchés de l'électricité, du gaz et du CO2, C.R.E., Premier trimestre 2013, p. 21-22

[186] Arrêté du 17 mai 2011 fixant le prix de l'accès régulé à l'électricité nucléaire historique à compter du 1er janvier 2012 (Journal Officiel 20 mai 2011)

[187] Panorama énergies-climat édition 2013, Ministère de l'écologie, du développement durable et de l'énergie, 30 juillet 2013, p. 42

l'évolution du marché de gros de l'électricité en France qui a accompagné la création du marché intérieur.

Au premier trimestre 2013, plus de **28** TWh ont été échangés sur le marché *spot* et plus de **144** TWh ont été échangés sur l'ensemble des marchés à terme. Malgré cette différence, c'est le prix *spot* dont il s'agit quand on cite le prix de l'électricité sur le marché de gros et il est alors nécessaire de comprendre comment ce prix se forme (**1**), de constater qu'il peut atteindre des sommets au travers du cas des prix atteints lors du mois de février 2012 (**2**) et de se poser à nouveau la question de l'effet sur la tarification de détail au vu des éléments complémentaires développés (**3**).

### 1 - *La formation des prix d'équilibre sur les bourses de l'électricité*

Le marché de l'électricité est un marché organisé d'équilibrage et de livraison d'électricité à différentes échéances. Les bourses de l'électricité EPEX SPOT proposent une plateforme de négociation où les membres répondant aux conditions d'admission peuvent entrer des ordres d'achat et de vente d'électricité. Son objectif est de s'assurer que la formation du prix de gros soit transparente et fiable « *sur le marché de l'électricité en faisant coïncider l'offre et la demande à un prix équitable et en s'assurant que les transactions passées sur la bourse seront finalement livrées et payées* »[188].

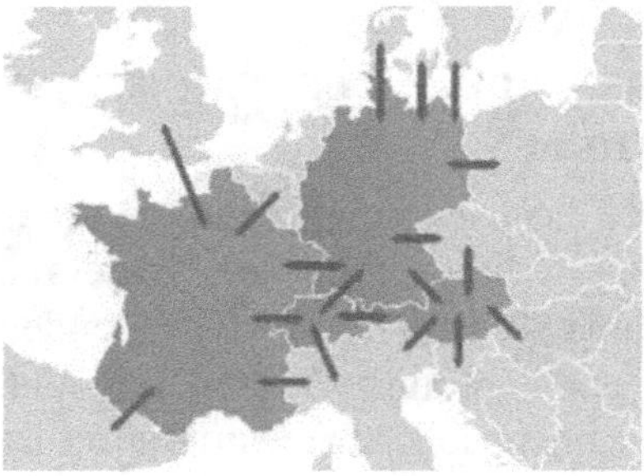

*Source : www.epexspot.com*

**Figure 13 – EPEX SPOT en Europe**

La différence avec d'autres marchés est la spécificité de l'électricité qui n'existe plus, qui cesse d'être produite dès qu'on interrompt la production ou l'acheminement d'une part, et qu'elle a une caractéristique intrinsèque de ne pas pouvoir être stockée telle que le système électrique s'effondre en cas de déséquilibre au-delà de ses limites entre l'offre et la demande[189]. Un point

---

[188] Site http://www.epexspot.com/fr/epex_spot_se/fondamentaux_du_marche_de_l_electricite consulté le 14 août 2013 ; le règlement REMIT interdit aux acteurs qui effectuent des transactions sur les marchés de gros de se livrer à des opérations d'initiés ou des manipulations de marché.

[189] Jean-Pierre HANSEN et Jacques PERCEBOIS, Énergie : Économie et politiques, De Boeck, 2010, p. 124-129

essentiel est donc qu'**il faut en permanence chercher à conserver ou rétablir l'équilibre entre l'offre et la demande**, ce qui entraîne une forte volatilité du prix *spot* qui varie d'heure en heure.

Sur les deux graphiques suivants, **à gauche sans tarifs rémunérateurs** pour les énergies renouvelables intermittentes (éolien, solaire), **à droite avec tarifs rémunérateurs** et qui sont prioritaires par détermination de la loi, nous avons l'illustration de la formation du point d'équilibre entre la demande caractérisée par une élasticité-prix faible[190] et l'offre selon l'ordre de préséance économique, c'est-à-dire correspondant à l'entrée incrémentale de productions d'électricité sur le réseau, ordonnancées par type de source d'électricité d'efficacité décroissante pour obtenir une production optimale hors cas particulier près des deux sources d'énergie éolienne et solaire. L'ordre de préséance économique est défini dans la directive 2009/72/CE comme étant le classement des sources d'approvisionnement en électricité selon des critères économiques. Il est parfois aussi appelé *merit order* ou ordre de mérite économique.

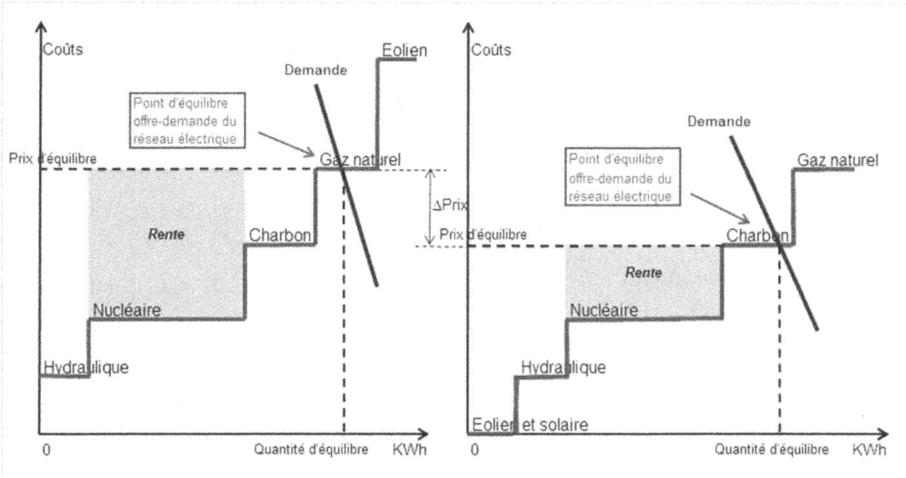


*Sources : Fusion d'éléments de J. Percebois et F. Mirabel*

**Figure 14 – L'ordre de préséance économique**

L'intégration des énergies intermittentes renouvelables sur le marché *spot* de l'électricité n'est pas neutre dans la construction du prix d'équilibre de l'électricité sur la bourse de l'électricité, elle a tendance à le faire baisser car ces énergies participent gratuitement aux enchères sur le marché *spot*, elles sont intermittentes et dans les périodes de très forte production d'électricité

190 En général, selon les théories de l'économie classique faisant l'hypothèse que les consommateurs sont rationnels, on considère une élasticité-prix de l'électricité de 0,2 à 0,4 telle que pour une variation de 10% du prix de l'électricité, la variation sur la demande est de 2% à 4%. L'élasticité-prix prix faible est ici représentée par la forte pente de la ligne rouge de la demande

éolienne en particulier, on arrive parfois à un phénomène de **prix négatif** sur le marché *spot* (*day-ahead*). Où il faudrait théoriquement arrêter des centrales selon la courbe de l'ordre de préséance économique de l'électricité ou du critère du mérite économique, certains producteurs préfèrent alors payer pour injecter leur électricité dans le réseau du fait des contraintes liées à l'arrêt et au redémarrage de leurs centrales.

Nous constatons que sans tarifs rémunérateurs (ou *feed-in tariffs*[191]), la compétitivité économique des énergies renouvelables est insuffisante et leur développement nécessite un fort soutien durable des pouvoirs publics puisque les prix moyens approximatifs des sources d'électricité plus détaillés, dans l'ordre croissant, sont les suivants :

| **Type** | **Prix moyen en €/MWh** | *Sources :* |
|---|---|---|
| Hydraulique | 30 | *C.E.S.E*[192] |
| Nucléaire | 42 | *ARENH : loi NOME*[193] |
| Petite hydraulique | 60 | *Panorama énergie-climat 2013*[194] |
| Charbon | 70 | *Jacques PERCEBOIS*[195] |
| Gaz naturel | 80 | *Jacques PERCEBOIS* |
| Éolien terrestre | 80 | *Panorama énergie-climat 2013* |
| Photovoltaïque au sol, technologies matures | 125 | *Panorama énergie-climat 2013* |
| Biomasse | 150 | *Panorama énergie-climat 2013* |
| Biogaz | 150 | *Panorama énergie-climat 2013* |
| Photovoltaïque intégré simplifié au bâti | 170 | *Panorama énergie-climat 2013* |
| Éolien marine | 180 | *Henri PREVOT*[196] *et Panorama énergie-climat 2013* |
| Photovoltaïque intégré au bâti | 300 | *Henri PREVOT et Panorama énergie-climat 2013* |

**Tableau 4 – Le prix moyen de l'électricité par énergie**

---

[191] Jacques PERCEBOIS, Les nouvelles contraintes pour le mix électrique en France, C.R.E.D.E.N., 19 novembre 2012

[192] Avis du conseil économique, social et environnemental, La transition énergétique : 2020-2050 un avenir à bâtir, une voie à tracer, Journaux officiels, 2013, p. 21

[193] Loi n°2010-1488 du 7 décembre 2010 portant nouvelle organisation du marché de l'électricité (Journal Officiel 8 décembre 2010)

[194] Panorama énergies-climat édition 2013, Ministère de l'écologie, du développement durable et de l'énergie, 30 juillet 2013, p. 153

[195] Charbon et gaz naturel avec tonne de CO2 à 20 €, Jacques PERCEBOIS, Les nouvelles contraintes pour le mix électrique en France, C.R.E.D.E.N., 19 novembre 2012 ; Information convergente sur le site http://www.efficacite-electrique.fr/2012/08/gaz-naturel-energie-fossile-xxieme-siecle/ consulté le 16 août 2013

[196] Henri PREVOT, Avec le nucléaire : Un choix réfléchi et responsable, Seuil, Juin 2012, p. 123

S'agissant de distorsions de marché et de la tarification différenciée entre différentes sources de production d'électricité, le cas du *switching* de la courbe du *merit order* a été analysé récemment par François BENHMAD et Jacques PERCEBOIS[197]. Ils soulignent que les énergies renouvelables participent gratuitement aux enchères sur le marché *spot* puisqu'elles sont rémunérées *via* des prix de rachat garantis hors marché ou des systèmes de promotion tirant les prix vers le bas, voire générant des prix négatifs[198], **inférieurs au juste prix** et **accentuant la volatilité des prix**. Le problème vient du fait que l'électricité ne se stocke pas, que les énergies intermittentes ne produiraient à pleine puissance que 17% du temps pour l'éolien et 12,5% du temps pour le solaire-photovoltaïque[199] et génèrent des externalités négatives évaluées de l'ordre de 5 à 25 €/MWh par l'Agence internationale pour l'énergie du fait qu'il faut des centrales thermiques en secours quand il n'y a pas de vent notamment.

En résumé, c'est le consommateur final, *via* la C.S.P.E. en France, *via* la taxe dite E.E.G. en Allemagne qui finance le développement des énergies renouvelables et certains producteurs d'électricité peuvent actuellement profiter de cette situation d'une production d'électricité intermittente prioritaire sur le réseau par détermination de la loi.

La grosse différence entre la C.S.P.E. et la taxe E.E.G. est le montant qui varie du simple au quadruple voire plus puisque la taxe E.E.G. est désormais fixée à **53 €/MWh**[200] et permet à l'Allemagne d'avoir les prix les plus bas de l'Europe de l'Ouest sur le marché de gros de l'électricité. Mais on peut relever qu'il n'est pas certain que cette taxe soit encore conforme au droit de l'Union européenne et la question du respect des quatre critères de l'arrêt « *Altmark* » (*CJCE, 24 juill. 2003, aff. C-280/00, Altmark Trans GmbH*) pourrait se poser désormais. Ainsi, l'augmentation de 50% a-t-elle été établie de manière objective, transparente et est-elle proportionnée, calculée au juste nécessaire alors que son montant est supérieur au prix *spot* moyen en 2012 ?

Par ailleurs, le prix d'équilibre ainsi formé sur les deux graphiques *supra* permet de constater la constitution d'une rente principalement nucléaire[201].

---

197 François BENHMAD et Jacques PERCEBOIS, Les distorsions induites par les énergies intermittentes sur le marché spot de l'électricité, C.R.E.D.E.N., Cahiers de recherche, Cahier N°13.05.98, 13 mai 2013

198 Ce phénomène s'est produit 25 fois en Allemagne en 2009 (*ibidem*, p. 3)

199 *Ibidem*, p. 4

200 Panorama énergies-climat édition 2013, Ministère de l'écologie, du développement durable et de l'énergie, 30 juillet 2013, p. 42

201 Le Premier ministre Jean-Marc HERAULT a annoncé en clôture de la conférence environnementale du 21 septembre 2013 que cette rente serait (partiellement) utilisée pour financer la transition énergétique (v. article http://www.lemonde.fr/planete/article/2013/09/21/ayrault-energies-fossile-et-nucleaire-financeront-la-transition-energetique_3482334_3244.html consulté le 21 septembre 2013)

Dans le cadre des bourses de l'électricité, le couplage transfrontalier peut aboutir à plusieurs situations de rente ou de congestion.

En effet, sans couplage entre deux pays voisins, il existe un écart normal de prix d'équilibre entre l'offre et la demande entre ces deux pays, lié aux caractéristiques intrinsèques de chaque marché national.

Lorsqu'on effectue le couplage transfrontalier, on vient mettre en cohérence, la veille pour le lendemain, les deux marchés nationaux avec leur propre prix d'équilibre sur leur bourse de l'électricité, en fonction des capacités d'interconnexion disponibles sur le créneau horaire considéré en utilisant les moyens de productions les moins coûteux et en évitant d'utiliser les plus coûteux. Nous avons alors deux situations possibles :

- Si les capacités d'interconnexion sont suffisantes, le couplage permet d'égaliser les prix d'équilibre des deux pays et d'obtenir le prix *spot* de référence identique sur les bourses des deux pays ;
- Si les capacités d'interconnexion ne sont pas suffisantes sur le créneau horaire, un écart de prix subsiste entre les deux bourses. Cet écart est la rente de congestion qui s'explique de la façon suivante : les fournisseurs du pays où le prix d'équilibre est le plus cher importent de l'électricité du pays où le prix d'équilibre est le moins cher dans la limite de la capacité d'interconnexion et le producteur qui a exporté son électricité récupère la rente de congestion.

Statistiquement, les prix français convergent (*la différence est inférieure à 1 €/MWh*) dix fois plus souvent avec ceux des pays couplés qu'avec les autres pays[202].

En 2012, la convergence des prix entre la France et les six pays interconnectés avec son réseau électrique a été la suivante :

| Pays | Pourcentage du temps où le différentiel de prix est inférieur à 1 €/MWh | Pourcentage du temps où le différentiel de prix est supérieur à 1 €/MWh, et où l'interconnexion n'est pas utilisée à son maximum | Pourcentage du temps où le différentiel de prix est supérieur à 1 €/MWh, et où l'interconnexion est utilisée à son maximum |
|---|---|---|---|
| Allemagne | 67% | 0% | 33% |
| Belgique | 87% | 0% | 13% |
| Espagne | 9% | 36% | 54% |
| Italie | 1% | 26% | 73% |
| Suisse | 16% | 58% | 27% |
| Angleterre | 4% | 56% | 40% |

*Source : Rapport réseaux transfrontaliers, C.R.E., 2012*

**Tableau 5 – Convergence des prix aux interconnexions électriques avec la France**

[202] Réseaux : Échanges d'électricité aux frontières. Utilisation et gestion des interconnexions en 2012, C.R.E., Juin 2013, p. 27

La capacité d'interconnexion est primordiale pour la convergence des prix. En effet, en théorie, on devrait converger progressivement vers un prix de l'électricité unique en Europe avec l'achèvement du marché intérieur. Toutefois, l'exemple des prix de l'électricité de la France et de l'Allemagne sur la bourse EPEX SPOT permet de se rendre compte qu'en cas de saturation des capacités d'échanges, les prix divergent quand ils devraient converger (sur la partie droite du graphique), et ceci malgré le couplage de marchés effectué en 2010 :

**Évolution de la différence de prix avec l'Allemagne (01/2011-03/2013)**

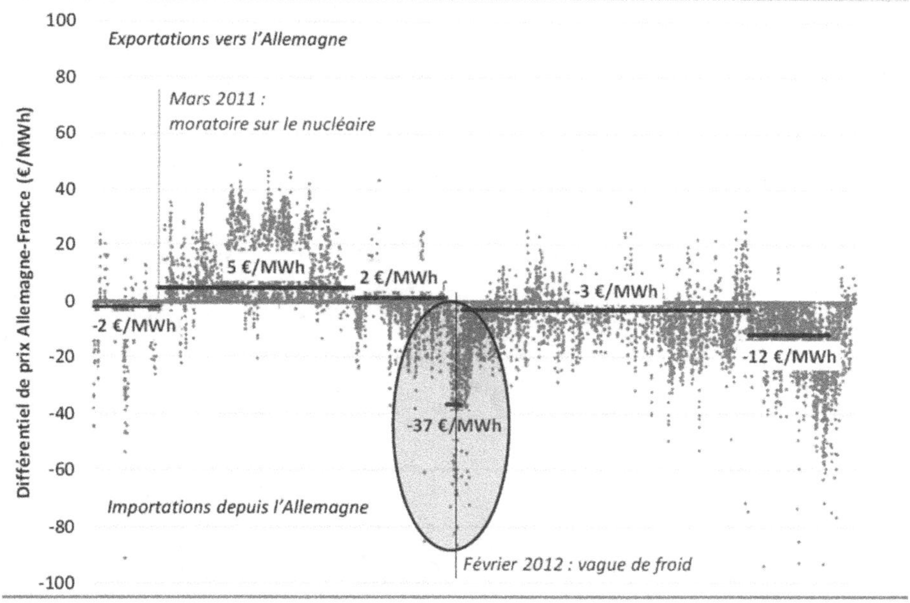


*Source : Rapport réseaux transfrontaliers 2012, C.R.E.*

**Figure 15 – Évolution de la différence de prix avec l'Allemagne**

En-dehors du mois de février 2012 que nous abordons au paragraphe suivant, à partir de l'été 2012, les prix ont divergé (*nuage de points gris à droite*) en raison de **la saturation des capacités d'échanges physiques d'électricité** entre les deux pays du fait de la demande croissante d'importation d'électricité de l'Allemagne[203].

À partir de cet exemple, on comprend que le marché intérieur est certes en achèvement car les capacités d'échanges physiques et contractuels sur les bourses de l'électricité se développent, toutefois, nous remarquons que leurs développements doivent se faire en parallèle pour minimiser les divergences de prix entre les pays, sinon nous pourrions constater des phénomènes de convergence-divergence en fonction de l'augmentation des capacités, des

[203] Réseaux : Échanges d'électricité aux frontières. Utilisation et gestion des interconnexions en 2012, C.R.E., Juin 2013, p. 13

mécanismes d'échanges sur le marché de gros, de l'offre et surtout de la demande. Mais si la demande augmente, c'est aussi un point positif pour le fonctionnement concurrentiel du marché.

### 2 - *Un exemple de prix atteints sur le marché de gros en février 2012*

Nous abordons ici un des problèmes principaux sur le marché intérieur de l'électricité en lien très fort avec les capacités d'échanges transfrontaliers d'électricité et les prix résultants sur la bourse de l'électricité. Nous l'abordons sous l'angle de la tarification différenciée entre les points d'équilibre sur les bourses de deux pays voisins comprenant la France à chaque fois. Ce même exemple est revu dans la seconde partie traitant spécifiquement des pics hivernaux (*v. 2^nde^ part., ch. I, sect. I, I, A*). Il y sera traité par rapport à l'effacement, à la priorité qui lui est donnée par détermination de la loi et à l'effet de la tarification différenciée dans un contexte d'accroissement régulier de la demande.

En février 2012, l'Europe a connu une période de froid exceptionnelle.

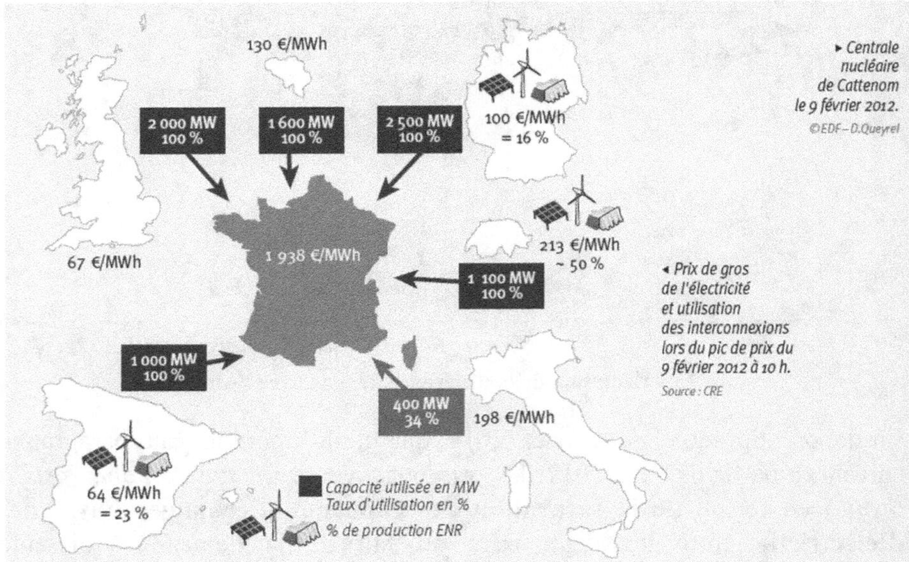


*Source : C.R.E, Rapport d'activité 2012*

**Figure 16 – Pic du prix de l'électricité le 9 février 2012 à 10h**

On constate sur la figure que le prix atteint a été très élevé. Toutefois, il s'agit du prix des quantités marginales qui ont transité sur le marché, c'est-à-dire la toute dernière petite quantité d'électricité échangée à ce prix, il est naturel qu'il puisse y avoir de la forte volatilité sur ce marché mais c'est quand même le reflet de la tension entre l'offre et la demande en temps réel.

C'est le seul mois où la France a eu un solde net importateur[204]. Et ces importations ont été nécessaires pour assurer la sécurité d'approvisionnement des consommateurs finals français et éviter des délestages et des coupures.

On note déjà que le système électrique s'est approché de sa limite de sécurité avant de s'effondrer puisque les capacités d'interconnexion ont été utilisées à 100% à l'exception de l'interconnexion France-Italie, que la disponibilité des parcs de production thermique et nucléaire a été très favorable et que les conditions d'hydraulicité ont été supérieures à la normale[205].

### 3 - *L'effet sur la facture du consommateur final*

Le consommateur final n'est pas directement affecté par les prix de gros de l'électricité car le prix est défini dans son contrat de fourniture d'électricité avec son fournisseur parmi ceux possibles en 2012[206] (*v. infra para. D*). En cas de forte volatilité du prix de gros de l'électricité sur EPEX SPOT, c'est le fournisseur qui porte le risque à court terme. Toutefois, une répercussion à long terme est probable *via* la fixation des tarifs règlementés de vente ou *via* les tarifs des offres en ordre de marché. Les fournisseurs alternatifs pourraient également imaginer de proposer des offres aux tarifs en ordre de marché plus réactives, plus dynamiques ou avec une part variable suiviste du prix du marché sur EPEX SPOT selon l'image du pantographe en dessin, sous réserve de ne pas aller à l'encontre des règles regroupées dans le code de l'énergie, notamment celles relatives aux missions de service public, au service universel de l'électricité. Il ne faudrait pas que la part variable dépasse un certain pourcentage du prix pour ne pas aller à l'encontre du principe de fourniture d'une électricité de qualité définie à un coût raisonnable définie à l'article 3-3 de la directive 2009/72. De plus, il ne faudrait pas non plus arriver à une situation où les tarifs de type HP/HC (réglementés ou en ordre de marché) auraient disparu et où ne resteraient que des tarifs de type TEMPO ou équivalents pour les particuliers car une telle situation créerait *de facto* une discrimination selon la fortune pour se chauffer les jours de très grand froid contraire à l'article 21[207] de la Charte

---

[204] Réseaux : Échanges d'électricité aux frontières. Utilisation et gestion des interconnexions en 2012, C.R.E., Juin 2013, p. 11

[205] Réseau de transport d'électricité (RTE), Actualisation du bilan prévisionnel de l'équilibre offre-demande d'électricité en France. Édition 2013, RTE, 2013, p. 37

[206] La liste des fournisseurs, de leurs offres et tarifs sont visualisables sur le site http://www.energie-info.fr/ consulté le 10 juillet 2013

[207] Article 21 : 1. Est interdite, toute discrimination fondée notamment sur le sexe, la race, la couleur, les origines ethniques ou sociales, les caractéristiques génétiques, la langue, la religion ou les convictions, les opinions politiques ou toute autre opinion, l'appartenance à une minorité nationale, la fortune, la naissance, un handicap, l'âge ou l'orientation sexuelle. 2. Dans le domaine d'application du traité instituant la Communauté européenne et du traité sur l'Union européenne, et sans préjudice des dispositions particulières desdits traités, toute discrimination fondée sur la nationalité est interdite.

des droits fondamentaux de l'Union européenne ainsi que potentiellement à l'article premier[208] de la Déclaration des droits de l'homme et du citoyen de 1789.

Nous avons vu que les échanges transfrontaliers se développent et avec eux la concurrence peut aussi se développer *via* le marché de gros sur les bourses de l'électricité. Avant de passer à la fourniture de détail de l'électricité, on peut voir un dernier point qui montre l'intérêt des bourses de l'électricité sur les tarifs de vente futurs au consommateur final *via* les fournisseurs historique et alternatifs. Il s'agit du niveau de concentration de marché selon l'indice HHI[209] calculé en 2012 sur la base des enchères respectivement **annuelles, mensuelles, journalières explicites**[210], **infra-journalières** (*dans l'ordre des quatre tableaux*) :

[208] Article premier : Les hommes naissent et demeurent libres et égaux en droits. Les distinctions sociales ne peuvent être fondées que sur l'utilité commune.

[209] Le HHI (Herfindahl-Hirschman Index) fournit une mesure de concentration d'un marché. C'est la somme des carrés des parts de marché en pourcentage des acteurs. S'il est inférieur à 1000, la concentration est dite faible, s'il est compris entre 1000 et 2000, la concentration est dite modérée, s'il est entre 2000 et 10000, la concentration est dite élevée.

[210] À l'échéance journalière, il existe deux types d'allocation : par enchères explicites et par enchères implicites. Avec un système d'enchères explicites, l'acteur acquiert de la capacité d'interconnexion et prend des positions séparément sur les différents marchés nationaux avant de connaître les résultats des marchés organisés. Sur ces marchés, l'offre et la demande sont ensuite confrontées séparément de part et d'autre de l'interconnexion. Contrairement aux enchères explicites, le couplage de marché confronte l'offre et la demande de l'ensemble des zones couplées et alloue simultanément – implicitement – les capacités d'interconnexion.

| | | Nombre d'utilisateurs | Part de l'utilisateur le plus important | Niveau de concentration et HHI | | |
|---|---|---|---|---|---|---|
| | | | | Faible (HHI < 1000) | Moyen (1000 < HHI < 2000) | Fort (HHI > 2000) |
| Allemagne | Export | 15 | 28% | | 1 377 | |
| | Import | 15 | 25% | | 1 419 | |
| Belgique | Export | 12 | 22% | | 1 439 | |
| | Import | 7 | 38% | | | 2 716 |
| Espagne | Export | 8 | 25% | | 1 639 | |
| | Import | 8 | 25% | | 1 600 | |
| Italie | Export | 24 | 16% | 816 | | |
| | Import | 13 | 35% | | 1 847 | |
| Suisse | Export | 11 | 32% | | 1 560 | |
| | Import | | | | | |
| Angleterre | Export | 10 | 27% | | 1 828 | |
| | Import | 7 | 41% | | | 3 049 |

| | | Nombre d'utilisateurs | Part de l'utilisateur le plus important | Niveau de concentration | | |
|---|---|---|---|---|---|---|
| | | | | Faible (HHI < 1000) | Moyen (1000 < HHI < 2000) | Fort (HHI > 2000) |
| Allemagne | Export | 24 | 40% | | 1 936 | |
| | Import | 25 | 24% | | 1 231 | |
| Belgique | Export | 17 | 18% | | 1 149 | |
| | Import | 17 | 31% | | 1 397 | |
| Espagne | Export | 14 | 26% | | 1 481 | |
| | Import | 15 | 14% | 981 | | |
| Italie | Export | 41 | 14% | 675 | | |
| | Import | 22 | 24% | | 1 153 | |
| Suisse | Export | 27 | 34% | | 1 538 | |
| | Import | | | | | |
| Angleterre | Export | 15 | 31% | | 1 653 | |
| | Import | 15 | 47% | | | 2 540 |

| | | Nombre d'utilisateurs ayant participé ou acquis | Part de l'utilisateur le plus important | Niveau de concentration | | |
|---|---|---|---|---|---|---|
| | | | | Faible (HHI < 1000) | Moyen (1000 < HHI < 2000) | Fort (HHI > 2000) |
| Espagne | Export | 16 | 35% | | 1 900 | |
| | Import | 19 | 30% | | 1 627 | |
| Italie | Export | 40 | 9% | 466 | | |
| | Import | 31 | 20% | | 1 314 | |
| Suisse | Export | 29 | 26% | | 1 270 | |
| | Import | 26 | 18% | 991 | | |
| Angleterre | Export | 19 | 30% | | 1 356 | |
| | Import | 17 | 47% | | | 2 589 |

| | | Nombre d'acteurs ayant participé aux enchères en 2012 | Part de l'utilisateur le plus important | Niveau de concentration | | |
|---|---|---|---|---|---|---|
| | | | | Faible (HHI < 1000) | Moyen (1000 < HHI < 2000) | Fort (HHI > 2000) |
| Allemagne | Export | 12 | 51% | | | 2 872 |
| | Import | 13 | 43% | | | 2 293 |
| Belgique | Export | 9 | 57% | | | 3 800 |
| | Import | 9 | 57% | | | 3 841 |
| Espagne | Export | 7 | 32% | | | 2 632 |
| | Import | 9 | 44% | | | 2 834 |
| Italie | Export | 18 | 35% | | | 2 543 |
| | Import | 14 | 46% | | | 3 018 |
| Suisse | Export | 18 | 27% | | 1 853 | |
| | Import | 17 | 37% | | | 2 281 |
| Angleterre | Export | 18 | 27% | | 1 968 | |
| | Import | 14 | 56% | | | 3 659 |

*Source : Rapport sur les réseaux transfrontaliers 2012, C.R.E.*

**Tableau 6 – Indice de concentration sur le marché transfrontalier**

Ainsi, en-dehors des enchères infra-journalières, la concurrence est moyenne dans l'ensemble, c'est un vrai signe encourageant même si le consommateur final français n'en bénéficiera pas avant quelques années encore.

> *En bref*
>
> La tarification différenciée entre les pays interconnectés disparaît de plus en plus souvent avec l'augmentation des capacités d'échanges entre les pays considérés deux à deux et avec l'achèvement des mécanismes de marché, mais la saturation des capacités d'échanges physiques en cas de demande importante d'un pays importateur a tendance à faire diverger les prix à nouveau malgré le couplage des marchés.
>
> La tarification de l'électricité est différenciée entre le prix de gros et le prix de détail, le premier influençant le second avec un effet retard correspondant à la durée des contrats conclus entre les fournisseurs d'électricité et les consommateurs finals.
>
> La pointe de consommation de février 2012 aurait des conséquences autrement plus graves si elle devait se reproduire et que les conditions de l'offre et de la demande étaient défavorables.

## II - LA TARIFICATION DIFFERENCIEE POUR LES CONSOMMATEURS FINALS

Pour les consommateurs finals, l'article L111-1 du code de l'énergie dispose que : « *Les activités* […] *de vente aux consommateurs finals ou fourniture s'exercent au sein de marchés concurrentiels sous réserve des obligations de service public énoncées au présent livre et des dispositions des livres III et IV* ». Ils ont alors plusieurs possibilités qui s'offrent à eux en termes de contrat d'électricité soit avec l'opérateur historique, soit avec un des nombreux fournisseurs alternatifs présents sur le marché.

La principale tarification différenciée sur laquelle ils ont une capacité à agir qui leur est octroyée par détermination de la loi et leur donnant un nouveau rôle d'acteur de leur propre consommation dans un processus d'individualisation (**B**), comprend les tarifs règlementés de vente (jaunes, verts, bleus) d'EDF et les tarifs en ordre de marché d'EDF et des fournisseurs alternatifs (GDF Suez Dolce Vita, Direct Énergie, …) à condition que la concurrence se développe sur le marché de détail (**A**). Pour les ménages, ce processus doit s'accompagner de mesures de solidarité pour protéger les plus vulnérables victimes des inégalités que peuvent provoquer ce processus ou d'autres raisons conjoncturelles, victimes de précarité énergétique (**C**). Ces différents tarifs différenciés sont encore à compléter notamment avec deux tarifications spécifiques (**D**).

## A - L'OUVERTURE A LA CONCURRENCE ET LA TARIFICATION DIFFERENCIEE

Avant de concentrer notre attention sur l'ouverture à la concurrence pour la catégorie des tarifs bleus dans le segment résidentiel et des petits professionnels éligibles à ce tarif réglementé de vente (**1**), nous examinons dans un premier temps les tarifs jaunes et verts (**2**). Pour cela, nous nous appuyons principalement sur l'observatoire des marchés de l'électricité publié trimestriellement par la Commission de régulation de l'énergie.

### 1 - *Le segment des tarifs jaunes et verts et l'ouverture à la concurrence*

Avec la réforme majeure de la loi NOME du 7 décembre 2010[211], l'accès régulé à l'électricité nucléaire, en place depuis juillet 2011, « *favorise le développement de la concurrence et l'émergence d'offres innovantes* » selon le gouvernement[212].

La Commission européenne a abouti à la même conclusion dans sa décision du 12 juin 2012[213] en estimant « *que la réforme portée par la loi n°2010-1488 aura un impact favorable sur le marché intérieur européen, en ce qu'elle favorise l'entrée de nouveaux concurrents et le maintien de ceux qui y sont actifs* ».

Si nous reprenons les quatre segments retenus par la Commission de régulation de l'énergie dans ses observatoires des marchés d'électricité, du gaz et du $CO_2$[214], que nous prenons tous les chiffres publiés trimestriellement entre le troisième trimestre 2007 et le premier trimestre 2013, nous obtenons le graphique suivant :

---

211 Loi n°2010-1488 du 7 décembre 2010 portant nouvelle organisation du marché de l'électricité (Journal Officiel 8 décembre 2010)

212 Plan national de réforme, République française, Avril 2013, p. 39

213 Décision de la Commission du 12 juin 2012, concernant l'aide d'État SA.21918 (C 17/07) (ex NN 17/07) mise à exécution par la France – Tarifs réglementés de l'électricité en France [notifiée sous le numéro C(2012) 2559], J.O.U.E. C 398/10, 22 décembre 2012, p. 12-32, considérant 167

214 Les missions de la CRE concernant l'observation et la surveillance des marchés de détail sont étendues désormais au CO2

**Progression des parts de marché des fournisseurs alternatifs**

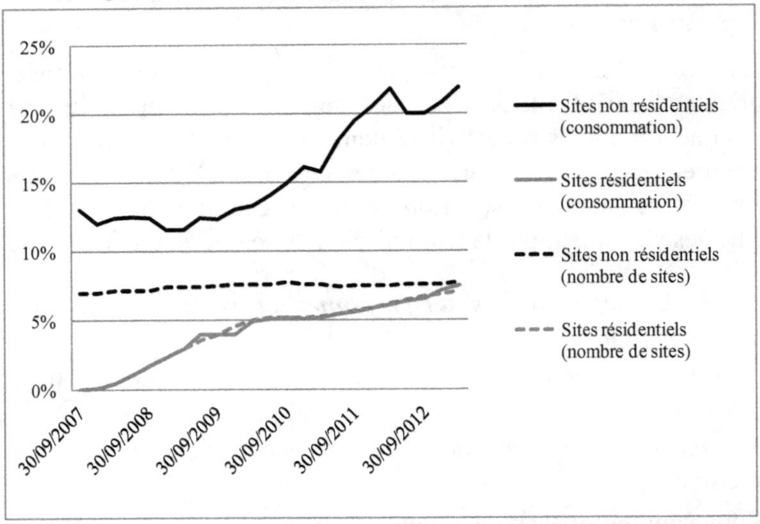


*Source : chiffres CRE ; analyse Bertrand* LE *BRAS*

**Figure 17 – Parts de marché des fournisseurs alternatifs**

Nous pouvons ainsi constater que la progression des parts de marchés des fournisseurs **alternatifs** (*hors EDF et ses offres en ordre de marché*) est bien réelle que ce soit sur le segment non résidentiel ou résidentiel. On note toutefois une tendance très faible en nombre de sites non résidentiel (en pointillé noir), une sorte de *statu quo* apparent.

En 2012, près de **61** TWh ont été cédés aux fournisseurs alternatifs en application de la loi NOME. Ces derniers ont représenté **16%** des volumes d'électricité consommés, et jusqu'à **32%** pour les grands sites de consommation contre respectivement 13 et 20% en 2010 et 17 et 34% en 2011[215].

Si nous nous intéressons d'abord aux tarifs verts et jaunes qui s'adressent respectivement aux grands et moyens consommateurs au sens de la décision de la Commission européenne du 12 juin 2012 relative à l'aide d'État accordée par la France[216], nous pouvons déjà indiquer que ces tarifs règlementés de vente n'empêchent pas l'ouverture à la concurrence

Et les 100 TWh/an potentiellement mis à disposition des fournisseurs alternatifs au prix de l'A.R.E.N.H. sur demande de leur part grâce à la loi NOME devraient donc accentuer la tendance actuelle dans les années à venir.

---

[215] Plan national de réforme, République française, Avril 2013, p. 39

[216] Décision de la Commission du 12 juin 2012, concernant l'aide d'État SA.21918 (C 17/07) (ex NN 17/07) mise à exécution par la France – Tarifs réglementés de l'électricité en France [notifiée sous le numéro C(2012) 2559], J.O.U.E. C 398/10, 22 décembre 2012, p. 12-32, considérant 167

Un changement important interviendra cependant sur ce segment puisqu'au chapitre VII du code de l'énergie relatif aux tarifs et aux prix, l'article L337-9 dispose que les consommateurs finals ayant pu souscrire une puissance supérieure à 36 kVA aux tarifs réglementés de vente verts et jaunes dans une zone connectée au réseau métropolitain continental, **ne pourront plus bénéficier de ces tarifs à partir du 1er janvier 2016**.

D'ici là, une phase de réduction du ciseau tarifaire s'effectuera en vertu de l'article L337-6 (*v. supra sect. I sur le ciseau tarifaire*).

Sur ces deux segments, *de facto*, au 1er janvier 2016, la libéralisation franchira une étape importante puisque ces tarifs verts et jaunes auront disparu, et avec eux une forme de tarification différenciée.

Nous concluons en indiquant que ce n'est pas parce qu'il n'y a plus de tarifs règlementés de vente que l'ouverture est plus facile. Ce serait une erreur de le croire. La raison est liée principalement au fait que le marché national de l'électricité est caractérisé par une très forte concentration avec un acteur qui possède dans ses actifs, un parc nucléaire dont le prix selon l'ordre de préséance économique est inférieur aux autres catégories d'électricité hors cas des énergies renouvelables rémunérées. Par conséquent, c'est bien la loi NOME qui devrait à terme avoir le plus d'effet sur l'ouverture du marché.

### 2 - *Le segment des tarifs bleus et l'ouverture à la concurrence*

Si on reprend la figure n°17 *supra*, nous voyons que l'ouverture sur le segment du tarif bleu progresse également (une partie de la progression des sites non résidentiels est liée à ce segment) mais moins rapidement en termes de consommation par rapport aux tarifs verts et jaunes. Ce n'est pas surprenant si on compare à l'ouverture à la concurrence qui s'est effectuée au Royaume-Uni bien plus tôt que dans les autres pays d'Europe. Après 10 ans d'ouverture, environ la moitié de la population n'a jamais changé de fournisseur et n'envisage pas de le faire[217].

Sur ce segment, les tarifs ne sont pas différenciés depuis longtemps pour les consommateurs finals du secteur résidentiel entre le tarif bleu et celui en ordre de marché puisque que c'est avec l'article 3 de la directive 2009/72/CE qui dispose que tous les clients sont éligibles à compter du 1er juillet 2007, puis transposée dans le code de l'énergie à l'article L331-1 applicable depuis le 1er juin 2011[218] qui dispose que : « *Tout client qui achète de l'électricité pour sa propre consommation ou qui achète de l'électricité pour la revendre a le droit de choisir son fournisseur d'électricité. Il peut conclure un contrat d'achat d'électricité avec un producteur ou un fournisseur d'électricité de*

[217] Christophe DEFEUILLEY, Choix des consommateurs et libéralisation des marchés de l'électricité, Flux, 2011/2 n° 84, p. 33-34

[218] Ordonnance n°2011-504 du 9 mai 2011 portant codification de la partie législative du code de l'énergie (Journal Officiel 10 mai 2011)

*son choix installé sur le territoire d'un État membre de l'Union européenne ou, dans le cadre de l'exécution d'accords internationaux, sur le territoire d'un autre État* ». L'ouverture à la concurrence sur ce segment a alors vraiment commencé.

Le graphique suivant permet de compléter l'analyse de l'ouverture progressive des marchés par rapport à la figure n°17 *supra*. Il montre l'évolution du taux de changement de fournisseur par les clients dit taux de *switch* et qui se définit comme le ratio du nombre de changements de fournisseurs ajouté aux mises en service des fournisseurs alternatifs dans la zone desservant le client sur le nombre total des clients éligibles dans chaque segment de clientèle dans une période de temps donnée[219].

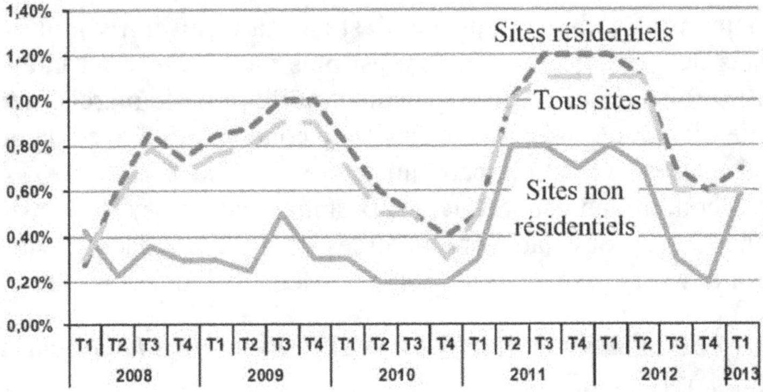


*Source : RTE, GRD – Analyse C.R.E.*

**Figure 18 – Taux de *switch***

La période de temps étant trimestrielle, si nous effectuons une sommation, nous obtenons, pour les sites résidentiels ou pour tous les sites, un taux de l'ordre de **16%** pour la période de cinq années allant du premier trimestre 2008 au premier trimestre 2013. La formule de calcul est approchée mais suffisante pour se faire une idée du taux de *switch* depuis la parution de la directive 2009/72/CE.

On peut déjà conclure qu'il serait inexact d'affirmer qu'il n'y a pas d'ouverture à la concurrence du marché de l'électricité en France mais sa cinétique est lente.

Pour évaluer l'état, l'évolution de la concurrence, nous nous appuyons toujours sur les observatoires des marchés de l'électricité, du gaz et du $CO_2$[220] publiés par la Commission de régulation de l'énergie. Les comparaisons portent sur deux catégories d'offres :

---

[219] Source : Observatoire des marchés de l'électricité, du gaz et du $CO_2$, C.R.E., premier trimestre 2013, p. 15

[220] Depuis le premier trimestre 2013

**Comparaison des offres en €, de puissance souscrite 6 kVA, de consommation annuelle 2400 kWh en Base, pour un client résidentiel situé à Paris**

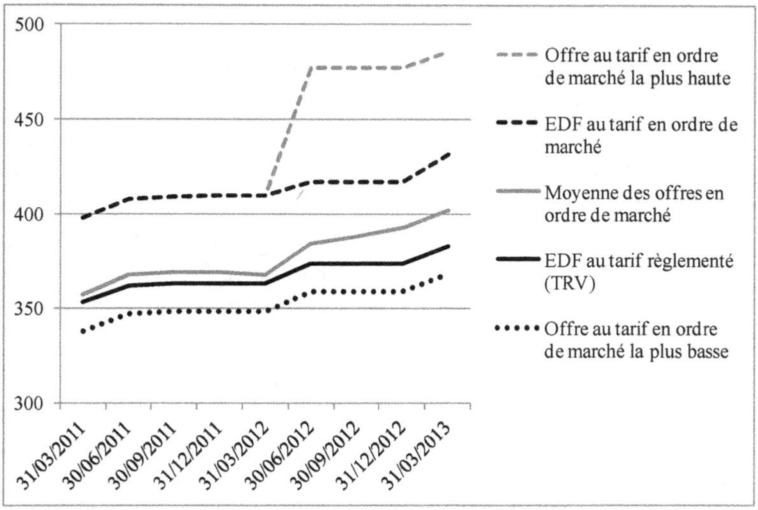


*Source : chiffres C.R.E ; analyse Bertrand LE BRAS*

**Figure 19 – Offre des fournisseurs (6 kVA)**

L'amplitude des écarts observés à deux ans d'intervalle entre le premier trimestre 2011 et le premier trimestre 2013 est passée de 17% à 30% et l'écart-type a doublé.

**Comparaison des offres en €, de puissance souscrite 9 kVA, de consommation annuelle 8500 kWh en HP/HC, pour un client résidentiel situé à Paris**

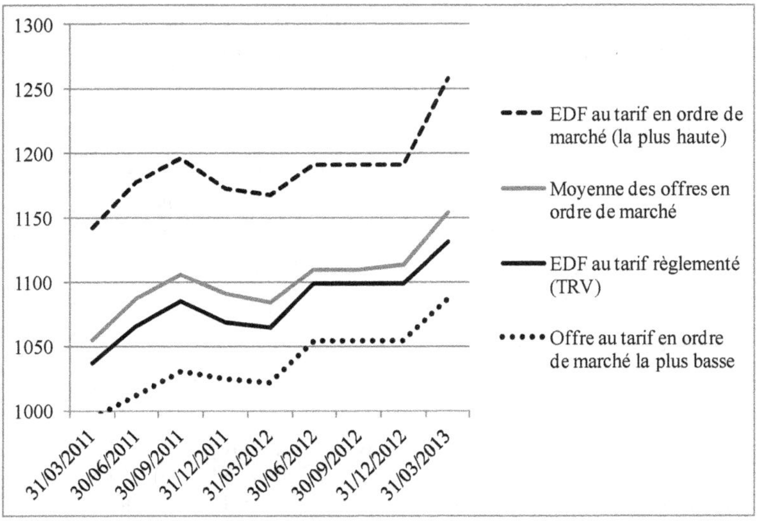


*Source : chiffres C.R.E ; analyse Bertrand LE BRAS*

**Figure 20 – Offres des fournisseurs (9 kVA)**

L'amplitude des écarts observés à deux ans d'intervalle entre le premier trimestre 2011 et le premier trimestre 2013 est passée de 14% à 15% et l'écart-type est resté stable.

Par ailleurs, dans sa délibération du 25 juillet 2013[221], la Commission de régulation de l'énergie conclut que l'augmentation tarifaire (+ 4,9% en moyenne sur le tarif bleu et + 2,3% en moyenne sur le tarif jaune) permet d'améliorer « *substantiellement la* [possibilité de concurrencer] *en moyenne les tarifs règlementés de vente par les fournisseurs alternatifs d'électricité* […] *sur tous les grands segments de clientèle* [, résidentiels et professionnels et que les] *évolutions tarifaires vont ainsi dans le sens d'une convergence progressive vers une situation de* [possibilité de concurrencer] *au plus tard fin 2015* ».

Selon Jacques PERCEBOIS dans une présentation à l'école Polytechnique en novembre 2012[222], « *Le problème se pose parce que l'on veut maintenir des tarifs réglementés; si on laissait faire le marché les prix de l'électricité s'établiraient au niveau européen moyen, EDF engrangerait une rente mais du coup le consommateur final risquerait de contester le choix nucléaire…* ».

Le signal-prix ainsi donné par l'augmentation du tarif bleu devrait encourager certains consommateurs à passer des tarifs règlementés de vente aux tarifs en ordre de marché.

Enfin, concernant les ménages, une autre raison contribue à la lenteur de l'ouverture du marché et par conséquent au développement de la tarification différenciée *via* les offres des fournisseurs alternatifs, ainsi qu'à un consommateur encore très passif, c'est que seulement **la moitié** des ménages savent qu'ils peuvent changer de fournisseur, qu'**un tiers** d'entre eux savent qu'EDF et GDF Suez sont deux entreprises concurrentes ou ce que sont les tarifs règlementés de vente selon le médiateur de l'énergie[223].

Nous pouvons également constater, à partir de l'analyse des offres qui nous ont servi à établir les graphiques, au minimum quatre stratégies des fournisseurs alternatifs pour prendre des parts de marché à l'opérateur historique EDF, la première citée étant cumulative des autres :

- ceux qui affichent des offres 100% énergie verte[224] ;
- ceux qui proposent un tarif inférieur au tarif bleu[225] ;

[221]Délibération du 25 juillet 2013 portant avis sur le projet d'arrêté relatif aux tarifs réglementés de vente de l'électricité, C.R.E. (Journal Officiel 31 juillet 2013)

[222] Jacques PERCEBOIS, Les nouvelles contraintes pour le mix électrique en France, C.R.E.D.E.N., 19 novembre 2012

[223] Le médiateur national de l'énergie, 6ème édition du baromètre annuel Énergie-Info sur l'ouverture des marchés, C.R.E., 30 octobre 2012

[224] Source : Observatoires des marchés de l'électricité et du gaz trimestriels publiés par la C.R.E. du premier trimestre 2011 au premier trimestre 2013

- ceux qui cherchent à se différencier mais sur la base d'un prix équivalent au tarif bleu ;
- ceux qui proposent un tarif supérieur au tarif bleu et affichent en théorie une « meilleure » électricité.

D'autres offres innovantes pourraient se développer en intégrant d'autres critères mais nécessiteraient alors la mise en place de tarifications innovantes telle que la tarification progressive, la tarification intégrant un critère qualité, ...

> *En bref*
>
> La tarification différenciée est déjà une réalité entre les grands-moyens consommateurs et les petits consommateurs résidentiels ou non. Elle l'est aussi entre les tarifs bleus et les tarifs en ordre de marché. La part de marché des concurrents d'EDF progresse régulièrement depuis quelques années, davantage dans le secteur non résidentiel en matière de consommation, mais les clients résidentiels ne sont éligibles en France que depuis le 1er juin 2011. Toutefois, dans le secteur résidentiel, l'ouverture à la concurrence pourrait rester lente puisque la moitié des ménages français[226] ne savent pas qu'ils peuvent changer de fournisseur d'énergie.
>
> Dans le secteur non résidentiel, la difficulté pour les fournisseurs alternatifs apparaît davantage liée au *statu quo* en termes de répartition des sites de consommation.

## B - Une individualisation progressive

Cette possibilité récente donnée au consommateur final de pouvoir choisir son fournisseur d'électricité s'accompagne d'une transformation de son rapport à l'électricité. Auparavant, il était passif, désormais il devient progressivement acteur (**2**) avec toutefois des limites à ce rôle (**3**) mais nous faisons au préalable un court rappel des facteurs de différenciation des tarifs qui le concernent directement (**1**).

### 1 - *Les facteurs de différenciation des tarifs pour le consommateur final*

Nous choisissons ici de nous placer sur le segment du tarif bleu.

---

[225] De plus, depuis quelques mois, au moins deux fournisseurs alternatifs (GDF Suez Dolce Vita et Direct énergie) proposent des offres sans augmentation de tarifs pendant 2 ans dans leur publicité télévisuelle

[226] Le médiateur national de l'énergie, 6ème édition du baromètre annuel Énergie-Info sur l'ouverture des marchés, C.R.E., 30 octobre 2012

Qu'il soit un ménage ou une entreprise éligible au tarif bleu, le consommateur final a le choix entre ce tarif bleu règlementé et un tarif en ordre de marché.

Dans tous les cas, la tarification comprend le T.U.R.P.E. et les taxes qui sont communes aux deux catégories de tarifs. Il reste donc la fourniture qui est différenciée et représente à peu près un tiers du tarif. Selon que les fournisseurs s'approvisionnent en électricité produite à partir du parc nucléaire français ou à partir d'autres sources d'énergie sur le territoire national ou européen *via* les réseaux transfrontaliers, ils pourront proposer des offres variées formant un menu à la carte pour le consommateur final qui comprend systématiquement :

- un tarif d'abonnement en fonction de la puissance souscrite[227] ;
- une tarification incluant un ou plusieurs prix du kWh consommé selon le nombre de versions si l'option comprend une tarification différenciée en fonction des heures de la journée ou des jours de l'année.

L'ensemble est alors présenté comme une offre de base, HP/HC, 100% vert, …

### 2 - *Un consommateur final progressivement acteur*

Le consommateur final d'électricité a été passif pendant des décennies, il ne pouvait que subir les évolutions tarifaires règlementées dont celles qui auraient été mal maitrisées. Cependant, on a vu aussi que les tarifs ont régulièrement baissé depuis 1950 jusqu'à un point bas atteint à l'été 2008 accompagnant le développement du parc nucléaire dans les années 1980 puis les premières années de la libéralisation du secteur de l'énergie (gaz, électricité) à partir de 1996. Et une proportion encore importante de ménages est encore passivement abonnée au tarif bleu alors que tous les consommateurs peuvent passer un contrat de fourniture d'électricité avec un fournisseur alternatif (*ou avec EDF*) aux tarifs en ordre de marché.

Toutefois, son rôle est en train de changer progressivement et il devient de plus en plus un consommateur acteur ou actif accompagnant les innovations en cours de déploiement telles que le compteur communicant et les

[227] Les contrats d'électricité aux tarifs en ordre de marché doivent respecter les règles du code de l'énergie aux articles L332-1 à L332-6 qui renvoient notamment à l'article L121-88 qui dispose au 4° que les contrats doivent comporter le débit ou la puissance souscrits, ainsi que les modalités de comptage de l'énergie consommée. Et les contrats de fourniture d'électricité doivent respecter les règles de l'arrêté du 18 avril 2012 relatif aux factures de fourniture d'électricité ou de gaz naturel à leurs modalités de paiement et aux conditions de report ou de remboursement des trop-perçus (Journal Officiel 26 avril 2012)

expérimentations de *smart grids*[228] notamment. La hausse du tarif bleu devrait également contribuer à inciter certains ménages à envisager de comparer les offres disponibles sur le marché, une sorte de menu à la carte.

Avec le processus de mutation en cours et grâce aux compteurs communicants, les consommateurs finals auront de nouvelles possibilités de modulation de la charge et ils contribueront ainsi à rendre le réseau électrique plus efficient.

On peut même imaginer qu'à plus long terme il devienne un consommateur producteur ou proactif capable de gérer l'ensemble de sa production décentralisée et de sa consommation à son échelle et échangeant de l'électricité sur les *smart grids* devenus un internet de l'énergie, peut-être un T.U.R.P.E. européen, … avec une prise de risque différente.

Devenant davantage acteur de sa consommation, il doit faire face à de nouveaux risques liés notamment à ses prises de décision dans les choix de contrats de fourniture d'électricité, à son aisance ou à son envie d'utiliser des nouveaux outils comme les compteurs communicants d'autant plus si leur interface n'est ni intuitive ni ergonomique.

Toutefois, l'expérience de l'Angleterre qui a favorisé très tôt la concurrence, a informé et a encouragé les consommateurs qu'ils pouvaient changer facilement d'offre, qui a atteint un taux de changement d'offre sur un an de 18% parmi les plus élevés au monde[229], a eu pour résultat que la moitié des consommateurs n'a pas changé de fournisseur et n'envisage pas de le faire.

### 3 - *Les limites actuelles à son rôle d'acteur*

Plusieurs limites ne permettent pas au consommateur final d'être pleinement acteur en contribuant réellement à l'amélioration de l'efficacité énergétique.

Certes, un certain nombre de petites entreprises ou ménages ayant fait le choix d'investir dans des panneaux photovoltaïques fabriqués à bas coût en Chine ont pu bénéficier d'un prix d'achat intéressant sur la période 2006-2010 avant que le gouvernement ne réagisse devant l'emballement de cette filière, mais cet exemple est un cas isolé.

En réalité, plusieurs facteurs peuvent expliquer que les consommateurs finals, davantage les ménages que les petites entreprises, restent encore assez passifs.

Tout d'abord, la concurrence des fournisseurs alternatifs est encore faible, EDF est présente sur les deux segments des tarifs règlementés de vente et en ordre de marché. Mais c'est surtout la manière dont les consommateurs

---

[228] Nous aborderons infra les réseaux électriques intelligents ou smart grids. En résumé, ils seront capables, grâce à des systèmes de pilotage avancés, d'équilibrer plus rapidement l'offre et la demande, de délester, d'effacer des clients, …

[229] Christophe DEFEUILLEY, Choix des consommateurs et libéralisation des marchés de l'électricité, Flux, 2011/2 n° 84, p. 31-41

particuliers ou professionnels appréhendent ces fournisseurs alternatifs d'EDF. Ils n'auront aucune raison de modifier leur opinion vis-à-vis d'EDF par rapport à ses concurrents tant que les prix ne seront pas trop élevés, tant que les différences ne seront pas suffisamment marquées, tant que la confiance ressentie ne sera pas à un niveau équivalent.

Ensuite, les outils qui donneraient l'impression au consommateur de pouvoir être acteur sont encore insuffisants. Le concept de *smart grids* (dans l'Union) ou réseaux intelligents (en France) et les compteurs intelligents Linky associés, est embryonnaire.

L'absence de tarification incitative (ou dissuasive) ne permet pas non plus de changer réellement les comportements individuels. Tout au plus, la précarité subie permet à davantage de citoyens français bénéficiant de la couverture maladie universelle complémentaire de bénéficier également de tarifs réduits de l'électricité. La création récente du service public de la performance énergétique de l'habitat pourrait permettre d'apporter une aide[230]. Toutefois, malgré son ajout dans le code de l'énergie, les dispositions ont été déclarées anticonstitutionnelles[231] et il ne reste qu'un rapport prévu pour janvier 2014. De nombreux consommateurs continueront donc à ne pas pouvoir payer leur facture l'hiver prochain sans parfois être en mesure d'en déterminer la contribution des différents facteurs entre une absence de sobriété énergétique, un logement ancien mal isolé, des équipements électriques inadéquats avec la situation, une puissance souscrite inadaptée, des fuites éventuelles de courant, …

Parmi les autres facteurs contribuant à ne pas permettre au consommateur final d'être un consommateur acteur est l'ignorance pour un nombre important de français des possibilités offertes pour mieux maîtriser leur consommation dans le temps. Donc si certains seront effectivement plus actifs, se renseigneront, compareront les offres, s'informeront sur leur consommation et les moyens de la maîtriser, d'autres ne pourront pas le faire, créant des inégalités. Devenir acteur de sa consommation, c'est accompagner le mouvement de libéralisation et Christophe DEFEUILLEY confirme que : « *Les retours d'expérience des marchés les plus précocement libéralisés (en premier lieu le Royaume-Uni) montrent que ce tableau mérite d'être sérieusement nuancé* [et] *que si la concurrence de détail bénéficie à*

---

230 Article 12 de la loi n°2013-312 du 15 avril 2013 visant à préparer la transition vers un système énergétique sobre et portant diverses dispositions sur la tarification de l'eau et sur les éoliennes (Journal Officiel 16 avril 2013)

231 Décision N°2013-666 DC du Conseil constitutionnel, Loi visant à préparer la transition vers un système énergétique sobre et portant diverses dispositions sur la tarification de l'eau et les éoliennes, 11 avril 2013

*certains consommateurs, elle est plutôt neutre pour les autres, voire peut avoir des impacts négatifs pour certaines catégories* »[232].

Le risque qui peut exister est aussi une individualisation progressive pour ceux qui seraient démunis ou plus vulnérables (réactifs, ayant de faibles revenus, ayant des connaissances ou des informations insuffisantes, ...). Cette catégorie de ménages doit être protégée contre les risques inhérents au processus actuel d'intégration progressive du consommateur final dans le système électrique continentalisé.

Enfin, dans le segment des tarifs verts ou des grands consommateurs, une limite est apparue avec le regroupement d'entreprises qui ont passé un contrat global de fourniture avec EDF sur le long terme mais ce point sera analysé par la suite dans le cadre de la stratégie des entreprises et du groupement Exeltium.

> *En bref*
>
> La tarification différenciée pour le consommateur final qui s'est développée avec la libéralisation du secteur de l'énergie entraîne une individualisation progressive en le rendant acteur de sa consommation avec un transfert des risques par rapport à la situation antérieure où il était passif et ne pouvait que subir les hausses tarifaires mal maîtrisées. Face à ces nouvelles possibilités, ce menu à la carte, des inégalités peuvent se développer et les plus vulnérables doivent être protégés.
>
> Le système électrique continentalisé du futur avec les *smart grids*, doit intégrer tous les consommateurs finals, y compris les plus vulnérables qui n'ont pas les mêmes possibilités d'être des acteurs éclairés.

### C - LA TARIFICATION DIFFERENCIEE ET LA SOLIDARITE

Dans l'île mystérieuse[233], Jules Verne écrivait : « *Oui, mes amis, je crois que l'eau sera un jour employée comme combustible, que l'hydrogène et l'oxygène, qui la constituent, utilisés isolément ou simultanément, fourniront une source de chaleur et de lumière inépuisables et d'une intensité que la houille ne saurait avoir. Un jour, les soutes des steamers et les tenders des locomotives, au lieu de charbon, seront chargés de ces deux gaz comprimés, qui brûleront dans les foyers avec une énorme puissance calorifique. Ainsi donc, rien à craindre. Tant que cette terre sera habitée, elle fournira aux besoins de ses habitants, et ils ne manqueront jamais ni de lumière ni de chaleur, pas plus qu'ils ne manqueront des productions des règnes végétal,*

---

[232] Christophe DEFEUILLEY, Choix des consommateurs et libéralisation des marchés de l'électricité, Flux, 2011/2 n° 84, p. 31-41

[233] Jules VERNE, L'île mystérieuse, Hachette, 1977, Deuxième partie : l'abandonné, Chapitre XI, p. 269 (édition conforme à l'originale Hetzel, 1874)

*minéral ou animal. Je crois donc que lorsque les gisements de houille seront épuisés, on chauffera et on se chauffera avec de l'eau. L'eau est le charbon de l'avenir.* » Mais le déploiement industriel du stockage de l'électricité sous forme d'hydrogène n'est pas avant quelques années, celui de la fusion nucléaire n'est pas avant quelques décennies, et à court terme, dans la vraie vie, on constate que de plus en plus de personnes souffrent de la précarité énergétique.

Dans son bilan du Grenelle de l'environnement de 2012[234], le Conseil économique, social et environnemental indique que 3,8 millions de ménages dépensent plus de 10% de leur budget pour les factures énergétiques et sont considérés en situation de précarité énergétique. Sa définition est précisée à l'article 11 de la loi Grenelle 2[235] qui dispose que : « *Est en situation de précarité énergétique au titre de la présente loi une personne qui éprouve dans son logement des difficultés particulières à disposer de la fourniture d'énergie nécessaire à la satisfaction de ses besoins élémentaires en raison de l'inadaptation de ses ressources ou de ses conditions d'habitat* ». Selon le médiateur national de l'énergie[236], la hausse des prix de l'énergie, conjuguée à la crise économique et sociale qui touche un nombre important de Français, aggrave la précarité énergétique. En 2012, 18% des dossiers traités par le médiateur concernaient des personnes en difficulté de paiement avec une dette moyenne supérieure à 1900 €. De plus, un rapport d'audit récent sur les tarifs sociaux de l'énergie a été établi par l'Agence de l'environnement et de développement de l'énergie[237] qui relève des défauts de construction du dispositif notamment ses insuffisances face au problème de la précarité énergétique, sa conception qui ne tient compte que de la consommation d'électricité spécifique, et elle recommande l'instauration d'un « *véritable bouclier énergétique* ».

Le tarif de première nécessité pour l'électricité (T.P.N.)[238] a été instauré par l'article 4 de la loi n°2000-108 du 10 février 2000 relative à la modernisation et au développement du service public de l'électricité[239]. Comme nous l'avons indiqué quand nous avons abordé le cadre juridique européen, il contribue à répondre aux exigences de la directive 2003/54/CE en matière de protection des plus vulnérables.

Ses règles ont été modifiées par le décret n°2012-309 du 6 mars 2012 modifiant le décret n°2004-325 du 8 avril 2004. Ainsi, depuis le 8 mars

---

234 Bilan du Grenelle de l'environnement pour un nouvel élan, Journaux officiels, Février 2012

235 Loi n°2010-788 du 12 juillet 2010 portant engagement national pour l'environnement (Journal Officiel 13 juillet 2010)

236 La lettre du médiateur national de l'énergie n°15, p. 3

237 Rapport d'audit sur les tarifs sociaux de l'énergie, A.D.E.M.E., Juillet 2013

238 Le tarif de première nécessité (T.P.N.) de l'électricité est équivalent au tarif de solidarité sociale (TSS) du gaz

239 Loi n°2000-108 du 10 février 2000 relative à la modernisation et au développement du service public de l'électricité (Journal Officiel 11 février 2000)

2012, les bénéficiaires sont les consommateurs dont les ressources annuelles permettent de bénéficier de la couverture maladie universelle complémentaire (CMU-C) ou de l'aide pour une complémentaire de Santé (ACS)[240]. Une proposition de loi tendant à répondre à l'urgence sociale en matière énergétique a été déposée au Sénat le 23 octobre 2012[241]. Les mesures proposées ont ensuite été reprises dans les mesures d'accompagnement de la loi BROTTES qui comprend deux dispositions importantes en matière de solidarité puisque qu'elle étend le tarif de première nécessité à 4,2 millions de ménages en ajoutant dans le code de l'énergie que : « *La tarification spéciale "produit de première nécessité" bénéficie aux gestionnaires des résidences sociales mentionnées à l'article L. 633-1 du code de la construction et de l'habitation qui font l'objet de la convention prévue à l'article L. 353-1 du même code. Les sommes correspondantes sont déduites, sous réserve des frais de gestion, du montant des redevances quittancées aux occupants des chambres ou des logements situés dans ces résidences* ».

Elle modifie également l'article L. 115-3 du code de l'action sociale et des familles notamment en ajoutant que : « *Les fournisseurs d'électricité* [...] *transmettent à la Commission de régulation de l'énergie et au médiateur national de l'énergie* [...] *des informations sur les interruptions de fourniture ou les réductions de puissance auxquelles ils procèdent* », ce qui permettra de suivre l'évolution de la précarité. Elle étend la trêve hivernale à toutes les personnes en difficulté à ce même article.

**Le T.P.N. peut également désormais être proposé par tous les fournisseurs d'électricité** (*v. article L121-5 du code de l'énergie*). L'autorité de la concurrence s'est réjouie de cette évolution dans son communiqué de presse et recommande la mise en place d'une campagne d'information[242].

L'ensemble des dispositifs à vocation sociale est financé par la C.S.P.E. et représente de l'ordre de **0,5 €/MWh** sur une facture d'électricité. Ce montant faible est toutefois suffisant pour permettre un effet de redistribution d'une catégorie de consommateurs finals vers les plus vulnérables. **Nous avons alors une tarification progressive à deux blocs qui remplit un objectif social.**

Par ailleurs, les secteurs de l'électricité et du gaz ne sont pas les seuls pour lesquels des mesures sociales se développent pour protéger les plus

---

240 Auparavant, le plafond était celui de la CMU-C. Depuis le 27 décembre 2012, il a été augmenté de 35% pour que les personnes éligibles à l'aide pour une complémentaire santé (ACS) puissent également en bénéficier (www.energie-info.fr consulté le 15 août 2013)

241 N°66, Proposition de loi tendant à répondre à l'urgence sociale en matière énergétique, Sénat, 23 octobre 2012

242 Site http://www.autoritedelaconcurrence.fr/user/standard.php?id_rub=482&id_article=2213 consulté le 22 août 2013

vulnérables puisque la même loi BROTTES dispose à l'article 28 une expérimentation en vue « *de mettre en œuvre une tarification sociale de l'eau* » par une approche locale et différenciée au niveau des collectivités territoriales rendue préférable du fait des différences structurelles du marché de l'eau par rapport au marché de l'électricité ou du gaz[243].

> *En bref*
>
> Le tarif de première nécessité a créé une tarification différenciée à vocation sociale. Par son effet de redistribution, faible actuellement puisqu'il ne représente que 0,5 €/MWh sur une facture d'électricité environ, il pourrait constituer une tarification progressive effective à deux tranches dans l'hypothèse où la tarification progressive selon le mécanisme de bonus-malus ne serait pas proposée à nouveau à l'ordre du jour d'une des deux chambres du Parlement.

### D - DES TARIFICATIONS SPECIFIQUES

La tarification de l'électricité est donc différenciée par catégories des consommateurs non résidentiels, des consommateurs résidentiels non aux tarifs sociaux et des consommateurs résidentiels aux tarifs sociaux. À ces catégories, s'ajoutent deux autres catégories avec des tarifications spécifiques, les consommateurs finals dans les zones non interconnectées (**1**) et les agents d'EDF (**2**).

#### 1 - *Les zones non interconnectées*

Certaines zones ne sont pas interconnectées au réseau d'électricité continental. Ces Z.N.I. comprennent :

- la Corse[244],
- les cinq départements d'outre-mer : la Guadeloupe, la Guyane française, la Martinique, Mayotte et La Réunion,
- les collectivités d'outre-mer de Saint-Barthélemy, Saint-Martin,
- trois îles bretonnes : Molène, Ouessant, Sein.

S'agissant des tarifs de fourniture dans ces zones, l'article L337-8 du code de l'énergie dispose que les tarifs règlementés de vente « *bénéficient, à leur demande, aux consommateurs finals domestiques et non domestiques pour*

---

[243] Avis N°333 du Sénat du 5 février 2013 présenté au nom de la commission du développement durable, des infrastructures, de l'équipement et de l'emménagement du territoire sur la proposition de loi, adoptée par l'Assemblée nationale en nouvelle lecture, visant à préparer la transition vers un système énergétique sobre et portant diverses dispositions sur la tarification de l'eau et sur les éoliennes

[244] La Corse est classée zone non interconnectée même si elle a une connexion limitée avec la Sardaigne et l'Italie continentale.

*leurs sites situés dans les zones non interconnectées au réseau métropolitain continental* ».

Les dispositions législatives et règlementaires sont adaptées par rapport à celles qui s'appliquent en France continentale. L'annexe 3 résume ces dispositions disponibles sur le site internet de la C.R.E.[245]. Nous nous y référerons en tant que de besoin.

Les surcoûts de production de l'électricité dans ces Z.N.I. qui représentent 32% de la C.S.P.E. en 2012[246], sont dus assez naturellement à leurs caractéristiques géographiques notamment des réseaux plus petits que sur le continent et moins capables de supporter les énergies renouvelables, un coût d'acheminement des matières premières plus élevé et un parc de production moins efficace composé principalement de centrales thermiques. Elles font toutefois l'objet d'expérimentations pour les futurs *smart grids* et systèmes de stockage. Citons par exemple le projet MYRTE en Corse qui met en œuvre le couplage de l'énergie solaire avec une chaîne de stockage à hydrogène.

Dans ces zones, les tarifs de vente pour les particuliers sont les mêmes que dans la métropole en raison du principe de péréquation tarifaire. **Les tarifs n'y sont donc pas différenciés**.

En revanche, ce n'est pas le cas de **la Polynésie française** où les tarifs sont différenciés selon les îles ou archipels d'une part, mais **où la tarification progressive est mise en œuvre** d'autre part. La structure tarifaire pour l'énergie basse tension est détaillée en annexe 4 et on constate qu'elle comprend trois tranches pour les **particuliers** et deux tranches pour les **professionnels**. Dans cette collectivité d'outre-mer, la société Électricité de Tahiti, filiale de GDF Suez, détient un monopole presque total et ce sont les données disponibles sur son site que nous avons exploité pour établir les deux graphiques suivants (le détail est en annexe 4) à partir des tarifs applicables au 1er mars 2012[247] :

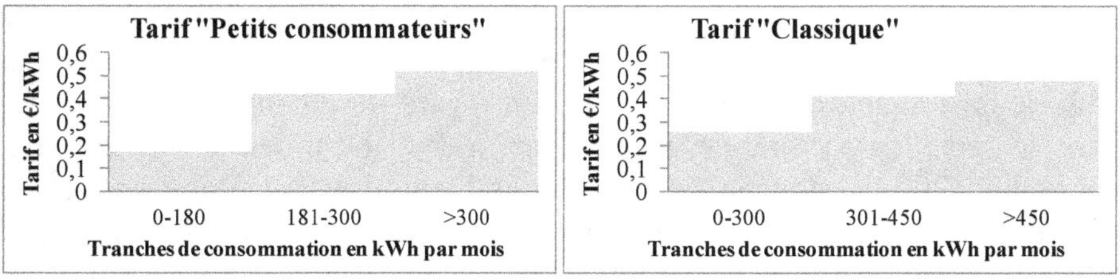


*Source : edt.fr ; analyse Bertrand* Le Bras

**Figure 21 – La tarification progressive en Polynésie française**

[245] Site http://www.smartgrids-cre.fr/index.php?p=zonesinsulaires-contexte-legislatif-reglementaire consulté le 11 août 2013

[246] Rapport d'activité 2012, C.R.E., 4 juillet 2013, p. 72

[247] Le taux de conversion appliqué est 1 XPF = 0,00838 € à 8h30 UTC le 9 août 2013 consulté sur le site http://www.taux.fr/devises/franc-CFP/

La C.R.E. recommande toutefois de procéder à un rééquilibrage de cette grille par un mécanisme de redistribution croisé entre les tarifs entre les tranches sociales et les tranches majorées au sein d'une tarification progressive, entre les catégories de consommateurs et entre les zones de production, en excluant les déficits[248]. Cela se traduirait par un nouvel avenant à la concession de distribution publique d'énergie électrique de Tahiti.

Par ailleurs, il a été difficile de trouver des statistiques sur la consommation d'électricité des particuliers. Il a juste été possible d'effectuer une estimation à partir de quelques données de recensement de la population et de la consommation d'électricité à partir du rapport de la C.R.E.[249] puis de procéder à une extrapolation. Elles sont donc à considérer avec précaution :

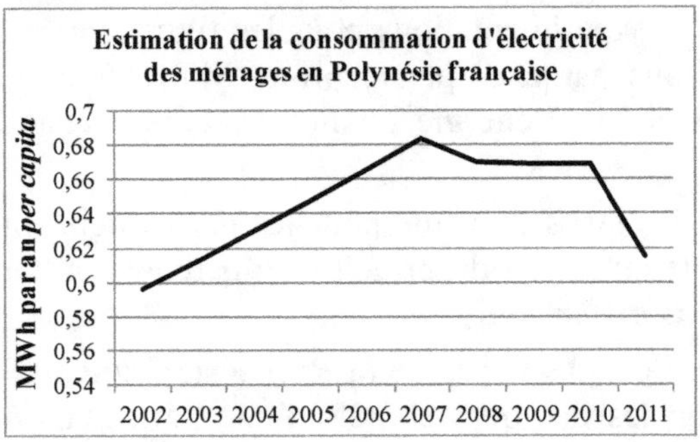


*Source : Insee, C.R.E. ; analyse Bertrand* LE BRAS

**Figure 22 – Consommation électrique des ménages en Polynésie française**

Il est alors difficile d'expliquer si la faible consommation par personne s'explique du fait de la tarification progressive ou pour d'autres raisons : le climat, les équipements, …

### 2 - *Les agents d'EDF*

Après les zones spécifiques, les agents EDF constituent une catégorie spécifique en ce sens qu'ils bénéficient d'une fourniture d'électricité à bas coût, le tarif agent, qui n'a pas évolué en regard des changements profonds dans le secteur de l'énergie avec les premier (1996), deuxième (2003) et troisième (2007) paquets énergie de la Commission européenne ayant entraîné la séparation et filialisation des activités de transport d'électricité (RTE SA) et de distribution (ERDF SA).

---

248 Cela fait l'objet d'un point particulier qui a été analysé par Claude CRAMPES et Jean-Marie LOZACHMEUR, Tarif progressif, efficience et équité : 1. Consommation vitale et distorsions tarifaires, Institut d'économie industrielle, Mai 2012, et que nous abordons ensuite dans l'étude dans un paragraphe dédié

249 La régulation du système électrique polynésien, C.R.E., Décembre 2012, p. 12

La Cour des comptes, dans son rapport annuel 2013[250], a relevé la politique salariale généreuse de l'entreprise. Ainsi les salaires des agents EDF ont augmenté plus rapidement que dans le reste de l'économie avec un salaire national de base ayant progressé plus vite que l'inflation avec une augmentation importante du pouvoir d'achat, complété de primes, actions gratuites, compléments d'intéressement, nouveaux avantages pour accompagner la réforme des retraites, nouvelles rémunérations variables « à la performance ».

En complément, les agents EDF bénéficient du tarif agent très avantageux comme les autres salariés des industries électriques et gazières. Il comprend un abonnement gratuit, une tarification de l'ordre de 16 fois inférieure à celles des autres particuliers et qui ne suit pas l'augmentation des tarifs règlementés de vente et des tarifs en ordre de marché. Il comprend également une prise en charge des taxes par l'employeur, un avantage en nature sous-évalué au titre des cotisations sociales et au titre de l'impôt sur le revenu.

Ces avantages sont complétés d'une série d'autres avantages plus favorables ou exorbitants du droit commun : logement, épargne salariale, prêt à la consommation, diversification des avantages sociaux depuis 2008 (maladie, retraite, famille).

Par ailleurs, la capitalisation boursière du groupe EDF SA, un des dix plus grands fournisseurs d'électricité au monde, a été divisée par deux sur une période de 3 ans du 7 juin 2010 au 7 juin 2013 et un résultat net pour la part du groupe en 2010, 2011 ou 2012 inférieur à 2008 et 2009[251].

Eu égard au principe d'égalité du service public (de l'électricité), la question d'une différenciation disproportionnée se pose désormais. **En effet, le tarif agent n'est pas du tout incitatif à la sobriété énergétique alors que cet effort de sobriété énergétique est demandé à d'autres particuliers par l'augmentation des tarifs de base par exemple**.

La Cour des comptes relève notamment que les agents bénéficient d'une exonération fiscale, y compris celles résultant de la loi NOME réformant la fiscalité locale, non justifiée en regard du principe d'égalité devant l'impôt.

Les agents d'EDF bénéficient donc d'avantages dont notre objectif ici n'est pas ni de proposer de les supprimer totalement, ni de reprendre les recommandations de la Cour des comptes. En revanche, eu égard à plusieurs facteurs, sociétal comme l'augmentation de la précarité énergétique en

---

250 Le rapport public annuel 2013 – Tome I : Les observations – Volume I-2 : La gestion publique – Chapitre IV : Les entreprises publiques – 1 : Les rémunérations à EDF SA : une progression rapide, une accumulation d'avantages, peu de liens avec les performances, Cour des comptes, 2013

251 Site internet http://www.boursorama.com/bourse/profil/profil_finance.phtml?symbole=1rPEDF consulté le 9 juin 2013

France, écologique comme l'impérieuse transition vers un système énergétique sobre que nous abordons *infra*, d'égalité devant le service public de l'électricité, d'égalité devant l'impôt, il serait fortement souhaitable que certains de leurs avantages soient au minimum réévalués et soumis à des conditions qui pourrait être **la réalisation de travaux d'amélioration de la performance énergétique des logements** dont ils sont propriétaires. Si un bonus-malus de l'électricité était instauré, ils ne devraient pas être dispensés de son application intégralement.

*En bref*

La tarification de l'électricité est différenciée entre les agents EDF et les autres particuliers de manière qui apparaît disproportionnée voire contraire au principe d'égalité (du service public, devant l'impôt). Des mesures de réduction des inégalités devraient être mises en œuvre par rapport à l'objectif d'efficacité et de sobriété énergétique.

# CHAPITRE II UN SYSTEME DE BONUS-MALUS POUR UNE TARIFICATION PLUS DYNAMIQUE

Nous avons examiné plusieurs formes de tarifications différenciées ou non (le T.U.R.P.E.) de l'électricité mais nous n'avons pas encore étudié la tarification progressive de l'électricité telle qu'elle pourrait exister en France. Elle pourrait constituer, grâce à un mécanisme de bonus-malus, une tarification plus dynamique vis-à-vis des objectifs visés à condition d'être compatible du droit de l'Union européenne et du droit interne. Dans le contexte de la transition énergétique, nous analysons une proposition de loi récemment proposée au Parlement (**section I**) ainsi que les péripéties qui ont marqué son parcours législatif (**section II**).

## SECTION I UNE PROPOSITION DE LOI DANS UN CONTEXTE D'AMELIORATION DE L'EFFICACITE ENERGETIQUE

La tarification progressive de l'électricité pourrait contribuer à l'efficacité énergétique et nous verrons dans la seconde partie du mémoire si elle peut être réellement aussi efficace que séduisante notamment sur la base de la tarification progressive mise en œuvre en Californie. Mais auparavant, après avoir présenté le mécanisme de bonus-malus proposé en France **(I)**, nous devons en priorité étudier sa conformité au droit de l'Union européenne **(II)** sinon il est inutile d'analyser d'autres aspects de cette tarification innovante.

### I - LE PRINCIPE GENERAL DU MECANISME DE BONUS-MALUS

Dans le cadre du programme socialiste et dans la continuité du Grenelle de l'environnement, le député BROTTES a présenté le 6 septembre 2012 une proposition de loi instaurant une tarification progressive de l'énergie.

La proposition de loi a été adoptée définitivement en nouvelle lecture par l'Assemblée nationale le 11 mars 2013 comprenant l'article 2 relatif au bonus-malus de l'électricité. Nous prenons ce texte définitif[252] comme référence pour analyser le système du bonus-malus.

Il prévoit d'insérer un nouveau titre II bis au livre II du code de l'énergie relatif au bonus-malus sur les consommations domestiques d'énergie de réseau.

Ce bonus-malus s'applique à l'électricité, au gaz naturel et à la chaleur en réseau (les énergies de réseaux) des résidences principales, des résidences secondaires et des logements dans les collectifs pour lesquels un contrat de fourniture d'énergie a été conclu (les sites de consommation résidentiels).

À ce stade, on peut noter qu'il exclut les entreprises.

Le principe du bonus-malus est de comparer le résultat de la consommation mesurée pour un site de consommation résidentiel à une consommation de référence (volume de base) puis d'appliquer des bonus et malus proposés par la Commission de l'énergie, arrêtés par les ministres chargés de l'énergie et de l'économie, à l'intérieur des plages de valeurs dans les deux tableaux suivants :

[252] Texte adopté N°94, Proposition de loi visant à préparer la transition vers un système énergétique sobre et portant diverses dispositions sur la tarification de l'eau et sur les éoliennes (texte définitif), Assemblée nationale, 11 mars 2013

**Consommations individuelles**

*(En €/MWh)*

| | Zone verte | Zone orange | Zone rouge |
|---|---|---|---|
| **Année de consommation** | **Bonus si la consommation reste dans la limite du volume de base** | **Malus pour une consommation comprise entre 100% et 300% du volume de base** | **Malus pour une consommation au-delà de 300% du volume de base** |
| 2015 | -5 et 0 | 0 et 3 | 0 et 20 |
| 2016 | -20 et 0 | 0 et 6 | 3 et 20[253] |
| À partir de 2017 | -30 et 0 | 0 et 9 | 6 et 60 |

**Consommations servant à l'alimentation d'installations communes de chauffage**

*(En €/MWh)*

| | Zone verte | Zone orange | Zone rouge |
|---|---|---|---|
| **Année de consommation** | **Bonus si la consommation reste dans la limite du volume de base** | **Malus pour une consommation comprise entre 100% et 300% du volume de base** | **Malus pour une consommation au-delà de 300% du volume de base** |
| 2015 | -10 et 0 | 0 et 3 | 0 et 10 |
| 2016 | -20 et 0 | 0 et 6 | 3 et 20 |
| À partir de 2017 | -30 et 0 | 0 et 9 | 6 et 30 |

**Tableau 7 – Valeurs du bonus et des deux malus**

On note ainsi deux niveaux de malus, un premier niveau de malus pour « *renchérir légèrement les consommations de confort* » et un second niveau de malus « *pour décourager plus fortement le gaspillage d'énergie* »[254], c'est du moins l'objectif visé. Par ailleurs, un malus minoré fixé par arrêté ministériel est prévu pour les consommateurs ayant droit au tarif de première nécessité.

Il reste alors à définir le volume de base à ne pas dépasser pour éviter une « perte » simple ou triple.

---

[253] Cette valeur est soit une erreur car il aurait été logique mathématiquement qu'elle soit égale à 40 €/MWh, soit une volonté de choc psychologique à partir de 2017 pour « forcer » le changement des comportements des moins économes alors que des mesures sociales auront été étendues pour tenir compte de la précarité énergétique, des passoires énergétiques, etc.

[254] Rapport N°199 de l'Assemblée nationale fait au nom de la commission des affaires économiques sur la proposition de loi instaurant une tarification progressive de l'énergie (n°150), Assemblée nationale, 19 septembre 2012, p. 35

Ce volume de base **par énergie de réseau** pour **l'énergie principale de chauffage** de la résidence principale du site de consommation résidentiel est défini selon une formule du type V = V1 × t1 × f1 où :

- t1 est un coefficient compris entre 0,8 et 1,5 selon la localisation géographique au niveau de la commune en tenant compte du climat et de l'altitude ;
- f1 est un coefficient correspondant au nombre d'unités de consommation tel que :
    - la première personne compte pour 1 unité de consommation ;
    - la deuxième personne compte pour 0,5 unité de consommation ;
    - les personnes suivantes comptent chacune pour 0,3 unité de consommation ;
- V1 est un volume annuel de référence par unité de consommation calculé par catégorie d'énergie de réseau principale de chauffage de la résidence principale, représentatif du premier quartile de cette consommation catégorielle et **équilibrant théoriquement les bonus et malus facturés**.

Il est à noter que le bonus de la zone verte s'applique **à tous les consommateurs finals sur la fraction de consommation qui n'excède pas le volume de base attribué** et il se cumule avec le malus pour les fractions de consommations qui excèdent le volume de base, le malus de la zone orange pour la fraction de consommation dans la deuxième tranche et le malus de la zone rouge pour la fraction de consommation dans la troisième tranche.

Si nous prenons l'exemple d'un ménage dont le volume de base annuel est de 6 MWh, un bonus de **-12 €/MWh** pour la fraction de consommation qui n'excède pas le volume de base, un malus de **6 €/MWh** pour la deuxième tranche, un malus de **24 €/MWh** pour la troisième tranche, nous obtenons la figure suivante illustrant le principe de fonctionnement du mécanisme :

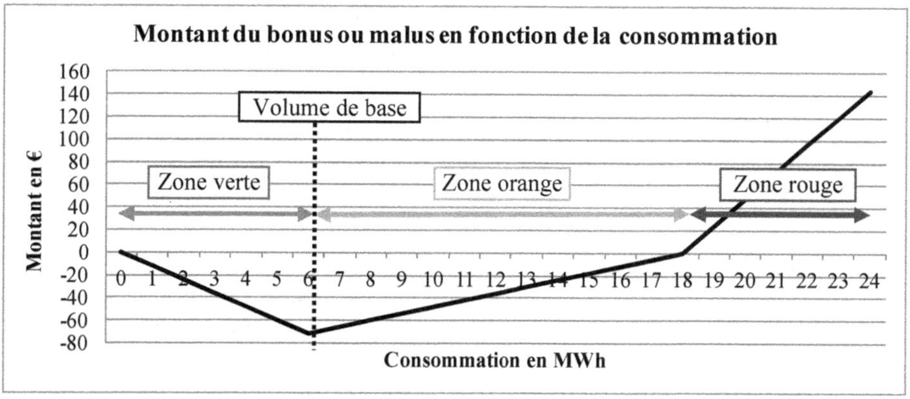


*Source : présentation similaire à celle du rapport n°579 de la commission des affaires économiques de l'Assemblée nationale du 9 janvier 2013*

**Figure 23 – Illustration du principe d'attribution des bonus et malus**

Le volume de base pour **les autres énergies** est calculé selon une formule similaire où seuls les coefficients diffèrent.

Il est à noter au passage que ce système pourrait permettre de distinguer macroscopiquement l'électricité de chauffage de l'électricité spécifique (éclairage, télévision, etc.) indirectement en ajustant les tarifs de l'électricité et du gaz naturel comparativement tels que plus le système tarifaire de chauffage global toutes énergies de réseaux confondues serait égalitaire, plus la distinction entre ces deux formes d'électricité serait correctement reflétée dans les tarifs en relatif.

Les coefficients où la formule diffère légèrement pour les résidences occasionnelles (le critère unité de consommation n'est pas pris en compte) et pour les immeubles collectifs (la formule tient compte des résidences principales et occasionnelles mais pas des consommations des professionnels).

Le texte prévoit d'autres mesures qui sont abordés *infra.*

Il s'agit d'une proposition de loi qui, selon le député BROTTES[255], représente une innovation, celle « *d'instaurer un signal d'alerte qui permettra à chacun de s'impliquer dans la conquête de l'économie d'énergie* ».

Par ailleurs, le Parlement[256] voulait aller plus loin et a renforcé la notion de progressivité à l'alinéa 3 de l'article 6 du texte définitif de la proposition de

[255] Rapport N°761 fait au nom de la commission des affaires économiques en vue de la lecture définitive de la proposition de loi visant à préparer la transition vers un système énergétique sobre et portant diverses dispositions sur la tarification de l'eau et sur les éoliennes, Assemblée nationale, 28 février 2013

[256] Sur ce dossier législatif, le gouvernement est également pleinement investi (v. rapport n°579 de l'Assemblée nationale du 9 janvier 2013 p. 6)

loi BROTTES[257], demandant un « *rapport étudiant les modalités possibles d'évolution de la part de l'abonnement dans le tarif réglementé de vente et de la progressivité de cet abonnement, afin de rendre la tarification globale plus progressive* ».

Enfin, des mécanismes de contrôles et de sanctions sont prévus.

*En bref*

La tarification progressive constituée par le bonus-malus de l'électricité est une tarification à trois tranches conçue pour que l'équilibre financier entre les bonus et malus attribués *via* un fonds de compensation du bonus-malus soit toujours assuré.

Les plus vulnérables ne sont plus exclus du dispositif à l'inverse des professionnels.

## II - LE CADRE EUROPEEN

Il n'est pas possible de traiter correctement ce sujet de la tarification progressive et plus particulièrement ici du bonus-malus sans examiner sa compatibilité avec le droit de l'Union européenne. Sur un sujet aussi complexe, nous ne traitons probablement pas toutes les possibilités de comparaison juridiques possibles ni toutes les jurisprudences, cela pourrait faire l'objet d'une étude spécifique mais nous portons toutefois notre attention sur un certain nombre de difficultés potentielles d'un point de vue juridique par rapport au droit primaire et dérivé d'une part (**A**), et tentons de dégager une position avec une probabilité raisonnable par une analyse jurisprudentielle d'autre part (**B**), avant de conclure en donnant notre avis sur la possibilité de déployer un tel mécanisme de tarification progressive (**C**). Nous ne précisons pas explicitement ici si c'est la composante fourniture qui porte le mécanisme de la tarification progressive par blocs dans le cadre européen.

### A - LE DROIT DE L'UNION EUROPEENNE ET LE BONUS-MALUS

Sans revenir sur les points que nous avons déjà vus avec la tarification différenciée dans la première partie, nous nous posons la question de savoir si les caractéristiques propres au bonus-malus de l'électricité ou à la tarification progressive présentent des difficultés potentielles par rapport au droit primaire (**1**) ou au droit dérivé (**2**).

[257] Texte N°94 du 11 mars 2013 adopté par l'Assemblée nationale, Proposition de loi visant à préparer la transition vers un système énergétique sobre et portant diverses dispositions sur la tarification de l'eau et sur les éoliennes (texte définitif)

### 1 - *Dans le droit primaire*

Nous analysons la tarification progressive ou le bonus-malus selon deux approches, le service public d'un côté et la libre concurrence de l'autre pour vérifier que son mécanisme de fonctionnement ne pose pas de difficultés ou que ses effets ne posent pas de problème.

La tarification progressive poursuit un but d'intérêt général car elle contribue à diminuer la consommation d'électricité sur le territoire national, elle permet aux citoyens de l'Union européenne en-dehors de la France de bénéficier davantage de notre électricité nucléaire moins chère et moins émettrice de $CO_2$ et par conséquent à un meilleur fonctionnement du marché intérieur à condition que les capacités transfrontalières et les marchés associés le permettent. Elle concourt également aux objectifs de la politique énergétique définie dans l'article 194 du Traité sur le fonctionnement de l'Union européenne (T.F.U.E.), **notamment de sécurité d'approvisionnement du fait d'une consommation moindre**.

La tarification progressive doit aussi respecter les règles de la concurrence définies aux articles 101 à 106 du T.F.U.E.

Sur ces règles, nous pouvons confirmer que la tarification progressive ne donne pas une possibilité supplémentaire à EDF d'abuser de sa position dominante (*v. article 102 T.F.U.E.*) dans la mesure où elle s'applique de la même façon à tous les fournisseurs d'électricité, à tous les consommateurs finals, et aux deux tarifs différenciés, les tarifs réglementés de vente et ceux en ordre de marché. Elle distingue toutefois les consommateurs finals les plus vulnérables ayant droit aux tarifs sociaux des autres mais depuis la loi BROTTES n°2013-312 du 15 avril 2013, les fournisseurs alternatifs peuvent aussi proposer le tarif de première nécessité en vertu de l'article L121-5 du code de l'énergie. Et la tarification progressive n'affecte pas le développement des échanges dans une mesure contraire à l'intérêt de l'Union (*v. article 106 T.F.U.E.*).

Elle ne fausse pas la concurrence, au contraire, elle devrait permettre à des fournisseurs alternatifs d'être plus actifs, plus dynamiques, de proposer des nouvelles offres, notamment pour deux raisons : le mécanisme tarifaire peut être exploité par les fournisseurs d'électricité dans leur activité de promotion et le consommateur incité à être plus sobre, à être plus dynamique et peut par conséquent se renseigner davantage sur ses droits et les possibilités que lui offre le marché.

Elle ne crée pas de nouvelle barrière à l'entrée sur le marché de l'électricité.

Elle ne donne non plus à EDF un avantage nouveau par rapport à ses concurrents, au contraire, la baisse de chiffre d'affaires potentiel l'incitera à être encore plus efficace pour conquérir des parts de marché en-dehors du territoire national.

Le risque que la baisse de chiffre d'affaires des fournisseurs alternatifs due à la réduction de consommation ne les affecte davantage qu'EDF et ralentisse la dynamique d'ouverture à la concurrence n'est certes pas nul et c'est peut-être le point le plus sensible mais l'A.R.E.N.H. mis en place en 2011 pour une capacité de 100 TWh/an réduit fortement ce risque désormais.

De plus, suite à l'avis du Conseil d'État du 6 décembre 2012[258], nous devons encore examiner un point relatif à la nature juridique du dispositif. Il s'agit bien « *d'inciter tous les consommateurs à adopter ou à conserver un comportement vertueux* » et le dispositif est neutre pour les fournisseurs d'électricité dans le sens où ils n'ont pas la liberté d'effectuer une péréquation au sein de leur clientèle pour ce système de bonus-malus puisque la péréquation et l'équilibre financier sont effectués au plan national pour chaque énergie de réseau et chaque catégorie de résidence (individuelle ou en immeuble collectif, principale ou occasionnelle). Ils peuvent proposer des offres innovantes avec des tarifs variables ou dégressifs dès lors qu'ils respectent au minimum les règles des articles L332-1 à L332-6 du code de l'énergie dont l'article L332-5 qui dispose que : « **[Les]** ***barèmes de prix*** **[des fournisseurs]** ***sont identiques pour l'ensemble des clients de*** **[la]** ***catégorie*** *souscrivant une puissance égale ou inférieure à 36 kilovoltampères (kVA) raccordés au réseau électrique continental* ». De plus, dans la proposition de création d'un article L230-8 dans le code de l'énergie, les fournisseurs auraient dû faire apparaître distinctement le bonus ou le malus attribué pour chaque énergie de réseau sur la facture ce qui, *de facto*, limiteraient leur possibilité de fusionner avec leur propre dispositif variable ou dégressif éventuel (il est improbable qu'un fournisseur propose une tarification progressive qui réduise la consommation à l'opposé des intérêts industriels).

Il résulte de ce qui précède que la concurrence reste libre, ouverte et non faussée entre les consommateurs finals aux tarifs règlementés de vente et ceux aux tarifs en ordre de marché à condition que le mécanisme de la tarification progressive, qu'il soit sous forme de bonus-malus ou non (c'est la référence zéro qui change dans le principe), soit une composante complémentaire neutre pour le fournisseur. Comme c'est le fournisseur qui l'applique à son client en fonction de règles qui lui sont imposées, il est certainement plus simple de retenir le principe d'une taxation progressive mais **nous n'excluons pas encore à ce stade que les pouvoirs publics puissent fixer des règles relatives à une nouvelle composante tarifaire que les fournisseurs appliqueraient sans être contraire à la libre**

[258] N°387.195, Avis de l'Assemblée générale (section des travaux publics) concernant la mise en œuvre d'un dispositif de bonus-malus pour les consommateurs domestiques d'énergies dites de réseau, Conseil d'État, 6 décembre 2012, point n°2 sur la nature juridique du dispositif

**concurrence** puisque nous pensons au contraire que des fournisseurs alternatifs pourraient rebondir et exploiter ce nouveau dispositif pour proposer des innovations tarifaires et assurer leur promotion auprès des consommateurs finals sur la base d'arguments écologiques par exemple.

En définitive, la tarification progressive apparaît être conforme au droit primaire de l'Union européenne en première approche.

### 2 - *Dans le droit dérivé*

La directive 2009/72/CE[259] est un des textes principaux en vigueur pour le marché intérieur de l'électricité, transposé en droit interne dans le code de l'énergie, auquel nous pouvons et nous devons nous référer vis-à-vis de la mise en place d'une tarification progressive de l'électricité d'autant plus que l'article 3-11 dispose : « *Afin de promouvoir l'efficacité énergétique, les États membres ou, si un État membre le prévoit, l'autorité de régulation, recommandent vivement aux entreprises d'électricité d'optimiser l'utilisation de l'électricité, par exemple en proposant des services de gestion de l'énergie,* ***en élaborant des formules tarifaires novatrices*** *ou, le cas échéant, en introduisant des systèmes de mesure ou des réseaux intelligents* ».

Sur ce point, la tarification progressive respecte tout à fait la directive.

Sur la notion de service universel, l'article 3-3 de la même directive dispose : « *Les États membres veillent à ce que tous les clients résidentiels et, lorsqu'ils le jugent approprié, les petites entreprises (à savoir les entreprises employant moins de 50 personnes et dont le chiffre d'affaires ou le bilan annuel n'excède pas 10 000 000 EUR) aient le droit de bénéficier du service universel, c'est-à-dire du droit d'être approvisionnés, sur leur territoire, en* ***électricité d'une qualité définie****, et ce* ***à des prix raisonnables, aisément et clairement comparables****,* ***transparents*** *et* ***non discriminatoires*** ».

La tarification progressive respecte le service universel. En effet, les plus vulnérables sont toujours protégés. Toutefois, dans le cas du bonus-malus de l'électricité, elle crée un malus certes minoré, mais un malus quand même pour les plus pauvres qui surconsommeraient et ceci afin de ne pas les exonérer de faire un effort de sobriété énergétique. Ce point peut être discuté sans que ce soit à priori une difficulté significative. Il suffirait par exemple d'augmenter l'aide pour les plus vulnérables qui compenserait le malus minoré. Ce doit être possible aisément eu égard aux montants en jeu qui sont faibles actuellement pour les tarifs sociaux en comparaison des autres aspects de la C.S.P.E.

---

[259] Directive 2009/72/CE du parlement européen et du conseil du 13 juillet 2009 concernant des règles communes pour le marché intérieur de l'électricité et abrogeant la directive 2003/54/CE (Journal Officiel Union Européenne 14 août 2009)

Sur le respect de la qualité définie du service universel, elle peut permettre d'éviter des coupures dues à un effondrement du réseau en période de pointe qui n'aurait pas pu être évité malgré les dernières mesures de la loi BROTTES donnant la priorité à l'effacement et celles de la loi n°2013-619 du 16 juillet 2013[260] créant les audits énergétiques pour les entreprises et les incitant à mettre en place des systèmes de management de l'énergie[261], grâce à la sobriété énergétique qu'elle encourage.

Elle n'a pas pour but de créer de discrimination autre que d'inciter les gaspilleurs à être plus sobres à moins de payer plus cher leur fourniture d'électricité. Toutefois, elle prévoit une modulation selon deux critères dans la formule du bonus-malus : la localisation géographique ou situation climatique et la composition du foyer.

Sur ces deux critères, nous devons nous assurer que les principes généraux du droit communautaire de non-discrimination ou d'égalité soient respectés. Pour cela, l'approche par la jurisprudence semble la mieux adaptée ici, on choisit alors d'anticiper sur l'analyse jurisprudentielle du paragraphe suivant et de répondre à la question du respect du principe d'égalité par ces deux critères. La jurisprudence est en effet très riche[262] de cas d'applications par la Cour de justice de l'Union européenne. Dans les arrêts de la Cour du 13 juillet 1962 (*CJCE, 3 juill. 1962, Klöckner-Werke AG e.a. c/ Haute Autorité, Aff. 17/61 et 20/61 ; CJCE, 3 juill. 1962, Mannesmann AG / Haute Autorité, Aff. 19/61*), « *pour qu'on puisse reprocher à la Haute Autorité d'avoir commis une discrimination, il faut qu'elle ait traité d'une manière différente des situations comparables de façon à entraîner un désavantage pour certains sujets par rapport à d'autres, sans que cette différence de traitement soit justifiée par l'existence de différences objectives d'une certaine importance* », dans l'arrêt de la Cour du 23 février 1983 (*CJCE, 23 févr. 1983, Wagner c/ BALM, Aff. 8/82*), « *la discrimination consiste à traiter de manière différente des situations qui sont identiques ou de manière identique des situations qui sont différentes* ».

*Sur le critère de la localisation géographique ou de la situation climatique*

Pour simplifier, on choisit une heuristique en coupant la population de la France en deux groupes dits *le nord* et *le sud*.

Supposons que nous ne prenions pas en compte le critère de localisation géographique dans la formule de la tarification progressive. Alors, on crée une inégalité de traitement entre *le nord* et *le sud* en appliquant davantage de

---

[260] Loi n°2013-619 du 16 juillet 2013, portant diverses dispositions d'adaptation au droit de l'Union européenne dans le domaine du développement durable (Journal Officiel 17 juillet 2013)

[261] Création de nouveaux articles L233-1 à L233-4 dans le code de l'énergie

[262] Site http://curia.europa.eu/common/recdoc/repertoire_jurisp/bull_ordrejur/data/index_A-01_02_02.htm consulté le 9 août 2013

malus pour *le nord* que pour *le sud* du fait des différences de climat toutes choses égales par ailleurs (pour un même effort de sobriété, pour une même efficacité énergétique du logement, ...). Or, dans l'arrêt de la Cour du 9 septembre 2004 (*CJCE, 9 sept. 2004, Espagne c/ Commission, Aff. C-304/01*), « *le principe d'égalité de traitement et de non-discrimination exige que* ***des situations comparables ne soient pas traitées de manière différente*** [...] *à moins qu'un tel traitement ne soit objectivement justifié* ». Avec notre hypothèse de départ, *le nord* aura plus de malus que de bonus et *le sud* l'inverse, pourtant non seulement *le nord* et *le sud* sont deux situations comparables, mais on a en plus une formule qui respecte l'équilibre financier en payant les bonus avec les malus. Donc, sans critère de compensation des conditions climatiques, on crée une discrimination qui ne peut pas être justifiée objectivement.

Supposons *a contrario* que nous le prenions en compte en cherchant la meilleure équité de traitement en compensant le mieux possible, le plus précisément possible les effets dus au climat au lieu d'habitation. Inévitablement, on aura statistiquement des situations où le critère aura surcompensé les conditions climatiques sur une durée statistiquement significative (quatre saisons pour notre climat tempéré) et par conséquent on crée une inégalité qui ne peut pas être justifiée objectivement. De plus, dans le même arrêt de la Cour du 9 septembre 2004 précité (*CJCE, 9 sept. 2004, Espagne c/ Commission, Aff. C-304/01*), « *le principe d'égalité de traitement et de non-discrimination exige que* [...] *que* ***des situations différentes ne soient pas traitées de manière égale****, à moins qu'un tel traitement ne soit objectivement justifié* »

En définitive, afin de ne pas créer d'inégalités, nous disposons de deux seules solutions qui ne créent pas de discrimination entre *le nord* et *le sud* qui consistent soit à ne pas mettre en place la tarification progressive, de choisir le *statu quo* mais on se prive aussi d'un moyen pour répondre aux exigences d'efficacité énergétique de l'Union européennes confirmées dans le code de l'énergie à l'article L100-2 qui dispose de « *maîtriser la demande d'énergie et favoriser l'efficacité ainsi que la sobriété énergétiques* », soit à effectivement appliquer un **critère d'atténuation climatique** mais de telle sorte que statistiquement, le critère ne le compense pas totalement selon la localisation géographique. En cela, la proposition de loi BROTTES paraît satisfaisante *a priori*. Toutefois, nous pensons aussi qu'une petite marge d'excursion en territoire d'inégalité par surcompensation pourrait être tolérée dès lors qu'il s'agit d'un phénomène statistiquement exceptionnel sur une durée significative. Enfin, ajoutons que dans l'arrêt de la Cour du 18 mars 1980 (*CJCE, 18 mars 1980, Procureur du Roi c/ Debauve 52/79, Rec. p. 00833*), « *des différences de situation dues à des phénomènes naturels ne sauraient être qualifiées de "discrimination" au sens du traité CEE, celui-ci ne qualifiant de la sorte que les différences de traitement résultant des* *activités humaines, et notamment de mesures prises par les autorités publiques. La Communauté n'a aucune obligation de prendre des mesures destinées à effacer des différences qui sont la conséquence d'inégalités naturelles* », mais elle ne les interdit pas non plus à condition de respecter les principes précités.

*Sur le critère de la composition du foyer*

L'analyse est différente, nous considérons un foyer d'une personne et un foyer de cinq personnes. Ce sont des situations familiales différentes sans aucun doute. Dans ces conditions, on peut appliquer un traitement différent à ces deux situations différentes et en prolongeant aux autres compositions de foyers possibles, on peut alors appliquer un critère comme celui qui a été proposé dans la proposition de loi BROTTES. Toutefois, supposons *a contrario* qu'on ne prenne pas en compte ce critère. Deux ménages différents dans deux maisons mitoyennes de construction récente, semblables, non rénovées, chauffées avec la même énergie de réseau. Ils sont dans une situation comparable, on ne devrait donc pas faire de différence de traitement entre eux sauf à le justifier objectivement. La justification provient alors du fait qu'il faut allouer un volume de base d'électricité supérieur au foyer dont le nombre de membres est supérieur car même à sobriété égale, il ne peut que consommer davantage d'électricité. Nous retenons alors en définitive que le critère de la proposition de loi BROTTES peut convenir à condition de ne pas dépasser ce qui est juste nécessaire.

Elle n'a pas non plus pour but de supprimer le tarif de première nécessité comme nous le verrons *infra*.

Par ailleurs, l'article 3-10 de la directive précitée dispose que : « *Les États membres prennent des mesures pour atteindre les objectifs en matière de cohésion économique et sociale et de protection de l'environnement, qui comprennent, le cas échéant, des* ***mesures d'efficacité énergétique/gestion de la demande*** *ainsi que des moyens de lutte contre le changement climatique, et de sécurité d'approvisionnement. Ces mesures peuvent inclure notamment des incitations économiques adéquates* [...] ». La tarification progressive est conforme à cette règle.

*En bref*

En première approche, la tarification progressive apparaît être conforme au droit de l'Union européenne primaire et dérivé. Un point du second ordre devrait être réexaminé selon le mécanisme qui serait adopté : le malus minoré doit-il être maintenu ?

Et en vertu de l'article 3-15 de la directive 2009/72, la France devrait informer la Commission européenne dans le cas de la mise en œuvre de la tarification progressive.

## B - La jurisprudence et le bonus-malus

Nous analysons la conformité avec la jurisprudence de la tarification progressive que constitue le système de bonus-malus de la proposition de loi BROTTES ou tout autre système de tarification progressive. Cette partie est importante dans notre étude car si le résultat est négatif, on pourra conclure qu'il est inutile de vouloir chercher à mettre en place des tarifications progressives en Europe sur le marché intérieur de l'électricité et que si certains consommateurs gaspillent l'électricité parce qu'ils en ont les moyens, ils pourraient continuer à le faire sans contrainte supplémentaire.

La démarche est effectuée en trois temps.

Dans un premier temps (**1**), à partir de l'arrêt « *Federutility* » de la Cour de justice de l'Union européenne du 20 avril 2010[263], nous remplaçons le gaz par l'électricité sur la base des directives du deuxième « paquet énergie »[264] et nous substituons la directive 2009/72[265] à la directive 2003/54 qu'elle a abrogé, en vérifiant que c'est possible considérant par considérant, article par article.

Dans un deuxième temps (**2**), nous effectuons une analyse de compatibilité avec une tarification progressive. L'étude effectuée par la Commission de régulation de l'électricité et du gaz en Belgique en 2010[266] est notamment utilisée à titre d'information.

---

[263] Arrêt de la Cour (grande chambre), 20 avril 2010, affaire C-265/08, Federutility e.a. contre Autorità per l'energia elettrica e il gas, « Directive 2003/55/CE – Marché intérieur du gaz naturel – Intervention de l'État sur le prix de fourniture du gaz naturel après le 1er juillet 2007 – Obligations de service public des entreprises opérant dans le secteur du gaz »

[264] Directive 2003/54/CE du Parlement européen et du Conseil du 26 juin 2003 concernant des règles communes pour le marché intérieur de l'électricité et abrogeant la directive 96/92/CE et directive 2003/55/CE du Parlement européen et du Conseil du 26 juin 2003 concernant des règles communes pour le marché intérieur du gaz naturel et abrogeant la directive 98/30/CE (Journal Officiel Union Européenne 15 juillet 2003)

[265] Directive 2009/72/CE du parlement européen et du conseil du 13 juillet 2009 concernant des règles communes pour le marché intérieur de l'électricité et abrogeant la directive 2003/54/CE (Journal Officiel Union Européenne 14 août 2009)

[266] Étude relative à la faisabilité de l'instauration d'une tarification progressive de l'électricité en Belgique, C.R.E.G., 10 juin 2010, p. 44-55

Dans un troisième temps (**3**) (**4**) (**5**), nous effectuons une recherche d'arrêts pour affiner l'analyse de l'absence d'incompatibilité du bonus-malus avec la jurisprudence de la Cour de justice de l'Union européenne.

### 1 - *Comparaison sélective des directives*

Concernant le cadre juridique de l'arrêt, chaque **considérant** cité au paragraphe 3 « Le droit de l'Union » trouve sa correspondance, au mode d'énergie près, dans la directive 2003/54, voire dans la directive 2009/72 si possible, comme suit :

| Directive 2003/55 « gaz » | Directive 2003/54 « électricité » | Directive 2009/72 « électricité » *considérants approchants* |
|---|---|---|
| 2 | 2 | 7, 8, 51, 53 notamment |
| 3 | 3 | - |
| 4 | 4 | 3 |
| 18 | 20 | 3, 37 notamment |
| 26 | 24 | 45 |
| 27 | 27 | 47 |

**Tableau 8 – Comparaison de considérants des directives 2003/55, 2003/54, 2009/72**

Concernant les **articles** de la directive 2003/55 cités aux paragraphes 6 à 9, ils trouvent également leur correspondance dans les directives « électricité » comme suit :

| Directive 2003/55 « gaz » | Directive 2003/54 « électricité » | Directive 2009/72 « électricité » |
|---|---|---|
| 23 | 21 | 33 |
| 3-1 | 3-1 | 3-1 |
| 3-2 | 3-2 | 3-2 |
| 3-3 | 3-5 | 3-7 |
| 3-6 | 3-9 | 3-15 |

**Tableau 9 – Comparaison d'articles des directives 2003/55, 2003/54, 2009/72**

L'analyse de la Commission de régulation de l'électricité et du gaz de Belgique en 2010[267] qui précise que « *le raisonnement est transposable à propos de l'électricité dans le cadre de la troisième directive* » apporte une confirmation supplémentaire de la validité de cette approche.

Cette opération de comparaison effectuée et positive, nous pouvons effectuer une analyse de compatibilité avec une tarification progressive de type bonus-malus directement à partir de l'arrêt « *Federutility* ».

---

[267] *Ibidem*, article 85, p. 48

### 2 - *L'arrêt « Federutility »*

D'après l'analyse de la Cour dans cet arrêt, la mise en place d'une tarification progressive, donc réglementée, doit répondre à plusieurs exigences, une intervention justifiée par l'intérêt économique général, le respect du principe de proportionnalité, le caractère clairement défini, transparent, non discriminatoire et contrôlable des obligations de service public, garantir aux entreprises d'électricité[268] de l'Union européenne un égal accès aux consommateurs nationaux, et enfin durant une période nécessairement limitée dans le temps.

Par ailleurs, la Cour s'appuie principalement sur les articles 3, paragraphes 2 et 23, paragraphe 1 de la directive 2003/55 dans ses conclusions.

Nous reprenons donc chacune des exigences pour vérifier leur respect ou non dans le cadre de la mise en place d'une tarification progressive de type bonus-malus dont les objectifs poursuivis sont de nature économique, environnementale et sociale. Ce triple objectif est d'ailleurs repris dans le commentaire de la décision du Conseil constitutionnel du 11 avril 2013[269] analysée dans la section II *infra*, à savoir :

- favoriser les économies d'énergie ;
- lutter contre la pollution et en particulier l'effet de serre qui résulte de la consommation d'énergie ;
- permettre que la charge financière résultant de l'augmentation du coût de l'énergie ne soit pas supportée par les particuliers de façon mécanique, en fonction des volumes consommés, mais de façon plus juste, en tenant compte de leurs comportements plus ou moins économes et vertueux.

À ces objectifs, nous choisissons d'en ajouter deux autres complémentaires décrits *infra* (*v. 2<sup>nde</sup> part., ch. II, sect. I, I, A*) qui ne sont pas exigés par la Cour de justice de l'Union européenne mais que nous souhaitons regarder ici uniquement pour la vue d'ensemble. Il s'agit de l'objectif de civilisation et de l'objectif politique[270].

*Sur l'intervention justifiée par l'intérêt économique général*

La Cour dit qu'il appartient aux États membres de concilier l'objectif de libéralisation du secteur de l'électricité et celui de la nécessaire protection du consommateur final poursuivi par les directives.

---

[268] Gaz dans l'arrêt « *Federutility* »

[269] Commentaire de la décision N°2013-666 DC du Conseil constitutionnel, Loi visant à préparer la transition vers un système énergétique sobre et portant diverses dispositions sur la tarification de l'eau et les éoliennes, 11 avril 2013, p. 11

[270] Cela rejoint l'idée des voies éco-réformatrices d'Edgar MORIN (*La Voie : Pour l'avenir de l'humanité, Fayard, 2011*)

Or, le mécanisme de bonus-malus poursuit une mission d'intérêt général. Comme il est précisé dans le rapport N°579 de l'Assemblée nationale[271], le bonus-malus poursuit plusieurs objectifs que nous complétons un peu :

- **social** : fournir aux ménages un outil pédagogique de responsabilisation sur leur consommation d'énergie ; adresser un signal aux consommateurs en les renseignant sur leur niveau de consommation ;
- **économique** : réduire la facture des consommateurs raisonnables permettant à au moins 25% d'entre eux d'être gagnants à court terme, à 75% d'être gagnants à moyen terme et à presque 100% d'être gagnants à long terme théoriquement ;
- **environnemental** : augmenter la facture des sur-consommateurs qui peuvent représenter jusqu'à de l'ordre de 25% de l'ensemble des consommateurs, qui pourront bénéficier du service public de la performance énergétique de l'habitat si la cause est une mauvaise isolation du logement ; constituer une première étape de la transition énergétique par une prise de conscience de ce qu'est une consommation vertueuse.

De plus, il contribuerait à répondre à la directive 2012/27/UE du 25 novembre 2012[272] qui encourage fortement à accroître l'efficacité énergétique dans l'Union placée au cœur de sa stratégie afin de « *dissocier la consommation énergétique de la croissance économique* », en particulier par un programme de participation des clients à l'article 12 qui dispose que les « *États membres prennent les* ***mesures appropriées pour promouvoir et favoriser une utilisation efficace de l'énergie par les petits clients, y compris les ménages*** [qui] comprennent […] *un éventail d'instruments et de politiques visant à* ***promouvoir les changements de comportement*** ».

En revanche, sur la question de la nécessaire protection du consommateur, il pourrait être reproché qu'il y ait un « deux poids, deux mesures » entre les particuliers et les professionnels, donc que des malus soient appliqués à des particuliers non éligibles au tarif de première nécessité qui se trouveraient potentiellement fragilisés par un malus alors que d'autres catégories ne seraient pas soumises à des efforts. Il s'agirait d'une rupture du principe d'égalité si on considère les situations comparables comme étant celles où un effort égal de sobriété énergétique est consenti. Toutefois, l'application de la tarification progressive de l'électricité aux professionnels ou non ne changerait pas le fait qu'une surconsommation reste une surconsommation

[271] Rapport N°579 fait par le député François BROTTES au nom de la commission des affaires économiques, en nouvelle lecture, sur la proposition de loi, rejetée par le Sénat, visant à préparer la transition vers un système énergétique sobre, Assemblée nationale, 9 janvier 2013

[272] Directive 2012/27/UE du Parlement européen et du Conseil du 25 octobre 2012 relative à l'efficacité énergétique, modifiant les directives 2009/125/CE et 2010/30/UE et abrogeant les directives 2004/8/CE et 2006/32/CE, J.O.U.E. L 315, 14 novembre 2012, p. 1-56

que la cause soit les habitudes d'utilisation de l'électricité ou le bilan thermique des locaux ou des logements et qu'il s'agisse d'un ménage ou d'une entreprise, dès lors que le seuil est caractérisé selon des critères objectifs. Et en l'occurrence, le seuil de surconsommation peut se déduire des objectifs Europe 2020 ; la formule du bonus-malus en est un résultat possible pour répondre à l'intérêt général. Quant aux entreprises, un mécanisme d'effet équivalent pourrait aussi être mis en place en complétant le code de l'énergie au chapitre sur la performance énergétique dans les entreprises sans oublier que **les locaux professionnels sont souvent loués par des sociétés de gestion immobilière**.

Nous pouvons en complément préciser que le bonus-malus ne supprime pas les autres mesures déjà mises en place pour protéger les consommateurs vulnérables (tarif de première nécessité, service universel) et que le paragraphe 11 de l'article 3 de la directive 2009/72 précité **encourage les formules tarifaires novatrices** pour optimiser l'usage de l'électricité.

*Sur le respect du principe de proportionnalité*

La tarification progressive est un moyen proportionné d'atteindre l'objectif économique de réduction de la consommation globale d'électricité, d'où qu'elle provienne puisque la formule tarifaire du bonus-malus ne contient qu'une tranche de malus à but avant tout dissuasif, et encore faut-il dépasser **300% du volume de base** (*v. supa, I*). Il est nécessaire, quel que soit le mécanisme, d'instaurer un signal-prix comprenant un tarif plus élevé associé à une tranche plus élevée. Or, c'est en réalité déjà le cas avec le tarif dit de base et le tarif social. Il ne s'agit ici que d'affiner la formule. Cette disposition n'est pas interchangeable si on veut concilier l'atteinte de l'objectif écologique et de réduction de la pauvreté (*v. objectifs Europe 2020 en introduction*). Et nous pensons que la tarification progressive aura un réel effet de réduction de la consommation comme nous l'analyserons *infra* dans la seconde partie, qui peut être complétée mais non substituée par d'autres mesures incitatives douces qui peuvent être mises en place en parallèle.

La tarification progressive est aussi un moyen proportionné d'atteindre l'objectif environnemental en complément des autres **mesures minimales** prévues par la Commission européenne dans la directive 2012/27/UE ou en cours de mise en œuvre par le gouvernement dans le cadre de la transition énergétique puisque nous verrons dans la seconde partie également que le changement des comportements est nécessaire d'une part et qu'il faut cumuler les mesures possibles techniques ou non techniques d'autres part.

La tarification progressive est ensuite un moyen proportionné d'atteindre l'objectif social, elle n'est pas conçue pour créer des injustices sociales puisque l'incitation au changement des comportements visé concerne tous les ménages quelles que soient leurs ressources financières et l'isolation thermique de leurs logements. Toutefois, pour les ménages les plus vulnérables, la proposition de loi BROTTES[273] prévoit de **concilier la protection des plus vulnérables et l'incitation à la sobriété** en modifiant ainsi le code de l'énergie :

« *Art. L. 230-7. – Les ministres chargés de l'énergie et de l'économie définissent par arrêté des* ***taux de malus minorés*** *pour les consommations individuelles d'électricité et de gaz des* ***consommateurs ayant droit à la tarification spéciale*** *"produit de première nécessité" prévue à l'article L. 337-3 ou au "tarif spécial de solidarité" prévu à l'article L. 445-5.* ».

Le but est aussi de tendre vers un confort énergétique similaire pour tous les consommateurs, donc de réduire la précarité énergétique et le confort supplémentaire sauf à le payer plus cher.

De plus, eu égard aux limites des capacités de production atteintes lors des pointes de demande d'électricité, on pourrait même considérer que le volume d'électricité disponible est une quantité finie qu'il faut partager entre tous les consommateurs de manière équitable et qu'une unité consommée réduirait d'autant la quantité pour les autres consommateurs faisant alors passer la consommation d'électricité de la catégorie des biens clubs à la catégorie des biens privés[274]. Pour les auteurs d'une étude de 2007 parue dans la revue de l'O.F.C.E.[275], l'électricité est un bien dont la consommation peut créer une congestion et ils assimilent la consommation d'électricité à un bien composite à la fois bien public congestif et bien privé où des rivalités apparaissent quand la consommation atteint un certain plafond. Dans ce cadre, la tarification progressive agirait avec un effet indirect de redistribution, ceux qui voudraient consommer plus et faire moins d'efforts que les autres, qu'ils soient des particuliers ou des professionnels, paieraient plus cher leur kWh et inversement. Cet effet indirect de redistribution a d'ailleurs été montré dans plusieurs études dont une étude américaine de 2011[276].

*Sur les objectifs de civilisation et de politique*

Le continent européen ne dispose pas dans son sous-sol des mêmes réserves d'énergie fossile que d'autres continents. La sécurité d'approvisionnement extérieure est une contrainte constante. Les prix du pétrole augmentent régulièrement. Notre qualité de vie que nous pouvons traduire par une

---

[273] Texte adopté N°94 par l'Assemblée nationale, Proposition de loi visant à préparer la transition vers un système énergétique sobre et portant diverses dispositions sur la tarification de l'eau et sur les éoliennes (texte définitif), Assemblée nationale, 11 mars 2013

[274] Paul SAMUELSON, The pure theory of expenditures, 1954 ; Paul SAMUELSON, Diagrammatic exposition of a theory of public expenditure (1955)

[275] Evens SALIES et al., L'électricité est-elle un bien public ?, Revue de l'OFCE, 2007/2 no 101, p. 399-420

[276] Severin BORENSTEIN, The Redistributional Impact of Non-Linear Electricity Pricing, Berkeley, California, Energy Institute at Haas, Revised April 2013, p. 36

heuristique telle que l'indice de développement humain, est élevée en Europe autour de 0,9 en 2012[277]. Nous voulons la conserver. Aussi, sauf à disposer d'électricité fournie par des réacteurs nucléaires à fission de 4ème génération ou à fusion en quantité quasiment illimitée, à prix, déchets et émissions de gaz à effets de serre réduits, nous devons mettre en œuvre tous les moyens pour que notre civilisation occidentale ne s'affaiblisse pas, en fonction de leurs coûts de mise en œuvre et de nos capacités financières. Ces moyens rejoignent la politique énergétique de l'Union européenne[278] et le changement des comportements individuels fait partie des moyens. La tarification a justement pour but d'y contribuer à la hauteur de ses effets possibles[279].

*Sur le caractère clairement défini, transparent et contrôlable*

La définition claire et la transparence du mécanisme de bonus-malus ne font aucun doute après que la formule tarifaire ait été clarifiée dans la proposition de loi présentée en nouvelle lecture au Parlement[280] pour tenir compte des critiques. Sur le contrôle, la proposition de loi BROTTES du 11 mars 2013 prévoit bien des dispositions de contrôles dont le renforcement du collège de la Commission de régulation de l'énergie avec notamment un membre de la Commission nationale de l'informatique et des libertés, la création d'un organisme chargé de la collecte des informations nécessaires aux calculs des volumes de base alloués, des taux et bonus-malus attribués, des sanctions prévues en cas de manquement ou l'extension du rôle du médiateur de l'énergie. Il est également prévu de faire apparaître séparément les bonus ou malus appliqués sur la facture d'électricité dans la proposition de loi précitée.

*Sur le caractère non discriminatoire*

Les règles de la tarification et d'attribution d'un bonus ou de l'un des malus s'appliquent à tous les ménages pour lesquels un contrat de fourniture d'énergie a été conclu même ceux qui bénéficient du tarif de première nécessité pour qui toutefois un malus minoré est appliqué afin de tenir compte de leur situation de vulnérabilité (v. *supra*). Le principe que des

---

[277] Site internet du programme des Nations unies pour le développement http://hdr.undp.org/fr/donnees/carte/ consulté le 17 juillet 2013

[278] Directive 2012/27/UE du 25 octobre 2012 ; Communication 2012/663 du 15 novembre 2012

[279] Nous allons voir que l'exemple de la Californie est riche d'enseignement à ce sujet dans la seconde partie de l'étude

[280] Proposition de loi annexée au rapport N°579 fait par le député François BROTTES au nom de la commission des affaires économiques, en nouvelle lecture, sur la proposition de loi, rejetée par le Sénat, visant à préparer la transition vers un système énergétique sobre, Assemblée nationale, 9 janvier 2013

situations différentes soient traitées de manière différente est respecté[281], sachant que nous avons choisi de traiter au paragraphe précédent les deux critères particuliers que sont la situation géographique et la composition du foyer qui entrent dans la formule actuelle du bonus-malus (*v. supra*), l'idée étant que nous restons donc ici sur le principe général de la tarification par blocs.

Cependant, dans la proposition de loi du 11 mars 2013, ces règles ne s'appliquent pas aux professionnels, aux entreprises et une différence de répartition du bonus-malus entre les habitants ou copropriétaires d'un immeuble collectif équipé (ou pouvant l'être) de compteurs individuels et ceux d'une résidence individuelle, n'a pas été supprimée. Ce sont les deux points principaux soulevés par le Conseil constitutionnel dans sa décision du 11 avril 2013[282] qu'il faudrait corriger avant de proposer un nouveau projet ou une nouvelle proposition de loi et il faudrait également s'assurer que les agents EDF soient bien inclus dans le dispositif afin de ne pas créer de discrimination.

Pour vérifier le caractère non-discriminatoire, il faut aussi se référer notamment aux articles 18 et 19 du T.F.U.E., à l'article 21 de la Charte des droits fondamentaux qui interdit « *toute discrimination fondée notamment sur le sexe, la race, la couleur, les origines ethniques ou sociales, les caractéristiques génétiques, la langue, la religion ou les convictions, les opinions politiques ou toute autre opinion, l'appartenance à une minorité nationale, la fortune, la naissance, un handicap, l'âge ou l'orientation sexuelle* [et dans] *le domaine d'application des traités et sans préjudice de leurs dispositions particulières, toute discrimination exercée en raison de la nationalité* ». Sur ces points, la tarification progressive ne crée pas de discrimination particulière, le critère de l'âge a été supprimé au cours du parcours législatif.

Le mécanisme ne génère pas de distinction non plus entre les consommateurs finals aux tarifs réglementés de vente et ceux en ordre de marché **à condition qu'il ne s'applique pas sur la structure tarifaire de la composante fourniture elle-même**. Comme il s'appuie sur la consommation réelle pour l'application d'un complément tarifaire ou de taxe, et même si ce complément s'appuie sur la puissance souscrite et la consommation, la condition est respectée.

*Sur la garantie aux entreprises d'électricité de l'Union européenne d'un égal accès aux consommateurs nationaux*

---

[281] Sur le principe de non-discrimination dans l'étude de la C.R.E.G de Belgique, 10 juin 2010, p. 53

[282] Décision N°2013-666 DC (Conseil constitutionnel 11 avril 2013)

La tarification progressive n'aura pas pour effet de créer de discrimination ou distorsion sur le marché[283] entre les entreprises d'autres États membres et les entreprises françaises puisque que ce n'est pas EDF qui centralise les informations mais un organisme spécialement créé.

Ce mécanisme de bonus-malus pourrait même logiquement avoir un effet amplificateur sur l'ouverture à la concurrence, du moins sur la part des offres aux tarifs en ordre de marché par rapport à celles aux tarifs règlementés pour les ménages du fait de la possibilité donnée aux fournisseurs alternatifs d'imaginer, d'élargir leur gamme d'offres d'électricité en complément des offres « 100% vert » et classiques et de proposer des offres aux tarifs en ordre de marché sur mesure pour les sur-consommateurs.

*Sur la limitation dans le temps*

Si nous reprenons les trois objectifs social, économique et environnemental, nous pouvons souligner la difficulté d'établir la durée nécessaire pour les atteindre et une fois atteints, il faut pouvoir les maintenir dans le temps. S'agissant d'une mesure qui sera bénéfique au marché intérieur de l'électricité, une réévaluation de la situation tous les dix ans serait raisonnable. On peut noter que la Californie l'a expérimentée à partir de 1975 et n'a cessé de l'optimiser depuis et qu'elle a déjà inspiré dix autres États des États-Unis.

Nous pouvons aussi considérer que cette condition de la Cour de justice de l'Union européenne peut également s'appliquer aux tarifs règlementés de vente d'EDF, les tarifs bleus, jaunes et verts. S'agissant des tarifs verts et jaunes, la loi NOME dispose à l'article 14-III (article L. 337-9 du code de l'énergie) que : « *À partir du 1er janvier 2016, ils ne bénéficient plus, pour leurs sites autres que ceux* [souscrivant une puissance inférieure ou égale à 36 kVA], *de ces tarifs* » cohérente avec la décision de la Commission européenne du 12 juin 2012 qui a adopté à l'**article 2 alinéa 4** : « *La France met fin à toute aide d'État résultant de l'application des tarifs règlementés de vente de l'électricité* [verts et jaunes] *au plus tard le 31 décembre 2015 pour les grands et moyens consommateurs et s'abstient de mettre en place tout dispositif équivalent* ».

Par ailleurs, dans cette même décision, la Commission reconnaît :

- au considérant 164 : « *la mise en place d'une réforme profonde du marché de l'électricité en France avec notamment un accès régulé à l'électricité nucléaire historique pour les concurrents d'EDF* [est] *acté dans la loi n°2010-1488* » (loi NOME) ;

[283] La Commission européenne a précisé dans sa Communication 2012/663 du 15 novembre 2012 qu'elle veillerait à ce que des actions des entreprises ou des autorités publiques ne créent pas de distorsions de marché (p.9)

- au considérant 165 : « *il convient de prendre en considération les bénéfices prévisibles sur le marché de la fourniture de l'électricité résultant* [de l'engagement] *pris par la France au cours de la présente procédure* » ;
- au considérant 166 : « *Au total, 32 fournisseurs alternatifs ont eu recours à l'accès régulé à l'énergie nucléaire historique et leurs demandes ont été intégralement servies. Eu égard aux caractéristiques structurelles du marché de la fourniture de l'électricité en France décrites aux considérants 48 à 52, ces premiers résultats témoignent d'une ouverture progressive permettant une concurrence qui n'aurait pu se développer sans les engagements souscrits par la France en ce qui concerne l'accès à l'énergie nucléaire historique, qui peut atteindre jusqu'à 25% environ de la production d'EDF* » ;
- au considérant 167 : « *La Commission estime que la réforme portée par la loi n°2010-1488 aura un impact favorable sur le marché intérieur européen, en ce qu'elle favorise l'entrée de nouveaux concurrents et le maintien de ceux qui y sont actifs* ».

Elle conclut alors en adoptant à **l'article 2 alinéa 1** : « *La France met en place un dispositif* [A.R.E.N.H.] *jusqu'au 31 décembre 2025* ». Combiné à l'alinéa 4 (du même article) précité, portant exclusivement sur les grands et moyens consommateurs et à la deuxième condition de la Cour dans l'arrêt « *Federutility* » de limitation dans le temps, nous pouvons alors déduire de cette décision importante que **les tarifs règlementés de vente dits tarifs bleus peuvent être conservés au moins jusqu'en 2025 et que par analogie avec un mécanisme réglementaire de bonus-malus, nous pouvons considérer que la condition de la Cour n'est pas un obstacle au déploiement de la tarification progressive de l'électricité**.

*Sur l'information de la Commission européenne*

En vertu de l'article 3 au paragraphe 15 de la directive 2009/72, les règles et les effets sur la concurrence interne et dans l'Union devraient être notifiés à la Commission européenne. Il est possible que ce point puisse être amélioré. Ainsi, dans sa décision du 12 juin 2012[284] sur les tarifs règlementés verts et jaunes en France considérés comme aide d'état, la Commission européenne a considéré que ces « *deux systèmes de tarifs* [n'ayant pas été notifiés] *au sens de l'article 108, paragraphe 3 du TFUE avant leur mise en œuvre* […] *sont par conséquent, illégaux* ».

[284] Décision de la Commission du 12 juin 2012, concernant l'aide d'État SA.21918 (C 17/07) (ex NN 17/07) mise à exécution par la France – Tarifs réglementés de l'électricité en France [notifiée sous le numéro C(2012) 2559], J.O.U.E. C 398/10, 22 décembre 2012, p. 12-32, considérants 142 à 144

### 3 - *L'arrêt « Enel Produzione »*

Une recherche d'arrêts de la Cour de justice de l'Union européenne nous amène à examiner l'arrêt plus récent « *Enel Produzione* »[285] du 21 décembre 2011. Les principes de quelques considérants peuvent être repris ici. L'intérêt réside surtout dans la confirmation de l'arrêt « *Federutiliy* » sur ces points.

Ainsi au considérant 42 de cet arrêt, la Cour analyse qu'il « *résulte ainsi des termes mêmes de l'article 86 CE que les obligations de service public que l'article 3, paragraphe 2, de la directive 2003/54 permet d'imposer aux entreprises qu'elles doivent respecter le principe de proportionnalité et que, dès lors, ces obligations ne peuvent porter atteinte à la libre fixation du prix de la fourniture de l'électricité que dans la seule mesure nécessaire à la réalisation de l'objectif d'intérêt économique général qu'elles poursuivent (arrêt Federutility e.a., précité, point 33)* ».

Et comme nous l'avons déjà vu *supra*, la Cour précise au considérant 50 de l'arrêt « *Enel Produzione* » et au considérant 29 de l'arrêt « *Federutility* » que « *les États membres sont en droit, dans le respect du droit de l'Union, de définir l'étendue et l'organisation de leurs services d'intérêt économique général. Ils peuvent en particulier tenir compte d'objectifs propres à leur politique nationale* ».

Or la tarification progressive poursuit bien un objectif de politique non seulement nationale mais également européenne puisqu'à l'article 12 paragraphes 1 et 2 de la directive 2012/27/UE[286] relative à l'efficacité énergétique : « *Les États membres prennent des mesures appropriées pour promouvoir et favoriser une utilisation efficace de l'énergie par* ***les petits clients, y compris les ménages*** [, qui comprennent] *un éventail d'instruments et de politique visant à* ***promouvoir les changements de comportement*** ».

### 4 - *L'arrêt « Altmark »*

Nous n'avons pas encore fait de choix entre un complément tarifaire ou fiscal fixé par détermination de la loi. Nous nous limitons ici à l'étude de la première possibilité.

Pour la première possibilité, nous prenons l'arrêt « *Altmark* » de la Cour de justice des Communautés européennes du 24 juillet 2003[287] et nous vérifions si on est dans un cas où cet arrêt devrait s'appliquer donc dans le cas où le

---

[285] Arrêt de la Cour (deuxième chambre), 21 décembre 2011, affaire C-242-10, Enel Produzione SpA contre Autorità per l'energia elettrica e il gas

[286] Directive 2012/27/UE du Parlement européen et du Conseil du 25 octobre 2012 relative à l'efficacité énergétique, modifiant les directives 2009/125/CE et 2010/30/UE et abrogeant les directives 2004/8/CE et 2006/32/CE (Journal Officiel 14 novembre 2012)

[287] Arrêt de la Cour, 24 juillet 2003, affaire C-280/00, Altmark Trans GmbH

complément tarifaire est assimilé à une compensation ou accordée en contrepartie d'obligations de service public qui bénéficie à un fournisseur d'électricité.

La première question est alors celle de la charge à compenser. En l'occurrence, si on considère la décision du Conseil constitutionnel du 11 avril 2013[288], où il précise dans le cadre de la non-application du dispositif aux professionnels, « *que ni les dispositions de l'article 2* [relatif au bonus-malus dans la proposition de loi] *ni aucune autre disposition ne prévoient, à l'égard des professionnels, un régime produisant des effets équivalents à un dispositif de tarification progressive ou de bonus–malus qui poursuive* ***l'objectif*** *que s'est assigné le législateur* ***d'inciter chaque consommateur à réduire sa consommation d'énergies de réseau****,* [...] *qu'au regard de l'objectif poursuivi, les différences de traitement qui résultent du choix de réserver le dispositif prévu par l'article 2 aux seules consommations domestiques méconnaissent l'égalité devant les* **charges publiques** ».

La charge publique à compenser étant définie comme l'incitation à la sobriété énergétique ou poursuivant des fins comportementales, nous vérifions si des fournisseurs d'électricité en bénéficieront par rapport à d'autres. En l'occurrence, le complément tarifaire devra être appliqué par le fournisseur d'électricité selon les taux définis par la C.R.E. annuellement comme peut l'être la C.S.P.E. Et la proposition de loi BROTTES avait prévu deux articles au code de l'énergie rédigés ainsi :

« *Art. L. 230-12. – Les fournisseurs d'énergies de réseau assurent sous le contrôle de l'État la collecte du malus ou le versement du bonus à l'occasion des fournitures d'énergie qu'ils réalisent. Pour les besoins de ces opérations, ils sont autorisés à imputer les bonus qu'ils versent sur les malus qu'ils ont collectés.*

*Art. L. 230-14. – Les fournisseurs d'énergies de réseau sont seuls responsables de la collecte des malus et du versement des bonus.* [Ils] ***versent au fonds*** **[de compensation du bonus-malus]** *les malus qu'ils ont collectés ou reçoivent paiement des bonus qu'ils ont versés* ».

Nous pouvons alors considérer que le dispositif ne crée *in fine* pas de différences entre les fournisseurs d'électricité. Dans un premier temps, si on raisonne en considérant un comportement sans mise en place de nouvelle stratégie de sélection des consommateurs finals par les fournisseurs d'électricité, ceux qui auront un montant global de malus collectés supérieur à celui des bonus versés devraient pouvoir utiliser le délai entre la collecte et le versement au fonds de compensation pour réaliser un bénéfice financier sachant qu'une garantie doit être donnée par tous les fournisseurs à ce fonds

[288] N°387.195, Avis de l'Assemblée générale (section des travaux publics) concernant la mise en œuvre d'un dispositif de bonus-malus pour les consommateurs domestiques d'énergies dites de réseau, Conseil d'État, 6 décembre 2012

de compensation, et ceux qui auront à verser un montant global de bonus supérieur à celui des malus collectés devraient pouvoir exploiter ce résultat pour promouvoir leur image auprès des consommateurs finals avec des arguments commerciaux.

Dans un second temps, si on raisonne en considérant que les fournisseurs d'électricité peuvent être tentés de mettre en place des stratégies, soit pour collecter davantage de malus, soit pour promouvoir une image positive en cherchant à attribuer davantage de bonus aux consommateurs finals, ce qui peut se traduire par une sélection de consommateurs finals à rechercher en priorité, cela n'apparaît pas donner *a priori* d'avantages de nature à fausser la concurrence.

En définitive, l'arrêt « *Altmark* » n'apparaît pas pertinent dans le cas présent puisqu'aucun fournisseur d'électricité ne nous apparaît bénéficier plus qu'un autre du mécanisme mis en place comprenant le fonds de compensation du bonus-malus.

Il ne s'agit donc pas non plus d'une subvention accordée à un fournisseur d'électricité en particulier.

### 5 - *L'arrêt « Commune d'Almelo »*

Nous avons retenu cet arrêt « *Commune d'Almelo* » de la Cour de justice des Communautés européennes du 27 avril 1994[289] pour terminer l'analyse jurisprudentielle, pas en raison d'une dérogation aux règles de la concurrence mais pour finir sur la notion du complément tarifaire règlementé puisque la Cour y a identifié une série de tâches qu'on peut considérer comme entrant dans la catégorie des obligations de service public et en particulier pour l'électricité au considérant 48 de l'arrêt, la Cour dit : « *À cet égard, il convient de relever qu'une* [entreprise d'électricité s'étant vu conférer la mission d'assurer la fourniture d'énergie électrique dans une partie du territoire national] *doit assurer la fourniture ininterrompue d'énergie électrique, sur l'intégralité du territoire concédé, à tous les consommateurs, distributeurs locaux ou utilisateurs finals, dans les quantités demandées à tout moment, à des tarifs uniformes et à des conditions qui ne peuvent varier que selon des critères objectifs applicables à tous les clients* ».

On peut alors vérifier certains points qui s'appliquent à la tarification progressive. Ainsi on peut confirmer que :

- le mécanisme est bien défini selon des critères objectifs applicables à tous les clients ;
- il a aussi pour objectif de pouvoir contribuer à garantir à moyen terme la fourniture ininterrompue d'énergie électrique en complément d'autres mesures que nous examinerons *infra* qui ont

[289] Arrêt de la Cour, 27 avril 1994, affaire C-393/92, Gemeente Almelo e.a.,

pour but de nous préparer à passer les pointes d'électricité à partir de l'hiver 2015-2016 puisque la marge de sécurité se réduit à cet horizon de temps ;

- il contribue de la même façon à garantir la sécurité d'approvisionnement donc à la continuité de fourniture de l'électricité à tous les consommateurs finals ;
- il garantit un traitement égal à tous les consommateurs dans la mesure où il incite tous les consommateurs à faire des efforts équivalents de réduction de la consommation d'électricité.

*En bref*

L'analyse jurisprudentielle n'a pas montré d'incompatibilité manifeste à ce stade à condition de mettre en application le mécanisme avec les corrections relatives aux discriminations résiduelles et d'informer la Commission européenne. Toutefois, l'utilisation d'un complément tarifaire n'est probablement pas le moyen juridiquement le plus sûr d'arriver à mettre en place une tarification progressive. Il reste donc à compléter l'analyse en considérant un mécanisme de taxation progressive.

## C - CONCLUSION DE L'ANALYSE DE COMPATIBILITE AVEC LE DROIT DE L'UNION EUROPEENNE

Le droit de l'Union ne semble pas s'opposer à la mise en œuvre d'une tarification progressive, sous réserve des trois conditions de l'arrêt « *Federutiliy* », d'informer la Commission conformément au paragraphe 15 de l'article 3 de la directive 2009/72/CE et comme rappelé par le Cour au considérant 39 de l'arrêt « *Enel Produzione* »[290] du 21 décembre 2011, et que la formule tarifaire soit conçue et réalisée au juste nécessaire selon le principe de proportionnalité[291]. La question de la rupture de l'égalité devant les charges publiques dans les deux cas analysés par le Conseil constitutionnel dans sa décision du 11 avril 2013[292], est traitée *infra.*

La deuxième condition « *durant une période nécessairement limitée dans le temps* » apparaît respectée. Il reste toutefois un risque qu'il puisse représenter une difficulté mais qui paraît indépendante du modèle de tarification progressive puisque ce sont les tarifs règlementés de vente de l'électricité dans leur ensemble qui seraient logiquement visés en priorité. Il faudrait alors réévaluer le bonus-malus une fois que le changement des comportements aura été achevé ou périodiquement sauf s'il est démontré que

---

[290] *Ibidem*

[291] Considérant 42 de l'arrêt « *Enel Produzione* » précité

[292] Décision du Conseil constitutionnel N°2013-666 DC, Loi visant à préparer la transition vers un système énergétique sobre et portant diverses dispositions sur la tarification de l'eau et les éoliennes, 11 avril 2013

ce système n'entrave pas le bon fonctionnement du marché concurrentiel de l'électricité à cette échéance en fonction du retour d'expérience.

Par ailleurs, la Commission européenne a, dans sa communication du 15 novembre 2012[293], rappelé la jurisprudence de la Cour de justice de l'Union européenne, à savoir la compatibilité de la règlementation des prix avec le droit de l'Union européenne dans des circonstances strictement définies. Il est donc très probable qu'elle saisirait la Cour de justice si un État membre ne respecte pas les conditions de l'arrêt.

Un point devra être clarifié si le système de bonus-malus fait l'objet d'un nouveau projet ou d'une nouvelle proposition de loi au Parlement français, celui du choix d'une tarification progressive (complément tarifaire sur la composante fourniture) ou d'une taxation progressive qui peut également être envisagée et que nous étudierons au dernier paragraphe si malgré tout, déployer un tel mécanisme de tarification progressive en France s'avérait problématique. Il serait alors possible de s'inspirer de l'Italie en utilisant la fiscalité.

Et nous devrons encore vérifier que la solution au problème de détermination du critère géographique a bien une solution qui concilie tous les objectifs, en particulier le principe d'égalité ou de non-discrimination et que le critère de la composition du foyer est bien déterminé au juste nécessaire

En complément, un évènement a eu lieu récemment en Belgique où le Gouvernement wallon a adopté un projet d'arrêté relatif à la tarification progressive et solidaire de l'électricité le jeudi 30 mai 2013[294]. L'idée centrale du dispositif est bien une tarification progressive où, plus on consomme d'électricité, plus le kWh est cher. Cela ne concerne que l'électricité spécifique des ménages, le chauffage électrique est exclu. Quant aux tarifs sociaux, le principe retenu est d'allouer un volume de kWh de base supérieur (700 à 900 kWh) à celui des autres ménages qui reçoivent au départ une allocation de 500 kWh. L'objectif affiché est de réduire la facture de l'ordre de 80% des ménages.

Il est également utile de noter qu'un comportement plus sobre des français sera bénéfique dans l'ensemble au marché intérieur de l'électricité car le prix de l'électricité en France est en moyenne moins cher que dans les autres États membres (*v. supra ch. I, sect. II*) et cette électricité non consommée pourra être vendue à un prix compétitif par les fournisseurs d'électricité sur le marché de détail des pays voisins *via* les réseaux transfrontaliers et sous

---

[293] Communication de la Commission au Parlement européen, au Conseil, au Comité économique et social européen et au Comité des régions pour un bon fonctionnement du marché intérieur de l'énergie, COM/2012/0663, 15 novembre 2012, p. 12

[294] Site internet http://gouvernement.wallonie.be/dossier-lectricit-traduction-juridique-de-l-accord-solwatt-et-approbation-de-la-tarification-progressive-et-solidaire consulté le 7 juillet 2013

réserve de capacités de flux suffisants et d'une demande d'électricité des pays voisins.

| *En bref* |
| --- |
| La tarification progressive apparaît compatible avec le droit de l'Union européenne. Toutefois, le tarif bleu est finalement *a priori* assimilable à une dérogation de la Commission européenne acquise jusqu'en 2025 d'après l'analyse effectuée et le risque que la Commission revoie sa position à l'occasion de la mise en œuvre de la tarification progressive n'est pas totalement exclu. |

## SECTION II UN PARCOURS LEGISLATIF MOUVEMENTE

Après avoir étudié la compatibilité avec le droit de l'Union européenne, nous analysons la tarification progressive dans le cadre du parcours législatif mouvementé de la proposition de loi dit BROTTES (**I**), nous examinons certaines insuffisances (**II**) et nous envisageons les effets prévisibles (**III**) notamment à partir de la décision du Conseil constitutionnel du 11 avril 2013[295]. Nous ne revenons pas sur la protection des plus vulnérables, sur les mesures d'extension des tarifs sociaux et sur la trêve hivernale ici puisque nous les avons déjà abordées et que nous analysons une proposition de chèque énergie notamment dans la seconde partie.

### I - UNE CONSTRUCTION DU DISPOSITIF CONTRARIEE

La proposition de loi dite BROTTES adoptée le 11 mars 2013 par l'Assemblée nationale statuant définitivement, a suivi la procédure accélérée dans les conditions de l'article 45 de la Constitution. La proposition de loi instaurant une tarification progressive de l'énergie du 6 septembre 2012 n'ayant pas été irrecevable en vertu de l'article 40 de la Constitution, elle a été examinée en première lecture par l'Assemblée nationale qui a adopté un texte le 4 octobre 2012[296]. Le Sénat l'a examiné en première lecture et a rejeté le texte transmis par l'Assemblée nationale[297] par l'adoption d'une exception d'irrecevabilité le 30 octobre 2012 à la suite des travaux de la commission des affaires économiques[298] du Sénat. Cette commission a en effet adopté une motion tendant à opposer l'exception d'irrecevabilité par 20 voix contre 19 le mardi 23 octobre 2012. Elle a indiqué dans son rapport que l'instauration d'une tarification progressive, ou d'un système de bonus-malus tel qu'envisagé par la présente proposition de loi, « *peut accroître l'effet incitatif du système actuel en faveur d'une réduction de la consommation* »[299], que les effets bénéfiques seraient « *environnementaux et dans une certaine mesure économiques* »[300], que le malus de la troisième tranche devrait n'être appliqué « *qu'à partir du triple du volume de référence* [...] *afin de couvrir un nombre de cas particuliers* [évoqués] *au cours des débats à l'Assemblée*

[295] Décision N°2013-666 DC du Conseil constitutionnel, Loi visant à préparer la transition vers un système énergétique sobre et portant diverses dispositions sur la tarification de l'eau et les éoliennes, 11 avril 2013

[296] Texte adopté N°17, Proposition visant à préparer la transition vers un système énergétique sobre, Assemblée nationale, 4 octobre 2012

[297] N°19, Proposition de loi visant à préparer la transition énergétique vers un système énergétique sobre, Sénat, 4 octobre 2012

[298] N°70, Rapport fait par le Sénateur Roland COURTEAU au nom de la commission des affaires économiques sur la proposition de loi, adoptée par l'Assemblée nationale après engagement de la procédure accélérée, visant à préparer la transition vers un système énergétique sobre, Sénat, 23 octobre 2012

[299] *Ibidem*, p. 11

[300] *Ibidem*, p. 12

*nationale* »[301]. Toutefois, elle a finalement considéré que le texte qui lui était présenté était trop complexe, inapplicable, qu'il n'atteignait pas ses objectifs et elle a estimé que l'absence d'étude préalable et les insuffisances globales ne permettaient pas d'aboutir à l'adoption d'un texte à ce stade[302]. Une commission mixte paritaire a alors été provoquée. Elle s'est réunie le 19 décembre 2012 et n'a pas réussi à adopter un texte commun sur les dispositions restant en discussion.

Le gouvernement a alors souhaité que cette proposition de loi fasse l'objet d'une nouvelle lecture, en vertu de l'article 45 de la Constitution du 4 octobre 1958 qui permet, après une nouvelle lecture par les deux chambres, de demander à l'Assemblée nationale de statuer définitivement.

Le Parlement a finalement adopté un texte définitif le 11 mars 2013[303] qui a fait l'objet d'une saisine du Conseil constitutionnel par plus de 60 députés et plus de 60 sénateurs sur plusieurs points dont le bonus-malus de l'électricité. Le Conseil constitutionnel a eu un mois pour étudier cette saisine et a rendu sa décision le 11 avril 2013[304] en rejetant les articles relatifs à ce bonus-malus jugés anticonstitutionnels car le système proposé ne respectait pas le principe d'égalité devant les charges publiques.

Cette proposition de loi a suscité la controverse. Dans son avis de 2013 relatif à l'efficacité énergétique, le Conseil économique, social et environnemental a indiqué que « *les difficultés de mise en œuvre et finalement aussi celui de justice social, fragilisent cette proposition* »[305].

Ainsi, entre la proposition de loi instaurant une **tarification progressive de l'énergie** déposée sur le bureau de l'Assemblée nationale le 6 septembre 2012[306] et la loi visant à préparer la **transition vers un système énergétique sobre** dite loi BROTTES[307] parue au Journal officiel de la République française le 16 avril 2013, les débats ont été animés et plusieurs éléments ont été relevés comme l'absence d'étude préalable (**A**), ainsi que des discussions

---

[301] *Ibidem*, p. 23

[302] *Ibidem*, p. 33

[303] Texte adopté N°94, Proposition de loi visant à préparer la transition vers un système énergétique sobre et portant diverses dispositions sur la tarification de l'eau et sur les éoliennes (texte définitif), Assemblée nationale, 11 mars 2013

[304] Décision N°2013-666 DC du Conseil constitutionnel, Loi visant à préparer la transition vers un système énergétique sobre et portant diverses dispositions sur la tarification de l'eau et les éoliennes, 11 avril 2013

[305] Avis du conseil économique, social et environnemental, Efficacité énergétique : un gisement d'économie ; un objectif prioritaire, Journaux officiels, 2013, p. 32

[306] N°150, Proposition de loi instaurant une tarification progressive de l'énergie, Assemblée nationale, 6 septembre 2012

[307] Loi n°2013-312 du 15 avril 2013 visant à préparer la transition vers un système énergétique sobre et portant diverses dispositions sur la tarification de l'eau et sur les éoliennes (Journal Officiel 16 avril 2013)

autour de la formule de calcul du bonus-malus et des critères finalement retenus ou pas (**B**).

### A - L'ABSENCE D'ETUDE D'IMPACT PREALABLE ET LES REPROCHES

L'absence d'étude préalable a été soulignée lors des débats parlementaires. Elle fait partie de plusieurs points de cette proposition de loi modifiée en nouvelle lecture après la commission mixte paritaire n'ayant pas permis d'aboutir à un texte commun, qui ont fait l'objet de reproches. Nous pouvons ainsi citer les principales critiques relevées dans les différents rapports du Parlement[308] :

- le dispositif est complexe (**1**) ;
- l'incapacité d'apprécier la teneur de ce système subsiste (**2**) ;
- les moyens mis en œuvre sont disproportionnés au regard de l'objectif poursuivi, les coûts de gestion (**3**) ;
- les injustices restent flagrantes (**4**) ;
- ceux qui habitent des « passoires énergétiques » pourraient être pénalisés (**5**).

Cette proposition de loi n'ayant pas fait l'objet d'étude préalable, il a été parfois plus difficile de pouvoir apporter des réponses entièrement satisfaisantes. Nous tentons de répondre au moins partiellement sur quelques points.

#### 1 - *Sur la complexité*

Le secteur de l'électricité n'est pas simple et si les solutions basiques existaient, elles auraient été mises en œuvre depuis longtemps mais concilier toutes les exigences relatives au marché intérieur concurrentiel de l'électricité et au service public de l'électricité ont entraîné, outre la dé-intégration de l'opérateur historique la mise en place d'une organisation sectorielle et la création du code de l'énergie, il s'agit d'une spécialisation du secteur de l'électricité avec davantage de séparation entre les activités, des coûts et donc des tarifs. On a vu qu'on a finalement plusieurs tarifications différenciées et composantes tarifaires imbriquées. Ce ne peut donc pas être simple. Pourtant, la présentation finale avec un volume de référence et un bonus avec ou sans malus, elle, est d'une compréhension facilitée.

[308] Rapport N°579 fait par le député François BROTTES au nom de la commission des affaires économiques, en nouvelle lecture, sur la proposition de loi, rejetée par le Sénat, visant à préparer la transition vers un système énergétique sobre (Assemblée nationale 9 janvier 2013)

### 2 - *Sur l'incapacité d'apprécier la teneur du système*

Plusieurs études ont été effectuées sur la tarification progressive et notre présente étude a également pour but de contribuer à apporter des éléments d'appréciation à partir d'approches variées complémentaires.

### 3 - *Sur les moyens mis en œuvre pour faire fonctionner le bonus-malus*

Le Conseil d'État a mis en garde « *contre le coût de gestion du dispositif, qui ne doit pas être* […] *hors de proportion avec l'objectif poursuivi* »[309]. Or, il faudrait environ 2000 équivalents temps plein[310], semble-t-il, pour faire fonctionner ce système[311]. Comparons alors sommairement les coûts induits tant côté fonctionnement que résultats attendus pour se faire une meilleure idée de l'enjeu réel, en prenant des hypothèses de calcul simplifiées :

- 2000 équivalents temps plein représentent *grosso modo* un coût de l'ordre de **200** millions d'euros. Il serait cependant peut-être possible d'optimiser les effectifs nécessaires, certainement en s'assurant dès la mise en place des activités qu'on ne créerait pas des tâches redondantes, que l'efficience serait recherchée dès le départ, que les bases de données seraient réalisées avec un objectif d'évolutivité et d'exploitation multiples dans le respect des règles sur la protection des données personnelles, … ;
- l'économie envisageable uniquement due à la contribution du bonus-malus à condition que des mesures associées que nous examinons dans cette étude (compteur intelligent) se mettent en place en parallèle, peut être estimée au minimum à **550** millions d'euros avec l'hypothèse que 40% des 27,5 millions de ménages environ[312] ayant la consommation d'électricité la plus élevée soient incités à la réduire grâce au bonus-malus de 0,5 MWh[313], d'un calcul avec le tarif bleu 2012[314] et sans chercher à distinguer les ménages selon

[309] Le Conseil d'État est cité dans le rapport N°579 fait par le député François BROTTES au nom de la commission des affaires économiques, en nouvelle lecture, sur la proposition de loi, rejetée par le Sénat, visant à préparer la transition vers un système énergétique sobre, Assemblée nationale, 9 janvier 2013, p. 18

[310] *Ibidem*

[311] Sans information supplémentaire, nous avons utilisé cette référence en considérant qu'il représente un plafond

[312] Site http://www.insee.fr/fr/themes/document.asp?reg_id=0&id=1941 consulté le 18 août 2013 ; Extrapolation à 27,5 millions de ménages en 2012

[313] 0,5 MWh peut représenter par exemple le fait de réduire approximativement de 1°C la température moyenne intérieure ou de 5% sa consommation d'énergie de chauffage pour un logement d'une surface de 100 m² dont l'étiquette énergie du D.P.E. serait à 258 kWh/m²/an (en énergie primaire), proche de la moyenne de 240 kWh/m²/an en France. Une hypothèse simplificatrice est faite sur le chauffage considéré électrique pour l'évaluation

[314] Le tarif bleu 2012 est proche de 100 €/MWh hors taxes ; nous n'avons pas cherché à affiner en tenant compte des coûts qui peuvent se reporter sur des consommations moins

l'énergie de chauffage. Même avec une efficacité plus faible, il serait encore avantageux de mettre en œuvre le dispositif surtout que le dispositif de gestion hors celle de la Caisse des dépôts et consignations, pourrait également être utile vis-à-vis du service public de l'habitat, de la pointe d'électricité, ...Toutefois, précisons que ce gain est minoré si on regarde l'efficacité du dispositif mis en place en Californie notamment, et que nous analyserons *infra*. De plus, nous n'avons pas inclus les professionnels dans notre évaluation.

### 4 - *Sur les injustices qui restent flagrantes*

Nous séparons les dispositifs sociaux pour les plus vulnérables qui sont pris en compte indépendamment du bonus-malus, des inégalités relatives au mécanisme de bonus-malus tel qu'il a été adopté par l'Assemblée nationale le 11 mars 2013. Sur ce second point, le Conseil constitutionnel a rendu sa décision le 11 avril 2013, nous l'examinerons *infra*.

De plus, il est utile de reprendre ici l'arrêt Sipperec du Conseil d'État du 22 octobre 2012. Le Conseil d'État a jugé que l'arrêté du 13 août 2009 relatif aux tarifs réglementés de vente de l'électricité n'avait pas respecté le principe d'égalité du service public en appliquant, pour le tarif bleu, des tarifs différents à des usagers selon qu'ils soient des « clients domestiques », des « clients domestiques collectifs et agricoles » ou des « clients professionnels et services publics non communaux », ceci pour une même puissance souscrite et une consommation d'électricité identique. Pour les tarifs jaunes et verts, l'annulation a été due à un manque de clarté et de transparence. S'agissant du bonus-malus de l'électricité qui vise la sobriété énergétique et qui peut avoir un effet indirect de redistribution, nous pouvons alors préciser :

- qu'il ne fait pas de discrimination entre des catégories de consommateurs finals selon les revenus des ménages mais bien selon la consommation d'électricité et s'il s'avère que les ménages les plus aisés sont moins sobres, ce n'est qu'une des corrélations qui peuvent être réalisées mais qui ne remet pas en cause le fait que **le principe d'égalité s'applique ici à l'effort de sobriété énergétique** incité par ce mécanisme qui répond à un intérêt général : l'efficacité énergétique ou la sécurité d'approvisionnement de l'énergie. Aucune catégorie de consommateurs ne devrait alors être exclue de ce dispositif. Comme nous l'avons vu en droit dérivé, la question du malus minoré pour les plus vulnérables serait éventuellement à rediscuter selon le mécanisme retenu ;

---

importantes en volume, le fait d'enlever les taxes dont la C.S.P.E. étant déjà une première étape d'ajustement.

- que les critères discriminants sont la localisation géographique en France et la composition du foyer. Ces deux paramètres sont analysés de façon séparée dans la seconde partie ;
- que le principe d'égalité devant les charges publiques notamment entre les particuliers et les professionnels a été analysé par le Conseil constitutionnel dans la décision précitée ;
- que le mécanisme a bien pour but d'être clair et transparent. Nous recommanderons même d'être encore plus transparent dans notre étude d'économie comportementale et dans le paragraphe relatif au compteur Linky.

#### 5 - *Sur ceux qui habitent des « épaves thermiques »*

Ils pourraient effectivement être pénalisés mais il existe des mesures qui peuvent être mises en œuvre en parallèle, nous en aborderons quelques-unes par la suite, et eu égard à l'objectif d'efficacité à atteindre d'ici 2020 et la cible de long terme du « facteur 4 »[315] en 2050, peut-on se permettre de se passer d'une mesure qui inciterait davantage les propriétaires résidents à investir dans des travaux d'amélioration de l'efficacité énergétique de leur logement ? Non, par contre, il est nécessaire de prévoir des dispositifs en parallèle pour encourager les propriétaires bailleurs à réhabiliter certains logements les plus énergétivores. Toutefois, même couplé au diagnostic de performance énergétique (D.P.E.) fiabilisé, le bonus-malus n'empêchera pas des situations où le locataire a des difficultés à réduire sa consommation en grande partie à cause du bilan thermique de son logement comme c'est déjà le cas actuellement.

### B - UNE FORMULE FLUCTUANTE, UNE DISCRIMINATION DES PARAMETRES PRIS EN COMPTE

La formule de calcul du bonus-malus a évolué au cours du parcours législatif comme nous pouvons le constater en annexe 6, à la lecture des différentes propositions de loi, textes et rapports du Parlement.

Si on regarde uniquement la formule du bonus-malus entre la première proposition de loi du 6 septembre 2012 et le texte définitif adopté par l'Assemblée nationale le 11 mars 2013 selon la procédure du dernier mot de l'article 45 de la Constitution, on constate qu'elle a évolué pour tenir compte de critiques formulées afin d'aboutir à une formule nettement plus précise et relativement simple avec une réelle volonté de dissuader les sur-consommateurs de gaspiller l'électricité. Toutefois, il convient d'étudier quels peuvent être les effets de cette formule après quelques années

[315] Réduction par 4 des émissions de CO2 entre 1990 en 2050 instaurée par l'article 2 de la loi Grenelle 1

d'application et nous le verrons dans la seconde partie (*v. dernier para., La taxation progressive*)

Par ailleurs, s'agissant des critères non retenus *in fine*, selon François MIRABEL[316], les fournisseurs alternatifs peuvent mettre en place des stratégies de discrimination tarifaire en fonction de la disposition des consommateurs finals à payer leur électricité selon leur consommation. Il est alors possible de mettre en place des discriminations de premier, deuxième et troisième degré.

Le premier degré correspond à la disposition maximale d'un consommateur à payer son électricité que le fournisseur alternatif saurait exploiter en pratiquant une tarification totalement individualisée si c'était faisable. Comme ce n'est pas faisable, les fournisseurs alternatifs peuvent mettre en place une discrimination de second degré en proposant par exemple deux formules tarifaires différentes, une plus adaptée aux petits consommateurs et une plus adaptée aux gros consommateurs à condition de respecter les règles du code de l'énergie relatives aux contrats de vente (*v. articles L332-1 et s.*).

Une discrimination de troisième degré est ensuite possible dans laquelle les fournisseurs alternatifs peuvent mettre en place des tarifs différenciés selon des critères objectifs et observables (personnes âgées et autres tranches d'âge, santé et équipements médicaux spécifiques, véhicules électriques ou non, particuliers ou professionnels et PME-PMI ou grandes entreprises, etc.) à condition de respecter l'article L332-5[317] du code de l'énergie entre autres.

Ainsi, certes, les paramètres complémentaires qui avaient été introduits ou proposés dans la formule du bonus-malus en première lecture au Parlement[318] ont ensuite été supprimés dans la proposition de loi examinée en nouvelle lecture après l'échec de la commission mixte paritaire, mais cela n'est finalement pas un problème dès lors que les fournisseurs alternatifs peuvent reprendre à leur compte ces paramètres pour les transformer en arguments commerciaux, élargir leur gamme d'offres de fourniture d'électricité et ainsi continuer à progresser sur le marché national de l'électricité en prise de part de marché face aux tarifs bleus de vente règlementés d'EDF.

---

316 François MIRABEL, La déréglementation des marchés de l'électricité et du gaz : Les grands enjeux économiques, Presses des Mines, 2012, p. 88-91

317 L'article L332-5 dispose que : « Les fournisseurs communiquent sur leur demande aux consommateurs qui souscrivent une puissance égale ou inférieure à 36 kilovoltampères (kVA) leurs barèmes de prix ainsi que la description précise des offres commerciales auxquelles s'appliquent ces prix. Ces barèmes de prix sont identiques pour l'ensemble des clients de cette catégorie souscrivant une puissance égale ou inférieure à 36 kilovoltampères (kVA) raccordés au réseau électrique continental. »

318 Rapport N°199 de l'Assemblée nationale fait au nom de la commission des affaires économiques sur la proposition de loi instaurant une tarification progressive de l'énergie (n°150), Assemblée nationale, 19 septembre 2012, p. 34

Ces paramètres étaient les suivants : une majoration du volume de base pour les personnes âgées, pour les équipements médicaux spécifiques, pour les véhicules électriques[319].

Il reste alors des paramètres qui n'ont pas été repris dans le texte proposé en nouvelle lecture le 9 janvier 2013 qui peuvent poser davantage de difficultés aux fournisseurs alternatifs comme la répartition initiale entre locataire et bailleur car un locataire peut consommer l'électricité de manière excessive soit du fait de son comportement et c'est le but de cette proposition de loi de l'inciter à le changer, soit du fait d'un logement mal isolé, une « passoire énergétique » contre laquelle il faudrait inciter le propriétaire à réaliser des travaux d'amélioration de la performance énergétique. Pour cela, la loi BROTTES a gardé la création du service public de la performance énergétique de l'habitat, c'est un début et depuis, la loi n°2013-619 du 16 juillet 2013[320] a créé des règles relatives à la performance énergétique dans les entreprises notamment un système de management de l'énergie qui est « *une procédure d'amélioration continue de la performance énergétique reposant sur l'analyse des consommations d'énergie pour identifier les secteurs de consommation significative d'énergie et les potentiels d'amélioration.* » dans les conditions de l'article L233-2 du code de l'énergie ou un audit énergétique indépendant tous les quatre ans.

*En bref*

La formule initiale du bonus-malus est devenue plus claire et plus simple au cours du parcours législatif, des critères non pris en compte pourraient l'être par les fournisseurs d'électricité par des offres innovantes ou par des mesures en parallèle par détermination de la loi (service public de l'efficacité énergétique de l'habitat) toujours en conciliant les règles du marché concurrentiel et les obligations de service public.

## II - DES INSUFFISANCES A COMBLER EN PARALLELE

Au cours des discussions parlementaires, des insuffisances ou des difficultés ont été relevées. Sans revenir sur tous les points puisque la plupart sont étudiés par ailleurs dans cette étude, nous abordons ici deux points particuliers, le premier est le diagnostic de performance énergétique qui n'a finalement pas été retenu dans la formule (**A**), le deuxième est relatif aux consommateurs finals touchés par cette proposition de loi (**B**). Nous abordons également un autre aspect suite à l'avis du Conseil d'État qui a

[319] *Ibidem*, uniquement pour la majoration pour les véhicules électriques qui n'a pas été retenue.

[320] Loi n°2013-619 du 16 juillet 2013, portant diverses dispositions d'adaptation au droit de l'Union européenne dans le domaine du développement durable (Journal Officiel 17 juillet 2013)

apporté un éclairage complémentaire au cours du parcours législatif et qui n'avait pas été fait initialement. Il nous permettra d'ajuster notre position sur la nature du mécanisme de tarification progressive qui pourrait être envisagé à nouveau à l'avenir (**C**).

## A - La fiabilisation du diagnostic de performance energetique et la tarification progressive

Le diagnostic de performance énergétique (D.P.E.) aurait pu être intégré dans la formule de calcul du bonus-malus afin de tenir compte des différences d'efficacité énergétique des logements. C'est un des reproches qui ont été faits lors de débats, à savoir que les ménages qui habitent dans des logements énergétivores appelés « passoires énergétiques », peuvent se voir appliquer un malus et ils peuvent actuellement représenter jusqu'à la moitié des ménages qui se verraient appliquer un bonus dissuasif de zone rouge comme le verrons ensuite. Il faut alors distinguer deux catégories de ménages, les locataires et les propriétaires résidents.

L'intégration d'un D.P.E. désormais plus fiable pourrait permettre d'améliorer le mécanisme pour les locataires mais créerait des inégalités entre propriétaires résidents, entre ceux qui auraient fait le choix d'investir dans l'efficacité énergétique et ceux qui n'auraient pas fait ce choix. Ce n'est pas les propriétaires résidents qu'il faut inciter à améliorer la performance énergétique en priorité (*il faut le faire aussi*) mais les propriétaires bailleurs. Les propriétaires résidents devraient pour leur part bénéficier du service public de la performance énergétique et les propriétaires bailleurs se voir appliquer des mesures incitatives fortes pour effectuer des travaux d'amélioration énergétique dès lors qu'on peut montrer qu'ils ont en moyenne un patrimoine supérieur à la moyenne, nous verrons que c'est le cas dans la suite de l'étude.

Mais n'appliquer le D.P.E. qu'aux locataires entraîne aussi une discrimination entre les locataires et les propriétaires résidents.

En définitive, il est préférable de ne pas intégrer le D.P.E. dans la formule du bonus-malus comme cela a été proposé dans le cadre du parcours législatif. En revanche, il faut des garanties que des mesures soient instaurées en parallèle pour accompagner l'amélioration du bilan thermique des logements. C'est un juste équilibre à trouver dans les mesures pour atténuer des différences possibles, mais qui ne sont pas des discriminations.

S'agissant des inégalités potentielles que certains consommateurs finals pourraient évoquer avec la mise en place de ce dispositif de bonus-malus de l'électricité, le point principal pourrait être lié à la non-responsabilité du locataire du mauvais bilan thermique de son logement. Toutefois, avec le D.P.E. énergie fiabilisé et affiché sur les annonces immobilières, les locataires sont désormais informés.

Il conviendrait cependant de communiquer le D.P.E. énergie du logement en même temps que l'attribution du volume de référence pour le calcul du droit à consommer et matérialisant la limite entre l'attribution du bonus ou du malus. Cette information serait alors de nature à permettre au consommateur final d'estimer ses coûts et de choisir entre rester dans son logement, déménager, réduire sa consommation, investir dans des travaux d'amélioration de la performance énergétique, ne plus payer sa facture (ce choix a des conséquences mais certains consommateurs finals le font quand même), se renseigner sur ses droits, passer aux tarifs en ordre de marché, faire appel au service public de l'efficacité énergétique de l'habitat, saisir la justice, etc.

> *En bref*
>
> Nous recommandons de ne pas appliquer le D.P.E. dans la formule. Toutefois, l'information du D.P.E. énergie devrait être communiquée au moment de l'attribution des volumes de référence du mécanisme de bonus-malus.

### B - Les consommateurs finals affectes par cette proposition de loi

En définitive, à l'issue de la navette au Parlement ayant abouti au texte définitif du 11 mars 2013[321], une catégorie de consommateurs finals serait réellement touchée et d'autres catégories seraient soit peu concernées soit pas du tout, du moins pas directement.

La première catégorie correspond aux ménages se chauffant aux énergies de réseaux (électricité, gaz, chaleur de réseau).

Les autres catégories comprennent les agents d'EDF SA qui bénéficient d'avantages[322] et seraient donc moins concernés et surtout les professionnels.

Une catégorie spécifique comprend les personnes dont leur lieu de travail est leur domicile, le télétravail estimé à un jour sur dix par le Conseil économique, social et environnemental[323].

En fait, les catégories de consommateurs pour qui l'effet de l'absence de la mise en œuvre du bonus-malus sera le plus important en termes de taux

---

[321] Texte adopté N°94, Proposition de loi visant à préparer la transition vers un système énergétique sobre et portant diverses dispositions sur la tarification de l'eau et sur les éoliennes (texte définitif), Assemblée nationale, 11 mars 2013

[322] Cour des comptes, Le rapport public annuel 2013 – Tome I : Les observations – Volume I-2 : La gestion publique – Chapitre IV : Les entreprises publiques – 1 : Les rémunérations à EDF SA : une progression rapide, une accumulation d'avantages, peu de liens avec les performances, Cour des comptes, 2013, p. 361-402

[323] Avis du conseil économique, social et environnemental, La transition énergétique : 2020-2050 un avenir à bâtir, une voie à tracer, Journaux officiels, 2013, p. 109

d'effort seront celles qui seront le plus proches des tarifs sociaux sans en bénéficier mais pourtant en contribuant à les financer *via* la C.S.P.E. et en ayant une consommation d'électricité sobre. Alors certes, les dispositifs sociaux représentent un faible montant sur la facture d'électricité, de l'ordre de 0,5 €/MWh actuellement et ils continueraient à les financer avec le bonus-malus instauré, mais dans une moindre proportion puisque ces ménages économes en consommation d'électricité se verraient alors appliquer le bonus.

Il faut également souligner que les agents d'EDF SA ne devraient pas être exemptés du bonus-malus en vertu du principe de non-discrimination.

Enfin, en appliquant des critères différenciés entre catégories d'énergies de réseaux, il aurait été possible de bâtir un système le plus juste possible, en équilibrant l'effort des ménages selon les énergies de chauffage entre le gaz et l'électricité notamment, pas comme aujourd'hui où le système actuel des tarifs uniformes et des tarifs sociaux est très injuste puisque une catégorie de ménages financent les énergies renouvelables *via* la C.S.P.E. pour tous les français, ce sont surtout ceux qui ne sont pas aux tarifs sociaux et dont la source d'énergie de chauffage est l'électricité (par effet joule) et qui ne sont pas des agents d'EDF.

*En bref*

En ne mettant pas en place le bonus-malus de l'électricité, des inégalités entre les consommateurs finals augmenteront certainement. Modifier la C.S.P.E. permettrait de répondre à plusieurs questions.

## C - L'ABSENCE DE CLARIFICATION INITIALE DE LA NATURE JURIDIQUE DU BONUS-MALUS

Dans les différents rapports établis par les commissions économiques du Parlement, la nature juridique du mécanisme de bonus-malus n'apparaît pas ou pas explicitement. Or il s'agit d'un point essentiel pour comprendre certaines difficultés de mise en œuvre avérées ou potentielles. Sur ce point, le Conseil d'État a formulé un avis le 6 décembre 2012 dans lequel il analyse la nature juridique du dispositif. Sa conclusion, reprise dans les saisines du Conseil constitutionnel par 60 députés et par 60 sénateurs le 11 mars 2013, est que : « *Le bonus-malus énergie envisagé doit être ainsi analysé, dans la lignée de ce précédent, comme un dispositif double instituant d'une part, un* ***impôt dissuasif*** *et d'autre part,* ***une aide, le premier finançant la seconde*** *tout* ***en poursuivant un objectif de lutte contre les surconsommations d'énergie*** ».

Sur cette base et si nous reprenons les deux possibilités restantes (sur les trois initiales avec l'acheminement que nous avons écarté) de faire porter le mécanisme progressif sur la tarification de l'électricité, à savoir soit appliquer un complément tarifaire soit appliquer une taxation progressive complémentaire, on peut conserver le principe de la taxation progressive en précisant que si ce mécanisme comprend une taxe négative (le bonus), il s'agit *de facto* d'une aide.

S'agissant du complément tarifaire, il ne peut pas être une partie du tarif du fournisseur d'électricité hors taxes et hors acheminement dans le sens où le fournisseur collecte des malus, verse des bonus, puis selon le bilan des montants, verse la différence au fonds de compensation du bonus-malus ou reçoit la différence de ce fonds.

Dans ces conditions, il semble rester deux possibilités, celle du Conseil d'État pour qui ce complément tarifaire s'analyse comme une subvention pour le bonus, un impôt pour le malus, et la seconde qui consisterait à créer un complément tarifaire réglementé qui fusionnerait avec le tarif règlementé de vente pour le tarif bleu et qui complèterait la structure tarifaire du tarif en ordre de marché.

Toutefois, vis-à-vis de la Commission européenne qui a déjà fait prendre à la France l'engagement de supprimer les tarifs jaunes et verts en les ayant analysés comme des aides d'état dans sa décision du 12 juin 2012[324], quand bien même il serait possible de mettre en place ce complément tarifaire en droit interne, nous choisissons de ne pas prendre le risque de proposer finalement une sorte de nouveau tarif réglementé même si le principe est apparu *a priori* conforme au droit de l'Union européenne. Une autre raison pour ne pas aller plus loin est le fait que même si un tel mécanisme ni ne fausserait la concurrence ni ne freinerait l'ouverture du marché à la concurrence, il pourrait entraîner des réclamations de fournisseurs alternatifs qui n'arriveraient pas à exploiter ses avantages aussi bien que d'autres.

Finalement, il reste une possibilité, celle retenue par le Conseil d'État le 6 décembre 2012, à savoir : « *il convient de distinguer le bonus, support de l'aide, du malus, support de la taxation* ».

S'agissant des tarifs de l'électricité de détail en France, nous n'avons en définitive analysé que la compatibilité en droit de l'Union européenne et considéré au vu de l'avis du Conseil d'État du 6 décembre 2012, que le bonus-malus de l'électricité pouvait être mis en œuvre mais à condition que le bonus et le malus soient bien respectivement une aide et une taxe. En supplément, il est nécessaire de préciser pour terminer sur les tarifs réglementés de vente que le second alinéa de l'article L337-6 du code de l'énergie dispose que : « *Sous réserve que le produit total des tarifs réglementés de vente d'électricité couvre globalement l'ensemble des coûts*

---

[324] Décision de la commission du 12 juin 2012, concernant l'aide d'État SA.21918 (C 17/07) (ex NN 17/07) mise à exécution par la France – Tarifs réglementés de l'électricité en France [notifiée sous le numéro C(2012) 2559], J.O.U.E. C 398/10, 22 décembre 2012, p. 12-32

[d'acheminement et de fourniture[325]], ***la structure*** *et le niveau* ***de ces tarifs hors taxes*** *peuvent être fixés* ***de façon à inciter les consommateurs à réduire leur consommation pendant les périodes où la consommation d'ensemble est la plus élevée*** ». Et de telles incitations peuvent être appliquées sans risquer de fausser la concurrence en principe d'autant plus que les fournisseurs d'électricité pourraient être incités à proposer des offres comprenant des principes similaires mais dans un but différent, à savoir celui de répercuter de façon plus dynamique les variations du prix *spot*.

> *En bref*
>
> Le mécanisme doit être regardé en priorité comme un système de taxation progressive ou plus précisément comme le Conseil d'État l'a recommandé, une aide pour le bonus, une taxation pour le malus.

## III - DES CONSEQUENCES PREVISIBLES DANS UN CONTEXTE DE FINANCES PUBLIQUES DEGRADEES

À la fin du parcours législatif au Parlement avec un texte adopté par l'Assemblée nationale, le Conseil constitutionnel a été saisi et a répondu dans un délai d'un mois (**A**). Sa décision nous amène alors à nous interroger sur la fiscalité de l'électricité qui a évolué ces dernières années car cette approche pourrait potentiellement constituer une alternative (**B**) ainsi que sur le mécanisme de bonus-malus qui pourrait permettre d'accélérer la transition énergétique (**D**) avant d'aborder la seconde partie qui lui est consacré en lien avec la tarification différenciée.

### A - LA DECISION DU CONSEIL CONSTITUTIONNEL

Le Conseil constitutionnel a été saisi le 13 mars 2013 en vertu de l'article 61 de la Constitution par plus de soixante députés et plus de soixante sénateurs. Plusieurs articles étaient contestés, seul l'article 2 sur le bonus-malus du texte définitif de la proposition de loi du 11 mars 2013 et les articles indissociables ont été rejetés par le Conseil constitutionnel dans sa décision du 11 avril 2013[326].

Le bonus-malus a été jugé anticonstitutionnel car il méconnaissait le principe d'égalité devant les charges publiques sur deux points particuliers.

Le premier point est la **rupture d'égalité devant les charges publiques entre les particuliers et les professionnels**. L'objectif de ce mécanisme est d'inciter les consommateurs domestiques à réduire leur consommation

[325] v. premier paragraphe A – Construction des prix et tarification différenciée

[326] Décision N°2013-666 DC du Conseil constitutionnel du 11 avril 2013, Loi visant à préparer la transition vers un système énergétique sobre et portant diverses dispositions sur la tarification de l'eau et les éoliennes

d'énergie de réseau. Il est donc l'affaire de tous et le Conseil constitutionnel, dans ce domaine, a rappelé sa jurisprudence constante dans sa décision sur la taxe à 75%[327] :

« *14. Considérant, d'une part, qu'aux termes de l'article 6 de la Déclaration des droits de l'homme et du citoyen de 1789, la loi "doit être la même pour tous, soit qu'elle protège, soit qu'elle punisse" ; que le principe d'égalité ne s'oppose ni à ce que législateur règle de façon différente des situations différentes ni à ce qu'il déroge à l'égalité pour des raisons d'intérêt général, pourvu que, dans l'un et l'autre cas, la différence de traitement qui en résulte soit en rapport direct avec l'objet de la loi qui l'établit ; qu'il n'en résulte pas pour autant que le principe d'égalité oblige à traiter différemment des personnes se trouvant dans des situations différentes ;*

*15. Considérant qu'aux termes de l'article 13 de la Déclaration de 1789 : "Pour l'entretien de la force publique, et pour les dépenses d'administration, une contribution commune est indispensable : elle doit être également répartie entre tous les citoyens, en raison de leurs facultés" ; que cette exigence ne serait pas respectée si l'impôt revêtait un caractère confiscatoire ou faisait peser sur une catégorie de contribuables une charge excessive au regard de leurs facultés contributives ; qu'en vertu de l'article 34 de la Constitution, il appartient au législateur de déterminer, dans le respect des principes constitutionnels et compte tenu des caractéristiques de chaque impôt, les règles selon lesquelles doivent être appréciées les facultés contributives ; qu'en particulier, pour assurer le respect du principe d'égalité, il doit fonder son appréciation sur des critères objectifs et rationnels en fonction des buts qu'il se propose ; que cette appréciation ne doit cependant pas entraîner de rupture caractérisée de l'égalité devant les charges publiques* ».

Il n'est donc pas équitable de ne faire porter l'effort que sur une seule catégorie de consommateurs finals, en l'occurrence les particuliers alors que les professionnels ne seraient pas soumis aux mêmes efforts de diminution de la consommation d'électricité puisque c'est l'objectif global visé par ce mécanisme d'une part et que dans un immeuble collectif, des ménages pourraient payer un malus par rapport à la consommation d'énergie commune alors que les professionnels n'auraient pas à le payer. Toutefois les moyens pour y parvenir peuvent être différenciés.

Il conviendrait alors **d'étendre le bonus-malus aux professionnels ou de prévoir un mécanisme équivalent dans le code de l'énergie**. Cela résoudrait par ailleurs une difficulté qui préexistait avec le dispositif proposé en nouvelle lecture après l'échec de la commission mixte paritaire, à savoir la question des personnes exerçant une activité professionnelle à domicile d'autant plus prégnante avec le développement du télétravail.

---

[327] Décision n° 2012-662 DC, Conseil constitutionnel, 29 décembre 2012

Le second point est la **rupture d'égalité devant les charges publiques entre les immeubles collectifs et les sites résidentiels individuels.** Le Conseil constitutionnel a soulevé un problème dans le calcul de répartition des bonus-malus pour les consommations d'électricité communes des immeubles collectifs car il n'a été tenu compte ni des unités de consommation dans chaque logement ni de la distinction entre les résidences principales et les résidences occasionnelles, et que dans ces conditions, on ne demandait pas les mêmes efforts aux habitants d'immeubles collectifs qu'à ceux de résidences individuelles.

Ce point devrait être corrigé lors d'un nouveau projet ou d'une nouvelle proposition de loi étendant le bonus-malus aux professionnels ou proposant des mesures équivalentes pour les professionnels, la solution consistant notamment à réintégrer dans le calcul de répartition individuelle, les mêmes paramètres du nombre d'unités de consommation et du caractère principal ou occasionnel de la résidence que pour les sites résidentiels individuels. Si le nombre d'unités de consommation pour les résidences occasionnelles peut présenter une difficulté concrète de mise en application, rien n'empêche, lorsque la justification fournie par le consommateur final est insuffisante, de fixer un plafond (1,5) pour éviter des conflits avec les autres résidents d'un immeuble collectif à la suite du calcul de répartition.

Pour illustrer les ruptures d'égalité soulevées par le Conseil constitutionnel, sur le schéma suivant, on a considéré six cas différents dans un petit collectif de six logements de surfaces équivalentes comprenant un système de chauffage commun avec des compteurs individuels :

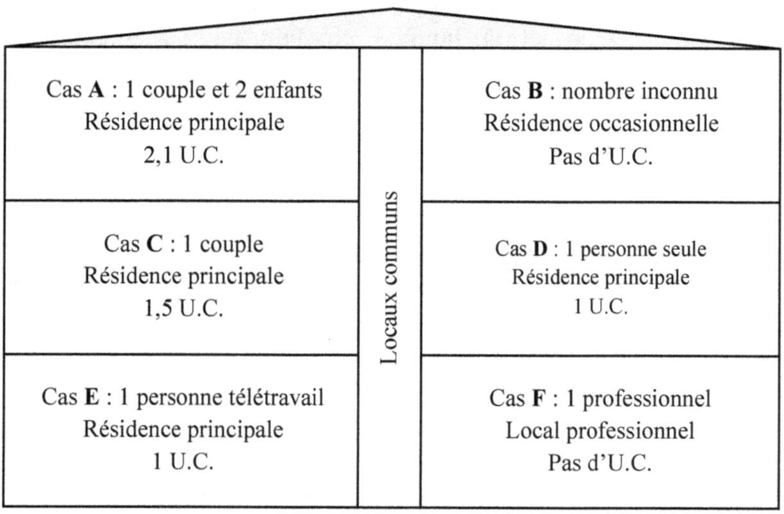


**Figure 24 – Illustration de ruptures d'égalité devant les charges publiques**

Avec le mécanisme adopté le 11 mars 2013 à partir du point 41 proposant la création d'un article L230-4 dans le code de l'énergie, on peut estimer que sur une année, si un malus global est appliqué :

- si B consomme trois fois moins d'électricité que C, on lui applique *a priori* une quote-part du malus global égal au tiers de celui appliqué à C (*v. point 57 qui prévoit de tenir compte des niveaux de consommation individuels de chaque logement dans la répartition des bonus-malus*) ;
- D est seul, il contribue plus faiblement au volume de référence global à raison d'une unité de consommation (U.C.) mais s'il consomme 80% de la consommation de A et que les autres ont la même consommation que A, sa quote-part du malus est 80% celle de A et non pas 168% si on avait tenu compte des U.C. ;
- si E et F ont une consommation supérieure de 75% à la moyenne des quatre autres, ils contribuent à atteindre plus rapidement la zone orange voire la zone rouge mais on n'applique pourtant pas de quote-part du malus à F et une quote-part du malus aux autres supérieures environ de 30% à ce qu'elle aurait été si on avait attribué une quote-part à F.

Par ailleurs, **il serait également nécessaire de s'assurer que les immeubles collectifs dans lesquels il est techniquement possible d'installer des compteurs individuels, en soient équipés pour la mise en place d'une telle mesure**.

En revanche, le Conseil constitutionnel a jugé conforme à la Constitution la limitation du bonus-malus aux énergies de réseaux excluant les autres énergies (fioul, gaz de pétrole liquéfié, charbon, bois) en raison des coûts élevés d'investissement nécessaires dans les réseaux et des modalités de distribution, sous réserve que le bonus-malus ait un effet réel en regard de l'objectif de réduction des consommation et donc que les professionnels ne soient pas exclus du dispositif.

La loi BROTTES consolidée a donc perdu la mesure centrale de la proposition de loi initiale du 6 septembre 2012. Les effets prévisibles sont l'exclusion d'une mesure complémentaire à tout un ensemble d'autres mesures que l'État met en place en parallèle dans le cadre de la libéralisation du marché de l'électricité et des objectifs Europe 2020. On peut prédire que l'efficacité globale s'avèrera moindre que voulu.

Mais, l'effet majeur est en réalité un **risque majeur que toutes les autres composantes du futur réseau intelligent européen de l'électricité se développent en parallèle**, les réseaux intelligents (*smart grids pour l'Union européenne)*, sécurisés et fiables, les compteurs intelligents Linky, les bourses de l'électricité efficiences, le marché intérieur de l'électricité efficace et concurrentiel conciliant la libre concurrence et les obligations de service public, la finalisation du fonctionnement du marché intérieur de l'électricité avec des réseaux transfrontaliers aux capacités d'échanges renforcées, l'augmentation des énergies renouvelables intermittentes source de déséquilibre des réseaux, l'augmentation du parc de véhicules électriques ou hybrides également source de déséquilibre potentiel entre l'offre et la demande, les bâtiments à énergie positive ou les productions d'électricité individuelles injectées dans le réseau électrique, **alors que du côté des consommateurs finals (particuliers et professionnels), le changement des comportements n'aurait pas eu lieu**, qu'ils ne seraient ni assez sobres, ni assez dynamiques. Ce point est majeur pour que le réseau électrique fonctionne en conservant un niveau élevé de sûreté de fonctionnement et de qualité, sauf à ce que l'innovation permette de disposer de capacités de stockage de l'électricité adaptées ou à disposer de capacités de production d'énergie électrique non intermittente et faiblement émettrice en $CO_2$.

*En bref*

Le mécanisme de bonus-malus n'a été rejeté ni sur son principe de fonctionnement, ni par rapport aux objectifs poursuivis mais parce qu'il restreignait son application aux seules consommations domestiques en excluant les professionnels d'efforts de sobriété énergétique équivalents et en créant des inégalités dans la répartition des bonus-malus dans les logements collectifs.

Il conviendrait d'accélérer l'installation des compteurs individuels dans tous les logements quand c'est techniquement réalisable afin de mettre en œuvre la tarification progressive dans les logements collectifs.

### B - UNE FISCALITE DE L'ELECTRICITE EN DEVELOPPEMENT

La fiscalité dans le secteur de l'énergie est déjà très développée et variée dans les pays de l'Union européenne. Dans le secteur de l'électricité, nous pouvons notamment citer :

- la taxe E.E.G. (53 €/MWh) en Allemagne qui soutient les énergies renouvelables ;
- la taxation progressive en Italie ;
- la C.S.P.E. (13,5 €/MWh) qui compense les charges de l'opérateur historique ou la taxation locale différenciée au niveau communal et départemental ou en France ;

Les taxes sur l'électricité consommée par les ménages dans quelques pays de l'Union européenne sont les suivantes au second semestre 2012[328] :

[328] Site http://appsso.eurostat.ec.europa.eu/nui/show.do?dataset=nrg_pc_204&lang=en consulté le 18 août 2013

| État membre | Prix hors taxes en €/MWh | Taxes hors T.V.A. en €/MWh | T.V.A. en €/MWh |
|---|---|---|---|
| Union européenne (à 27) | 138,3 | 30,2 | 28,1 |
| Belgique | 168,4 | 15,4 | 38,5 |
| Allemagne | 143,2 | 81,7 | 42,7 |
| Espagne | 178,9 | 9,1 | 39,5 |
| France | 102,6 | 21,8 | 20,6 |
| Italie | 152,5 | 56,0 | 21,2 |
| Royaume-Uni | 170,1 | 0,0 | 8,4 |

*Source : chiffres eurostat*

**Tableau 10 – La taxation de l'électricité en Europe**

La Commission européenne pourrait alors vouloir harmoniser un peu la taxation de l'électricité eu égard aux écarts constatés entre un pays libéralisé plus tôt que les autres, le Royaume-Uni, et d'autres pays comme l'Allemagne. On constate qu'en France, la taxation de l'électricité est inférieure à la moyenne de l'Union européenne. Toutefois, la C.R.E. prévoit une augmentation de la C.S.P.E. de 10 €/MWh d'ici 2017[329]. On resterait encore dans la moyenne des taxes hors T.V.A. appliquées par les États membres de l'Union européenne.

La fiscalité de l'électricité existe bien sûr depuis longtemps mais n'a jamais cessé d'évoluer depuis le début de la libéralisation de l'électricité en Europe. Historiquement, nous avons notamment eu les étapes suivantes :

- La taxe sur la valeur ajoutée a été créée par une loi du 10 avril 1954 ;
- La C.S.P.E. créée sur le principe par l'article 5 de la loi n°2000-108 du 10 février 2000 a été instaurée dans sa forme actuelle par la loi n°2003-8 du 3 janvier 2003 ;
- La C.T.A. a été créée en 2004 ;
- La C.T.F.E. instaurée par l'article 23 de la loi NOME a remplacé les taxes locales sur l'électricité (T.L.E.) depuis le 1er janvier 2011.

Donc comme la tarification différenciée de l'électricité évolue, la fiscalité peut également évoluer. C'est d'ailleurs le cas de façon plus large dans le secteur de l'énergie puisque le bonus-malus écologique a été mis en place[330], la loi Grenelle 2 propose d'expérimenter le péage urbain, une taxe poids

[329] Rapport d'activité 2012, C.R.E., 4 juillet 2013, p. 123

[330] Loi n° 2009-122 de finances rectificative du 4 février 2009 (Journal Officiel 5 janvier 2009) ; Loi n° 2008-1425 de finances du 27 décembre 2008 (Journal Officiel 28 décembre 2008)

lourds est mise en place[331], à condition toutefois de ne pas créer d'inégalités devant l'impôt comme c'était le cas avec la contribution carbone rejetée par le Conseil constitutionnel le 29 décembre 2009[332]. De plus, dans le rapport sur la loi n°2003-8 du 3 janvier 2003, il est relevé le risque d'un niveau de taxe trop élevé qui peut conduire à des délocalisations à moyen terme.

Par ailleurs, sur la proposition de loi instaurant un bonus-malus de l'énergie, l'avis du Conseil d'État a été demandé par le ministre de l'écologie, du développement durable et de l'énergie. Il a été rendu le 6 décembre 2012[333]. Selon le Conseil d'État, le bonus-malus énergie doit être analysé dans la lignée du bonus-malus écologique institué par l'article 67 de la loi n°2007-1824 du 25 décembre 2007 de finances rectificatives pour 2007, « *comme un dispositif double instituant d'une part, un impôt dissuasif et d'autre part, une aide, le premier finançant la seconde tout en poursuivant un objectif de lutte contre les surconsommations d'énergie* ».

Dans le rapport n°579 du 9 janvier 2013 fait au nom de la commission économique de l'Assemblée nationale, le député BROTTES explique que le malus au second niveau vraiment pénalisant (au-delà de 300% du volume de base) « *doit être assimilé à une éco-taxe* ». Si on compare deux systèmes, le premier étant l'automobile et le second constitué du logement et du consommateur final, le bonus-malus agit finalement selon le même principe avec une application révisée *a posteriori* pour le bonus-malus de l'électricité qui apparaît sur la facture annuelle et *a priori* pour la taxe sur les véhicules qui a notamment été révisée pour 2013. Mais que ce système soit assimilé comme une nouvelle taxe, une modification d'une taxe existante, elle ne crée pas de différences entre les consommateurs aux tarifs réglementés de vente et les consommateurs finals en ordre de marché, la composante tarifaire relative à la fourniture (énergie, commercialisation) n'est pas affectée, au contraire puisqu'elle pourrait permettre des nouvelles offres innovantes de la part des fournisseurs alternatifs ou de l'opérateur historique.

Le bonus-malus a aussi un effet indirect de redistribution que nous montrerons *infra*, sans créer de discrimination selon les revenus des ménages mais bien selon la manière de consommer l'électricité.

Par ailleurs, suite à la conférence environnementale des 14 et 15 septembre 2012, un comité de fiscalité écologique se réunit tous les mois pour étudier et faire des propositions de mesures fiscales écologiques afin d'orienter les

---

[331] Aux évènements près dans le Finistère en octobre 2013 avec la manifestation des « bonnets rouges » contre l'éco-taxe

[332] Site lemonde.fr http://www.lemonde.fr/planete/article/2009/12/29/le-conseil-constitutionnel-annule-la-contribution-carbone_1285904_3244.html consulté le 18 août 2013 ; Décision n° 2009-599 DC du 29 décembre 2009 du Conseil constitutionnel

[333] N°387.195 Conseil d'État, Avis de l'Assemblée générale (section des travaux publics) concernant la mise en œuvre d'un dispositif de bonus-malus pour les consommateurs domestiques d'énergies dites de réseau, Conseil d'État, 6 décembre 2012

comportements des acteurs économiques par le signal-prix vers une meilleure protection de l'environnement qui comprennent :

- la réduction des consommations de ressources ;
- la réduction des émissions de gaz à effets de serre ;
- la réduction des pollutions.

L'objectif est d'inscrire des premières mesures dans la loi de finances pour 2014.

Dans ce contexte de développement de la fiscalité écologique, la tarification progressive de l'électricité contribue clairement aux trois attendus précités à condition de démontrer ses effets positifs sur la sobriété énergétique avec un niveau de confiance raisonnable et elle pourrait aussi être considérée comme ayant un effet indirect de redistribution et être classée dans la fiscalité écologique.

Mais il faut aussi tenir compte de la saturation possible des français face aux hausses d'impôts dans le contexte actuel. En prévoyant un bonus, le système de la taxation progressive présente un intérêt supplémentaire.

Dans l'hypothèse où la mise en place de la tarification progressive de l'électricité poserait encore des difficultés après l'avoir modifiée pour prendre en compte les motifs de rejet du Conseil constitutionnel, une alternative consisterait à intégrer cette part variable que constitue le bonus-malus directement dans la C.S.P.E. par exemple. Cette proposition fera l'objet d'une analyse à la dernière section de cette étude.

La C.S.P.E. pourrait également être étendue en même temps au moins au gaz naturel pour élargir l'assiette pour le soutien aux énergies renouvelables.

La question de la possibilité juridique d'élargir la C.S.P.E. au gaz naturel se pose alors. Notre objectif n'est pas d'y répondre dans cette étude mais d'apporter toutefois quelques éléments d'appréciation à partir de l'identification de trois risques.

Le premier risque serait que davantage de taxes soient déjà appliquées au gaz naturel ou que la structure tarifaire soit incompatible de cette intégration d'une nouvelle taxe dans la structure tarifaire. Or, on retrouve les trois composantes tarifaires (taxes, accès aux réseaux, fourniture) d'une part et pour les taxes en particulier, on retrouve des taxes équivalentes sauf la T.C.F.E. qui n'apparaît pas pour le gaz naturel et la C.S.P.E. qui ne comprend que la partie compensant les dispositions sociales d'autre part. Sur ce dernier point, l'élargissement semble possible mais politiquement cela correspond toutefois à créer une nouvelle taxe pour les consommateurs finals de gaz naturel.

Le deuxième risque serait de créer des inégalités entre consommateurs finals chauffés au gaz naturel ou à l'électricité. Il faudrait pour cela que la tarification du gaz naturel soit plus élevée que celle de l'électricité ou le devienne en raison de l'élargissement de cette C.S.P.E. De plus, l'écart de prix des deux énergies de réseaux varie d'une année sur l'autre. *De facto*, les inégalités existent déjà. Nous n'avons pas de réponse immédiate à apporter sur les variations relatives dans le temps qui nécessiteraient certainement une étude spécifique. Nous pouvons toutefois proposer alors de créer une nouvelle taxe pour le gaz naturel, de conserver la C.S.P.E. mais de répartir la compensation des charges pour le développement des énergies renouvelables entre les usagers du gaz (*via* cette nouvelle taxe) et les usagers de l'électricité (*via* la C.S.P.E. réduite).

Le troisième risque serait que les consommateurs finals de gaz naturel se plaignent de payer une taxe pour une énergie qu'ils ne consommeront peut-être jamais. Ce point est partiellement inexact puisqu'ils en bénéficieront du fait de leur consommation d'électricité spécifique mais pour laquelle ils paient cependant déjà la C.S.P.E. Il faut alors plutôt se placer sur le plan du mix énergétique, de la sécurité d'approvisionnement et de l'intérêt général. Dans ce cadre, les énergies renouvelables contribueront à l'indépendance énergétique, à la réduction de la tension sur les prix de l'énergie qui se répercute plus ou moins sur toutes les énergies. Mais il est certain que cet effet est visible à moyen ou long terme. Il faudrait alors, pour éviter les litiges, que la répartition de la partie compensation des énergies renouvelables de la C.S.P.E. entre la nouvelle taxe[334] pour le gaz naturel et la C.S.P.E. pour l'électricité, soit ajustée progressivement pour accompagner les évolutions techniques, comportementales et les prix des énergies. Par ailleurs, en vertu de l'article L100-1 du code de l'énergie : « *La politique énergétique* [vise à] ***garantir la cohésion sociale*** *et territoriale en assurant l'accès de tous à l'énergie* » et en vertu de l'article L100-3 du même code, « ***la fiscalité des énergies*** *tient compte de* [...] ***la sécurité d'approvisionnement*** *et vise* [...] *à* ***un traitement équilibré des différents types d'énergie*** ».

Au vu de ces éléments, nous considérons à ce stade que la C.S.P.E. devrait pouvoir être étendue au gaz naturel pour répartir les charges relatives au financement des énergies renouvelables.

Nous aurions alors créé une nouvelle régulation de l'énergie et une nouvelle mission pour la C.R.E. dans l'intérêt général.

---

[334] Ou l'extension de la C.T.S.S.G. (contribution à la tarification spéciale de solidarité du gaz) en la renommant en une sorte de C.S.P.G. (contribution au service public du gaz)

*En bref*

Le bonus-malus de l'électricité pourrait contribuer à une fiscalité de l'électricité toujours en évolution avec un effet indirect de redistribution et plus largement à la fiscalité écologique en développement.

L'utilisation de la C.S.P.E. pourrait être une piste et il faudrait l'élargir au moins au gaz naturel afin que ce ne soit pas une seule catégorie de ménages qui soutiennent la catégorie des énergies renouvelables.

### C - UN CATALYSEUR POUR UN MARCHE DE VENTE DE L'ELECTRICITE AUX CONSOMMATEURS FINALS CONCURRENTIEL

Dans plusieurs articles de presse le 11 avril 2013[335] suite à la décision du Conseil constitutionnel, on a pu lire « *Delphine Batho, ministre de l'Énergie et de l'Écologie a assuré ne pas renoncer à la tarification progressive de l'énergie. Elle a promis "une solution nouvelle et juridiquement solide" qui sera incluse dans le projet de loi de programmation sur la transition énergétique, qui devrait être présenté "en octobre, a priori". "Le Conseil constitutionnel n'a pas censuré le bonus-malus dans son principe mais dans son périmètre d'application" au regard du principe d'égalité, a argumenté la ministre.* ».

C'est dans ce cadre que nous abordons la seconde partie de notre mémoire après avoir précisé trois points de contexte, le premier est que l'élasticité-prix de l'électricité est naturellement faible (**1**), le deuxième que l'ouverture à la concurrence est difficile du fait d'un acteur dominant (**2**) et le troisième que la loi BROTTES a été vidée de sa mesure principale (le bonus-malus de l'énergie) mais elle pourrait revenir sur l'agenda politique car elle reste potentiellement très efficace et les autres mesures sont déjà applicables (**3**).

#### 1 - *L'élasticité de la demande au prix de l'électricité théoriquement faible*

D'un point de vue économique et de l'avis de la plupart des auteurs et des études consultées, l'élasticité-prix de l'électricité est faible, c'est-à-dire qu'une variation donnée du prix de l'électricité a un effet très modéré sur la demande d'électricité[336].

La Commission de régulation de l'électricité et du gaz de Belgique dans son étude de 2010 relative à la tarification progressive[337] conclut qu'il « *est généralement admis que l'élasticité-prix de court terme de la demande*

[335] Europe1.fr ; LaTribune.fr ; LePoint.fr.

[336] Dans un rapport de 5 pour 2 à 5 pour 1

[337] Étude relative à la faisabilité de l'instauration d'une tarification progressive de l'électricité en Belgique, C.R.E.G., 10 juin 2010, p. 10-16

*électrique est en moyenne faible en raison du fait que l'électricité est un bien difficilement substituable* [...]. *L'élasticité-prix des tranches de revenus supérieurs est estimée comme étant plus élevée que celle des tranches de revenus plus faibles* ».

Pour Claude CRAMPES et Thomas-Olivier LEAUTIER[338], la demande au prix est très fortement inélastique et source d'inefficacités coûteuses pour les particuliers et pour la collectivité même si en France, des contrats incluant des clauses d'effacement avec une réduction de prix en contrepartie pour les gros consommateurs sont proposés par l'opérateur historique. Selon les auteurs, la solution consiste « *à imposer que les tarifs de vente au consommateur, tarifs administrés aussi bien que déréglementés, incorporent une différenciation tarifaire entre périodes de pointe, demi-pointe et hors pointe pour rendre compte des coûts de production* » sans exclure de catégories de ménages à l'effort de dynamisation de la demande d'électricité et pour réduire les inégalités, soit de proposer une assistance monétaire ou une discrimination tarifaire positive.

Toutefois, l'élasticité-prix est aussi faible parce que les habitudes de consommation sont bien ancrées et que l'augmentation uniforme des prix n'est pas suffisante pour les « casser » pour un certain nombre de ménages et d'entreprises. Il faut donc pouvoir montrer que le bonus-malus peut être une mesure complémentaire apte à fournir ce signal-prix décisif au changement des comportements.

### 2 - *L'ouverture à la concurrence expliqué par un équilibre de STACKELBERG*

Le deuxième point de contexte important concerne l'ouverture à la concurrence. On a vu qu'elle est effective mais relativement lente sur le segment du tarif bleu (puissance inférieure à 36 kVA), qu'elle pourrait s'accélérer sur le segment des tarifs verts et jaunes avec leur disparition fin 2015 et la montée en puissance des effets de la loi NOME.

L'opérateur EDF est historiquement dominant et l'ouverture à la concurrence ne peut pas être plus rapide qu'elle ne l'est si on l'analyse selon un équilibre de STACKELBERG utilisé dans l'ouvrage Énergie co-rédigé par Jean-Pierre HANSEN et Jacques PERCEBOIS[339] et en ignorant l'A.R.E.N.H. de la loi NOME dans un premier temps. Une des conclusions de leur analyse à partir de la relation linéarisée entre la formation des prix et la demande d'électricité, est qu'il est effectivement possible pour un opérateur alternatif d'entrer dans un marché en étant **moins efficace** (50 €/MWh) que

[338] Claude CRAMPES et Thomas-Olivier LEAUTIER dans Les nouvelles régulations électriques 1 : monopole et concurrence, Hermès Science Lavoisier, 2012

[339] Jean-Pierre HANSEN et Jacques PERCEBOIS, Énergie : Économie et politiques, De Boeck, 2010, p. 685-696

l'opérateur historique (40 €/MWh[340]) car l'entrée facilite la vie de l'opérateur historique par rapport au régulateur et aux autorités de la concurrence, lui permet de bénéficier d'un prix plus élevé dès lors qu'il peut évoquer un marché plus concurrentiel. Il a donc intérêt à laisser une certaine place à l'opérateur alternatif.

L'A.R.E.N.H. a permis aux opérateurs alternatifs de bénéficier d'une électricité (nucléaire) à un prix leur permettant de concurrencer l'opérateur historique à partir de 2011. Toutefois, sans croissance du marché, l'ouverture du marché reste difficile.

La tarification progressive peut alors permettre d'envoyer un signal-prix capable d'influer sur l'ouverture du marché à la concurrence. Cependant, il ne faut alors pas perdre de vue que la conséquence est en principe une baisse générale de la consommation d'électricité (*v. figure 25*). Les fournisseurs devront tenter de la compenser en augmentant leurs tarifs dans la limite du possible avec des offres innovantes ou en allant chercher du chiffre d'affaires à l'extérieur du territoire national.

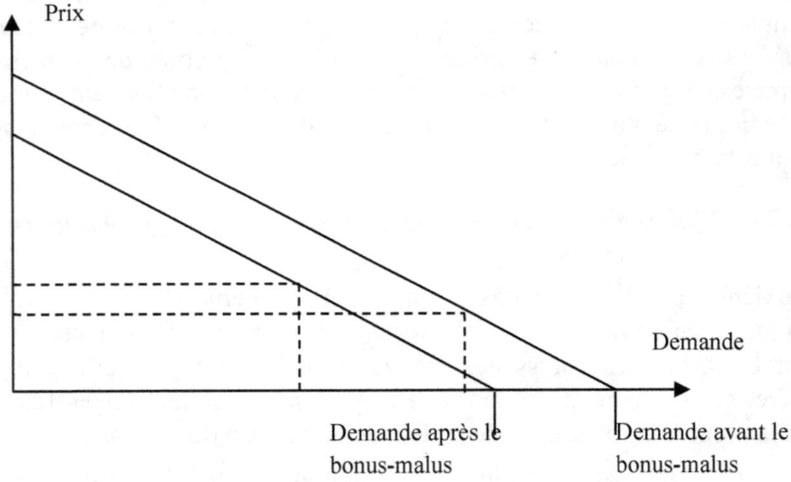


**Figure 25 – Relation simplifiée entre la demande et prix de l'électricité**

Par ailleurs, une seconde conséquence est à noter si on s'appuie sur un équilibre de STACKELBERG et que le bonus-malus serait aussi efficace qu'on le pressent. Le marché risque d'être moins concurrentiel si certains producteurs ou fournisseurs alternatifs sont trop inefficaces et finissent par être exclus du marché, même si ce risque est réduit avec l'A.R.E.N.H. à 42 €/MWh actuellement.

Il en ressort que la tarification progressive est soit plutôt inefficace et il ne faut pas la mettre en place ou soit suffisamment efficace pour que les coûts

[340] Chiffres donnés à titre d'illustration

de gestion soient assez faibles par rapport à la réduction de consommation obtenue. Il faudrait alors en parallèle que les producteurs et les fournisseurs aient la possibilité de compenser la perte de chiffre d'affaires résultante si on considère le secteur de l'électricité comme un secteur d'avenir (*v. schéma annexe 2*). Avec l'achèvement du marché intérieur de l'électricité et les projets de lignes électriques transfrontalières en cours pour augmenter les capacités d'échanges, c'est peut-être le bon moment pour instaurer cette tarification innovante sans risquer de ralentir le rythme d'ouverture à la concurrence à condition que la distorsion de marché créée par le niveau de la taxe E.E.G. en Allemagne ne soit pas un frein à une concurrence équilibrée.

### 3 - *La loi BROTTES*

À ce stade, la loi BROTTES renforce la tarification progressive pour les ménages telle qu'on peut considérer qu'elle existe aujourd'hui sans le bonus-malus. En effet, elle comprend deux tranches, les ménages dans la catégorie du tarif de première nécessité et les autres. Et la loi BROTTES a conservé un article relatif à l'extension des tarifs sociaux. On a un effet de redistribution de l'ensemble des ménages qui paient normalement leur électricité vers les plus vulnérables, mais avec un taux d'effort de redistribution rapporté aux ressources des ménages supérieur pour ceux qui sont dans la moyenne par rapport à ceux qui sont dans les valeurs hautes de ressources (revenus, capital). Toutefois, s'agissant d'une redistribution *de facto*, le système pourrait être amélioré pour être plus conforme à un effet de redistribution global équitable. La tarification progressive peut non seulement jouer ce rôle **indirectement** mais également être un catalyseur de la transition énergétique et de l'ouverture à la concurrence.

Sur l'effet de redistribution, une étude américaine de 2011 a montré que la tarification progressive en Californie[341] avait bien cet effet puisque l'auteur Severin BORENSTEIN a montré qu'elle permet une réduction de la facture électrique de 17% pour le quintile le plus pauvre (11$ par mois) et qu'elle augmente celle du quintile le plus riche de 15% par rapport à ce qu'elle serait avec la tarification uniforme, hors effet du programme CARE aux États-Unis qui en atténue les effets quand on le prend en compte. C'est dû au fait qu'il a lui-même un effet de redistribution et que les deux effets fusionnent. En France, actuellement, la redistribution est déjà en place puisque les dispositions sociales sont financées par la C.S.P.E.[342] Toutefois, cette forme de tarification progressive à deux tranches n'a semble-t-il pas été mise en place avec le souci d'équité sinon une progressivité de la C.S.P.E. aurait été instaurée comme pour l'impôt sur le revenu. Or tous les

[341] Severin BORENSTEIN, The Redistributional Impact of Non-Linear Electricity Pricing, Berkeley, California, Energy Institute at Haas, Revised April 2013, p. 36

[342] La contribution au service public de l'électricité (CSPE) : Suites données aux observations de la Cour dans le rapport public 2011, Cour des comptes, Juin 2012

consommateurs finals, à l'exception de ceux qui bénéficient des tarifs sociaux, paient le même pourcentage de C.S.P.E. sur leurs factures. Avec la tarification progressive, on peut améliorer (si c'est bien un objectif sociétal recherché) la redistribution telle que les plus aisés financent un peu plus pour aider les plus vulnérables comme dans le cas de la Californie. Mais, c'est un objectif qui est atteint indirectement et ne crée pas de discrimination selon les revenus des ménages puisque le critère principal est le volume d'électricité consommé et que l'objectif prioritaire est d'inciter à la réduction de la consommation d'énergie, c'est l'effet direct de cette forme de tarification.

Sur l'accélération de la transition énergétique avec la tarification progressive, elle s'explique parce qu'elle a un effet sur les ménages les plus aisés et les entreprises que n'a pas la tarification uniforme actuelle. Nous le montrerons dans la seconde partie en s'appuyant notamment sur l'économie comportementale et le cas de la Californie.

Et sur l'ouverture à la concurrence difficile et complexe, on a vu rapidement qu'il ne suffit pas de le vouloir pour y parvenir quand un acteur domine le marché. Toutefois, avec la tarification progressive, les fournisseurs alternatifs pourront exploiter une possibilité supplémentaire d'élargissement de leur gamme d'offres qui consiste à construire une tarification inversée ou dégressive visant ainsi une clientèle plus aisée qui aurait tendance à rester au tarif bleu parce qu'elle n'a aucune raison suffisante pour passer aux tarifs en ordre de marché.

*En bref*

Malgré une élasticité-prix jugée faible et un marché de l'électricité difficile à pénétrer, si la loi NOME avec l'A.R.E.N.H. contribuera à favoriser l'ouverture à la concurrence, la tarification progressive serait potentiellement un accélérateur de la transition énergétique vers la sobriété ainsi qu'un contributeur à un marché libéralisé plus efficace, plus dynamique avec un consommateur final également plus actif. Cette tarification a par ailleurs un effet indirect de réduction d'inégalités sociales qu'il convient de prendre en compte.

# SECONDE PARTIE :
# LA TARIFICATION DIFFERENCIEE DE L'ELECTRICITE POUR CHANGER LES COMPORTEMENTS

La hausse du coût de l'énergie est structurelle[343] et l'Union européenne veut accélérer la création du marché intérieur de l'électricité pour 2014. Elle renforce les mesures relatives à l'efficacité[344], la France veut atteindre ses objectifs Europe 2020 et les pics hivernaux sont toujours plus problématiques chaque hiver. Il faut donc trouver des solutions visant à l'efficacité énergétique que nous pouvons classer en deux catégories, les mesures technologiques, toutefois insuffisantes à moyen terme alors même que le potentiel d'efficacité énergétique est important (**chapitre I**) et les mesures comportementales complémentaires ou les « négawatt » indispensables dont fait partie le système du bonus-malus (**chapitre II**).

---

[343] Panorama énergies-climat édition 2013, Ministère de l'écologie, du développement durable et de l'énergie, 30 juillet 2013, p. 14

[344] Directive 2012/27/UE du Parlement européen et du Conseil du 25 octobre 2012 relative à l'efficacité énergétique, modifiant les directives 2009/125/CE et 2010/30/UE et abrogeant les directives 2004/8/CE et 2006/32/CE (Journal Officiel de l'Union européenne 14 novembre 2012)

# CHAPITRE I UN CHANGEMENT DES COMPORTEMENTS NECESSAIRE

Dans ce contexte de la hausse régulière du coût de l'énergie[345], la sécurité énergétique (indépendance, approvisionnement) est un enjeu majeur pour les pays européens mais les évolutions techniques seules ne seront pas au rendez-vous de 2020 pour des questions de coûts ou de maturité (**section I**) alors que des gisements d'économie d'énergie importants existent pourtant (**section II**).

[345] Rapport N°579 fait par le député François BROTTES au nom de la commission des affaires économiques, Assemblée nationale, 9 janvier 2013, p. 8

## SECTION I LES EVOLUTIONS TECHNIQUES SEULES INSUFFISANTES POUR ATTEINDRE LES OBJECTIFS EUROPE 2020

L'Union européenne a récemment publié une directive relative à l'efficacité énergétique[346] qui « *devrait établir un cadre commun visant à promouvoir l'efficacité énergétique dans l'Union* ». Elle est au centre de la stratégie énergétique de l'Union pour 2020 et la Commission insiste dans cette directive pour que les efforts relatifs à cet axe soient accentués par tous les États membres.

S'agissant de la France en matière d'efficacité énergétique, avec 10% du chemin réalisé entre 2005 et 2010 (*v. supra intro.*), il reste 90% de l'objectif à effectuer de 2010 à 2020 si on l'associe à la diminution d'énergie primaire. Et nous verrons que dans le contexte d'une demande d'électricité croissante notamment du fait du développement de l'usage des moteurs électriques[347], plus généralement d'une « *électrification croissante des usages énergétiques* »[348] ou de l'effet démographique (**I**), les mesures techniques seules seront insuffisantes pour atteindre cet objectif (**II**).

### I - LA PROGRESSION DE LA DEMANDE DANS UN CONTEXTE D'AUGMENTATION DES PRIX DE PRODUCTION DE L'ENERGIE

Depuis une dizaine d'années, la répartition de l'énergie consommée (266 Mtep[349] en 2011) est 44% d'électricité primaire (nucléaire, hydraulique, éolien, photovoltaïque), 31% de pétrole, 15% de gaz, 6% d'énergies renouvelables thermiques et de déchets valorisés et 4% de charbon[350]. Parmi les externalités négatives pour l'efficacité énergétique, nous avons tout d'abord le cas spécifique des pointes de consommation d'électricité en hiver surtout en France (**A**), puis l'augmentation régulière des prix de l'énergie associée à une volatilité croissante (**B**) et ensuite une augmentation des usages de l'électricité, notamment les véhicules électriques (**C**).

---

[346] Directive 2012/27/UE du Parlement européen et du Conseil du 25 octobre 2012 relative à l'efficacité énergétique, modifiant les directives 2009/125/CE et 2010/30/UE et abrogeant les directives 2004/8/CE et 2006/32/CE (Journal Officiel Union Européenne 14 novembre 2012)

[347] Dans le scénario Grenelle, la consommation finale d'électricité et de gaz est en hausse : v. Avis du conseil économique et social, La transition énergétique : 2020-2050 un avenir à bâtir, une voie à tracer, Journaux officiels, 2013, p. 12

[348] *Ibidem*, p. 32

[349] Millions de tonnes équivalent pétrole

[350] *Ibidem*, p. 24

## A - DES PICS HIVERNAUX A L'ENCONTRE DES OBJECTIFS D'EFFICACITE

Le mix énergétique de la France lui permet de n'émettre « que » 5,5 t de $CO_2$ par an par personne contre 7,1 pour un européen, 9,2 pour un allemand[351] grâce aux composantes nucléaire et hydraulique du mix actuel notamment. Toutefois, ce relatif bon résultat peut être gâché par certaines externalités négatives à l'encontre des objectifs d'efficacité énergétique associés à des faibles émissions de gaz à effet de serre.

Ainsi, la pointe hivernale représente de l'ordre de 20% de la demande d'électricité en France, mais elle est responsable de la moitié des émissions de $CO_2$. Ces émissions sont liées à la production nette d'électricité car aux heures de pointes il faut faire appel à la production thermique au gaz ou au charbon.

Par ailleurs, l'appel de puissance maximal observé en France chaque période de grand froid montre une augmentation de plus de 40% en 12 ans puisque de 72 GW en 2000, nous sommes passés à plus de 100 GW en 2012[352]. Le pic de puissance appelée a même atteint **102,1 GW** le 8 février 2012 à 19h01 après un précédent record à 96, 71 GW le 15 décembre 2010[353].

L'heure de pointe habituelle est vers 19h00, c'est le moment de la journée où les particuliers rentrent chez eux et allument le chauffage et les appareils électriques alors que la consommation électrique des entreprises est encore élevée. Ce phénomène est accentué en France du fait de la thermo-sensibilité plus élevée que dans d'autres pays, la proportion de chauffage électrique étant plus élevée.

Dans son rapport annuel, la Commission de régulation de l'énergie indique que pour faire face à ce pic, il a fallu utiliser les capacités de production nationale mais c'était très insuffisant et il a donc fallu utiliser les capacités d'effacement possibles ainsi que les capacités essentielles d'échanges transfrontaliers (*v. 1ère partie, ch. I, sect. II, I, C*). Donc, même si la puissance installée en France au 1er janvier 2012 est de **124,1** GW, la puissance disponible est bien inférieure car il faut tenir compte des **34,3** GW d'énergies renouvelables qui dépendent des conditions hydrologiques et météorologiques, ainsi que des éventuelles indisponibilités des systèmes de production.

La conséquence de l'utilisation maximale des capacités d'échanges transfrontaliers (à l'exception de l'Italie), est qu'elle traduit une offre qui

---

351 Chiffres 2009 issus de l'avis du conseil économique, social et environnemental, La transition énergétique : 2020-2050 un avenir à bâtir, une voie à tracer, Journaux officiels, 2013, p. 23

352 François MIRABEL, La déréglementation des marchés de l'électricité et du gaz : Les grands enjeux économiques, Presses des Mines, 2012, p. 135

353 Rapport d'activité 2012, C.R.E., 9 juillet 2013,

peine à satisfaire la demande et la tension ainsi créée se répercute sur la formation du prix de l'électricité très élevé sur les bourses de l'électricité EPEX SPOT.

Après les aspects physiques (risque d'écrasement du réseau) et économiques (prix EPEX SPOT très élevés), un autre aspect à considérer est celui lié à l'environnement du fait de l'utilisation de centrales fortement émettrices en $CO_2$ pour produire les derniers mégawatts d'électricité en pointe, celles qui sont en fin de classement dans l'ordre de mérite économique. Selon l'Agence internationale de l'énergie, la première moitié du XXIe siècle pourrait être un « âge d'or du gaz »[354], l'utilisation de centrales aux gaz faiblement émettrices de $CO_2$ réduirait alors cette proportion mais ce n'est pas la situation actuelle et avec les moyens dont nous disposons, une réduction de 1% de la demande de pointe permet de réduire de 4% les émissions de $CO_2$[355].

Nous devons alors traiter le problème de la pointe d'électricité et nous identifions plusieurs manières pour le faire.

La première consiste à utiliser au maximum les moyens de production actuels et en investissant éventuellement dans des centrales complémentaires au gaz naturel. Cette solution présente un intérêt limité économiquement (celui d'investir dans des centrales qui ne fonctionneraient que quelques jours dans l'année, variables selon les conditions météorologiques).

La seconde consiste à augmenter les capacités d'échanges transfrontaliers. Cette solution est d'intérêt économique limité au niveau du marché intérieur de l'électricité, les autres États membres ayant la même problématique de centrales ne fonctionnant que quelques jours de l'année et il est difficile de parier sur des différences de conditions météorologiques trop importantes dans les pays voisins. Toutefois, sur l'année elle peut permettre de poursuivre la convergence des prix de gros entre pays voisins.

La troisième consiste à développer une gestion active de la demande pour lisser et réduire la demande en pointe, les *smart grids*. Le potentiel serait de **14** GW en France selon une étude réalisée en 2008 par Cap Gemini[356]. Il s'agit pour cela de mettre en place des dispositifs techniques et tarifaires innovants notamment les compteurs intelligents.

Il résulte des trois aspects physique, économique et environnemental que **la piste de l'effacement doit être approfondie en priorité**, les deux autres pistes (augmenter la production, augmenter les échanges transfrontaliers)

---

[354] Société française de physique, La situation énergétique en France et dans le monde : Quels choix politiques, EDP Sciences, 2012

[355] Jean-Pierre HANSEN et Jacques PERCEBOIS, Énergie : Économie et politiques, De Boeck, 2010, p.485

[356] François MIRABEL, La déréglementation des marchés de l'électricité et du gaz : Les grands enjeux économiques, Presses des Mines, 2012

ayant un potentiel *a priori* plus limité pour l'instant[357] même si les possibilités d'échanges d'électricité avec l'Italie n'ont été utilisées qu'à hauteur de 38% de leur capacité. Le gouvernement et le Parlement ont bien pris conscience de ce phénomène qui, au rythme d'augmentation annuelle constaté sur la période 2000-2012, à savoir **42%**, irait fortement à l'encontre des fameux objectifs 20-20-20. Ainsi, l'article L. 335-2 du code de l'énergie complété par la loi n°2013-312 du 15 avril 2013[358] dispose désormais que : « *Il tient compte de l'intérêt que représente l'effacement de consommation pour la collectivité et pour l'environnement par rapport au développement des capacités de production. À coût égal, il donne la priorité aux capacités d'effacement de consommation sur les capacités de production.* ». La même loi complète le livre II d'un titre VII relatif exclusivement à l'effacement de consommation d'électricité.

La quatrième façon complémentaire de traiter le pic d'électricité consiste à utiliser la tarification différenciée ou progressive de l'électricité qui peut aussi contribuer à un meilleur franchissement des pointes d'électricité par la sobriété énergétique induite et c'est déjà en partie le cas avec l'entrée en vigueur du T.U.R.P.E. 4 HTB le 1er août 2013 qui a introduit une nouveauté, une tarification différenciée selon la puissance, les heures de la journée et la période de l'année avec la mise en place d'heures d'hyper pointe[359].

Un lissage est en principe possible selon Gilles DARMOIS[360] en laissant monter les prix à des niveaux suffisamment élevés pour que le consommateur (rationnel) s'efface. Actuellement, les contrats de fourniture d'électricité ne prévoient pas de refléter le prix du marché EPEX SPOT en temps réel pour le consommateur final aux tarifs règlementés de vente ou aux tarifs en ordre de marché. Il est seulement possible de prévoir des tarifs contractuels avec des options (différenciés sur une journée de type heures pleines / heures creuses ou différenciés selon les jours de l'année en trois catégories) ou ce qui va désormais probablement se développer, à savoir des tarifs de type EJP[361] plus élevés sur un certain nombre de jours de l'année définis contractuellement ou règlementairement, moins chers le reste du temps.

---

[357] À court terme, compte tenu de l'état des finances publiques et de la politique relatif au mix énergétique (ramener la proportion d'électricité produite par les centrales nucléaires à 50%) car à plus long terme, on peut toujours imaginer de construire des nouvelles centrales nucléaires plus puissantes, sûres, …

[358] Loi n°2013-312 du 15 avril 2013 visant à préparer la transition vers un système énergétique sobre et portant diverses dispositions sur la tarification de l'eau et sur les éoliennes (Journal Officiel 16 avril 2013)

[359] Décryptages n°35, C.R.E., Mai / Juin 2013

[360] Gilles DARMOIS dans Les nouvelles régulations électriques 1 : monopole et concurrence, Hermès Science Lavoisier, 2012, p. 197-198

[361] Effacement jour de pointe

L'option TEMPO RESIDENTIEL du tarif bleu qui comprend des tarifs différenciés entre les 22 Jours Rouges, les 43 Jours Blancs et les 300 ou 301 Jours Bleus, assure déjà un rôle de modération théorique de la consommation lors des pointes comme l'illustre le graphique suivant d'évolution de ce tarif ces dernières années où nous n'avons repris que la tarif des heures creuses du tarif des Jours Bleus et les heures pleines du tarif des Jours Rouges identique pour toutes les versions de puissance souscrites :

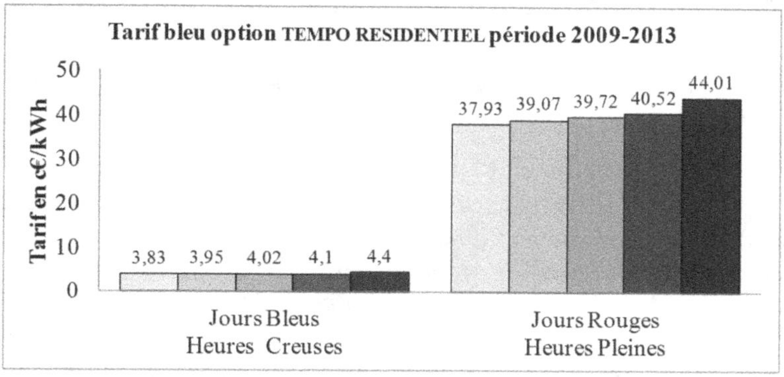


*Source : arrêtés relatifs aux tarifs réglementés de vente de l'électricité*

**Figure 26 – L'option TEMPO RESIDENTIEL**

Toutefois, même les mesures de lissage ou les mesures d'effacement n'empêcheront pas la demande de croître pour au moins deux raisons : la croissance démographique nationale puisque selon les projections de l'Institut national de la statistique et des études économiques, la France devrait compter 67,2 millions d'habitants en 2030 et environ 68 millions en 2050[362] pour 65,8 millions en 2012[363], et la demande extranationale elle-même du fait de la croissance démographique et des prix de l'électricité plus bas en moyenne en France. Dans ces conditions, la tarification progressive est un instrument complémentaire qui ne devrait pas être écarté après avoir démontré son potentiel d'efficacité vis-à-vis de l'objectif de sobriété énergétique (*v. infra ch. II, sect. I, I, B*).

Nous revenons à plusieurs reprises sur la pointe d'électricité hivernale dans cette étude que nous abordons selon une approche différente à chaque fois. Cela nous a paru utile car c'est réellement un sujet majeur et les effets sont multiples (précarité énergétique, sécurité du réseau électrique, équilibre économique, tarifications de l'électricité, ...).

---

362 Avis du conseil économique, social et environnemental, La transition énergétique : 2020-2050 un avenir à bâtir, une voie à tracer, Journaux officiels, 2013, p. 24

363 Site internet de l'Institut national de la statistique et des études économiques : http://www.insee.fr/fr/themes/document.asp?reg_id=0&ref_id=ip1429 consulté le 12 août 2013

*En bref*

La capacité d'effacement en période de pointe est une priorité par détermination de la loi. Dans le contexte des pointes d'électricité par grand froid, la tarification progressive peut contribuer partiellement à une meilleure gestion des pics d'électricité lors des jours de forte demande en hiver en complétant les effets des options tarifaires dans les contrats avec les consommateurs finals.

### B - L'AUGMENTATION FUTURE DES PRIX DE L'ENERGIE ET DE LA VOLATILITE

Dans leur rapport énergies 2050, les auteurs Jacques PERCEBOIS et Claude MANDIL résument différents scénarios prospectifs étudiés notamment ainsi : « *La notion de coût et de financement est très importante* [car] *tous les scénarios s'accordent sur une perspective de hausse durable des coûts énergétiques : demande croissante, raréfaction de l'offre bon marché, coût croissant des équipements et des matières premières, coût de la sûreté et de la protection de l'environnement, nécessité de financer les conséquences de l'intermittence des énergies renouvelables, tous ces facteurs augurent de prix des énergies de plus en plus élevés pour le consommateur final* ».

Dans son avis de 2013 relatif à la transition énergétique 2020-2050[364], le Conseil économique, social et environnemental examine les scénarios d'évolution de l'énergie dont celle des prix. Nous avons repris leur tableau en hypothèse d'entrée :

| (en $ et € constant 2006) | DGEMP-CE 2008-2030 | | DGEC 2020/2030 | | |
|---|---|---|---|---|---|
| Pétrole brut BRENT ($/bl) | 70 | | 100 | 115 | |
| Gaz ($/MBtu) | 7 | | 12,1 | 4 | |
| Charbon ($/t) | 80 | | 104,2 | 109,4 | |
| Quota $CO_2$ (€/t$CO_2$) | 22 | 24 | 18 | 20 | Scénario pré-Grenelle |
| | | | 25 | 39 | Scénario Grenelle |

*Source : C.E.S.E*

**Tableau 11 – Évolution prévisionnelle du prix des énergies**

Le prix du pétrole n'apparaît cependant pas tellement plus élevé dans ce tableau que le prix actuel. Sur ce point, le Conseil économique, social et environnemental précise que le prix du pétrole est en hausse tendancielle depuis 2000, qu'il devrait rester supérieur à 100 $/bl avec un pic possible à

364 Avis du conseil économique, social et environnemental, La transition énergétique : 2020-2050 un avenir à bâtir, une voie à tracer, Journaux officiels, 2013, p. 97

150 $/bl d'ici 5 ans et le Centre d'analyse stratégique « *souligne qu'à moyen et long terme les fluctuations du prix du brut se caractériseront par une extrême instabilité aux conséquences incalculables sur l'économie* »[365].

Outre ces augmentations des énergies fossiles et des quotas de $CO_2$, la Commission de régulation de l'énergie prévoit l'augmentation du prix de l'électricité de 30% d'ici 2017 avec une deuxième hausse de 5% du tarif bleu à l'été 2014 après 5% à l'été 2013 avec deux effets, la réduction du ciseau tarifaire et la convergence des prix sur le marché intérieur de l'électricité. On a ainsi la décomposition prévisionnelle de la hausse du tarif bleu :

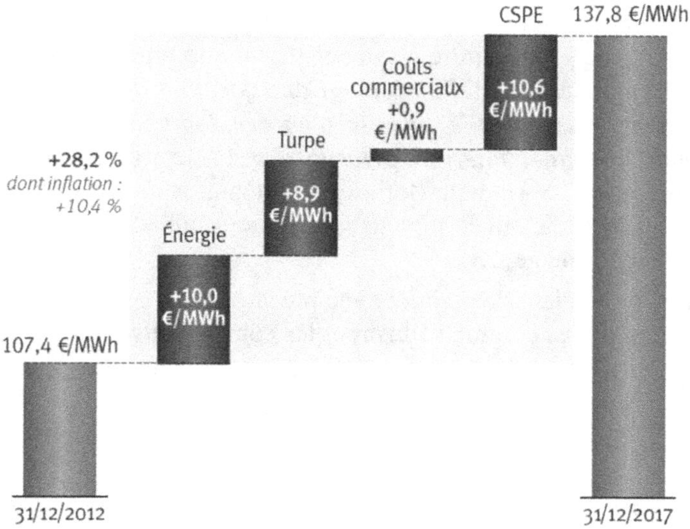


*Source : C.R.E., Rapport d'activité 2012*

**Figure 27 –Évolution prévisionnelle du tarif bleu 2012**

Pour les tarifs verts et jaunes, les hausses seraient moins fortes, respectivement de 16% et 24%[366]. Puis ils disparaîtront au profit des tarifs en ordre de marché.

> *En bref*
>
> L'augmentation future des prix de l'énergie est une réalité qui incite à promouvoir les mesures d'efficacité énergétique. L'augmentation des prix de l'électricité dans les prochaines années devrait encourager les consommateurs finals à davantage de sobriété énergétique.

---

365 *Ibidem*, p. 17

366 Dominique BUREAU, Lionel FONTAGNE et Philippe MARTIN, Énergie et compétitivité, Les notes du conseil d'analyse économique, n°6, mai 2013

## C - L'AUGMENTATION DU PARC AUTOMOBILE ELECTRIQUE

L'électrification croissante des usages énergétiques entraîne une augmentation de la demande d'électricité[367] et parmi ces usages, le véhicule électrique à 100% ou hybride se développe progressivement boosté par le bonus-malus automobile. Et des innovations pourraient apparaître comme le projet Telewatt dans lequel des véhicules électriques se rechargent à partir du réseau d'éclairage public[368]. La question des effets sur la demande d'électricité se pose alors.

Le rapport du Centre d'analyse stratégique (C.A.S.) de 2011 relatif à la voiture du futur[369] étudie les possibilités à vingt ans dans ce domaine sachant que selon le C.A.S., la voiture à moteur thermique représentera encore près de 90 % du marché en 2020 et que « *l'amélioration des performances des véhicules thermiques, dont le poids sera encore dominant dans les décennies à venir,* ***doit constituer une voie prioritaire*** ». L'électrification de la voiture serait alors partielle (moteur hybride, système stop & start en version améliorée qui bascule sur le moteur électrique à faible vitesse, récupération de l'énergie de freinage, ...).

Par ailleurs, il convient de prendre avec précaution les prévisions de vente de véhicules électriques comme l'illustrent les courbes suivantes :

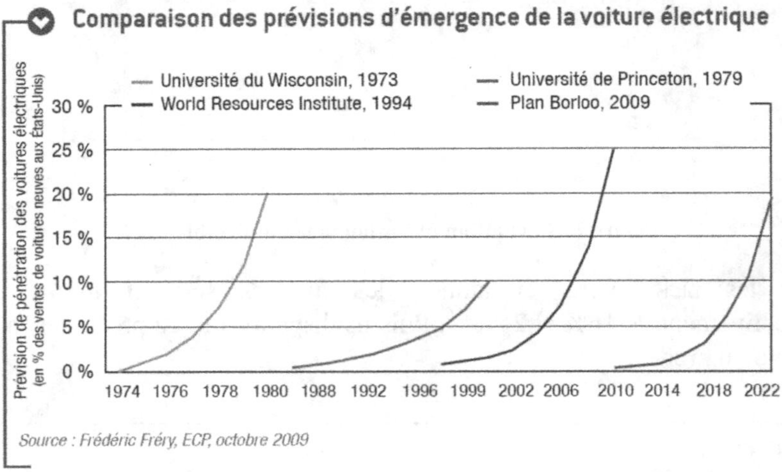


*Source : Centre d'analyse stratégique, La voiture de demain, 2011*

**Figure 28 – Prévisions d'émergence de la voiture électrique**

---

367 Avis du Conseil économique, social et environnemental, La transition énergétique : 2020-2050 un avenir à bâtir, une voie à tracer, Journaux officiels, 2013, p. 24

368 Site internet d'IFP énergies nouvelles : http://www.ifpenergiesnouvelles.fr/actualites/actualite/recharge-des-vehicules-electriques-lancement-du-projet-telewatt consulté le 13 août 2013

369 Centre d'analyse stratégique, La voiture de demain : carburants et électricité, La documentation française, Rapports&documents n°37, 2011

Et la batterie, élément-clé du système comprend souvent des terres rares[370].

Le besoin estimé à l'horizon 2020 selon Paul MATHIS[371], serait alors de **6 TWh/an** pour un objectif de 2 millions de véhicules électriques. Ce nombre de véhicules électrifiés est également confirmé par IFP énergies nouvelles[372].

Un des avantages de l'automobile électrique sera certainement l'effet de lissage de la consommation, donc de la production d'électricité sur une journée et sur une année **à condition d'inciter le rechargement des batteries les périodes hivernales en-dehors des heures de pointe du chauffage électrique**, ce qui donne guère de souplesse à l'utilisateur et peut représenter potentiellement un inconvénient important.

| |
|---|
| *En bref* |
| L'augmentation du parc automobile électrique ou hybride devrait être très progressive[373]. À l'horizon 2020, on peut estimer le nombre de véhicules électriques en France à 2 millions pour une consommation de l'ordre de 6 TWh/an. |

## II - L'INSUFFISANCE DE L'INNOVATION TECHNOLOGIQUE SEULE

Comme le souligne le Centre d'analyse stratégique, le développement de l'efficacité énergétique des équipements après le premier choc pétrolier de 1973 trouve ses limites puisque que cela n'a pas permis de diminuer la consommation moyenne d'électricité spécifique des particuliers qui est passée de 13 kWh/m² en 1973 à 30 kWh/m² en 2010[374]. Or, pour atteindre les objectifs d'efficacité énergétique (**A**) des investissements importants doivent être effectués (**B**) afin de déployer à grande échelle des innovations

[370] Les batteries nickel-hydrure métallique constituent désormais le standard des véhicules hybrides. Le composé métallique a donné lieu à de très nombreux essais : le métal le plus couramment utilisé aujourd'hui est représenté par la formule AB5, où A est un mélange de terres rares (lanthane, cérium, néodyme, praséodyme) et B est du nickel (principalement), du cobalt, du manganèse, et/ou de l'aluminium. Quant à la solution Lithium, c'est avant tout, un problème d'accès à la ressource, sa production est aujourd'hui dans les mains d'un nombre restreint d'acteurs (source : C.A.S., La voiture de demain, 2011).

[371] Paul MATHIS, Les énergies : Comprendre les enjeux, Éditions Quae, 2011, p. 173

[372] IFP Énergies nouvelles, Le point sur le marché des véhicules électrifiés, Panorama 2013 ; site internet http://www.ifpenergiesnouvelles.fr/publications/notes-de-synthese-panorama/panorama-2013 consulté le 18 juillet 2013

[373] **C'est même nécessaire car si toute l'énergie dans les transports était remplacée par de l'électricité, il faudrait 200 TWh/an de production supplémentaire d'électricité** soit plus du tiers de la production actuelle (Marie-Christine de LA SOUCHERE, Histoire de l'électricité : Lumières d'hier et d'aujourd'hui, Ellipses, 2011, p. 213)

[374] Blandine BARREAU, Anne DUJIN et Marie VEDIE, Comment limiter l'effet rebond des politiques d'efficacité énergétique dans le logement ? L'importance des incitations comportementales, La note d'analyse du Centre d'analyse stratégique, Février 2013, n°320

telles que les *smart grids* (**C**) ou le stockage d'électricité (**D**), mais avec des résultats qui ne peuvent pas être atteints à court terme.

### A - DES OBJECTIFS D'EFFICACITE ENERGETIQUE A ATTEINDRE

La France a notamment pris l'engagement de réduire d'un facteur 4 ses émissions de gaz à effet de serre entre 1990 et 2050[375] et s'est fixé « *comme objectif de devenir l'économie la plus efficiente en équivalent carbone de la Communauté européenne d'ici 2020* »[376]. La stratégie énergétique de la France a été précisée dès 2005 dans la loi POPE du 13 juillet 2005[377] avec des objectifs ambitieux d'efficacité énergétique. Actuellement, l'intensité énergétique continue à diminuer régulièrement au rythme de 1,3% par an entre 2005 et 2011 pour un objectif de 2%.

Concrètement, une lettre d'avril 2013 des autorités françaises[378] a été adressée à la Commission européenne relative à la mise en œuvre de la directive 2012/27/UE.

Les grands objectifs de la loi POPE y sont rappelés renforcés par la loi Grenelle 1[379] et à ce stade, la France indique estimer une consommation d'énergie finale de 131,4 Mtep et une consommation d'énergie primaire de 236,3 Mtep à l'horizon de 2020.

En 2010, la consommation d'énergie primaire de la France a été de 256,6 Mtep[380]. Elle représente une réduction de consommation à atteindre de **7,9%** sur l'ensemble des énergies d'ici 2020 soit un rythme annuel de réduction de l'ordre de **0,85%** alors que la directive prévoit notamment un objectif de réduction de **1,5%** par an de l'ensemble des ventes d'énergies, hors transports.

Par ailleurs, dans le plan d'action de la France en matière d'efficacité énergétique transmis à la Commission européenne en juin 2011[381], la France prévoit que plus de **88%** des économies d'énergie proviennent du secteur résidentiel-tertiaire dont la réduction de **38%** de la consommation d'énergie

---

375 Article 2 de la loi « Grenelle 1 » n°2009-967 du 3 août 2009 de programmation relative à la mise en œuvre du Grenelle de l'environnement (Journal Officiel 5 août 2009)

376 *Ibidem*

377 Loi n°2005-781 du 13 juillet 2005 de programme fixant les orientations de la politique énergétique (Journal Officiel 14 juillet 2005)

378 Autorités françaises, Mise en œuvre de la directive 2012/27/UE relative à l'efficacité énergétique – Communication par les autorités françaises de leur rapport annuel (article 24 de la directive), Note, Ministère de l'écologie, du développement durable et de l'énergie, Avril 2013

379 Loi n°2009-967 du 3 août 2009 de programmation relative à la mise en œuvre du Grenelle de l'environnement (Journal Officiel 5 août 2009)

380 Site : http://epp.eurostat.ec.europa.eu/portal/page/portal/europe_2020_indicators/headline_indicators consulté le 15 août 2013

381 Site http://www.developpement-durable.gouv.fr/Plan-national-d-action-d.html consulté le 16 août 2013

primaire dans les bâtiments existants pour atteindre une moyenne de **150** kWh/m²/an.

Toutefois, si certaines tendances de consommation d'énergie se prolongent et se confirment dans les années à venir, nous aurions potentiellement un sérieux problème de contradiction entre les objectifs et la réalité à traiter. En effet, si on prolonge jusqu'en 2020 la tendance de consommation mensuelle d'électricité des particuliers et des professionnels affranchie de la saisonnalité et de l'aléa conjoncturel, du graphique suivant[382], on aurait une consommation en 2020 supérieure de **15%** par rapport à celle de 2012 pour ces deux catégories.

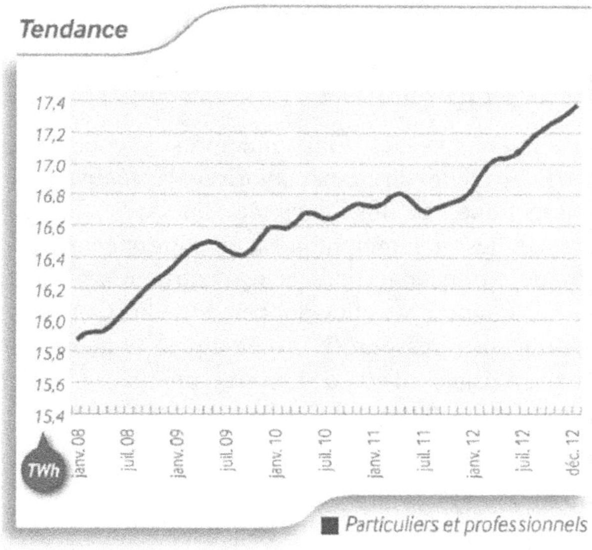


*Source : RTE, Bilan électrique 2012*

**Figure 29 – Consommation mensuelle d'électricité des particuliers et des professionnels**

Cette progression est notamment liée aux usages spécifiques de l'électricité (hors chauffage) qui se développent depuis quelques années.

De plus, la France a déjà une intensité énergétique parmi les plus faibles de l'Union européenne, elle a été presque divisée par deux en une quarantaine d'années[383], ce qui rend les objectifs potentiellement plus difficiles à atteindre à moins de continuer à désindustrialiser la France.

382 Hors grande industrie et hors P.M.E.-P.M.I.

383 86,4 tep étaient nécessaires pour produire 1M€ de PIB en 2011 (en € 2005) contre 160 en 1970 (Panorama énergie-climat 2013)

*En bref*

Les objectifs à atteindre sont ambitieux et certains modes de consommation d'électricité sont actuellement en opposition avec l'efficacité énergétique. Un changement (des comportements) est donc nécessaire pour faire converger la consommation réelle avec la consommation théorique possible compte tenu des moyens de production d'électricité disponibles opérationnellement dans la période 2013-2020 dans un premier temps.

## B - DES INCERTITUDES ET DES BESOINS DE CAPITAUX

La recherche et développement (R&D) est un axe prioritaire de l'Union européenne (*v. intro.*) dans le cadre de la stratégie Europe 2020 avec l'objectif de 3% du P.I.B.

L'Union européenne incite les États membres à encourager l'utilisation d'instruments de financement pour favoriser la réalisation des objectifs d'efficacité énergétique définis dans la directive 2012/27/UE[384]. Les institutions européennes, notamment la Banque européenne d'investissement (B.E.I.), la Banque européenne pour la reconstruction et le développement (B.E.R.D.) et la Banque de développement du Conseil de l'Europe, pourraient apporter des ressources nécessaires. D'autres instruments de financement sont envisagés dans la directive précitée. Ce n'est donc pas *a priori* les outils de financement qui manqueront. La question qui se pose alors est relative à l'innovation et son financement associé.

Le Premier ministre a annoncé le 9 juillet[385] un nouveau plan d'investissement d'avenir à l'horizon 2025 dans lequel 6 milliards d'euros seront consacrés directement ou indirectement à la transition écologique dont 2,3 milliards d'euros à la transition énergétique pour les logements notamment. Il a également confirmé l'objectif d'installer 3 millions de compteurs intelligents Linky d'ici 2016 et l'objectif de remplacer 35 millions de compteurs par des compteurs Linky d'ici 2020 pour une enveloppe globale de 5 milliards d'euros soit environ 150 euros par compteur.

Le président-directeur général d'EDF a annoncé qu'il financerait sur fonds propres l'investissement nécessaire pour équiper les 35 millions de ménages français. On en déduit qu'il sera donc certainement financé par le T.U.R.P.E.

---

[384] Directive 2012/27/UE du Parlement européen et du Conseil du 25 octobre 2012 relative à l'efficacité énergétique, modifiant les directives 2009/125/CE et 2010/30/UE et abrogeant les directives 2004/8/CE et 2006/32/CE (Journal Officiel Union Européenne 14 novembre 2012)

[385] Le Monde.fr consulté le 9 juillet 2013 à l'adresse : http://www.lemonde.fr/economie/article/2013/07/09/12-milliards-d-euros-consacres-aux-investissements-d-avenir_3445081_3234.html

Mais d'autres projets devront être financés, notamment les réseaux intelligents (*smart grids*) et les futurs moyens de stockage de l'électricité même si le déploiement à grande échelle pourrait ne pas intervenir avant une dizaine d'années voire pas avant 2030[386]. S'agissant des réseaux, le T.U.R.P.E. prévisionnel sur les années 2014 à 2016 intègre les investissements proposés par RTE pour les années à venir en ligne avec l'analyse de la C.R.E. quant aux perspectives d'évolution de l'offre et de la demande.

Les montants annoncés par le Premier ministre sont faibles en comparaison du coût des différents projets qui devront être financés pour mener à bien la transition énergétique. Dans tous les cas, ces projets ne seront pas opérationnels à l'échelle nationale avant une dizaine d'années au moins. D'ici-là, après une année 2012 en baisse (corrigée *de l'aléa climatique et du 29 février 2012*), la consommation d'électricité devrait reprendre sa progression avec l'effet cumulé de la reprise économique qui reste à confirmer, de l'augmentation potentielle des exportations d'électricité avec l'accroissement des capacités d'interconnexion, l'électrification croissante des usages de l'énergie, la croissance démographique faible, ...

Enfin aux États-Unis par exemple, le coût des *smart grids* a été estimé à 400 milliards de dollars et celui des infrastructures pour la technologie hydrogène à 60 milliards de dollars à l'horizon 2030[387].

> *En bref*
>
> Des incertitudes sur le financement et le déploiement des innovations conduisent à devoir trouver d'autres solutions à court terme pour gérer la demande d'électricité croissante.

## C - LES *SMART GRIDS* OU RESEAUX INTELLIGENTS

Les *smart grids*, terme utilisé au niveau de l'Union européenne ou réseaux intelligents, terme utilisé en France pour les futurs réseaux de l'électricité capables d'équilibrer l'offre et la demande de manière sécurisée, flexible, efficace et réactive commencent à apparaître dans les architectures du réseau électrique européen et pourraient bien devenir une sorte d'internet de l'électricité comme le prédit Jeremy RIFKIN[388].

---

386 Jacques PERCEBOIS, Les nouvelles contraintes pour le mix électrique en France, C.R.E.D.E.N., 19 novembre 2012

387 Nuno BENTO, Le défi du déploiement des nouveaux réseaux énergétiques : quel rôle de l'État ?, Vie & sciences de l'entreprise, 2012/1 N° 190, p. 71-94

388 Jeremy RIFKIN, La troisième révolution industrielle : Comment le pouvoir latéral va transformer l'énergie, l'économie et le monde, Les liens qui libèrent pour la traduction française, 2012

L'enjeu est majeur car le développement des énergies renouvelables, des véhicules électriques à 100%, hybrides ou à hydrogène, des microcentrales de production d'électricité ou des bâtiments à énergie positive, est une réalité et même si les véhicules à énergie fossile continuent à progresser pour atteindre une consommation de 2 l aux 100 km d'ici 2020[389] et si le nucléaire comme électricité stable de fond est indispensable dans le mix énergétique français, la proportion d'offre et de demande d'électricité déséquilibrante pour les réseaux électriques va croître. Ce phénomène obligera les réseaux et les consommateurs finals à évoluer vers un dynamisme accru comme c'est le cas de la Californie par exemple, qui prévoit d'augmenter le taux d'énergies intermittentes renouvelables de son mix énergétique à 33% d'ici 2020. Ce taux était de l'ordre de 11% en 2008 équivalent à celui de la France actuellement.

Les réseaux électriques, en plus des échanges transfrontaliers de plus en plus importants, doivent donc se moderniser. Mais une difficulté persistera si les consommateurs finals restent passifs. En effet, le cumul des consommations électriques des ménages et des professionnels concentrées sur des plages horaires et des périodes de l'année sans souci de sobriété énergétique sera un obstacle à l'efficacité globale du système électrique physique. Par conséquent, le fonctionnement du marché de l'électricité sera affecté par des prix *spot* volatils qui se répercuteront *in fine* sur tout le secteur jusqu'au consommateur final.

Au niveau national, la création du réseau intelligent du XXIe siècle est en phase d'initialisation. Ainsi, RTE a présenté à la presse le 4 juin 2013 le projet de postes électriques intelligents comme une première mondiale dans le domaine des *smart grids*. Ces systèmes constituent un élément essentiel du réseau électrique intelligent pour rendre la consommation plus flexible associée à d'autres dispositifs (tarification, compteurs communicants, capacités de production et d'effacement, ...), « *un système auto-adaptatif aux conditions climatiques, pour accroître la performance énergétique du réseau,* [...] *un système expert, capable d'auto-cicatrisation, pour améliorer la résilience du réseau,* [...] *un système à la sécurité et cyber-sécurité renforcées* »[390].

Au niveau local, des initiatives sont déjà lancées dans le cadre de l'électrification des usages énergétiques. La Commission de régulation de l'énergie, dans sa lettre bimensuelle N°35 de mai – juin 2013[391] fait un état

389 Site internet : http://www.ifpenergiesnouvelles.fr/ consulté le 18 juillet 2013

390 Site internet : http://www.rte-france.com/fr/actualites-dossiers/a-la-une/lancement-du-projet-postes-electriques-intelligents-une-premiere-mondiale-dans-le-domaine-des-smart-grids-1 consulté le 15 août 2013

391 Décryptages N°35, La lettre de la Commission de régulation de l'énergie (CRE), Mai / Juin 2013

des lieux des projets et expérimentations en cours sur le territoire national mais précise que **leur achèvement prendra plusieurs années**.

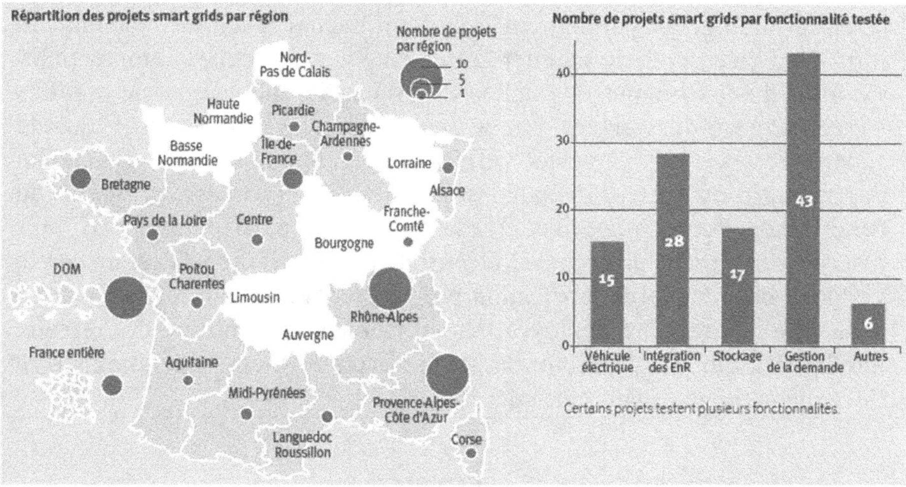


*Source : La lettre de la Commission de régulation de l'énergie, Décryptages N°35, Mai / Juin 2013*

**Figure 30 – Projets de *smart grids***

Le risque de ne pas pouvoir déployer assez vite les réseaux intelligents est de se retrouver avec des déséquilibres entre l'offre et la demande plus fréquents si l'introduction d'électricité intermittente d'origine variée sur le réseau électrique augmente trop rapidement côté production d'une part et si les consommateurs finals sont trop passifs côté fourniture d'autre part.

Selon RTE Réseau de transport d'électricité, grâce à l'apparition des nouveaux services et outils, le consommateur est à la fois bénéficiaire et acteur du développement des *smart grids*[392] et des tarifs incitatifs dynamiques pourraient être envoyés au consommateur *via* les compteurs intelligents avec un éventuel pilotage des appareils à effacer.

Toutefois, nous constatons que vis-à-vis de l'exigence la sobriété énergétique, les *smart grids* ne permettront pas d'y répondre seuls et à court terme.

---

392 Site http://www.rte-france.com/fr/actualites-dossiers/comprendre/les-smart-grids/du-producteur-au-consommateur-un-systeme-electrique-smart/une-consommation-smart-un-consommateur-acteur consulté le 21 août 2013

*En bref*

Les *smart grids* commencent à se développer localement en France. Ces réseaux intelligents permettront aux fournisseurs d'innover en matière d'offres d'électricité, de faciliter la diversité des approches commerciales vis-à-vis du consommateur final en lui proposant une gamme de produits « électricité » différenciés (mix énergétique, 100% vert, qualité supérieure, service universel, effacement minimum, etc.) et en lui permettant d'être acteur de sa consommation en apparence au moins, au bénéfice de l'équilibrage des réseaux en retour ainsi que de prix plus justes sur le marché de gros de l'électricité (EPEX SPOT). C'est un cercle vertueux dans lequel la tarification progressive a aussi un rôle à jouer en aval. Elle pourrait être déployée très rapidement au contraire des réseaux intelligents qui ne pourront de toute façon pas être opérationnels à l'échelle nationale avant plusieurs années.

### D - LE STOCKAGE DE L'ELECTRICITE

Nous l'avons déjà souligné en introduction, l'électricité ne se stocke pas en masse. Et c'est bien là le problème dans le cadre de la transition énergétique.

En effet, si on restait avec le mix énergétique des années 2000 comprenant une très forte proportion d'électricité d'origine nucléaire, peu d'énergies renouvelables intermittentes (éolien, solaire, photovoltaïque), dès lors qu'il existe une marge suffisante entre production disponible et consommation en période de pointe, la question de la non-stockabilité à échelle industrielle serait secondaire. Mais avec l'introduction d'un pourcentage de plus en plus élevé d'électricité produite par des énergies renouvelables intermittentes, le réseau électrique a des difficultés croissantes à équilibrer l'offre et la demande. Ce phénomène est amplifié avec l'intégration du réseau national dans le réseau européen. La non-stockabilité influe alors davantage sur la formation des prix qui sont de moins en moins optimisés. L'apparition de prix négatifs sur le marché de gros de l'électricité est un exemple de production d'électricité qui n'est pas utilisée utilement, c'est dommage.

Comme le précise Jean-François CONIL-LACOSTE[393], si l'électricité pouvait se stocker, elle serait produite par les systèmes de production (centrales, fermes, microcentrales, …) ayant le coût moyen le moins élevé alors qu'avec la non-stockabilité, c'est le coût du système de production marginal, c'est-à-dire le dernier appelé dans l'ordre de préséance économique pour produire le dernier mégawatt d'électricité supplémentaire qui équilibre l'offre et la demande, qui fixe le prix de marché de l'électricité donc qui génère une rente pour les systèmes les plus efficaces. Ces rentes peuvent être

393 Jean-François CONIL-LACOSTE, dans Les nouvelles régulations électriques 1 : monopole et concurrence, Hermès Science Lavoisier, 2012, p. 214-215

considérées comme permettant de couvrir des coûts d'investissement ou comme ne bénéficiant pas au consommateur.

Mais à court ou moyen terme, hormis les S.T.E.P.[394], il n'existe pas de moyen de stocker l'électricité à grande échelle. Et les ruptures technologiques sont improbables avant 2030 selon la Commission « Énergies 2050 »[395].

Toutefois, le 11 octobre 2013, Anne LAUVERGEON a remis au président de la République son rapport sur les 7 innovations stratégiques à mettre en œuvre pour assurer la prospérité et l'emploi en France à l'horizon 2030. Le stockage de l'énergie, considéré comme une solution essentielle pour réussir la transition énergétique, est l'une de ces 7 innovations qui pourrait bénéficier d'une accélération du processus de R&D puis d'un déploiement à grande échelle par cette mise en lumière sur l'agenda politique.

*En bref*

Les solutions de stockage à grande échelle de l'électricité peinent à émerger, il n'y a pas encore eu de véritable rupture technologique dans ce domaine, les efforts de recherche et développement sont nécessaires eu égard aux bénéfices attendus notamment en termes de capacités disponibles en période de pointe et d'atténuation des effets d'intermittence des énergies renouvelables sur les réseaux et les prix (prix négatifs sur EPEX SPOT).

[394] Station de transfert d'énergie par pompage (hydroélectricité)

[395] Jacques PERCEBOIS et Claude MANDIL, Rapport énergies 2050, Ministère de l'Économie, des Finances et de l'Industrie, Février 2012

## SECTION II DES GAINS POTENTIELLEMENT IMPORTANTS EN TERMES D'EFFICACITE ENERGETIQUE

En parallèle de la poursuite de la recherche et développement (stockage de l'électricité) et du déploiement de solutions techniques innovantes (*smart grids*) pour ce qui concerne une utilisation plus efficace de l'électricité produite, intermittente ou non, en temps réel sur le réseau électrique, il convient d'examiner les gains possibles du côté de la demande d'électricité. Il s'avère qu'ils sont pour la plupart connus (**I**) et ils se heurtent aux habitudes de consommation des français (**II**).

### I - LES PRINCIPAUX GISEMENTS D'AMELIORATION TECHNIQUES CONNUS

Au niveau de l'Union européenne, la Commission, dans sa directive 2012/27/UE, souligne « *le potentiel considérable qu'offrent les bâtiments, les transports, les produits et les procédés de production en termes d'augmentation des économies d'énergie* [et qu'il] *faut adopter une approche intégrée pour exploiter tout le potentiel d'économies d'énergie qui existe et qui comprend les économies dans l'approvisionnement énergétique et les secteurs d'utilisation finale* »[396]. Afin d'évaluer l'intérêt de mettre en œuvre telle ou telle mesure politique, il convient de préciser et donner une évaluation chiffrée de ce potentiel dans le secteur du bâtiment en France (**A**) et dans d'autres secteurs cités par la directive (**B**).

#### A - LES BATIMENTS ET LES PASSOIRES ENERGETIQUES

Afin de réduire les consommations d'énergie, l'éclairage nocturne des bâtiments non résidentiels (bureaux, commerces, bâtiments agricoles ou industriels, bâtiments publics, façades et vitrines par exemple) est limité entre 1 heure et 7 heures du matin à partir du 1er juillet 2013 par arrêté ministériel du 25 janvier 2013[397]. C'est une mesure qui permet quelques économies d'énergie mais cela reste une « goutte d'eau » par rapport au chantier de l'amélioration énergétique du bâtiment.

Et ce secteur doit être regardé en priorité du fait que nous étudions l'électricité et pas une autre forme d'énergie comme le pétrole où le transport aurait été prioritaire dans l'analyse. Après avoir évalué les gisements dans son ensemble dans les bâtiments (**1**), nous abordons le cas des bâtiments très énergétivores souvent anciens (**2**).

---

[396] Considérants 7 et 12 de la directive 2012/27/UE du Parlement européen et du Conseil du 25 octobre 2012 relative à l'efficacité énergétique, modifiant les directives 2009/125/CE et 2010/30/UE et abrogeant les directives 2004/8/CE et 2006/32/CE, J.O.U.E. L 315, 14 novembre 2012, p. 1-56

[397] Arrêté ministériel du 25 janvier 2013 (Journal Officiel 30 janvier 2013)

### 1 - *Les bâtiments*

Les bâtiments représentent 44% de la consommation finale d'énergie[398] avec la répartition 70% pour le résidentiel et 30% pour le tertiaire[399]. La conférence environnementale des 14 et 15 septembre 2012 a dégagé l'importance de la rénovation thermique dans ce secteur en regard des effets induits d'amélioration sur l'économie et l'emploi. Le président de la République a fixé l'objectif d'amélioration énergétique d'un million de logements par an sur l'ensemble du parc immobilier avec la priorité donnée aux 4 millions de logements les plus énergétivores dits « passoires énergétiques ».

Toutefois, le coût de rénovation en regard de cet objectif annuel est élevé. Il est de l'ordre de 20 à 30 milliards d'euros par an selon le niveau de rénovation et l'État ne finance actuellement que 2 milliards[400].

La loi Grenelle 1[401] reconnait que le « *secteur du bâtiment, qui consomme plus de 40% de l'énergie finale et contribue pour près du quart aux émissions de gaz à effet de serre, représente le principal gisement d'économies d'énergies exploitable immédiatement* » et cette même loi dispose à l'article 5 que l'objectif est de réduire de 38% les consommations d'énergie du parc de bâtiments existants d'ici 2020 par un plan ambitieux de rénovation prenant en compte la performance thermique et énergétique, acoustique et de qualité de l'air.

La loi Grenelle 2 du 12 juillet 2010[402] a notamment pour objectif, dans le bâtiment, d'effectuer une rupture technologique dans le neuf et d'accélérer l'amélioration de l'efficacité énergétique dans l'ancien. Cependant, tous ces objectifs sont très ambitieux et la réalité actuelle est un rythme de renouvellement de 1% par an du parc de logement et un retard accumulé de la France par rapport à la Suisse et à l'Allemagne[403].

S'agissant de la construction neuve, elle est désormais encadrée par la règlementation thermique 2012 dite RT 2012 qui constitue une rupture en termes de performance énergétique avec son objectif de consommation d'énergie primaire inférieure en moyenne à **50** kWh/m²/an d'énergie

---

398 Avis du conseil économique, social et environnemental, Efficacité énergétique : un gisement d'économie ; un objectif prioritaire, Journaux officiels, 2013, p. 4

399 Rapport d'analyse détaillée du parc résidentiel existant, Grenelle environnement, Septembre 2012, www.reglesdelart-grenelle-environnement-2012.fr consulté le 31 juillet 2013

400 Avis du conseil économique, social et environnemental, Efficacité énergétique : un gisement d'économie ; un objectif prioritaire, Journaux officiels, 2013, p. 31

401 Article 3 de la loi n°2009-967 du 3 août 2009 de programmation relative à la mise en œuvre du Grenelle de l'environnement (Journal Officiel 5 août 2009)

402 Loi n°2010-788 du 12 juillet 2010 portant engagement national pour l'environnement (Journal Officiel 13 juillet 2010)

403 Compte rendu n°26, Office parlementaire d'évaluation des choix scientifiques et technologiques, Assemblée nationale, Jeudi 4 avril 2013

primaire par rapport à celle de plus de 95% du parc actuel dont la moyenne est de **240** kWh/m²/an.

Les constructeurs intègrent ces normes et proposent des logements neufs de plus en plus économes en chauffage, voire même des logements dits à énergie positive. Cela se traduit notamment par l'amélioration des techniques de construction (suppression des ponts thermiques, aérations double flux, matériaux d'isolation thermique innovants, triple vitrage incluant vide et feuilles métalliques, etc.) associée à des systèmes de production d'énergie renouvelable de petite puissance (panneaux solaires ou photovoltaïques, éoliennes). Toutefois, il ne faudrait pas que l'électricité ainsi créée par ces bâtiments à énergie positive, rachetée par EDF à un bon prix et ayant un effet positif pour la collectivité locale, ait un effet négatif pour l'ensemble des consommateurs[404] sauf à ce qu'elle soit différenciée selon les besoins journaliers ou saisonniers. Nous estimons toutefois que ce n'est pas le point le plus urgent à traiter dans la tarification de l'électricité car la priorité est de réaliser concrètement des économies d'énergie qui seront *in fine* bénéfiques à l'ensemble des usagers du service public de l'électricité.

L'autre catégorie de logements concerne les logements anciens. Dans le compte rendu n°26 de l'Assemblée nationale du 4 avril 2013[405], selon le vice-président de Négawatt, les fins de rénovation de ces logements dans les secteurs résidentiel et tertiaire sont planifiées pour respectivement 2045 et 2050, avec un rythme de croisière de rénovations annuelles respectivement en 2030 et 2026.

Donc, des gisements existent bien dans le bâtiment et seront obtenus par des mesures techniques dès la construction neuve ou lors de la rénovation, mais **d'ici 2020, les gains obtenus par rapport au potentiel seront encore faibles**.

Enfin, on a aussi des gisements d'économies d'énergie dans les logements grâce à des mesures comportementales. Pour l'illustrer, nous avons repris une étude réalisée en 2006 disponible sur le site de l'Institut national de la statistique et des études économiques. Nous en extrayons alors les données qui nous permettent d'établir le graphique suivant :

---

[404] Paul MATHIS, Les énergies : Comprendre les enjeux, Éditions Quae, 2011, p. 219

[405] Compte rendu n°26, Office parlementaire d'évaluation des choix scientifiques et technologiques, Assemblée nationale, Jeudi 4 avril 2013

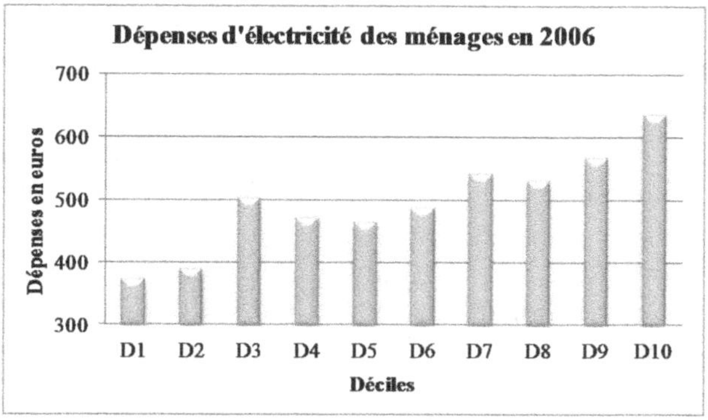


*Source : I.N.S.E.E. ; analyse Bertrand LE BRAS*

**Figure 31 – Dépenses des ménages par décile en 2006**

Ce graphique est issu de l'enquête de l'Institut national de la statistique et des études économiques (I.N.S.E.E.) sur les dépenses des ménages dans le logement en 2006[406]. Nous pouvons constater que des gisements d'économie sont présents par un comportement plus sobre si on considère que le confort pour les déciles autour de la médiane est acceptable et sachant que **l'incitation au changement des comportements ne vise pas des catégories de consommateurs en particulier par rapport à d'autres** en-dehors du critère des habitudes de consommation. Les déciles ne sont utilisés que pour vérifier qu'il existe bien une marge de réduction qu'on peut atteindre en recherchant des efforts de diminution de la consommation d'énergie par tous. Selon notre hypothèse, avec une économie de **10%** réalisée par 40% des 27,5 millions de ménages réduisant de 100 € environ leur facture d'électricité (on ne tient pas compte de la distinction électricité spécifique et énergie de chauffage) et un prix de l'électricité à 140 €/MWh toutes taxes incluses, on obtient une économie potentielle de **8** TWh. Ce n'est pas le gisement d'économie le plus important de ce paragraphe mais il repose uniquement sur une hypothèse pessimiste de 10% de réduction d'économie sur une partie des ménages sans autre justification et qui a pour but de se donner des ordres de grandeur ou des relations entre les efforts à fournir et les résultats atteignables.

Dans les secteurs résidentiel et tertiaire, plusieurs études ont été réalisées pour estimer les gisements d'économie possible selon les usages. Selon l'étude reprise par Benjamin DESSUS et Bernard LAPONCHE, une politique sélective de mise en œuvre de mesures d'économies d'électricité usage par usage permettrait une économie d'électricité spécifique de 20 TWh/an dans le résidentiel en 2020 par rapport à 2007 et 30 TWh/an dans le tertiaire. En agrégeant les résultats et en prenant en compte le chauffage, le potentiel

406 Site http://www.insee.fr/fr/themes/detail.asp?ref_id=ir-bdf06&page=irweb/BDF06/dd/bdf06_serie_a.htm consulté le 29 juillet 2013

d'économie d'électricité serait alors de **67,4** TWh par an sur cette période soit une diminution de l'ordre de **9,1%** par rapport à la consommation d'énergie finale annuelle actuelle proche de 740 TWh[407].

Dans une présentation effectuée par le Centre d'études et de recherches économiques sur l'énergie le 14 février 2013[408], des gisements d'économie dans l'industrie sont présentés à partir de sept opérations d'amélioration de l'efficacité énergétique (les moteurs, les transformateurs électriques, l'éclairage, la production d'air comprimé, la production de froid, la ventilation, le pompage). Pour l'électricité, le potentiel serait de **41** TWh/an.

### 2 - *Le cas particulier des logements dits passoires énergétiques*

Comme le montre le graphique suivant[409], environ un tiers des logements a été construit avant 1949 et un tiers dans la période 1949-1974 avant la crise pétrolière :

**Répartition du parc en France métropolitaine selon l'ancienneté**

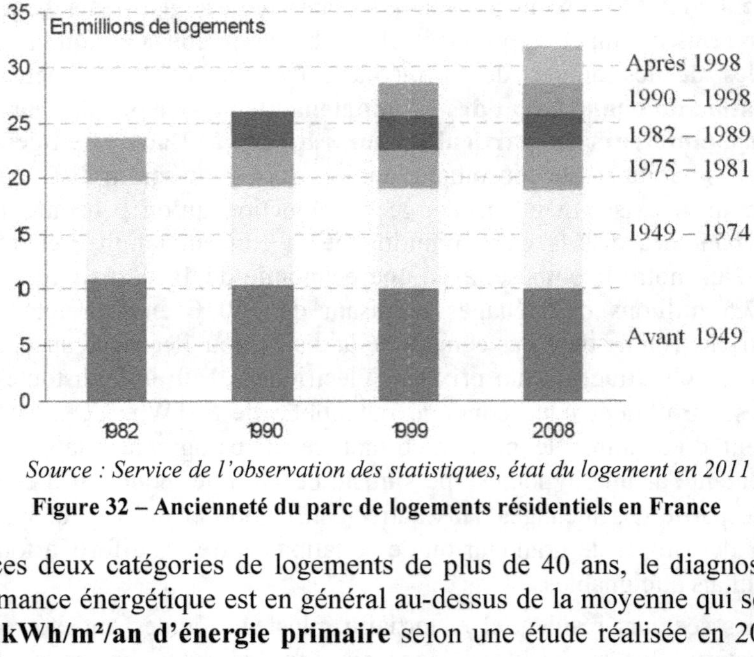


*Source : Service de l'observation des statistiques, état du logement en 2011*

**Figure 32 – Ancienneté du parc de logements résidentiels en France**

Pour ces deux catégories de logements de plus de 40 ans, le diagnostic de performance énergétique est en général au-dessus de la moyenne qui se situe à **240 kWh/m²/an d'énergie primaire** selon une étude réalisée en 2008[410].

---

407 Conseil économique pour le développement durable, La rénovation énergétique des bâtiments : Politique publiques et comportements privés, Ministère de l'écologie, du développement durable et de l'énergie, Avril 2013, p. 7

408 Centre d'études et de recherches économiques sur l'énergie, Présentation : Les enjeux énergétiques de l'industrie française, C.R.E.D.E.N., février 2013 ; La source internet *via* le moteur de recherche Google n'a pas pu être vérifiée

409 Service de l'observation des statistiques, Références, État du logement en 2011, Commissariat du développement durable, Juin 2013, p. 9

410 Conseil économique pour le développement durable, La rénovation énergétique des bâtiments : Politique publiques et comportements privés, Ministère de l'écologie, du

Dans un rapport établi dans le cadre du Grenelle de l'environnement en septembre 2012[411], la consommation énergétique de logements de trois régions est analysée, dont celle des régions Bretagne et Île-de-France que nous avons joint en annexe 7.

Dans cette même étude de 2008[412], nous apprenons que le nombre de logements qui ont une consommation énergétique conventionnelle supérieure à 450 kWh/m²/an d'énergie primaire est de 4,8 millions dont presque 1 million ont une consommation énergétique conventionnelle supérieure à 800 kWh/m²/an d'énergie primaire.

À titre d'exemple, puisque ces logements ayant une consommation supérieure à 800 kWh/m²/an d'énergie primaire sont tous construits avant 1975, sont chauffés à l'électricité pour 50% d'entre eux et sont des maisons dans 65% des cas, nous prenons le cas d'un logement de 60 m² chauffé à l'électricité consommant 800 kWh/m²/an d'énergie primaire. La consommation d'électricité annuelle serait de l'ordre de **18,6** MWh[413], la facture serait de l'ordre de 2 600 € au tarif bleu 2012 (*v. 1ère partie, paragraphe construction des prix et tarification différenciée*)[414] dans les conditions de consommation prises en compte dans le D.P.E. énergie.

Cette étude s'appuie sur les D.P.E. de l'époque qui n'étaient pas forcément très fiables mais on peut conserver les ordres de grandeur.

S'agissant alors du retour sur investissement des travaux de réhabilitation de ces catégories de logements, à raison de 20 000 ou 30 000 € par logement permettant de réduire de l'ordre de 20% la facture d'électricité[415], il reste malgré tout de plusieurs dizaines d'années.

Enfin, dans le rapport de septembre 2012 du programme d'accompagnement des professionnels dans le cadre du Grenelle de l'environnement 2012, l'auteur relève qu'une « *réduction des consommations énergétiques de 20%, par l'intermédiaire d'un changement de systèmes énergétiques par exemple, ne permettra pas l'atteinte des objectifs* [2050] » et qu'il faudra intervenir sur le bâti de l'ensemble du parc résidentiel. Si c'est avéré, le chantier est

---

développement durable et de l'énergie, Avril 2013, p. 9-10 ; Julien MARCHAL, Modélisation des performances énergétiques du parc de logements. État énergétique du parc en 2008, Agence nationale de l'habitat, 2008

411 Rapport d'analyse détaillée du parc résidentiel existant, « Règles de l'art Grenelle Environnement 2012 », Septembre 2012

412 Julien MARCHAL, Modélisation des performances énergétiques du parc de logements. État énergétique du parc en 2008, Agence nationale de l'habitat, 2008

413 Pour un mode de consommation standard

414 On utilise un facteur de conversion d'énergie primaire à énergie finale de 2,58 pour l'électricité conformément l'arrêté « D.P.E. » du 8 février 2012 (Journal Officiel 15 mars 2012) ; l'annexe IV de la directive 2027/27 prévoit un coefficient de 2,5 par défaut, les États membres peuvent le modifier à condition de pouvoir le justifier

415 Il s'agit d'hypothèses et on choisit de rester sur l'électricité comme énergie de chauffage

immense et les gisements pour ce qui concerne les aspects techniques, ne seront pas faciles à concrétiser.

> *En bref*
>
> Le gisement d'économie dans le bâtiment est important, notamment dans ceux qualifiés de passoires énergétiques mais le retour sur investissement des travaux d'amélioration de la performance énergétique reste long, il se compte en plusieurs dizaines d'années au tarif bleu 2012, moins s'il augmente.
>
> La concrétisation des économies d'énergie peut se faire par des mesures techniques ou comportementales. Nous retenons un gisement possible d'économie d'électricité de 40 TWh/an.

## B - LES VEHICULES ELECTRIQUES

Dans les transports, l'article 10 de la loi Grenelle 1[416] dispose que l'objectif est « *de réduire les émissions de gaz à effet de serre de 20% d'ici 2020 afin de les ramener à cette date au niveau qu'elles avaient atteint en 1990* ».

Un secteur des transports faiblement émetteur de $CO_2$ implique la mise en œuvre cumulative de solutions variées allant de la diminution des besoins avec le développement du télétravail, du développement des transports doux avec davantage de vélos à assistance électrique et des voies de circulation adaptées, de la poursuite de la réduction des émissions de $CO_2$ des véhicules à moteur à explosion incitée par le bonus-malus auto, du développement des transports en commun, à des modes de propulsion décarbonés.

C'est sur cette dernière solution que nous portons notre attention car elle consiste à développer les véhicules nécessitant un rechargement électrique à propulsion tout électrique, hybride électrique, air comprimé ou hydrogène.

Comme nous l'avons indiqué *supra*, le besoin estimé à l'horizon 2020 serait de 6 TWh/an pour un objectif de 2 millions de véhicules électriques. Si nous cumulons la consommation de la grande industrie hors secteur de l'énergie, des P.M.E.-P.M.I., des particuliers et des professionnels[417] dont la consommation **mensuelle** sur la période **2008-2012** est présentée sur les trois graphiques suivants, cela représente environ **1,5%** de consommation supplémentaire. C'est donc faible à condition que le succès de la voiture 100% électrique ne soit pas trop rapide[418]. Notons alors que le passage du

---

[416] Loi n°2009-967 du 3 août 2009 de programmation relative à la mise en œuvre du Grenelle de l'environnement (Journal Officiel 5 août 2009)

[417] Présentation par RTE le 22 janvier 2013 du Bilan électrique 2012, RTE, Janvier 2013

[418] À titre d'exemple, **1 million de voitures 100% électriques** sur un parc de l'ordre de 30 millions de véhicules particuliers qui seraient rechargées la nuit à partir de l'heure d'hyper-

moteur thermique au moteur électrique qui était la solution vis-à-vis de la pollution, pourrait potentiellement représenter un problème pour le système électrique en fonction de la puissance électrique soutirée aux heures de pointe entre autres.

**Grande industrie hors secteur énergie** | **P.M.E. – P.M.I.** | **Particuliers et professionnels**

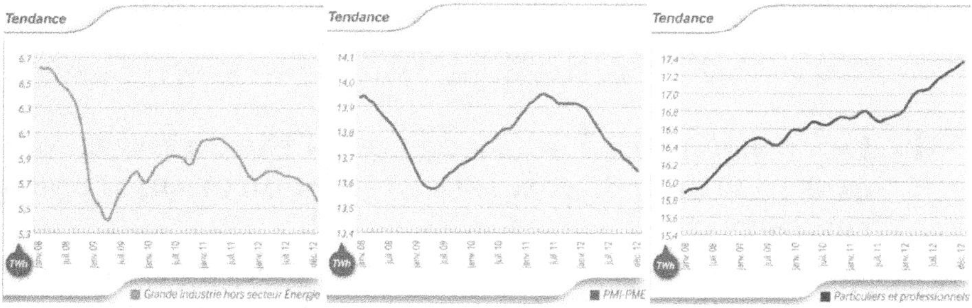


*Source : RTE, Bilan électrique 2012*

**Figure 33 – Consommation finale d'électricité par secteur**

Outre cette demande d'électricité supplémentaire sur le système électrique, la difficulté réside surtout sur les réseaux de distribution de moyenne tension dans les zones à forte concentration de ces nouveaux véhicules, qui devront être renforcés. En phase transitoire de renforcement de ces réseaux, une optimisation de la consommation électrique localement pourrait être nécessaire pour éviter un déséquilibre entre l'offre et la demande. Les mesures analysées dans cette étude (le bonus-malus, le compteur Linky, la priorité à l'effacement) ayant pour effet ou objectif de réduire la consommation d'électricité et dont certaines se mettent en œuvre actuellement, faciliteront la mise en œuvre progressive des modernisations du réseau de distribution en permettant un étalement des investissements sur une période plus étendue en cohérence avec le déploiement des *smart grids* en Europe.

pointe hivernale (19h) à une puissance unitaire de 3 kW **représenteraient une demande supplémentaire de l'ordre de 3 GW** sur le réseau électrique.

*En bref*

L'électrification croissante des usages énergétiques et en particulier la progression du nombre de véhicules électriques d'ici 2020 entraîne en priorité un besoin de renforcement des réseaux électriques de moyenne tension. La demande supplémentaire sur le réseau électrique n'est pas une difficulté à court ou moyen terme comparativement à la gestion de la pointe d'électricité hivernale par exemple à condition que le succès des véhicules 100% électriques ne soit pas trop rapide.

## II - Le comportement en France plus energetivore que dans la plupart des autres États membres de l'Union europeenne

La meilleure source d'économies d'énergie, d'économies d'électricité dans le cas présent, demeure celle que nous ne consommons pas. Or, si globalement l'électricité en France est relativement peu chère comparativement aux autres États membres et que nos automatismes bien établis en matière de consommation de cette énergie ne sont pas remis en cause par des mesures d'incitation, notre comportement collectif ou individuel n'évoluera probablement pas assez vite eu égard aux enjeux Europe 2020. Nous dégagerons quelques conséquences principalement économiques (**B**) après avoir abordé les raisons historiques de cette situation en France (**A**) en restant focalisé sur l'électricité et pas sur l'ensemble des énergies finales puisque s'agissant de la consommation finale d'énergie (gaz naturel, électricité, charbon, pétrole, …) par secteur, la comparaison sur 10 ans avec l'Allemagne donne les résultats suivants :

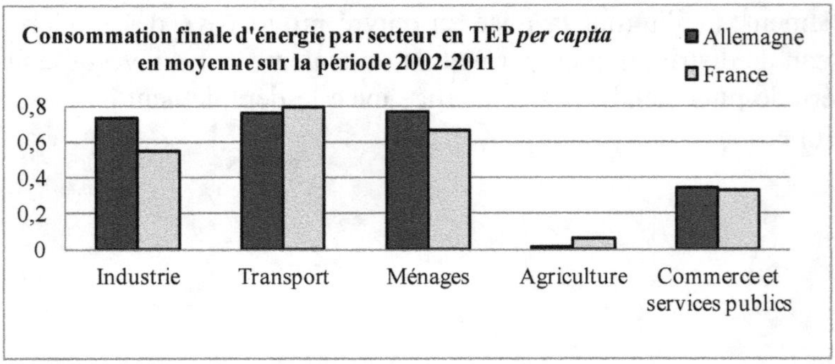


*Source : http://epp.eurostat.ec.europa.eu/portal/page/portal/eurostat/home/ statistiques eurostat population et consommation d'énergie par secteur*

**Figure 34 – Consommation d'énergie en France et en Allemagne**

### A - Des raisons historiques

Si nous effectuons un comparatif de la consommation d'électricité des ménages *per capita* dans les États membres de l'Union européenne sur la période 2006-2011, nous obtenons le graphique suivant :

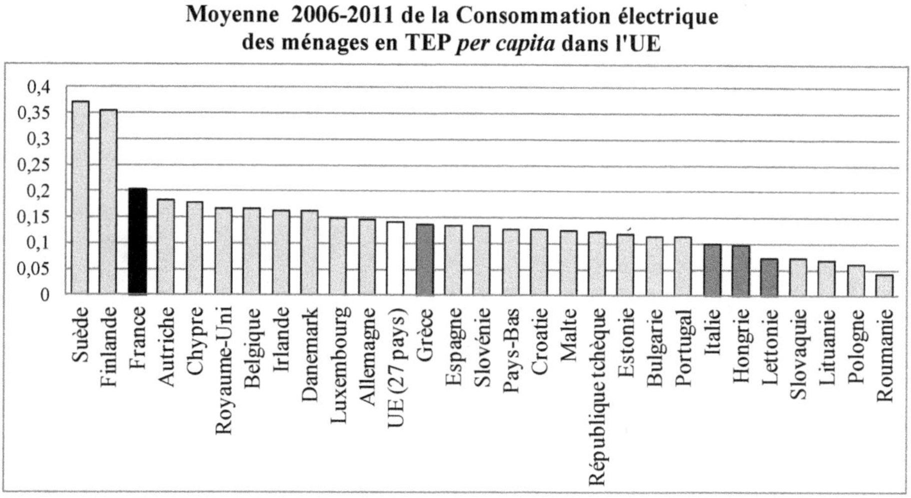


*Source : http://epp.eurostat.ec.europa.eu/portal/page/portal/eurostat/home/ statistiques eurostat population et consommation électrique des ménages*

**Figure 35 – Consommation d'électricité *per capita* dans l'Union européenne**

Hormis les deux cas particuliers que sont la Suède et la Finlande, la France se classe troisième de ce comparatif avec une consommation électrique des ménages *per capita* **supérieure de 38% et 44%** par rapport respectivement à l'Allemagne et à la moyenne de l'Union européenne (à 27 pays avant l'entrée de la Croatie dans l'Union le 1er juillet 2013).

Certains pays (Grèce, Italie, Hongrie, Lettonie) sont passés à la tarification progressive de l'électricité[419]. Aucun de ces pays n'a une consommation électrique par habitant supérieure à la moyenne. Toutefois, ce sont principalement des pays de la partie sud de l'Europe à l'exception de la Lettonie.

La consommation d'électricité en France s'explique pour plusieurs raisons. La première est le prix de l'électricité historiquement bas sur la première décennie du XXIe siècle qui n'a pas encouragé la sobriété couplé à l'ancrage dans la mémoire des gens que l'électricité peut apparaître comme illimitée, bon marché, de grande qualité, ...Il n'était pas illogique de le penser jusqu'à présent. Il faut également préciser que les prix bas pratiqués étaient le résultat d'une garantie d'indépendance pour la France en raison des centrales nucléaires et d'une politique énergétique volontariste. La seconde explication est alors que cette stratégie a eu des effets sur certains choix techniques. Ainsi, dans son bilan électrique 2012[420], RTE souligne que 40% de la consommation d'électricité lors de la vague de froid en février 2012 est

[419] Source : site internet http://tarification-progressive-de-lenergie.com consulté le 21 juillet 2013.

[420] Réseau de transport d'électricité (RTE), Bilan électrique 2012, RTE, Janvier 2013

liée à l'importance du chauffage électrique. Cela confirme que le chauffage électrique par effet joule est en grande partie responsable de l'écart de consommation entre l'été et l'hiver, de l'ordre de trois fois supérieur en France par rapport à cet écart en Allemagne[421]. L'écart en France est très important comme l'illustre le graphique suivant et il continue à augmenter régulièrement :

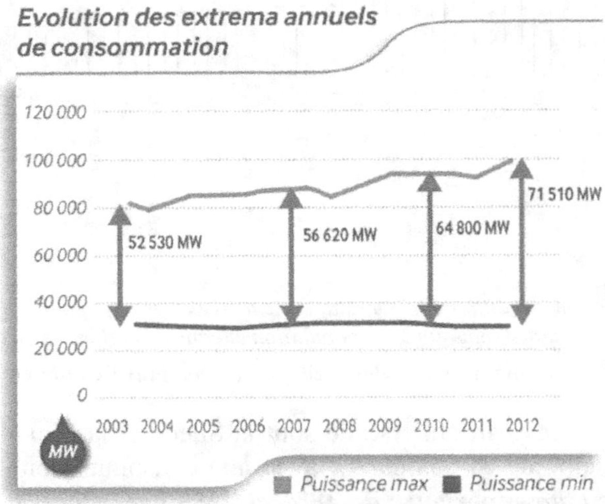


*Source : RTE, Présentation du bilan électrique 2012 le 22 janvier 2013*

**Figure 36 – Extrêmes annuels de consommation d'électricité**

La question est ensuite de savoir si cette consommation supérieure est davantage due au comportement de consommation d'énergie ou à l'état des logements (isolation, efficacité énergétique du bâtiment et des appareils). Le Centre d'analyse stratégique indique dans sa lettre de février 2013[422] que la proportion est moitié-moitié.

---

[421] Benjamin DESSUS et Bernard LAPONCHE dans Les nouvelles régulations électriques 2 : productions, réseaux et demande, Hermès Science Lavoisier, 2012, p. 229-230

[422] Blandine BARREAU, Anne DUJIN et Marie VEDIE, Comment limiter l'effet rebond des politiques d'efficacité énergétique dans le logement ? L'importance des incitations comportementales, La note d'analyse du Centre d'analyse stratégique, Février 2013, n°320, p. 3

*En bref*

La France a effectivement une consommation d'électricité (pas d'énergie) par habitant qui est supérieure à la majorité des autres pays de l'Union européenne qui s'explique en partie par un comportement énergétivore et en partie par l'état et les équipements du logement, en particulier le chauffage électrique par effet joule très développé[423] en France.

## B - DES CONSEQUENCES A NE PAS MODIFIER LES COMPORTEMENTS

Les conséquences à ne pas changer les comportements sont multiples et nous en évaluons quelques-unes sommairement : sur la pointe d'électricité hivernale (**1**), sur le fonctionnement du marché intérieur de l'électricité (**2**), sur l'économie nationale (**3**) et sur la recherche et développement (**4**).

### 1 - *Sur la pointe d'électricité hivernale*

Dans son bilan électrique 2012[424], RTE indique que la consommation des grandes entreprises baisse globalement de 4% par an depuis 2008 du fait de la crise économique alors que la consommation des particuliers et des petits professionnels[425] continue à augmenter régulièrement depuis 2002 de 2,4% par an. Dans l'ensemble, la consommation corrigée des conditions climatiques particulières et de l'année bissextile 2012, est sur une tendance haussière (*droites de projection bleues*) comme le montre le graphique mensuel sur la période 2007-2012 suivant :

[423] Il a fait l'objet d'une politique d'équipement incitative …pour réduire la consommation de fuel

[424] Réseau de transport d'électricité (RTE), Bilan électrique 2012, RTE, Janvier 2013

[425] Hors PME-PMI dont la consommation d'électricité diminue légèrement de 1% par an depuis avril 2011

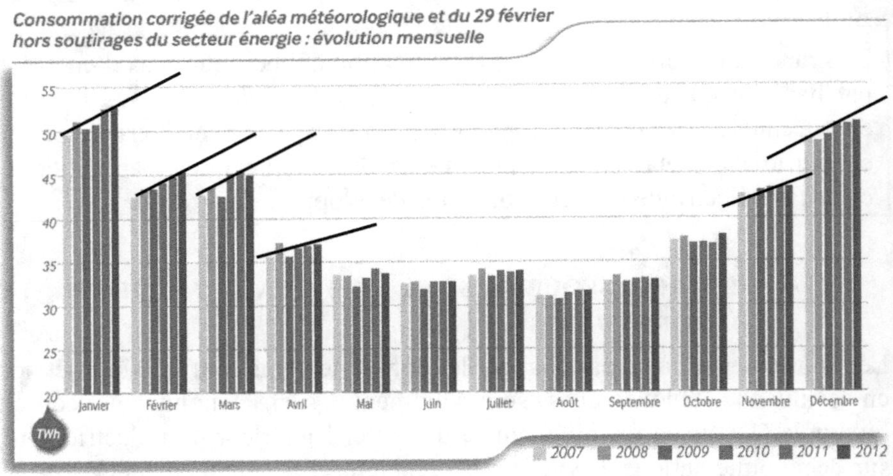


*Source : RTE, Bilan électrique 2012*

**Figure 37 – Consommation d'électricité corrigée de l'aléa climatique et du 29 février 2012**

Dès lors que la pointe est un vrai risque, ce graphique permet de comprendre en un coup d'œil que ne pas changer nos comportements vers davantage de sobriété et ne pas mettre en place les capacités d'effacement fera peser un risque accru d'effondrement du système électrique.

Or la pointe d'électricité bat régulièrement un record en hiver et même si celle de février 2012 est exceptionnelle, la tendance de l'appel de puissance en hiver est à l'augmentation, d'autant plus si la croissance économique repart en 2014.

La limite est atteinte quand le système électrique n'a plus de marge de sécurité après avoir utilisé toutes les capacités de production nationales et celles maximales entre les capacités de production des pays interconnectés et les capacités des réseaux transfrontaliers et en ayant effectué des effacements. Ainsi, lors de la pointe extrême en février 2012, la marge disponible évaluée par RTE le **8** février 2012 au soir après les enchères pour le lendemain, n'a été que de **2,6** GWh sous la limite de **4** GWh que se fixe le gestionnaire du réseau[426]. Or, RTE, dans son bilan prévisionnel 2013, indique que : « *Les marges disponibles aujourd'hui, au-delà du respect du critère de défaillance, et qui ont permis le passage de la vague de froid de février 201248, pourraient ne plus être aussi importantes en 2016 selon les hypothèses du scénario "Référence"* »[427].

Si les comportements ne changent pas, au rythme d'augmentation de la consommation d'électricité actuel, la pointe **se heurtera à la limite de**

[426] Rapport d'activité 2012, C.R.E., 4 juillet 2013, p. 47

[427] Réseau de transport d'électricité (RTE), Actualisation du bilan prévisionnel de l'équilibre offre-demande d'électricité en France. Édition 2013, RTE, 2013, p. 35

**sécurité du réseau électrique**, une fois épuisées toutes les capacités de production. Ensuite, ce serait l'effondrement du système sauf à effectuer davantage d'effacements.

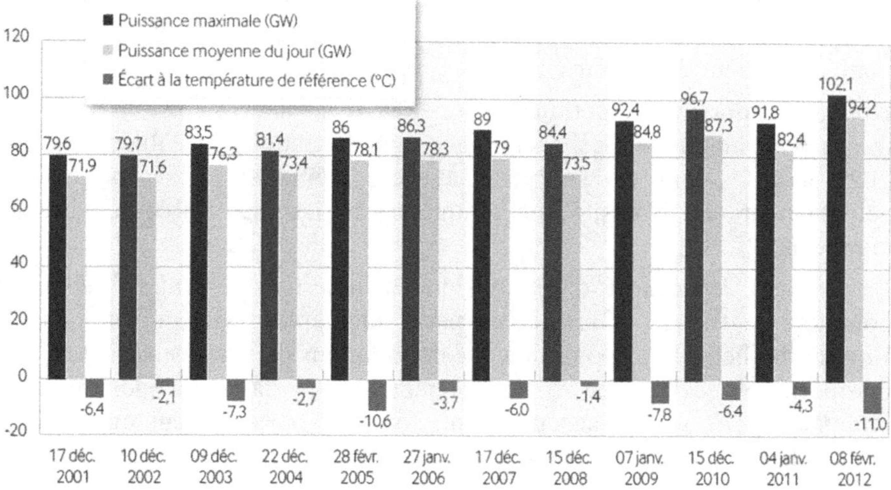


*Source : RTE, Actualisation du bilan électrique prévisionnel 2013 v2*

**Figure 38 – Évolution du pic d'appel de puissance hivernal mxaimal**

Pour terminer sur ce risque, à l'horizon 2016 selon son rapport d'actualisation du bilan prévisionnel de l'équilibre offre-demande 2013, RTE précise que dans leur scénario « *"Référence"* » si la vague de froid de 2012 se reproduisait en 2016, « *l'espérance de durée de défaillance serait alors d'une quarantaine d'heures, avec* ***une probabilité quasi certaine de défaillance*** *même en cas de disponibilité des groupes thermiques ou d'hydraulicité favorables* »[428]. Il faudrait alors ajouter **6** GW de capacités de production dans le réseau pour être dans une situation similaire à celle de 2012 donc encore avec un équilibre entre l'offre et la demande sous tension.

Il est donc nécessaire d'encourager toutes les mesures dont le gain d'efficacité énergétique rapporté au coût économique, social et environnemental est en faveur de leur mise en place à court terme. Les pistes de mesures visant à encourager la sobriété énergétique sont à exploiter autant que possible dans ce contexte.

### 2 - *Sur le fonctionnement du marché intérieur de l'électricité*

La France dispose d'une électricité globalement moins chère que dans les autres pays européens. Avec les capacités d'échanges transfrontaliers en augmentation régulière en fonction des investissements, il est alors possible d'espérer exporter davantage d'électricité selon la courbe du *merit order*. Mais si la consommation interne continue à augmenter, c'est potentiellement

[428] *Ibidem*, p. 37

de l'électricité qui n'est pas exportée car même si la consommation n'est pas toujours à son maximum, les moyens de production ne sont pas non plus toujours disponibles à leur maximum. Par ailleurs, moins le rythme d'augmentation des échanges transfrontaliers est élevé, plus on prend potentiellement du retard par rapport au fonctionnement optimal visé du marché intérieur de l'électricité.

Donc si la sobriété énergétique n'est pas la voie retenue, c'est un moyen en moins pour améliorer l'efficacité énergétique et atteindre l'objectif Europe 2020 associé dont on se prive, et ceci même si la France possède actuellement une intensité énergétique parmi les plus faibles de l'Union européenne[429].

Par ailleurs, la sécurité d'approvisionnement est également à prendre en compte. Le risque d'insécurité peut augmenter pour deux raisons : l'insécurité liée à la disponibilité des importations d'énergies sur le territoire européen ou celle liée à l'augmentation de la demande intérieure européenne. Et sur ce second point, tous les pays doivent contribuer à assurer la maîtrise de la demande globale en vertu de l'article 194 du Traité sur le fonctionnement de l'Union européenne et de la directive 2012/27/UE, y compris la France.

La sobriété énergétique n'est alors plus une option, elle devient une obligation.

### 3 - *Sur l'économie nationale*

L'effondrement du réseau électrique aurait bien évidemment des conséquences dommageables sur l'économie si ce risque se concrétisait.

Par ailleurs, ne pas encourager la sobriété énergétique, c'est aussi potentiellement retarder les investissements qui permettent d'améliorer l'efficacité énergétique avec pour effet de risquer de se faire distancer par certains pays.

Pour le secteur de l'électricité, la sobriété énergétique, c'est certes du chiffre d'affaires en moins, mais c'est aussi un encouragement à aller le chercher à l'extérieur.

### 4 - *Sur la recherche et développement*

Le lien n'est pas direct mais nous pouvons indiquer que le fait de ne pas changer de comportement peut entraîner une hausse de la précarité énergétique, de factures impayées, d'entreprises moins compétitives, ...Tout cela se répercute d'une manière ou d'une autre sur l'économie nationale même faiblement et c'est potentiellement un risque de ne pas pouvoir

---

[429] Panorama énergies-climat édition 2013, Ministère de l'écologie, du développement durable et de l'énergie, 30 juillet 2013

augmenter le budget de recherche et développement pour atteindre les 3% du PIB, l'un des objectifs d'Europe 2020.

*En bref*

Le *statu quo* dans les habitudes de consommation contraindrait à prendre potentiellement davantage de mesures pour réduire le risque lié à la pointe hivernale ou pour atteindre les objectifs d'efficacité énergétique Europe 2020.

# CHAPITRE II Un dispositif de bonus-malus et de mesures d'accompagnement incitatives au changement

Dans le domaine de l'eau, à titre d'expérimentation et au niveau des collectivités locales, une tarification progressive de l'eau est désormais rendue possible par la loi BROTTES[430] même si quelques collectivités locales auraient déjà mis en place une tarification progressive et sociale de l'eau à Dunkerque par exemple mais de manière fragile juridiquement[431].

Selon Gilles DARMOIS[432], il est effectivement possible d'inciter à l'efficacité énergétique en utilisant la tarification, et plus précisément des tarifs élevés de l'électricité associés à des biens performants en consommation d'énergie et à une aide aux plus démunis.

Puisque selon notre analyse *supra*, **le changement des comportements est indispensable dans la décennie actuelle de transition** et sans préjuger de la croissance économique éventuelle à partir de 2020, des avancées ou ruptures technologiques arrivant au stade de l'industrialisation à grande échelle dans le domaine de la consommation des véhicules à moteur thermique, des biocarburants de seconde génération, du captage en couche géologique profonde du $CO_2$ ou des technologies à base d'hydrogène pour le stockage d'électricité, nous revenons dans un premier temps sur la mesure phare de notre étude, la tarification progressive, pour évaluer ses effets contributifs à l'efficacité énergétique (**section I**) mais nous ne nous arrêtons pas à une seule mesure car sa mise en œuvre est incertaine d'une part et c'est l'action conjointe de tout un ensemble de mesures aux effets cumulatifs qui permettra d'atteindre les objectifs Europe 2020 avec la meilleure probabilité de réussite d'autre part. Nous évaluons donc quelques mesures supplémentaires ou alternatives en terminant par l'analyse de la taxation progressive (**section II**).

---

430 Article 28 de la loi n°2013-312 du 15 avril 2013

431 Avis N°333 du Sénat du 5 février 2013 présenté au nom de la commission du développement durable, des infrastructures, de l'équipement et de l'emménagement du territoire sur la proposition de loi, adoptée par l'Assemblée nationale en nouvelle lecture, visant à préparer la transition vers un système énergétique sobre et portant diverses dispositions sur la tarification de l'eau et sur les éoliennes, p. 18-20

432 Gilles DARMOIS dans Les nouvelles régulations électriques 1 : monopole et concurrence, Hermès Science Lavoisier, 2012, p. 196

## SECTION I UN OUTIL COMPLEMENTAIRE AU DISPOSITIF TARIFAIRE VERS L'EFFICACITE ENERGETIQUE

La question de l'efficacité de la tarification progressive sur la réduction effective de la consommation d'électricité et plus particulièrement du mécanisme de bonus-malus se pose et nous y répondons *via* l'analyse des incitations qu'il promeut (**I**) mais nous nuançons ensuite son efficacité théorique en France en analysant les causes possibles d'une moindre efficacité ou de réticentes éventuelles à sa mise en application (**II**) sans revenir sur la décision du Conseil constitutionnel vu précédemment.

### I - LES INCITATIONS AU CHANGEMENT

Nous identifions quatre domaines d'incitation au changement, le premier tient au concept même du dispositif présenté sommairement (**A**). Le deuxième nous semble incontournable, il concerne la prise en compte de l'économie comportementale appliquée au bonus-malus et nous chercherons à en évaluer le mieux possible ses effets vu sous cet angle (**B**). Le troisième consiste à porter notre attention sur les effets de deux facteurs entrant dans la formule du bonus-malus : la géographie et la composition du logement (**C**). Enfin, l'effacement au moment des pointes est un sujet d'attention à lui tout seul (**D**).

#### A - LE BONUS-MALUS

Les exemples de systèmes de bonus-malus sont nombreux dans différents secteurs, différentes activités. Dans le domaine des assurances en France, ce dispositif est appliqué depuis des décennies. Dans le domaine écologique, le bonus-malus automobile s'avère efficace :

*Source : Panorama énergies-climat 2013 ; données SoeS*

**Figure 39 – Effet de la mise en place du bonus-malus écologique sur les émissions de $CO_2$ fin 2007**

Aux États-Unis, un système de bonus-malus est appliqué aux entrepreneurs vis-à-vis de l'assurance chômage et le Canada n'exclut pas de l'appliquer également. Plus particulièrement pour ce qui concerne l'électricité, des systèmes de tarification progressive sont appliqués au Japon, en Californie, en Italie, en Polynésie française, au total dans environ 90 pays du monde. Ce modèle y a fait ses preuves, souvent depuis de nombreuses années de telle sorte que la sobriété énergétique soit devenue une habitude comme en Italie. Donc, malgré le fait que le Conseil constitutionnel ait rejeté le mécanisme de bonus-malus, il mérite qu'on l'analyse afin, pourquoi pas, d'aboutir à un nouvel examen par le Parlement après modification. Certes, ce bonus-malus français tel que proposé ne concernait que les ménages et pas les professionnels mais les professionnels sont aussi des particuliers qui rentrent à leur domicile en général après leur travail. S'agissant du changement des comportements, la participation des particuliers dans leur sphère privée à la sobriété énergétique a logiquement une répercussion dans la sphère professionnelle. De plus, avec le développement progressif du télétravail qui devrait se poursuivre car il présente certains avantages dont celui indéniablement de l'effet positif qu'il a sur l'environnement en réduisant l'hyper-mobilité quotidienne[433], l'électricité est utilisée tantôt à titre privé, tantôt à titre professionnel. Le changement des comportements d'une catégorie influe alors logiquement sur l'autre.

On peut alors trouver dommage que ce système n'ait pas été mis en place dès cette année 2013 car même si l'effet résultant n'aurait pas été pas autant qu'espéré à la hauteur des objectifs à atteindre, il aurait été une pierre de l'édifice dans le complexe[434] :

ÉCONOMIE → ÉCOLOGIE → SOCIETE → CIVILISATION → POLITIQUE

Par ailleurs, les consommateurs peuvent, en théorie, réaliser des économies en faisant jouer la concurrence d'une part, en réduisant leur consommation de leur propre initiative dans le cadre de leur gestion de leur budget personnel d'autre part, surtout après des évènements du type de la crise économique de 2008 associés avec une période rare de grand froid prolongé en février 2012. Toutefois, faire jouer la concurrence en choisissant l'offre la moins chère représente un potentiel maximal de réduction de la facture de 4%[435].

Enfin, la Commission de régulation de l'énergie précise dans son rapport d'activité annuel 2012 que : « *Face à la hausse annoncée des prix de*

---

433 Philippe DESSERTINE, La décompression (des solutions après le krach), Éditions Anne Carrière, 2011, p. 233-235

434 Edgar MORIN, La Voie : Pour l'avenir de l'humanité, Fayard, 2011, p.84-93

435 Observatoire des marchés de l'électricité, du gaz et du CO2, C.R.E., Premier trimestre 2013

*l'énergie, la maîtrise de la demande d'énergie (MDE) devient un enjeu crucial pour les consommateurs. La MDE passe par des modifications des comportements des consommateurs* ***et*** *par des investissements d'efficacité et de sobriété énergétique* »[436]. Pour changer les comportements, il faut alors mettre en place des mesures incitatives que l'information seule ne peut théoriquement pas remplacer car les modes de consommation d'énergie sont bien ancrés dans les esprits ou les habitudes.

> *En bref*
>
> La tarification progressive instituée par le mécanisme du bonus-malus à trois tranches est la principale tarification étudiée dans cette étude, elle présente un réel intérêt que davantage de concurrence ou d'information ne peuvent *a priori* pas remplacer aussi efficacement.

## B - L'INCITATION AU CHANGEMENT PAR LA THEORIE DE L'ECONOMIE COMPORTEMENTALE

Dans le cadre de notre étude, une expérimentation n'est pas possible. L'analyse comprend alors deux parties, une partie théorique basée dans un premier temps sur quelques aspects généraux de l'économie comportementale et de la tarification progressive (**1**), dans un deuxième temps sur les incitations douces ou *nudges* (**2**) et surtout dans un troisième temps sur un essai d'étude selon la théorie des perspectives (**3**). L'autre partie est plus pratique et consiste à rechercher quelques exemples de cas d'application sélectionnés dans le monde (**4**) pour leur valeur comparative avec le système français. L'objectif est d'évaluer si et comment la tarification progressive ou le bonus-malus peut contribuer à modifier durablement les comportements des consommateurs finals afin d'aboutir à un niveau de confiance plus ou moins élevé dans la capacité d'un tel mécanisme à être un catalyseur de la transition énergétique.

### 1 - *L'économie comportementale pour inciter au changement*

Ce sujet prend de l'importance actuellement auprès des pouvoirs publics. Ainsi, dans le cas britannique, une unité d'observation comportementale est placée directement auprès du Premier ministre. Aux États-Unis, l'économiste française Esther DUFLO[437], spécialiste de la pauvreté a rejoint

[436] Rapport d'activité 2012, C.R.E., 4 juillet 2013, p. 128

[437] Ester DUFLO travaille au MIT, possible futur prix Nobel d'économie, elle est une des femmes les plus influentes du monde qui expérimente des structures de choix pour modifier les comportements dans le but de développer des comportements sains qui résistent pour des raisons culturelles.

un comité du développement global qui conseille le président Barack OBAMA[438].

En France, une note de la Direction générale de la concurrence, de la consommation et de la répression des fraudes[439] (D.G.C.C.R.F.) synthétise les principaux enseignements de l'économie comportementale en regard des consommateurs finals particuliers. Elle aborde les biais comportementaux des consommateurs en ne les considérant plus comme des êtres rationnels parfois décrits comme des « écônes »[440] ou des « homo economicus »[441], mais comme des humains, des simples mortels avec des biais cognitifs. Et c'est là qu'intervient l'économie comportementale en jouant sur les déterminants psychologiques. Ce n'est pas nouveau et l'industrie l'intègre depuis longtemps dans sa stratégie. Ce qui change, c'est l'intérêt porté par les pouvoirs publics pour les nouvelles formes d'incitations comportementales. La tarification progressive en fait partie.

Face à l'ouverture des marchés à la concurrence et à l'augmentation des prix de l'énergie, une information et une éducation efficace *via* les différents médias est nécessaire pour que les particuliers français deviennent des consommateurs d'électricité acteurs avertis. C'est d'autant plus important qu'étant donné la progression relativement lente de la part de marché des tarifs non règlementés de vente d'électricité, il serait contre-productif d'y ajouter des facteurs de rejet des particuliers qui auraient le sentiment de s'être « fait avoir » par manque de lucidité et parce qu'ils n'auraient pas intégré la nécessité d'accompagner la transition énergétique en modifiant leurs habitudes de consommation d'électricité. Une conséquence possible serait l'augmentation des réclamations alors qu'actuellement, son nombre est relativement faible. En effet, dans une note de la D.G.C.C.R.F.[442], l'auteur compare les réclamations enregistrées. Pour le secteur énergie-eau-assainissements sur la période 2008-2010, elles représentent de l'ordre de 3% de l'ensemble de ces réclamations[443]. Plus particulièrement, elles concernent les distributeurs d'électricité principalement (52,7%), puis les distributeurs de gaz de ville (24%) et enfin les distributeurs d'eau (9,1%). Le

---

438 Le nouvel Observateur, 2 août 2013 ; site consulté le 4 août 2013 : http://tempsreel.nouvelobs.com/economie/20130709.OBS8680/esther-duflo-la-francaise-prodige-appelee-a-la-maison-blanche.html

439 Hugo HANNE, Économie comportementale et consommation, Ministère de l'économie et des finances, Note dgccrf éco n°10, Décembre 2012

440 Richard H. THALER et Cass R. SUNSTEIN, Nudge : la méthode douce pour inspirer la bonne décision, Vuibert pour la traduction française, 2012, p. 26

441 Daniel COHEN, Homo economicus, prophète (égaré) des temps nouveaux, Alban Michel, 2012, p. 34-37

442 Hugo HANNE, Évolution des dépenses contraintes et de « la relation client » sectorielle, Ministère de l'économie et des finances, Note dgccrf éco n°2, Janvier 2012

443 2,7% en 2008 soit 3781, 3,6% en 2009 soit 4013, 3,1% en 2010 soit 2818

principal motif de réclamations porte sur des contestations du prix ou du montant de la facture.

Pour se prémunir de ce risque, la tarification progressive peut représenter une solution en incitant à la sobriété énergétique et en limitant *de facto* les incompréhensions, pas forcément tous les litiges cependant, en particulier pour ceux qui se verraient appliquer un malus élevé en plus sur une facture déjà élevée.

Le premier objectif poursuivi par le mécanisme de bonus-malus est de permettre d'adresser un signal aux consommateurs en les renseignant sur leur niveau de consommation selon le député BROTTES[444]. Toutefois, le compteur intelligent Linky en phase de déploiement progressif dès cette année, permettra de remplir également cette fonction. On pourrait alors se dire : pourquoi ne pas attendre et reporter la mise en place du bonus-malus de l'électricité (et du gaz) ? En plus, on aura un retour d'expérience dans le secteur de l'eau, différencié par collectivités locales. Certes, mais s'agissant du changement des comportements, n'est-il pas préférable de mettre en place très rapidement le bonus-malus en parallèle du compteur Linky et des autres mesures en faveur de l'amélioration thermique des logements (et locaux professionnels) pour une efficacité accrue car d'un côté Linky sera une sorte de révélateur et de l'autre le bonus-malus finira de convaincre de passer à l'étape concrète de prise de conscience, de modification des habitudes, de réalisation de travaux d'amélioration thermique.

Enfin, quel est le point commun entre ceux qui ont le pouvoir d'imposer ou de persuader des changements dans les entreprises, le pouvoir d'investir, ceux qui, parce qu'ils manipulent des données financières fréquemment et bénéficient d'augmentations régulières de salaires, primes, stock-options, sont réceptifs à l'aversion aux pertes d'autant plus lorsqu'ils interviennent sur les marchés boursiers par nature soumis à des phases d'excès à la hausse comme à la baisse, et ceux qui, parce qu'ils consomment l'énergie naturellement sans toujours réellement se préoccuper de la relation entre consommation et facture ? Ce sont des cadres dirigeants dans les entreprises, des patrons de P.M.E., des responsables d'entités, des propriétaires bailleurs. Le malus pourrait être bien plus efficace par leur effet induit *via* ces vecteurs de transmission du changement ou ces catalyseurs, que bien d'autres mesures et ceci dans la sphère professionnelle et privée à la fois, ce qui est bien le but recherché.

À ce stade, l'orientation politique du fait de l'échec de l'instauration du bonus-malus et de la mise en œuvre de nouvelles mesures dans les entreprises, donne plutôt l'impression d'être celle du changement des

[444] Rapport N°579 fait par le député François BROTTES au nom de la commission des affaires économiques, en nouvelle lecture, sur la proposition de loi, rejetée par le Sénat, visant à préparer la transition vers un système énergétique sobre, Assemblée nationale, 9 janvier 2013

comportements par la législation et la règlementation pour les professionnels[445], donc par des mesures législatives et réglementaires équivalentes qui permettraient de répondre à une des causes du rejet du bonus-malus de l'électricité par le Conseil constitutionnel.

### 2 - *La tarification progressive comme mesure d'incitation douce*

Dans la théorie de l'économie comportementale, plusieurs approches sont possibles. Les mesures d'incitation douces ou *nudges*[446] en font partie. Le Centre d'analyse stratégique du premier ministre en a d'ailleurs fait la promotion. Ainsi, dans sa lettre de février 2013, il analyse l'effet rebond lié à l'amélioration de l'efficacité énergétique des logements et propose quatre mesures d'incitation douce à expérimenter à grande échelle qui tournent autour de la promotion des économies d'énergie par comparaison à un ménage économe. Ces incitations jouent certainement sur des leviers du comportement social mais semblent ignorer la préférence pour le *statu quo* à la différence du bonus-malus de l'électricité que nous abordons *infra*.

Nous ne développons pas ce nouveau type d'action publique ici, toutefois nous avons joint une **annexe 6** sur ce sujet. En revanche, nous avons choisi de privilégier une analyse du bonus-malus selon une autre approche de l'économie comportementale et nous proposons pour cela une analyse complémentaire détaillée selon la théorie des perspectives.

### 3 - *La théorie des perspectives et le bonus-malus*

Nous nous appuyons sur les travaux du prix Nobel d'économie Daniel KAHNEMAN. Si nous appliquons sa théorie des perspectives[447] au bonus-malus, alors si la perspective de recevoir un malus de gaspillage apparaît certaine, cette certitude de perte devient une source d'aversion marquée, ce qui pousse le consommateur final à prendre le risque nécessaire pour ne pas le perdre. Ce risque doit pouvoir être matérialisé concrètement et de manière équivalente aux études de Daniel KAHNEMAN et de son collègue Amos TVERSKY. Nous avons d'abord pensé qu'une transposition de la notion d'argent à la notion d'électricité physique était envisageable. Ce n'est pas impossible mais la littérature consultée ne nous a pas permis d'emprunter cette voie. L'idée nous est alors venue de rester sur la seule notion d'argent mais en utilisant un système intermédiaire pour passer de la consommation de l'électricité au prix payé et une solution trouvée est une information sur la consommation d'électricité selon une moyenne mobile à quelques jours ou

---

[445] Depuis le 18 juillet 2013, le code de l'énergie (*v. article 233-1 et 233-2*) prescrit désormais un audit énergétique tous les quatre ans pour les entreprises

[446] Richard H. THALER et Cass R. SUNSTEIN, Nudge : la méthode douce pour inspirer la bonne décision, Vuibert pour la traduction française, 2012

[447] Daniel KAHNEMAN, Système 1 système 2 : les deux vitesses de la pensée, Flammarion pour la traduction française, 2013, p. 334-346

quelques semaines affichée directement sous forme de prix de l'électricité à payer[448], voire même complétée d'un indicateur de rapprochement de la zone orange du malus de premier niveau ou de la zone rouge de malus de second niveau, et enfin visible facilement[449]. Nous revenons alors sur l'utilité du compteur intelligent plus que communicant qui permettra d'être cet outil de prise de conscience d'une perte qui devient certaine si le consommateur reste inactif. Il est alors poussé à prendre le risque nécessaire pour éviter cette perte, qui se traduit par une réduction de consommation ou par un changement de fournisseur. L'idée avec ces principes d'interface homme-machine rejoint la notion de cadrage[450].

Pour le bonus, c'est l'inverse de la recherche du risque quand les perspectives sont négatives. Si un consommateur reçoit un bonus et s'il dispose du compteur intelligent pour lui indiquer quand il risque de sortir de la zone verte du bonus, il éprouvera une aversion au risque cette fois-ci et cherchera à conserver sa situation.

Toutefois, pour que cette approche soit efficace, il faut aussi tenir compte du point de référence, c'est-à-dire des revenus et donc de la part des dépenses consacrée à la consommation d'électricité (ou d'énergie) et des habitudes de consommation ancrées dans le comportement individuel. Si l'attitude envers les gains et les pertes devrait ne pas être très différente entre des personnes aux revenus différents, le cas des personnes dans la précarité énergétique est différent car dans la théorie des perspectives, elles vivent en-dessous de leur point de référence, ont des besoins qu'elles ne peuvent pas se payer et sont donc toujours « dans la perte »[451]. Mais le bonus-malus avait intégré ce cas avec le malus minoré et d'autres mesures sont prévues pour les plus vulnérables. En-dehors de ces personnes, le point de référence est généralement le *statu quo*, un état dans lequel les personnes préfèrent rester[452], c'est une conséquence de l'aversion à la perte dans la théorie des perspectives.

Sur l'illustration suivante, si en abscisse on place les bonus et malus et en ordonnée les effets psychologiques sur le changement des comportements, nous pouvons constater pourquoi le mécanisme à un seul bonus et deux malus est intéressant.

---

[448] Dans la mesure du possible mais l'infirmation de cette possibilité ne remettrait pas en cause notre analyse pour autant, ce serait l'efficacité finale qui serait potentiellement un peu réduite par rapport au maximum possible

[449] Sans que ce soit une obligation mais un mode programmé ou programmable parmi plusieurs choix possibles sur un compteur intelligent ou via une « energy box » par exemple

[450] Daniel KAHNEMAN, Système 1 système 2 : les deux vitesses de la pensée, Flammarion pour la traduction française, 2013, p. 436-450 (sur les cadres et la réalité)

[451] *Ibidem*, p. 358

[452] *Ibidem*, p. 357-359 (sur l'effet de dotation)

**L'aversion à la perte**

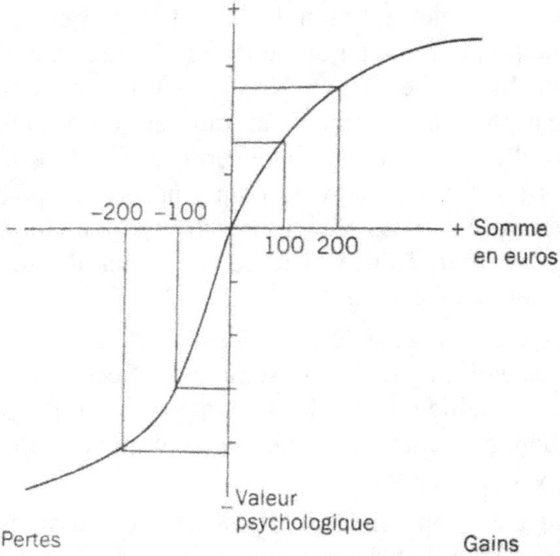


*Source : Système 1 système 2 : les deux systèmes de la pensée, p. 340*

**Figure 40 – L'aversion à la perte**

En effet, dans ce mécanisme de la tarification progressive, le *statu quo* n'existe pas, c'est une incitation à bouger dans un sens ou dans l'autre. Si un seul bonus est prévu dans la zone des gains, et cela suffit puisque que c'est l'aversion au risque qui l'emporte, en revanche deux malus sont proposés dans la zone des pertes où c'est l'aversion à la perte qui l'emporte. Nous n'avons pas de réponse évidente à apporter sur ce point si ce n'est que le petit malus évite le *statu quo* sans avoir un effet psychologique trop fort puisque c'est le grand malus (zone rouge) qui joue ce rôle dissuasif.

Toutefois, une réponse est malgré tout possible si on prend l'exemple du golf analysé dans l'ouvrage de Daniel KAHNEMAN[453]. Ainsi, pour un golfeur professionnel arrivé près du trou pour putter, qui recherche la bonne performance, c'est-à-dire le par, il peut être confronté à deux situations, soit putter pour éviter un bogey (un coup au-dessus du par), soit putter pour réaliser un birdie (un coup en-dessous du par). Selon la théorie des perspectives, ne pas atteindre le par est une perte, mais rater un birdie est un gain gâché par une perte et les golfeurs se donnent plus de mal quand ils puttent pour le par (pour éviter le bogey) que quand ils puttent pour un birdie, confirmé par l'écart de 3,6% de taux de succès entre ces deux catégories déterminé par une étude sur 2,5 millions de putts[454] . Il s'en déduit la motivation supérieure pour éviter une perte que pour obtenir un gain qui se retrouve presque partout selon l'auteur. Nous pouvons alors en déduire

[453] *Ibidem*, p. 364-371 (sur les évènements négatifs)

[454] Analyse de POPE et SCHWEITZER citée par Daniel KAHNEMAN dans son ouvrage précité

qu'il est préférable, puisque nous voulons éviter le *statu quo*, de privilégier un petit malus qu'un petit bonus, c'est la traduction de la force de l'aversion aux pertes.

Des discussions ont eu lieu au cours des débats parlementaires sur le niveau du grand malus (zone rouge). En définitive, selon le modèle de l'aversion à la perte dans la théorie des perspectives, le niveau à moins d'importance à partir d'un certain seuil psychologique.

Pour être plus complet sur cette approche en regard de la théorie développée par Daniel KAHNEMAN, nous avons choisi d'ignorer les angles morts de sa théorie, c'est-à-dire d'ignorer les émotions de regret et de déception puisque selon l'auteur, les scientifiques font généralement cette hypothèse et parce que le compteur communicant devrait les réduire du fait de la possibilité d'adaptation par le suivi des effets de modifications du comportement individuel.

Une extension de l'analyse consisterait à s'appuyer sur l'effet de dotation développé également par Daniel KAHNEMAN dans son ouvrage ou sur d'autres outils ou effets qu'il a analysé tels que la question du renversement mais nous estimons que le résultat de notre analyse est satisfaisant à ce stade en ce sens qu'il n'infirme pas les études précédentes.

En définitive, cette nouvelle approche ne nous entraîne pas sur une voie différente des précédentes approches. Nous pensons qu'il convient de coupler les deux mesures que sont le **bonus-malus et le compteur intelligent**. La différence avec l'étude qui a précédé est d'ordre presque sémantique du fait de son effet psychologique qui consiste ici à privilégier la notion de bonus-malus et non pas celle de la tarification progressive d'une part, et de privilégier la notion de compteur intelligent plutôt que celle de compteur communicant.

Nous en venons alors à un effet supplémentaire du bonus-malus prévisionnel qui serait affiché grâce à un compteur intelligent. Le mécanisme du bonus-malus est conçu de telle sorte que la plupart des consommateurs finals aient une probabilité assez faible de subir le malus dissuasif de surconsommation. Toutefois, selon la théorie des évènements rares de Daniel KAHNEMAN, il se crée un effet de possibilité tel qu'un malus prévisionnel calculé selon une moyenne mobile de la mesure de consommation d'électricité à quelques jours ou quelques semaines qui pourrait s'afficher ponctuellement sur ce compteur intelligent, entraînerait une surestimation de la probabilité qu'il se réalise en raison du biais de confirmation de la mémoire. **Il est donc possible grâce à cette association de deux mesures (bonus-malus et compteur intelligent), de renforcer l'incitation à la sobriété énergétique**.

Enfin, il reste un cas particulier à aborder, celui de l'effet de certitude de subir un malus élevé. Nous utilisons pour cela le schéma de préférence *fourfold pattern* développé par Daniel KAHNEMAN et Amos TVERSKY[455] et au fait que les gens attribuent des poids décisionnels à des résultats possibles différents qui ne correspondent pas à la probabilité que ces résultats se produisent, plus particulièrement aux évènements à probabilité élevée ou faible. Le *fourfold pattern* comprend alors quatre situations dont une que nous pouvons appliquer à une personne qui aurait une probabilité très forte de se voir appliquer le second malus (zone rouge). L'effet de certitude auquel elle applique un poids décisionnel inférieur a pour conséquence de créer un espoir d'éviter le malus d'où une prise de risque face à cette perspective négative. Cette prise de risque peut se traduire sous différentes formes (endettement, calfeutrage non recommandé, risque pour la santé, ...). Un système de protection (service public de la performance énergétique de l'habitat) doit alors être mis en place pour éviter d'aboutir à des situations tragiques. Même sans la tarification progressive ou le compteur Linky, des comportements risqués existent déjà. Le médiateur de l'énergie, sur la précarité énergétique dans son rapport 2012, relève que « *la hausse des prix de l'énergie, conjuguée à la crise économique et sociale qui touche nombre de français, va amplifier ces situations dramatiques. Au risque que les ménages prennent des décisions dangereuses pour leur sécurité ou leur santé, en se privant de chauffage ou en calfeutrant les aérations* »[456] et l'exemple de la Grande-Bretagne qui a reconnu « *la nécessité d'actions spécifiques depuis plus de dix ans* [, confirme qu'avant] *de se priver complètement de chauffage, les familles calfeutrent les aérations, utilisent des solutions inadaptées* »[457]. Pour cette catégorie, la conclusion qui nous semble la plus pertinente et évidente au terme de cette analyse du bonus-malus sous l'angle de la théorie des perspectives dans laquelle on a introduit le compteur communicant, est de toujours **s'assurer que les effets** individuels **et cumulés des mesures mises en œuvre protègent bien les plus vulnérables.**

### 4 - *L'application de la tarification progressive en Californie et au Japon*

Concernant l'effet pratique de la tarification progressive, nous pouvons observer l'expérience d'autres pays dans le monde. Ainsi, le nombre de pays dans le monde ayant mis en œuvre une tarification progressive de l'électricité est relativement important en regard de la perception qu'on pourrait avoir de ce mécanisme, notamment la complexité au vu des

---

455 Daniel KAHNEMAN, Système 1 système 2 : les deux vitesses de la pensée, Flammarion pour la traduction française, 2013, p. 372-386 (sur le *fourfold pattern*)

456 Le médiateur de l'énergie, Rapport d'activité 2012, Le médiateur de l'énergie, Juin 2013, p. 125-126

457 Avis du conseil économique, social et environnemental, Bilan du Grenelle de l'environnement pour un nouvel élan, Journaux officiels, Février 2012, p. 26

échanges parlementaires lors du parcours législatif de la proposition de bonus-malus à la française.

Le tableau ci-après donne une vision synthétique sur le nombre de pays ayant mis en place ce type de modèle tarifaire, classés par nombre de tranches :

| **Tranches** | **Nombre de pays** | **Exemple de pays ayant mis en œuvre une tarification progressive** |
|---|---|---|
| 2 | 23 | Algérie, Autriche, Chypre, Hongrie, Lettonie |
| 3 | 35 | Chine (en cours), Inde, Indonésie, Japon |
| 4 | 18 | Argentine, Brésil, Grèce, Italie, Maroc |
| 5 ou plus | 22 | Corée du Sud, Égypte, Thaïlande, Serbie, Viêt-Nam |

*Source : site internet http://tarification-progressive-de-lenergie.com/*

**Tableau 12 – La tarification progressive dans le monde**

Parmi les pays ou régions qui ont mis en œuvre une tarification progressive de l'électricité, nous portons notre attention sur l'état de Californie aux États-Unis et sur le Japon parce qu'ils ont mis en œuvre une tarification progressive de l'électricité depuis plus de trois décennies. Le cas de l'Italie sera abordé au dernier paragraphe de la section II *infra* car c'est un mix de la tarification des frais d'acheminement et des taxes qui est utilisé pour bâtir sa structure tarifaire progressive.

*La tarification progressive en Californie*

Eu égard à la réussite du dispositif en Californie, une douzaine d'États américains ont adopté la tarification progressive pour maîtriser la consommation d'électricité des ménages[458] : Rhode Island, New Hampshire, Massachussetts, Floride, Michigan, Colorado, Wyoming, Utah, Idaho, Washington, Oregon, Hawaï.

Toutefois, historiquement, c'est la Californie qui a mis en place très rapidement après le choc pétrolier de 1973, le mécanisme le plus proche du bonus-malus de la proposition de loi BROTTES du 11 mars 2013[459]. Dès 1975 le *Miller-Warren Lifeline Energy Act* avait prévu deux tranches de consommation. Il a été adapté à plusieurs reprises pour aboutir à un système à quatre tranches à partir de 2010. Il comprend un volume de base correspondant à 50 à 70% de la consommation résidentielle moyenne,

[458] Source : site internet http://tarification-progressive-de-lenergie.com/ consulté le 7 juillet 2013

[459] Texte adopté N°94 Assemblée nationale, Proposition de loi visant à préparer la transition vers un système énergétique sobre et portant diverses dispositions sur la tarification de l'eau et sur les éoliennes (texte définitif), Assemblée nationale, 11 mars 2013

pondéré selon plusieurs critères (zone géographique, saison, source d'énergie pour le chauffage, présence d'équipements médicaux spécifiques) mais ni la composition du foyer ni la climatisation.

La graphique suivant compare la consommation d'électricité *per capita* dans le secteur résidentiel dans l'État de Californie et dans l'ensemble des États-Unis sur la période 1960-2011 à partir des données officielles américaines :

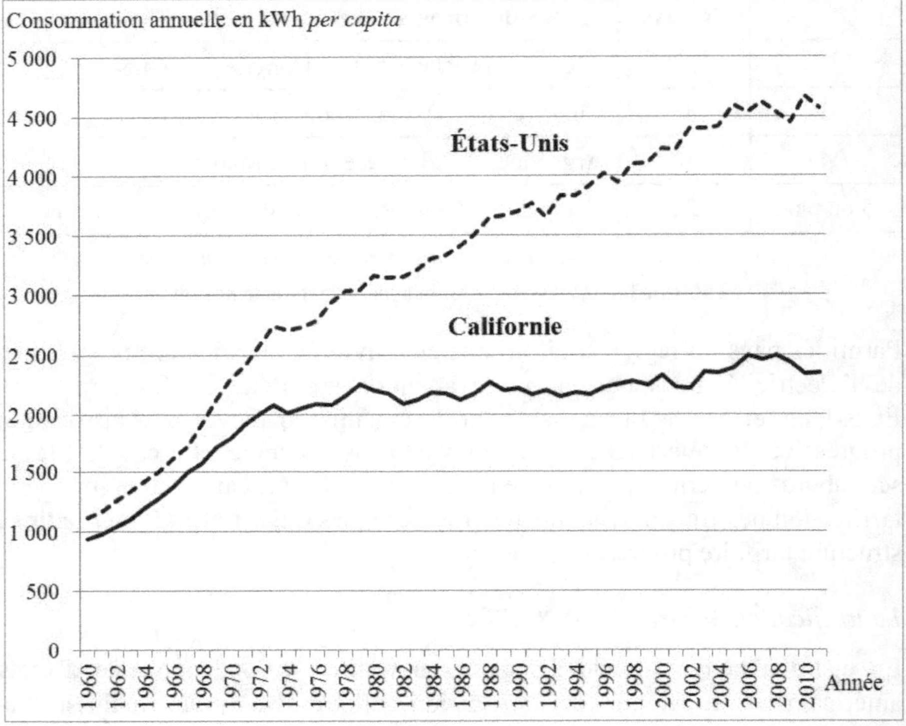


*Source : sites internet http://www.eia.gov/state/seds/* et *http://www.census.gov/popest/data/historical/index.html; analyse Bertrand* LE BRAS

**Figure 41 – La tarification progressive en Californie**

La mise en place à partir de 1975 de la tarification progressive de l'électricité comprenant une tranche essentielle à un coût abordable a eu un réel effet sur la consommation dans le secteur résidentiel. Toutefois, il convient de préciser que la Californie a commencé à mettre en place des mesures d'efficacité énergétique dans les bâtiments résidentiels et non résidentiels en 1978 sous la supervision de la *California Energy Commission*[460] ce qui a progressivement contribué à réduire également la consommation d'énergie mais l'écart avec le reste des États-Unis est tel qu'il

460 Paul GARDON et François LAMBERT, Étude de faisabilité sur la mise en place d'un mécanisme d'accréditation énergétique des bâtiments neufs et existants (conformité de construction et mesure de la performance), Agence de l'efficacité énergétique du Québec. Bureau de normalisation du Québec, Novembre 2008, p. 17-18

est très probable que ce soit un mix des deux mesures qui ait permis d'atteindre ce résultat, la tarification progressive agissant seule dans un premier temps puis **limitant l'effet rebond lié à l'amélioration de la performance énergétique** dans un second temps. Nous analyserons l'effet rebond *infra* pour vérifier cette possibilité.

Par ailleurs, dans l'étude réalisée par Severin BORENSTEIN en 2011[461], on apprend qu'une enquête récente (BC Hydro, 2008) sur 61 services publics américains a révélé que près d'un tiers d'entre eux utilisent la tarification progressive (par tranches) pour leurs clients résidentiels et de nombreux autres services publics et organismes étudiaient la possibilité d'adopter cette tarification.

*La tarification progressive au Japon*

Elle a été déployée à partir de 1974 et comprend trois tranches avec une progressivité moins marquée qu'en Californie en 2012 selon le modèle suivant[462] :

- 0,14 €/kWh pour une consommation mensuelle inférieure à 120 kWh ;
- 0,18 €/kWh pour la part de consommation mensuelle comprise entre 120 et 300 kWh ;
- 0,19 €/kWh pour la part de consommation mensuelle dépassant 300 kWh.

Peu d'études sont disponibles pour vérifier l'efficacité de ce mécanisme par ailleurs certainement perturbé par la catastrophe de Fukushima, au moins pour ce qui concerne l'augmentation inévitable des tarifs à partir du 1er juillet 2012 respectivement de +4%, +9,8% et +19,8% sur les trois tranches précitées dans l'ordre.

Selon KAINOU Kazunari[463], dans un article de juin 2009 sur le site du *Research Institute of Economy, Trade & Industry, IAA*[464], les diverses études menées montrent notamment que la première tranche conserve sa caractéristique de politique sociale et que la troisième tranche a conservé son

---

461 Severin BORENSTEIN, The Redistributional Impact of Non-Linear Electricity Pricing, Berkeley, California, Energy Institute at Haas, Revised April 2013

462 Source : site internet www.sénat.fr consulté le 7 juillet 2013 et rapport n°70 du Sénat fait par le Sénateur Roland COURTEAU au nom de la commission des affaires économiques sur la proposition de loi, adoptée par l'Assemblée nationale après engagement de la procédure accélérée, visant à préparer la transition vers un système énergétique sobre, Sénat, 23 octobre 2012

463 Fonctions exercées selon son *Curriculum Vitae* au 31 janvier 2013 consulté sur le site internet http://cdm.unfccc.int/ consulté le 7 juillet 2013: Fellow, Research Institute of Economy, Trade and Industry (RIETI), IAI, Government of Japan et Senior Advisor, Nuclear Damage Liability Facilitation Fund (NDF), Government of Japan

464 Source : http://www.rieti.go.jp/en/publications/summary/09060010.html consulté le 7 juillet 2013

caractère dissuasif et contribué en grande partie à la sobriété énergétique, plus de trente ans après la mise en œuvre de ce « bonus-malus » de l'électricité.

*La tarification progressive en Chine*

En supplément, nous indiquons simplement que la Chine a décidé de mettre en place la tarification progressive de l'électricité sur son territoire.

> *En bref*
>
> En cumulant différentes approches théoriques ou expérimentales par comparaison et même sans être exhaustif, nous avons acquis un très bon niveau de confiance sur le fait que la tarification progressive sur la base d'au moins un bonus, un malus et sans possibilité de *statu quo*, est un instrument potentiellement très efficace en association avec un compteur réellement intelligent pour réduire la consommation d'électricité.

## C - L'INFLUENCE DE FACTEURS DISCRIMINANTS

La spécificité du principe de tarification progressive français réside notamment dans la prise en compte de facteurs réducteurs imparfaits d'inégalités potentiellement préexistantes selon l'approche. Il s'agit de la localisation géographique (**1**) et de la composition du foyer (**2**).

### 1 - *La géographie*

Le paramètre géographique a été intégré dans la formule du bonus-malus de la proposition de loi adoptée par l'Assemblée nationale en nouvelle lecture le 17 janvier 2013[465] sur la base du rapport de la commission des affaires économiques de l'Assemblée nationale du 9 janvier 2013[466]. Ce paramètre varie de **0,8** à **1,5** selon la localisation et l'altitude de la commune.

Avant d'analyser ce critère dans le cas du bonus-malus, nous commençons par aborder la notion géographique sous un autre aspect[467]. Deux auteurs

---

465 Texte adopté N°80 le 17 janvier 2013 par l'Assemblée nationale, Proposition de loi visant à préparer la transition vers un système énergétique sobre et portant diverses dispositions sur la tarification de l'eau et sur les éoliennes (adoptée par l'Assemblée nationale en nouvelle lecture), p. 4-6

466 Rapport et annexe au rapport N°579 fait le député François BROTTES au nom de la commission des affaires économiques, en nouvelle lecture, sur la proposition de loi, rejetée par le Sénat, visant à préparer la transition vers un système énergétique sobre, Assemblée nationale, 9 janvier 2013

467 C'est aussi un rappel sous forme de variante sur l'exclusion de la régionalisation du T.U.R.P.E. en première partie du mémoire

Claude CRAMPES et Thomas-Olivier LEAUTIER indiquent[468] que pour se rapprocher d'un modèle économiquement optimal ou efficient, il conviendrait de se rapprocher de celui des États-Unis qui respecte au mieux les lois de la physique, à savoir qui tienne compte des pertes en ligne croissant avec la distance parcourue dans le réseau de transport et de distribution et d'en tenir compte dans la tarification qui deviendrait différenciée géographiquement. Ce serait alors la fin du principe du tarif « timbre poste » et peut-être la première étape de l'ouverture à la concurrence des monopoles naturels que sont le transport et la distribution. Outre les problèmes que cela entraînerait d'un point de vue du fonctionnement des réseaux, des coûts, des contentieux, de la qualité, etc. comme à l'époque de l'entredeux guerres, les deux auteurs précisent que « *ces principes ne prennent pas en compte les objectifs d'équité* », le principe d'égalité devant le service public de l'électricité ne serait manifestement plus respecté.

Mais ici, pour la construction de la tarification progressive, nous ne touchons pas au tarif d'acheminement[469] mais à la composante taxes voire à la composante fourniture. Donc, sur cette base, nous en venons à ce paramètre géographique. Dans la première partie de notre étude dans l'analyse en droit européen du mécanisme de bonus-malus, nous avons conclu qu'il fallait proposer un critère qui atténue les effets du climat mais pas trop de manière à ne pas surcompenser au risque de créer des nouvelles inégalités.

Nous proposons donc de comparer sommairement la facture d'électricité d'un habitant du nord de la France et celle d'un habitant du sud de la France placés dans deux situations comparables. Nous avons effectué la moyenne des températures moyennes annuelles relevées deux fois par jour de 2008 à 2012 dans quelques villes françaises ainsi que la moyenne d'heures d'ensoleillement sur la même période. Pour simplifier, nous ne prenons pas en compte la pluviométrie. Nous n'avons pas non plus utilisé les degrés jours unifiés[470]. Voici les résultats classés par température croissante :

[468] Claude CRAMPES et Thomas-Olivier LEAUTIER dans les nouvelles régulations électriques 1 : monopole et concurrence, Hermès Science Lavoisier, 2012, p. 269-273

[469] Ni ailleurs dans notre étude

[470] Il existe des tables qui calculent une moyenne des écarts cumulés heure par heure sur 24 heures entre la température extérieure et une température intérieure de référence maintenue constante (exemple : 20°C), ville par ville.

| Ville | Température (en °C) | Ensoleillement (en jours) |
|---|---|---|
| Lille | 11 | 1618 |
| Dijon | 11,2 | 1910 |
| Strasbourg | 11,3 | 1746 |
| Rennes | 11,9 | 1868 |
| Bourges | 12 | 1946 |
| Paris | 12,6 | 1664 |
| Lyon | 13 | 2121 |
| La Rochelle | 13,2 | 2261 |
| Bordeaux | 14 | 2167 |
| Ajaccio | 15,9 | 2867 |
| Perpignan | 16 | 2554 |
| Nice | 16,3 | 2833 |

*Source : France.meteofrance.com*

**Tableau 13 – Historique météorologique de 12 villes de France**

Nous constatons que l'écart de température entre quelques villes plus au nord (Lille, Dijon, Strasbourg) et quelques villes plus au sud (Ajaccio, Perpignan, Nice) est de **4,9°C**. En recherchant sur différents sites internet, il semble qu'une baisse moyenne de 1°C de la température intérieure permette de réduire la consommation de chauffage de l'ordre de 7%[471] ou la consommation d'énergie de l'ordre de 5%. Si on reprend les deux mêmes groupes de villes, l'écart de consommation d'énergie pour le chauffage pour une température intérieure moyenne constante de 19°C serait alors compris entre **30%** et **44%**[472].

Puis nous prenons l'étude réalisée par l'Institut national de la statistique et des études économiques de 2001 réalisée sur un échantillon de 16 000 ménages répondants[473] avec des données collectées en huit vagues de six semaines réparties sur une année, qui donne les résultats suivants :

471 Site http://www.lesecohabitants.fr/conseils-economies-energie-1/je-baisse-de-1-degre-la-temperature-du-thermostat-d-ambiance consulté le 7 septembre 2013

472 Selon la référence de départ dans la formule de calcul du pourcentage d'augmentation ou de réduction. En effet, pour passer de 50 à 100, l'écart est une augmentation de 100% mais pour passer de 100 à 50, l'écart est une diminution de 50% d'où les deux pourcentages d'écarts donnés dans chaque cas

473 Sur un échantillon initial de 25000

**Consommation d'énergie (électricité, gaz, fioul, mazout, bois, ...) des ménages de mai 2000 à mai 2001 (*enquête Insee, 2004*)**

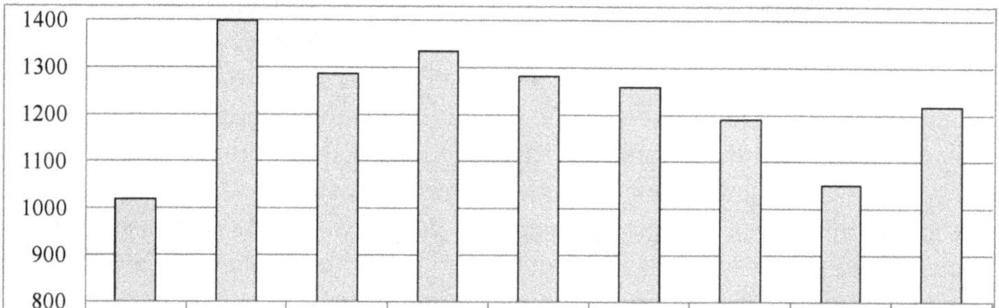


| | Région parisienne | Bassin parisien | Nord | Est | Ouest | Sud-Ouest | Centre-Est | Méditerranée | France métropolitaine |
|---|---|---|---|---|---|---|---|---|---|
| en € | 1018 | 1398 | 1286 | 1334 | 1281 | 1259 | 1189 | 1051 | 1217 |

*Source : http://www.insee.fr/fr/ffc/docs_ffc/irsoc29.pdf*

**Figure 42 – Consommation d'énergie des ménages par région en 2001**

Les zones géographiques comprennent les régions suivantes :

| | |
|---|---|
| Région parisienne | Île-de-France |
| Bassin parisien | Basse Normandie, Bourgogne, Centre, Champagne-Ardenne, Haute Normandie, Picardie |
| Nord | Nord-Pas-de-Calais |
| Est | Alsace, Franche-Comté, Lorraine |
| Ouest | Bretagne, Pays de la Loire, Poitou-Charentes |
| Sud-ouest | Aquitaine, Limousin, Midi-Pyrénées |
| Centre-Est | Auvergne, Rhône-Alpes |
| Méditerranée | Corse, Languedoc-Roussillon, Provence-Alpes-Côte-D'azur |

Nous avons retenu cette étude qui date de plus de 10 ans sans chercher une autre plus récente afin de ne pas fausser les résultats avec des externalités négatives telles que la crise financière de 2008.

Nous constatons une certaine cohérence des résultats obtenus dans l'ensemble avec toutefois le cas particulier de l'Île-de-France et du Nord-Pas-de-Calais dont les résultats sont plus faibles que ce qu'on aurait pu attendre. Pour l'Île-de-France, ce chiffre s'explique probablement par la taille des logements et la répartition entre les maisons et les logements collectifs. L'écart maximal entre les zones sud et nord serait compris entre **30%** et **40%** mais il ne serait pas compris entre **47%** et **88%** comme avec les coefficients de la proposition de loi BROTTES.

En définitive, nous pouvons retenir un coefficient d'atténuation du climat dans la formule de la tarification progressive mais il conviendrait de légèrement réviser les chiffres de 0,8 et 1,5 de la proposition de loi BROTTES qui nous sembleraient *a priori* être en zone de surcompensation sur la base d'une évaluation simplifiée.

## 2 - *La composition du foyer*

Nous avons déterminé que ce critère doit être défini au juste nécessaire. C'est ce que nous vérifions en considérant un couple avec deux enfants que nous comparons à une personne seule placée dans un logement comparable. Nous considérons la même surface puisqu'elle est déjà prise en compte une fois dans le calcul du volume de base. L'idée est d'effectuer une évaluation simple mais suffisante pour formuler notre avis et pour cela, nous utilisons des pourcentages statistiques moyens de la répartition de la consommation d'électricité par usages dans le secteur résidentiel en France en 2007[474] puis nous effectuons notre propre évaluation comme suit[475] :

| **Usage** | **Proportion** | **Adulte** | **Adulte** | **Enfant** | **Enfant** | **Résultat** |
|---|---|---|---|---|---|---|
| Chauffage des locaux | 27,6% | 1 | 0 | 0,1 | 0 | 30,4% |
| Eau chaude sanitaire | 13,2% | 1 | 0,9 | 0,8 | 0,7 | 44,9% |
| Cuisson | 7,3% | 1 | 0,2 | 0,3 | 0,1 | 11,7% |
| Froid | 11,0% | 1 | 0,1 | 0,1 | 0,1 | 14,3% |
| Éclairage | 9,3% | 1 | 0,3 | 0,3 | 0,1 | 15,8% |
| Lavage | 10,4% | 1 | 0,9 | 0,5 | 0,5 | 30,2% |
| Climatisation | 0,4% | 1 | 0 | 0,1 | 0 | 0,4% |
| Autres (audiovisuel, bureautique, outillage domestique, etc.) | 20,8% | 1 | 0,5 | 0,4 | 0,1 | 41,6% |
| Total | 100% | | | | Total | 189,2% |

**Tableau 14 – Évaluation du critère composition du foyer**

Avec les coefficients de la proposition de loi BROTTES, on obtient 210% supérieur de 11% par rapport à notre évaluation sachant qu'il est particulièrement difficile d'évaluer les usages liés aux médias et que le chauffage paraît sous-évalué dans ce tableau par rapport à d'autres études[476] mais ceci a pour intérêt de nous permettre de rester conservatif dans notre évaluation et de fiabiliser notre conclusion.

Les coefficients du critère pourraient être légèrement revus à la baisse. Toutefois, on doit aussi tenir compte des exigences d'efficacité énergétique que ces coefficients peuvent contribuer à atteindre s'ils sont suffisamment élevés. Ce sont donc en définitive plutôt des questions de politiques

---

474 Benjamin DESSUS et Bertrand LAPONCHE dans Les nouvelles régulations électriques 2 : productions, réseaux et demande, Hermès Science Lavoisier, 2012, p. 237

475 Les résultats sont obtenus en multipliant la proportion par la somme des coefficients choisis

476 Jacques PERCEBOIS et Claude MANDIL, Rapport énergies 2050, Ministère de l'Économie, des Finances et de l'Industrie, Février 2012, p. 108

énergétique, sociale et du logement qui doivent être conciliées et qui pourraient aboutir à conserver les coefficients proposées dans la proposition de loi BROTTES[477].

> *En bref*
>
> L'évaluation sommaire des coefficients de la proposition de loi BROTTES ne donne pas des résultats trop différents. Toutefois, le critère géographique pourrait être atténué, les coefficients du critère de composition du foyer pourraient être légèrement réduits.

### D - LA PRIORITE A L'EFFACEMENT

Nous avons déjà abordé la question du pic de puissance hivernal. C'est un sujet suffisamment important pour que nous complétions notre analyse avec des éléments juridiques dans le cadre des incitations au changement des comportements car c'est actuellement probablement le domaine prioritaire. Il a fait l'objet du décret n°2012-1405 du 14 décembre 2012 qui crée **un mécanisme d'obligation de capacités (de production ou d'effacement)** pour les fournisseurs[478]. La période de pointe y est également définie clairement comme désignant les heures d'une année de livraison durant lesquelles le risque de défaillance est le plus élevé, en particulier celles durant lesquelles la consommation nationale est la plus élevée. Et l'article 26 demande à la C.R.E. d'organiser un appel à projets « *destiné à contribuer à la sécurité d'approvisionnement en électricité* [...] *sur la période hivernale 2015-2016* [...] *ouvert* [...] *aux installations de production et aux effacements de consommation susceptibles de contribuer à la réduction du risque de défaillance sur la période hivernale 2015-2016* ».

L'article L. 321-19 du code de l'énergie dispose que le gestionnaire du réseau de transport d'électricité a la possibilité d'effacer les consommateurs finals à profil d'interruption instantanée en cas de menace grave et immédiate sur le fonctionnement normal du réseau public de transport. La capacité interruptible des sites agréés, fixée par arrêté[479] après avis favorable

---

477 Texte adopté N°94, Proposition de loi visant à préparer la transition vers un système énergétique sobre et portant diverses dispositions sur la tarification de l'eau et sur les éoliennes (texte définitif), Assemblée nationale, 11 mars 2013

478 Décret n°2012-1405 du 14 décembre 2012 relatif à la contribution des fournisseurs à la sécurité d'approvisionnement en électricité et portant création d'un mécanisme d'obligation de capacité dans le secteur de l'électricité (Journal Officiel 18 décembre 2012)

479 Arrêté du 10 décembre 2012 pris en application de l'article L. 321-19 du code de l'énergie (Journal Officiel 29 décembre 2012)

de la Commission de régulation de l'énergie[480], est comprise entre 60 et 300 MW.

L'effacement de consommation est une mesure intéressante pour éviter d'avoir recours à des moyens de production complémentaires à forte émission de $CO_2$ en période de forte demande énergétique. L'Union européenne le considère « *comme un moyen important d'améliorer l'efficacité énergétique* [...] *grâce à une utilisation plus rationnelle des réseaux et des actifs de productions* »[481].

En France, avant le 17 avril 2013, en matière de sécurité du réseau électrique, une innovation importante a été réalisée avec la loi NOME du 7 décembre 2010 à l'article 6 qui impose à chaque fournisseur d'électricité une obligation de contribution à la sécurité d'approvisionnement en électricité tel qu'il doit notamment « ***disposer de garanties directes ou indirectes de capacités d'effacement*** [...] *pouvant être mises en œuvre pour satisfaire l'équilibre entre la production et la consommation sur le territoire métropolitain continental, notamment lors des périodes où la consommation de l'ensemble des consommateurs est la plus élevée* ». Et elle crée en second lieu une nouvelle catégorie de consommateurs finals dits « *à profil d'interruption instantanée* »[482], pour lesquels le gestionnaire du réseau public de transport pourra procéder, à son initiative, à l'interruption instantanée de leur consommation en cas de menace grave et immédiate de déséquilibre sur le réseau comme le souligne Jacqueline RIFFAULT-SILK dans son analyse sur la régulation de l'énergie[483]. La loi NOME prévoit par ailleurs des sanctions en cas de non-respect par les fournisseurs de leurs obligations vis-à-vis de la sécurité d'approvisionnement de l'électricité.

Toutefois, la loi NOME ne fixait pas de hiérarchie d'utilisation des capacités d'effacement de chaque fournisseur par rapport à leur capacité de consommation ou de production par des appels à des réserves mobilisables.

Depuis le 17 avril 2013, le code de l'énergie, modifié par la loi n°2013-312 du 15 avril 2013[484], dispose à l'article L271-1 qu'un décret en Conseil d'État prévoit les règles « *pour un opérateur d'effacement* [de pouvoir] *procéder à*

---

480 Délibération de la C.R.E. du 19 avril 2012 portant avis sur le projet d'arrêté pris pour application de l'article L. 321-19 du code de l'énergie relatif au dispositif d'interruptibilité (Journal Officiel 29 décembre 2012)

481 Considérants 44 et 45 de la directive 2012/27/UE du Parlement européen et du Conseil du 25 octobre 2012 relative à l'efficacité énergétique, modifiant les directives 2009/125/CE et 2010/30/UE et abrogeant les directives 2004/8/CE et 2006/32/CE (Journal Officiel Union Européenne 14 novembre 2012)

482 Article 10 de la loi NOME

483 Jacqueline RIFFAULT-SILK, La régulation de l'énergie : bilan et réformes, Revue internationale de droit économique, 2011/1 t.XXV, p. 5-41

484 Loi n°2013-312 du 15 avril 2013 visant à préparer la transition vers un système énergétique sobre et portant diverses dispositions sur la tarification de l'eau et sur les éoliennes (Journal Officiel 16 avril 2013)

*des effacements de consommation, indépendamment de l'accord du fournisseur d'électricité des sites concernés et de les valoriser sur les marchés de l'énergie ou sur le mécanisme d'ajustement mentionné au même article L. 321-10, ainsi qu'un régime de versement de l'opérateur d'effacement vers les fournisseurs d'électricité des sites effacés.* [...] *Une prime est versée aux opérateurs d'effacement, prenant en compte les avantages de l'effacement pour la collectivité* [...] ».

Ainsi, même si l'article de la proposition de loi BROTTES relatif à la mise en place d'un dispositif de bonus-malus a été rejeté par le Conseil constitutionnel, il reste quelques dispositions adoptées avec davantage de discrétion dans cette loi comme cette **priorité donnée à l'effacement**. Il s'agit d'un changement majeur qui s'inscrit dans la politique de sobriété énergétique.

Sans compter la croissance industrielle, deux autres points sont également significatifs par rapport au pic hivernal. Le premier point est la croissance progressive de l'électricité comme mode de source énergétique dans l'automobile. Certes, il n'est pas envisagé *a priori* un essor fulgurant mais le surplus d'énergie électrique supplémentaire nécessaire à l'horizon 2020 a toutefois été évalué à 6 TWh/an[485]. Un second point d'effet moindre est la croissance démographique qui progresse au rythme de 0,15% par an environ. Par ailleurs, puisque les capacités en France sont utilisées au maximum en période de pointe, il n'est plus possible d'exporter d'électricité à ces moments de l'année.

Donc **l'effacement est une solution**. Elle peut se traduire concrètement par des effacements diffus pour le consommateur final à l'aide d'un boitier électronique qui pilote les appareils électriques (réfrigérateurs, chauffe-eau, radiateurs, ...) à distance et provoque des mini-coupures n'occasionnant qu'une gêne minime. Mais ce n'est pas la seule solution puisqu'il est aussi possible de réduire la consommation et une comparaison entre les courbes de puissances appelées en France et en Allemagne en période creuse et en période de pointe est intéressante. En effet, si nous prenons deux dates, nous constatons que la puissance appelée le 15 décembre 2010 est plus élevée par rapport à celle appelée le 18 août 2010 de l'ordre de :

- 15 à 40% selon l'heure de la journée en Allemagne ;
- 80 à 100% selon l'heure de la journée en France[486].

**Le développement du chauffage électrique en France dans le résidentiel et le tertiaire est l'explication principale**. En Italie, l'*Autorità per l'energica elettrita e il gas* a publié la résolution 204/2013/R/EEL récemment dans laquelle elle explique que la structure tarifaire (tarification

[485] Paul MATHIS, Les énergies : Comprendre les enjeux, Éditions Quae, 2011, p. 173

[486] Benjamin DESSUS et Bernard LAPONCHE dans Les nouvelles régulations électriques 2 : productions, réseaux et demande, Hermès Science Lavoisier, 2012

progressive) de l'électricité a en effet découragé l'utilisation de l'électricité pour le chauffage domestique (principalement des aliments de cuisson, la production d'eau chaude sanitaire et chauffage) au profit du gaz naturel.

Le choix de la source d'énergie de chauffage effectué à la construction neuve d'un bâtiment est réalisé pour plusieurs décennies et si l'option gaz naturel est actuellement la plus intéressante pour au moins deux raisons, la gestion de la pointe et le prix bas du gaz naturel, ce ne sera peut-être plus le cas dans vingt ans. Donc **les effacements organisés restent bien la meilleure solution** pour laquelle la C.R.E. considère qu'ils « *devraient à terme participer efficacement à l'ensemble des maillons de la chaîne du système électrique, constituant un outil supplémentaire, sinon indispensable, au service de la transition énergétique* »[487].

> *En bref*
>
> La tarification progressive couplée à une politique d'incitation vers les constructeurs et les sociétés de rénovation dans le secteur du logement peut contribuer à réorienter davantage le choix de la source d'énergie des systèmes de chauffage de l'électricité vers le gaz naturel mais il ne faut pas perdre de vue que ces choix sont engageants sur le long terme.
>
> Les métiers de l'effacement sont amenés à se développer avec la priorité donnée à l'effacement par détermination de la loi, qui reste la solution la plus efficace à l'horizon 2020.

## II - DES LIMITES AUX EFFETS DU CHANGEMENT

Le changement des comportements apparaît possible à condition d'utiliser de bons leviers, des incitations pertinentes. L'économie comportementale et la loi devraient permettre d'arriver aux résultats escomptés. Toutefois, un certain nombre de limites avérées ou potentielles méritent d'être mentionnées en raison d'effets négatifs de ralentissement, de coût supplémentaire, d'affaiblissement des industriels, … Ainsi, de la règlementation qui peut certainement être améliorée (**A**) à l'action publique (**D**) en passant par un point sur la réalité économique (**B**) puis un point particulier sur le rôle de la tarification progressive vis-à-vis de la précarité énergétique sous l'angle de l'économie de l'énergie (**C**), nous montrons certaines limites qui ne remettent pas en cause les résultats précédents.

### A - UNE REGLEMENTATION ENCORE INSUFFISANTE

Le cadre législatif et règlementaire a beaucoup évolué depuis le début de la libéralisation du secteur de l'énergie en 1996 avec le début de la dé-intégration de l'opérateur historique et la dernière réforme considérée

[487] Rapport d'activité 2012, C.R.E., 4 juillet 2013, p. 114

comme la plus profonde depuis la loi nationalisation d'EDF en 1946[488], à savoir la loi NOME qui a créé le remarquable mécanisme de l'accès régulé à l'électricité nucléaire historique (A.R.E.N.H.) qui de l'avis général, y compris de la Commission européenne[489], est de nature à favoriser le développement du marché concurrentiel de l'électricité. Mais, le code de l'énergie qui regroupe tous les textes entrés en vigueur depuis une quinzaine d'années en parallèle des directives de l'Union européenne et de l'ouverture au marché, est très récent et il peut encore contenir des points faibles que les industriels du secteur de l'électricité peuvent être amenés à exploiter (**2**) du fait d'intérêts divergents ou de leurs stratégies d'entreprise (**1**).

### 1 - *Les intérêts divergents des industriels et leurs stratégies*

Pour résumer la logique industrielle, nous proposons d'utiliser l'heuristique suivante : il s'agit d'un mix de stratégies d'horizons temporels différents basés sur l'augmentation du chiffre d'affaires et sur celle du résultat net. Dans cette compétition pour gagner des parts de marché sur le territoire national et extranational, les industriels mettent en œuvre des stratégies variées pour y parvenir. L'environnement (législatif ou règlementaire, sociétal, climatique ou environnemental, technologique, économique) doit être exploité dans ce but et nous envisageons alors quelques stratégies possibles en vue de répondre à cette logique.

*Les stratégies des entreprises et la tarification progressive*

Les stratégies des entreprises peuvent avoir pour effet de créer des distorsions de marché. Il peut en résulter des augmentations de certains prix au détriment du consommateur. Il convient donc de se poser la question de la possibilité de mise en place de stratégies d'entreprises pouvant avoir un effet négatif sur la tarification différenciée ou progressive. Nous nous appuyons pour cela sur l'expertise de François MIRABEL[490] pour développer l'effet sur la tarification.

La première identifiée est la vente liée où une entreprise pourrait exploiter le développement des instruments et de la technologie visant à l'efficacité énergétique pour proposer des services énergétiques liés à des contrats de fourniture, par exemple la location d'une « Énergie-Box ». Cette stratégie pourrait permettre à un seul acteur ou à un petit nombre d'acteurs d'acquérir

---

[488] Loi n° 46-628 du 8 avril 1946 sur la nationalisation de l'électricité et du gaz (Journal Officiel 9 avril 1946)

[489] Décision de la commission du 12 juin 2012, concernant l'aide d'État SA.21918 (C 17/07) (ex NN 17/07) mise à exécution par la France – Tarifs réglementés de l'électricité en France [notifiée sous le numéro C(2012) 2559], J.O.U.E. C 398/10, 22 décembre 2012, p. 12-32, considérant 167

[490] François MIRABEL, La déréglementation des marchés de l'électricité et du gaz : Les grands enjeux économiques, Presses des Mines, 2012, p. 115-122

une position dominante sur le marché de la fourniture de l'électricité, qui entrerait en compétition avec le compteur intelligent et la tarification progressive puisque ce service énergétique proposerait certainement une interface ergonomique, intuitive d'aide à la maîtrise de la consommation mais pas trop pour ne pas trop faire baisser la consommation. Toutefois, couplé avec des capteurs de température répartis dans les pièces, des informations sur l'architecture du logement (conception, matériaux, année de construction), des échanges de données avec le service public de l'efficacité énergétique de l'habitat, ce pourrait être un instrument intéressant malgré tout.

La deuxième identifiée est le prix de prédation ou la collusion, où l'idée est de casser les prix actuels pour exclure des concurrents respectivement entrants ou installés et de faire monter les prix ensuite pour rattraper les pertes et profiter d'une nouvelle situation de position dominante, dans les deux cas au détriment du consommateur final. Les autorités de la concurrence sont vigilantes face à ce type de stratégie. Cela aurait pour conséquence d'atténuer les effets de mesures destinées à changer les comportements vers la sobriété énergétique.

*La tarification progressive et la croissance des entreprises*

Sur la tarification progressive, étant donné que son objectif est la sobriété énergétique, donc la diminution de la consommation d'électricité, sauf à disposer à court ou moyen terme de nouveaux débouchés (marché intérieur de l'électricité, véhicules électriques, location de microcentrales, entretien, ...), le bon sens nous incite à penser que les entreprises chercheraient à empêcher la mise en place de cette mesure. Nous devons également tenir compte du fait qu'il faut veiller à « *préserver la compétitivité de l'industrie* » par détermination de la loi[491] mais comme l'efficacité énergétique et par conséquent la sobriété énergétique sont des enjeux national et européen, **la question est alors plutôt de savoir quand serait le meilleur moment pour la mettre en application**. Le changement des comportements se trouverait certainement affecté d'une mise en place tardive, celui-ci devant être alors incité par les autres mesures (compteur intelligent, mesures incitatives du type de celles proposées par le Centre d'analyse stratégique, hausses généralisée des prix de l'énergie) sans parler de l'augmentation du risque sur

[491] L'article 2 de la loi POPE du 13 juillet 2005 dispose que : « Afin d'assurer un prix compétitif de l'énergie, la politique énergétique s'attache à conforter l'avantage que constitue pour la France le fait de bénéficier, grâce à ses choix technologiques, notamment en faveur de l'électricité nucléaire, d'une des électricités les moins chères d'Europe. Cette politique veille à préserver la compétitivité de l'industrie et, en particulier, des entreprises dont la rentabilité dépend fortement du coût de l'électricité. Le choix du bouquet énergétique, les modalités de financement des missions de service public de l'électricité et des politiques de maîtrise de l'énergie ainsi que les mécanismes de régulation concourent à cet objectif ».

la sécurité d'approvisionnement. Si ces autres mesures s'avèrent inefficaces pour cet objectif, leur image pourrait être affectée négativement en supplément d'autres effets sur l'image (*v. compteur aux Pays-Bas infra sect. II, I, A*).

Comme nous l'avons vu quand nous avons abordé la tarification progressive avec l'équilibre de STACKELBERG (*v. supra fin de première partie)*, en cas d'instauration du bonus-malus, le risque d'une diminution de la concurrence existe du fait d'une baisse du chiffre d'affaires et de l'exclusion des sociétés les moins efficaces du marché. On peut aussi relever que cette exclusion éventuelle des sociétés les moins efficaces n'est pas forcément un problème[492] dès lors que les capacités de production restantes permettent de garantir l'équilibre électrique à tout instant, y compris en période de pointe. Les producteurs d'énergie électrique les moins efficaces sont également ceux qui rejettent le plus de gaz à effets de serre. Notons que cette question des moins efficaces se pose actuellement avec les centrales thermiques en Allemagne qui fonctionnent trop peu (moins de 10% *a priori* dans certains cas) en raison de la concurrence des énergies renouvelables intermittentes soutenues financièrement. Nous n'allons pas plus loin sur cet aspect puisque l'objectif de notre étude n'est pas d'analyser l'adéquation future des capacités de production à une consommation plus sobre et à des optimisations obtenues grâce aux interconnexions, aux *smart grids*, ou aux consommateurs finals acteurs et énergétiquement sobres.

Sur la question du bon moment pour instaurer la tarification progressive, il est également nécessaire de tenir compte des stratégies des industriels en se plaçant sur un plan européen car si l'effet est une réduction trop forte du chiffre d'affaires, la conséquence peut être une fragilisation des industriels français par rapport aux industriels des autres États membres qui ne mettraient pas en place des mesures de sobriété énergétique alors que la France l'aurait fait. Ce risque est toutefois à nuancer puisque qu'en 2010, alors que la tarification progressive de l'électricité s'appliquait (et s'applique) en Italie depuis des décennies, la société Enel était classée quatrième au classement mondial des entreprises productrices d'électricité en puissance installée[493].

*Les concurrents de l'opérateur historique et les tarifs régulés*

Les fournisseurs alternatifs d'électricité ont réagi à plusieurs reprises par rapport aux tarifs réglementés de vente.

En 2008, le fournisseur alternatif Poweo a saisi le Conseil d'État car il estimait que les tarifs réglementés de vente de l'électricité fixés par l'arrêté

---

492 Hors questions relatives à l'emploi des personnels au chômage

493 Site http://lexpansion.lexpress.fr/entreprise/les-10-plus-gros-producteurs-d-electricite-dans-le-monde_237116.html?p=4#main consulté le 21 août 2013

du 12 août 2008 n'étaient pas assez hauts et il demandait son annulation. Dans son arrêt Société Poweo du 1er juillet 2010[494], le Conseil d'État a annulé cet arrêté puisque l'augmentation des tarifs jaunes et verts avait été fixée à un niveau insuffisant pour assurer la couverture des coûts moyens complets de chaque opérateur.

En 2009, le Syndicat intercommunal de la périphérie de Paris pour l'électricité et les réseaux de communication (Sipperec) a saisi le Conseil d'État sur la fixation des tarifs réglementés de vente d'électricité. Il s'agit de l'arrêt Sipperec du Conseil d'État du 22 octobre 2012[495] et de l'annulation de l'arrêté du 13 août 2009[496] que nous avons déjà vu *supra.*

Sur la tarification différenciée entre les tarifs verts et jaunes et les tarifs en ordre de marché, les concurrents d'EDF pouvaient avoir intérêt à supprimer ces tarifs régulés. Dans la décision de la Commission européenne du 12 juin 2012[497] relative aux aides d'état et qui demande la suppression des tarifs verts et jaunes (ce qui sera fait au 1er janvier 2016), plusieurs fournisseurs d'électricité ont en effet fait part de leurs observations à la Commission européenne en 2007 : « *POWEO* [...] *indique partager l'analyse de la Commission quant à l'existence d'une aide d'État* [,] *ENEL estime que les tarifs historiques sont trop bas, que les tarifs de retour spolient les opérateurs alternatifs* [,] *Electrabel, par courrier du 19 septembre 2007, estime que l'aide fournit un avantage à certains fournisseurs d'électricité* ». Notons toutefois que c'était avant la loi NOME et le tarif A.R.E.N.H. Certains concurrents d'EDF pourraient alors également vouloir essayer de supprimer les tarifs bleus soit par des actions de lobbying ou des actions en justice, il ne resterait alors plus que les tarifs en ordre de marché s'agissant de la tarification de la fourniture sur ce segment de puissance. Toutefois, nous n'avons pas trouvé de contentieux sur le sujet qui essaierait de remettre en cause ce tarif régulé actuellement.

Avec la tarification progressive qui dynamise les prix et la concurrence, et l'A.R.E.N.H. pour que les opérateurs alternatifs ne partent pas avec un handicap d'efficacité au départ par rapport à EDF, on pourrait penser que le risque de réclamations des opérateurs alternatifs sera atténué du fait de possibilités nouvelles qui leur sont données (à tous) d'être créatifs et d'ajouter des offres innovantes à leurs catalogues.

---

494 N°321595 Conseil d'État, Décision du Conseil d'État, Société Poweo, 1er juillet 2010

495 N°332641 Conseil d'État, Décision du Conseil d'État statuant en contentieux, Conseil d'État, 22 octobre 2012

496 Arrêté du 13 août 2009 relatif aux tarifs réglementés de vente de l'électricité (Journal Officiel 14 août 2009)

497 Décision de la commission du 12 juin 2012, concernant l'aide d'État SA.21918 (C 17/07) (ex NN 17/07) mise à exécution par la France – Tarifs réglementés de l'électricité en France [notifiée sous le numéro C(2012) 2559], J.O.U.E. C 398/10, 22 décembre 2012, p. 12-32

*La stratégie de confusion*

Une stratégie du groupe EDF SA a consisté à entretenir une confusion entre ses activités propres de production et fourniture, et celles de ses filiales. Jacqueline RIFFAULT-SILK[498], dans son étude en termes de bilan et réformes sur la régulation de l'énergie, relève plusieurs exemples de cas où l'Autorité de la concurrence a dû prendre des mesures conservatoires ou prononcé des sanctions pécuniaires à l'encontre d'EDF. Le groupe EDF SA continue encore actuellement d'entretenir une certaine confusion. Nous avons une illustration de ce phénomène avec un exemple récent cet été 2013. Il s'agit du partenariat et de la publicité avec l'affichage du dessin de la filiale ERDF sur France 2 pour la 100e édition du tour de France puis de ceux d'EDF pour les championnats du monde de natation 2013 à Barcelone et pour les championnats du monde d'athlétisme handisport 2013 à Lyon. Nous avons donc pu voir à la télévision les deux identités visuelles suivantes[499] :

*Source : sites officiels d'EDF et d'ERDF*

**Figure 43 – Identités visuelles d'EDF et d'ERDF**

Pourtant le code de l'énergie dispose à l'article L111-64 que : « *La société gestionnaire d'un réseau de distribution desservant plus de 100 000 clients et les sociétés de production ou de fourniture qui la contrôlent au sens de l'article L. 233-3 et du III de l'article L.430-1 du code de commerce* ***s'abstiennent de toute confusion entre leur identité sociale, leurs pratiques de communication et leur stratégie de marque****. À cet effet, la société gestionnaire du réseau de distribution est propriétaire de la ou des marques qui l'identifient en tant que gestionnaire de réseau de distribution. Elle seule en gère l'utilisation* ».

Le problème avec cette confusion entretenue est qu'elle ralentit la possibilité de prise de parts de marchés des fournisseurs alternatifs sur le territoire national à EDF donc des prises de risques supplémentaires de ces entreprises qui pourraient être tentées de **proposer des offres tarifaires innovantes avec des tarifs davantage différenciés qu'actuellement** où en résumé, pour la catégorie des tarifs bleus, les ménages n'ont le choix qu'entre du 100% vert ou du mix énergétique, de base ou différenciant les heures creuses et heures pleines.

---

[498] Jacqueline RIFFAULT-SILK, La régulation de l'énergie : bilan et réformes, Revue internationale de droit économique, 2011/1 t.XXV, p. 5-41

[499] Elles sont présentées ici en nuances de gris sachant que les couleurs officielles les distinguent davantage

Par ailleurs, l'Autorité de la concurrence, dans sa décision du 14 février 2013[500], au considérant 169 conclut que : « *Il ne peut être exclu, à ce stade de l'instruction, que les pratiques de discrimination ou de favoritisme évoquées ci-dessus aient été mises en œuvre à différents niveaux du groupe EDF pour, par exemple, ralentir le traitement de certains dossiers relatifs aux concurrents d'EDF et accélérer le traitement des dossiers relatifs aux filiales EDF EN, EDF ENR et EDF ENRS* ».

*La stratégie boursière*

Nous avons voulu voir s'il pouvait y avoir une corrélation entre notamment les hausses de tarifs règlementés (flèches noires) ou la loi NOME (ligne verticale) et l'évolution du cours de l'action EDF depuis son introduction en bourse en 2005 en regard de l'évolution de l'indice de référence CAC 40 :

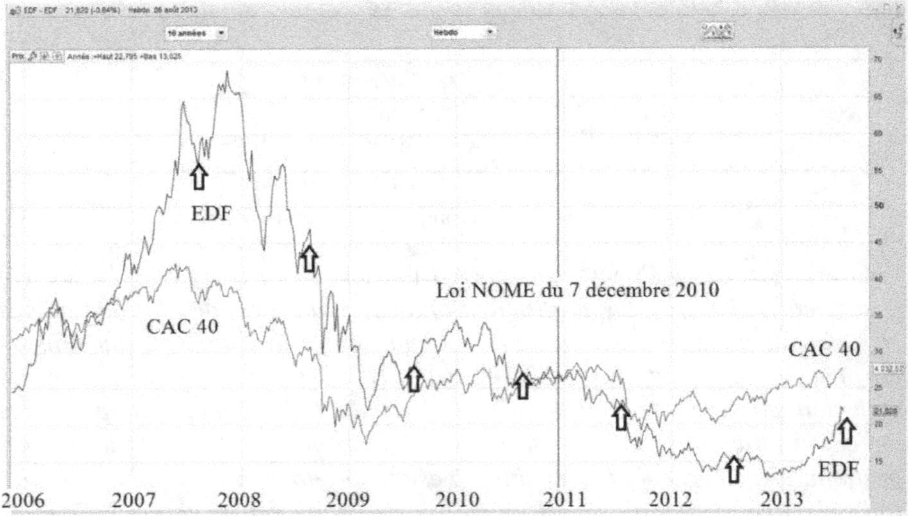


*Source : ProRealTime.com*

**Figure 44 – Évolution du cours de bourse d'EDF SA**

Les mouvements haussiers (trois) ou baissiers (trois) dans les semaines qui ont suivi les hausses des tarifs régulés ne nous permettent pas d'en tirer de conclusion. La loi NOME arrive avant la catastrophe de Fukushima le 11 mars 2011 au Japon et après une période de forte baisse de l'action, EDF ayant été plus affectée que d'autres entreprises par la crise financière de 2008. On ne peut donc rien en déduire non plus.

Il ne nous est donc pas possible, sur la base d'une comparaison avec l'évolution boursière de l'opérateur historique, d'effectuer une corrélation

[500] Décision n° 13-D-04 relative à une demande de mesures conservatoires concernant des pratiques mises en œuvre par le groupe EDF dans le secteur de l'électricité photovoltaïque, Autorité de la concurrence, 14 février 2013

avec une stratégie d'entreprise et la relier à la tarification progressive mais nous n'avons peut-être pas choisi les bons exemples de tarification ou de loi.

*En synthèse sur les stratégies des entreprises d'électricité*

Après avoir constaté qu'il est possible que les stratégies industrielles aient des conséquences négatives sur la tarification progressive *in fine* dès lors, aussi, qu'on considère que le fait de limiter l'amplitude de choix du consommateur final ne tend pas à le rendre plus dynamique au bénéfice du fonctionnement du marché plus efficace, nous poursuivons l'analyse par l'utilisation du cadre juridique par ces entreprises d'électricité.

### 2 - *L'exploitation du cadre législatif et réglementaire par les industriels*

Le code de l'énergie a été créé récemment. Il existe certainement des failles que les industriels pourraient exploiter dans leur intérêt. Nous avons déjà noté *supra* que les fournisseurs alternatifs n'avaient pas hésité à saisir la justice ou à écrire à la Commission européenne. Nous avons identifié quelques possibilités que nous présentons ici.

*Les fusions-acquisitions*

Une des stratégies consubstantielle de la création du marché intérieur de l'électricité peut être celle de fusions-acquisitions et de contrôle des structures résultantes. L'auteur François MIRABEL[501] analyse notamment les fusions d'entreprises verticales ou horizontales. Actuellement, avec la dé-intégration des entreprises verticalement intégrées voulue par l'Union européenne depuis la libéralisation en 1996 (mais on pourrait sans doute remonter l'origine aux années 1970 aux États-Unis sous l'influence des économistes de l'École de Chicago dont les « *travaux invitaient à réfléchir à une dissociation partielle entre, d'une part, les activités potentiellement concurrentielles et, d'autre part, les activités en monopole naturel* »[502]), cette question s'étudie plutôt au niveau de l'Europe et nous n'allons pas plus loin ici car le lien avec la tarification progressive se distend et le T.U.R.P.E. européen ne sera pas mis en place dans un avenir proche.

---

[501] Loi n° 46-628 du 8 avril 1946 sur la nationalisation de l'électricité et du gaz (Journal Officiel 9 avril 1946)

[502] Guillaume DEZOBRY, L'indépendance des autorités de régulation économique à l'égard des opérateurs régulés, Revue française d'administration publique, 2012/3 n° 143, p. 646-647

*Le groupement Exeltium*

Le contrat entre Exeltium (qui regroupe vingt-six grandes entreprises électro-intensives) et EDF pour la fourniture de 311 TWh sur 24 ans[503] est un exemple de contrat long terme qui certes sécurise les deux parties, l'une sur des prix garantis face à la volatilité, l'autre pour son investissement dans le développement de son parc nucléaire, mais pose des problèmes de concurrence identifiés par la Commission européenne[504] et EDF est désormais tenue à des engagements notamment de limitation en volume et en durée depuis la décision du 17 mars 2010[505]. Sans cela, la tarification différenciée entre les trois segments (verts, jaunes, bleus) serait faussée au détriment des petits consommateurs dès lors que l'offre peine à suivre la demande notamment en période de pointe. La tarification progressive étendue aux professionnels serait également faussée parce qu'elle limiterait les possibilités de tarification dégressive en opposition d'effet appliqués aux petits consommateurs, cette tarification dégressive ayant été *de facto* déjà anticipée.

*Les stratégies d'influence auprès des institutions européennes*

La représentation d'intérêts (*lobbying*) à l'Union européenne est une activité qui fait l'objet d'un registre de transparence géré par le Parlement européen et la Commission européenne et qui est soutenu par le Conseil de l'Union européenne. On y trouve Électricité de France, GDF Suez, Poweo Direct Énergie, E.ON SE,[506] ... bref à peu près tous les opérateurs d'électricité producteurs ou fournisseurs qui sont donc plus ou moins actifs auprès de ces institutions. Toutefois, on n'a pas pu faire réellement de lien entre ces activités et la tarification différenciée ou progressive, sauf récemment quand les dirigeants de dix grands groupes énergétiques européens[507] ont plaidé, à Bruxelles, pour l'arrêt des aides d'état accordées à certaines énergies renouvelables matures et la mise en place d'un financement pour des

---

503Le fonctionnement des marchés de détail français de l'électricité et du gaz naturel : Rapport 2011-2012, C.R.E., Janvier 2013, p. 31

504 *Ibidem*

505 Décision de la commission (Résumé) du 17 mars 2010 relative à une procédure d'application de l'article 102 du traité sur le fonctionnement de l'Union européenne et de l'article 54 de l'accord EEE (Affaire COMP/39.386 — Contrats long terme France), J.O.U.E., 22 mai 2010

506 Site http://ec.europa.eu/transparencyregister/public/consultation/search.do?locale=fr&reset= consulté le 7 août 2013

507 Le groupe des dix réunit les groupes français GDF-Suez, italiens ENI et ENEL, allemands E-ON et RWE, suédois Vattenfall, espagnols GasNatural Fenosa et Iberdrola, néerlandais GasTerra et tchèque CEZ. A eux seuls, ils représentent 50% de la production électrique en Europe, 30% de la capacité en énergies renouvelables

centrales à gaz qui seraient nécessaires pour passer les pics de consommation[508].

*Les énergéticiens contre les aides aux énergies renouvelables sous sa forme actuelle*

Nous avons notamment analysé la distorsion de marché sur les bourses de l'électricité (*v. para. supra, Les bourses de l'électricité, ses effets sur la tarification en aval*) avec la formation de prix négatifs et montré les écarts importants qui existaient en matière de taxes sur l'électricité entre les États membres (*v. para. supra, Une fiscalité de l'électricité en développement*). Cette politique de soutien aux énergies renouvelables telle qu'elle existe actuellement commence à générer des effets pervers affectant le fonctionnement du marché intérieur de l'électricité et faisant peser un risque accru de rupture d'approvisionnement d'électricité en période hivernale dans les années à venir selon les conditions météorologiques, les pics de consommation et les centrales au gaz ou au charbon arrêtées faute d'une rentabilité suffisante. En réaction, ce sont dix groupes industriels parmi les plus puissants en Europe (sauf EDF) qui ont engagé des actions de lobbying auprès de la Commission européenne et des chefs d'État[509] pour influer sur la politique énergétique en faveur d'une sélectivité des aides publiques selon la maturité des énergies renouvelables. Ces actions sont visibles dans la presse depuis début octobre 2013[510] mais il est encore trop tôt pour mesurer les résultats de ce lobbying ou si les pouvoirs publics des États membres concernés réagiront et comment. Il semblerait toutefois que la Commission européenne s'apprête à proposer de nouvelles règles pour encadrer les aides d'état dans le secteur énergétique. Par ailleurs, c'est aussi un véritable marché de capacités qui est plaidé par ces dix entreprises pour assurer la sécurité d'approvisionnement. On constate par ailleurs que cette action de lobbying aura aussi pour conséquence, si elle réussit, de protéger d'une certaine façon les parts de marché de ces dix groupes vis-à-vis de nouveaux entrants sur les marchés des énergies renouvelables matures.

[508] Article AFP du 11 octobre 2013 : UE: les énergéticiens veulent la fin des aides aux renouvelables. Site http://www.boursorama.com/actualites/ue-les-energeticiens-veulent-la-fin-des-aides-aux-renouvelables-8de0ac4d267007e0ef5560ca4c4fb461 consulté le 11 octobre 2013 ;

[509] Johannes TEYSSEN, le président de l'association des électriciens européens Eurelectric, a obtenu récemment des invitations de plusieurs chefs d'État (Pays-Bas, Italie, Allemagne) (Site : http://www.lesechos.fr/entreprises-secteurs/energie-environnement/actu/0203082382788-johannes-teyssen-les-energies-renouvelables-ne-doivent-plus-etre-considerees-comme-immatures-621076.php?xtor=RSS-2007 consulté le 26 octobre 2013)

[510] Article Les Échos du 7 octobre 2013 : Bruxelles veut revoir les aides publiques aux énergies renouvelables. Site http://www.lesechos.fr/entreprises-secteurs/energie-environnement/actu/0203051870690-bruxelles-veut-revoir-les-aides-publiques-aux-energies-renouvelables-614609.php consulté le 26 octobre 2013

*L'asymétrie d'information*

Comme nous l'avons déjà abordé dans la première section de cette étude sur les effets de la Commission de régulation de l'énergie, les risques de capture et d'asymétrie d'information sont à prendre au sérieux.

Ainsi, s'agissant de l'asymétrie d'information, une stratégie d'EDF peut être de profiter d'un manque de moyens humains pour certes respecter les règles, mais communiquer l'information nécessaire à la C.R.E. pour bâtir des propositions de tarifs régulés de manière à en compliquer l'exploitation par l'abondance ou par la complexification de la présentation des informations.

> *En bref*
>
> La politique énergétique relative aux aides publiques en faveur des énergies renouvelables pourrait évoluer, les principaux énergéticiens européens ayant engagé une stratégie d'influence auprès de la Commission européenne afin de corriger la distorsion de marché actuelle.
>
> La tarification progressive, si elle est aussi efficace qu'on peut le montrer dans la présente étude en termes de diminution de la consommation d'électricité, se heurte logiquement à l'intérêt divergent des opérateurs historique et alternatifs d'accroître continuellement leurs chiffres d'affaires et leurs bénéfices sauf à ce qu'ils puissent conquérir de nouveaux marchés. Ce pourra être le cas avec le marché intérieur de l'électricité en achèvement. La question de l'instauration de la tarification progressive devient alors celle du meilleur moment pour l'instaurer dans l'intérêt général en conciliant la bonne santé financière des entreprises de ce secteur et celle des consommateurs finals.
>
> L'un des dessins et l'une des marques EDF ou ERDF devrait changer pour être conforme au code de l'énergie. La confusion actuelle qui résulte d'une non-distinction visuelle claire est de nature à créer une distorsion dans la concurrence et de ralentir la transition du petit consommateur final d'un rôle passif à un rôle actif donc de ralentir le processus d'élargissement des gammes d'offres des fournisseurs alternatifs d'électricité avec de nouveaux tarifs différenciés.
>
> Et la question des moyens de la Commission de régulation de l'énergie est un vrai sujet.

### B - LA REALITE ECONOMIQUE

Nous pourrions considérer qu'on entre à marche forcée dans la transition énergétique eu égard à l'idée que nous n'étions pas dans une crise économique habituelle, pas par son ampleur mais du fait qu'on vivrait actuellement une sorte de transition civilisationnelle ou économique, une troisième révolution selon Jeremy RIFKIN, une décompression selon Philippe

DESSERTINE, une voie éco-réformatrice selon Edgar MORIN pour ne reprendre que ces exemples. Deux points nous semblent pouvoir être affirmés :

- pour sa sécurité énergétique (indépendance, approvisionnement), l'Europe dans son ensemble doit viser des modes de consommation de l'énergie plus efficients quelle que soit la voie choisie ;
- notre pouvoir d'achat ne s'améliorera pas beaucoup dans les années à venir du fait des conditions d'environnement énergétique : le prix de l'énergie augmente structurellement, les investissements à réaliser pour l'efficacité énergétique du logement sont énormes, le déploiement de certaines nouvelles technologies de production et de stockage d'électricité sont à confirmer ou sont très incertaines.

Nous avons donc montré que le changement des comportements était nécessaire et possible afin d'aller chercher des gisements d'économies qui sont connus. Toutefois, il faut aussi prendre en compte la réalité économique et notamment l'incertitude sur le retour sur investissement de la réhabilitation des logements (**1**), la précarité énergétique qui ne cesse d'augmenter (**2**), la captation de bénéfices anormaux par les industriels du secteur électrique (**3**) ou l'effet rebond qui peut se produire (**4**).

### 1 - *L'incertitude sur le retour sur investissement des travaux d'amélioration énergétique*

Nous avons déjà abordé les coûts dans le cadre de l'évaluation des gisements d'économie dans le bâtiment. Il ne fait aucun doute qu'en fonction des différents scénarios prévisionnels, des prix de l'énergie, du prix des quotas de $CO_2$, des comportements individuels et collectifs, le retour sur investissement sera plus au moins long.

Dans le cadre de cette étude nous retenons simplement que l'énergie négative par la sobriété énergétique et **le changement des comportements est certainement plus rapide à obtenir que la rénovation du parc résidentiel et professionnel public et privé**.

### 2 - *La précarité énergétique en augmentation, un frein*

La précarité énergétique touchait de l'ordre de 4 millions de foyers en 2006 et elle n'a cessé de progresser depuis. Elle concerne environ un ménage sur sept[511] qui dépense plus de 10% de ses revenus en énergie. Le taux d'effort énergétique décroît inversement par rapport au niveau des revenus et en 2006, il est en moyenne de 9,3% pour les ménages les plus pauvres du premier quartile des revenus contre 2,7% pour les ménages les plus aisés du quatrième quartile des revenus. Les pourcentages des ménages déclarant

---

[511] Service de l'observation des statistiques, Références, État du logement en 2011, Commissariat du développement durable, Juin 2013, p. 28

avoir eu froid sont similaires, respectivement 9,1% et 2,8%. Il faudrait toutefois moduler ces chiffres en ajoutant que selon la Fondation Abbé Pierre, « *plus de 600 000 ménages dont le taux d'effort est inférieur à 10% se priveraient d'énergie* »[512].

Par ailleurs, la C.R.E. relève que 42% des foyers affirment avoir restreint leur chauffage durant l'hiver 2011-2012 et 11% avoir eu des difficultés à payer leur facture d'électricité ou de gaz naturel[513]. Sur l'ensemble des dossiers traités par le médiateur de l'énergie en 2012, 18% concernaient des difficultés de paiement avec une dette moyenne supérieure à 1 900 €[514]. Cependant, l'hiver 2012 a été particulièrement froid.

Dans ce cadre, quelles que soient les mesures incitatives au changement des comportements, une partie de la population ne pourra alors pas faire grand-chose tout simplement parce qu'elle n'en a pas les moyens, étant touchée par la précarité énergétique et il est inutile de les intégrer dans les mêmes modélisations issues de l'économie comportementale (*v. Daniel* KAHNEMAN[515]), il faut imaginer des politiques publiques qui leur sont adaptées (tarif de première nécessité, chèque énergie, ...).

Éloi LAURENT analyse le cas de la précarité énergétique pour une justice environnementale européenne[516]. Selon l'auteur, les inégalités énergétiques au sein des pays européens prennent le visage de la précarité énergétique et constitue « *une véritable bombe sociale à retardement dès lors qu'elle dépend de trois facteurs qui s'aggravent dans la période actuelle : la faiblesse du revenu, de mauvaises conditions de logement et des prix élevés de l'énergie* ». Il prend le cas particulier du Royaume-Uni où la pauvreté énergétique a explosé de 2004 à 2009, elle est passée de 5,9% à 18,4% des ménages, et le pays a mis en place le programme « *Warm Front* » dès 2000. En France, les politiques publiques se mettent en place avec dix ans de décalage par rapport au Royaume-Uni alors que les inégalités énergétiques se sont creusées depuis une vingtaine d'années[517].

Mais, il semble qu'il faille nuancer cette analyse. En effet, dans le cadre de l'enquête nationale sur le logement réalisée par l'Institut national de la

---

512 Panorama énergies-climat édition 2013, Ministère de l'écologie, du développement durable et de l'énergie, 30 juillet 2013, p. 14

513 Rapport d'activité 2012, C.R.E., 4 juillet 2013, p. 129 ; Le médiateur national de l'énergie, 6ème édition du baromètre annuel Énergie-Info sur l'ouverture des marchés, C.R.E., 30 octobre 2012

514 Rapport d'activité 2012, Le médiateur de l'énergie, Juin 2013, p. 124

515 Daniel KAHNEMAN, Système 1 système 2 : les deux vitesses de la pensée, Flammarion pour la traduction française, 2013, p. 358

516 Éloi LAURENT, Pour une justice environnementale européenne : Le cas de la précarité énergétique, Revue de l'OFCE, 2012/1 n° 120, p. 99-120

517 *Ibidem*, p. 109-110

statistique et des études économiques en 2006[518], les ménages en précarité énergétique dont le taux d'effort énergétique était supérieur à 10% de leur revenu représentaient :

- deux ménages sur cinq du premier quartile de revenus
- un propriétaire sur cinq
- un ménage sur cinq qui habitaient dans un logement construit avant 1948

Ainsi, si on considère que la performance énergétique des logements construits avant 1948 est *grosso modo* la même que ceux construits entre 1948 et 1975 (*v. infra para. D.P.E.*), on peut estimer que leur consommation d'énergie est le double de celle des logements construits après 1975 avec toutefois une large tolérance mais c'est suffisant pour ce qu'on en déduit.

De plus les logements construits avant 1948 représentent un tiers du parc de logements résidentiels en France[519].

Nous pouvons alors conclure que **les plus vulnérables n'habitent pas tellement davantage que les autres dans des logements dont la consommation énergétique conventionnelle est plus proche de 400 que de 200 kWh/m²/an d'énergie primaire**. C'est un résultat auquel on ne s'attendait pas forcément. Il serait utile de pouvoir disposer d'autres études pour confirmer ou infirmer ce résultat. S'agissant des raisons qui peuvent expliquer des différences avec le Royaume-Uni, la protection sociale contribue probablement à une partie de l'explication à ce lien assez distendu finalement entre pauvreté et performance énergétique du logement.

Il n'en reste pas moins vrai que la tendance actuelle à l'augmentation de la précarité énergétique sera certainement un frein à la transition énergétique et qu'en définitive le changement des comportements pourrait aussi se traduire de façon abrupte par les actions suivantes :

- les ménages dans la précarité énergétiques ne devraient pas rester dans des logements dont l'étiquette énergie D.P.E. est dans une classe supérieure ou égale à F par exemple ; Cela pourrait se traduire par des actions de rénovation énergétique dans la rénovation du parc immobilier social ;
- tous les autres ménages sans exception devraient être incités à la sobriété énergétique de façon équitable ;
- les entreprises au sens large[520] devraient rechercher l'efficacité énergétique, elles peuvent y être incitées par détermination de la loi

518 Service de l'observation des statistiques, Références, État du logement en 2011, Commissariat du développement durable, Juin 2013, p. 27

519 Service de l'observation des statistiques, Références, État du logement en 2011, Commissariat du développement durable, Juin 2013, p. 9

520 On peut reprendre la définition en droit de l'Union européenne où la notion d'entreprise correspond à "**toute entité exerçant une activité économique indépendamment du statut**

si besoin ou pour assurer l'égalité devant les charges publiques dans l'hypothèse où la tarification progressive serait représentée au Parlement.

S'agissant du bonus-malus de l'électricité, il serait certainement peu efficace vis-à-vis des ménages dans la pauvreté énergétique. Il est toutefois minoré pour conserver son rôle incitatif à l'égard de tous les ménages. En revanche, il peut non seulement être efficace comme nous l'avons montré par l'approche de la théorie des perspectives et le retour d'expérience en Californie, au Japon et en Italie (analysé à la dernière section de notre étude), mais il pourrait permettre une accélération du rythme de la rénovation énergétique des logements existants pour les ménages propriétaires résidents couplé avec des mesures politiques d'aide à la rénovation, à la fiabilisation du diagnostic de performance énergétique (D.P.E.), …

Pour les propriétaires bailleurs, la problématique est différente, nous l'aborderons *infra*.

Pour les entreprises, le bonus-malus de l'électricité serait également incitatif.

### 3 - *Le risque d'organisation de l'augmentation tarifaire par certains acteurs ou groupes d'acteurs*

Face à la stratégie énergétique explicite de l'Union européenne de créer un marché intérieur de l'électricité concurrentiel et libéralisé, sans barrière à l'entrée pour les nouveaux entrants sur les marchés de l'électricité nationaux, face à des prix français très inférieurs à ceux des autres États membres grâce à l'électricité nucléaire (*v. 1ère partie, ch. I, sect. II*), la tentation est logique et forte que les entreprises de ce secteur cherchent à faire monter les prix pour augmenter leur résultat net.

On a déjà vu quelques stratégies, le contrat Exeltium en est un exemple qui indirectement fait augmenter le tarif des petits consommateurs car même si ce contrat sécurise les investissements d'EDF (et c'est très bien), les bénéfices moindres réalisés d'un côté, le seront logiquement davantage d'un autre côté.

Toutefois, de manière globale, le marché de l'électricité en France est très concentré avec l'acteur dominant EDF, le prix de l'électricité est encore malgré la hausse de 5% du 1er août 2013 historiquement faible et la concurrence progresse mais relativement lentement donc il est trop tôt pour aborder ce point d'autant que c'est la convergence des prix entre pays du marché intérieur qui contribuera à orienter les augmentations en France.

---

**de cette entité et de son mode de financement**" (*CJCE, 23 avr. 1991, affaire C-41/90, Höfner et Elser)*. Cette définition recouvre donc les services gérés par l'État ou les collectivités territoriales qui assurent des activités de production, de distribution et de prestations de services (*CJCE, 16 juin 1987, affaire 118/85, Commission c/ Italie, dite affaire British Télécom)*

### 4 - *L'effet rebond*

L'effet rebond est défini comme l'annulation des gains de performance énergétique obtenus par la diffusion du progrès technique, du fait d'une utilisation accrue des ressources[521].

Cet effet rebond peut donc théoriquement exister pour le déploiement des compteurs communicants et les *smart grids*, le plan performance énergétique des logements, la tarification progressive, ...

La question de l'effet rebond très spécifique par rapport à la mise en œuvre de la tarification progressive se pose alors dans un premier temps pour déterminer les limites du mécanisme de bonus-malus. Il n'a pas été possible de trouver de littérature sur ce sujet. On peut toutefois reprendre le cas de la Californie qui est clair quant à l'efficacité réelle de la tarification différentiée sur la consommation des ménages depuis 1975 et si un effet rebond existe par rapport à ce mécanisme, la réduction de consommation aurait pu être encore plus importante.

Nous pouvons toutefois analyser le projet de mécanisme de bonus-malus français en distinguant les bonus des malus. Dans un premier temps, on ne regarde que les ménages. On écarte tout d'abord les consommateurs ayant un malus d'attribué qui n'ont pas de raison logique d'être incités à consommer encore plus. Il reste uniquement ceux qui, par leur mode de vie sobre en consommation énergétique, se voient attribuer un bonus[522], ils sont 25% à 75%[523]. Nous retenons la moyenne qui est égale à 50%. Parmi ces 50%, seuls ceux qui n'ont pas de difficultés financières, qui ne seraient pas satisfaits de leur confort, qui ne seraient pas sensibles à l'aversion aux pertes, seraient tentés de consommer davantage d'énergie. Ils sont au plus estimés à 1 sur 10 approximativement donc *in fine*, seulement 5% des ménages sont susceptibles de générer un effet rebond, c'est plutôt faible. Il faut toutefois prendre en compte les professionnels dans l'analyse. Le raisonnement est plus simple dans la mesure où un professionnel qui gère correctement son entreprise n'est théoriquement jamais incité à dépenser davantage d'énergie que le strict nécessaire pour être efficient. Il peut considérer que le confort de ses employés est une donnée importante et que des dépenses énergétiques supplémentaires sont en fait un investissement mais cette réflexion est alors considérée comme préexistante au bonus attribué. Donc, dans ce cas également, l'effet rebond est faible.

---

[521] Blandine BARREAU, Anne DUJIN et Marie VEDIE, Comment limiter l'effet rebond des politiques d'efficacité énergétique dans le logement ? L'importance des incitations comportementales, La note d'analyse du Centre d'analyse stratégique, Février 2013, n°320

[522] Au bilan entre le bonus sur la première tranche et les malus éventuels sur les deux tranches

[523] Par construction du dispositif du bonus-malus, le volume de référence pour chaque catégorie considère le premier quartile de la consommation d'énergie pour viser la limite du bonus de la première tranche et du malus de la deuxième tranche

Cette question avait-elle alors un intérêt dans notre étude ? Nous répondons oui clairement car l'effet rebond peut exister dans d'autres situations et être alors significatif. Ainsi, dans son étude relative à la rénovation énergétique en France dans le secteur résidentiel privé, Dorothée CHARLIER en 2013[524] montre qu'il peut exister un paradoxe entre les arbitrages *ex-ante* et les comportements observés *ex-post*, c'est-à-dire que les ménages qui font le choix d'investir dans des travaux de rénovation énergétique afin de baisser leur facture énergétique, ne profitent pas ensuite complètement de ces gains énergétiques car ils changent leur comportement pour *a contrario* profiter d'une sensation de confort amélioré rendue possible par exemple par le passage du simple vitrage au double vitrage et l'augmentation de la température moyenne intérieure. Et selon Julien JANES[525], les logements B.B.C.[526] ne tiennent pas toujours leurs promesses en matière d'efficacité énergétique puisque les systèmes d'économie d'énergie sont détournés au profit d'un meilleur confort.

En définitive, il est préférable d'appliquer une tarification progressive dont son propre effet rebond est faible mais qui aura pour conséquence de réduire l'effet rebond propre à d'autres mesures telle que l'incitation à effectuer des travaux de rénovation énergétique dans le logement, plutôt que de ne rien faire et attendre que l'effet rebond ait changé les comportements vers moins de sobriété énergétique au fur et à mesure de l'amélioration de la performance énergétique du parc immobilier résidentiel et non résidentiel. Toutefois, on peut nuancer la seconde partie de l'alternative par le fait que l'augmentation future des prix de l'électricité aura aussi probablement une certaine influence modératrice.

Le Centre d'analyse stratégique a également analysé comment limiter l'effet rebond des politiques énergétiques dans le logement et l'importance des incitations comportementales dans sa lettre de février 2013[527]. **Il souligne la difficulté de réorienter les comportements pour que les pratiques de sobriété énergétique deviennent une norme sociale**.

En Californie, la tarification progressive a été mise en œuvre à partir de 1975 et des mesures visant à promouvoir l'amélioration énergétique des logements à partir de 1978. Comme l'effet des mesures sur l'ensemble du parc immobilier est long à se concrétiser en raison des investissements à réaliser en général, nous pensons alors que c'est bien la tarification progressive qui a

---

524 Dorothée CHARLIER, La rénovation énergétique en France dans le secteur résidentiel privé, OFCE, Revue de l'OFCE, 2013/2 N°128, p. 395-419

525 Julien JANES, Les nouvelles régulations électriques 2 : productions, réseaux et demande, Hermès Science Lavoisier, 2012, p. 154

526 Bâtiments basse consommation

527 Blandine BARREAU, Anne DUJIN et Marie VEDIE, Comment limiter l'effet rebond des politiques d'efficacité énergétique dans le logement ? L'importance des incitations comportementales, La note d'analyse du Centre d'analyse stratégique, Février 2013, n°320

réellement permis de limiter l'effet rebond au fur et à mesure de la réalisation des travaux de réhabilitation thermique puis du développement progressif des énergies renouvelables.

*En bref*

Contrairement à une limite au changement initialement envisagée, **la tarification progressive constitue un outil potentiellement très important pour limiter l'effet rebond** global et devrait donc être mise en œuvre rapidement pour ne pas que l'amélioration progressive de la performance énergétique des logements en particulier ne change les comportements de manière négative et durable au bénéfice des entreprises d'électricité certes mais pas des objectifs européens.

### C - Le bonus-malus ne remplace pas le tarif de premiere necessite

La question de supprimer le tarif de première nécessité dès lors qu'on met en place la tarification progressive se pose. C'est ce à quoi nous essayons de répondre ici. Peu d'études utilisant des concepts de l'économie de l'énergie sont disponibles. Toutefois, nous en avons trouvé une réalisée en mai 2012 qui semble venir nuancer l'efficacité de la tarification progressive par blocs quand on lit son résumé : « *Contrairement aux attentes des politiques, les tarifs progressifs ne permettent pas de lutter contre la précarité énergétique* ***et, simultanément****, de réduire la consommation totale d'énergie* »[528].

Dans un premier temps, les auteurs analysent une tarification comprenant un plancher de consommation. Toutefois, étonnement, ils envisagent que la catégorie la plus disposée à payer l'électricité puisse réagir « *trop violement à la hausse de prix nécessaire à l'équilibrage* [financier] *du système en réduisant leur consommation de façon disproportionnée* »[529]. Cette hausse peut correspondre, pour un système à deux blocs, à un malus, à une tranche haute ou à une tranche normale qui subit une hausse de tarif comprenant une seconde tranche au tarif social. L'idée dans tous les cas est qu'il y ait une redistribution des bénéfices de la tranche haute qui finance la perte de la tranche basse. À la suite de l'instauration d'un plancher (correspondant à une consommation vitale d'électricité), « *il reste plus probable* […] *que la consommation totale diminue* »[530].

Dans un deuxième temps, ils analysent une tarification linéaire par blocs et arrivent à la conclusion équivalente qu'il « *en découle une baisse de la*

---

[528] Claude Crampes et Jean-Marie Lozachmeur, Tarif progressif, efficience et équité : 1. Consommation vitale et distorsions tarifaires, Institut d'économie industrielle, Mai 2012

[529] *Ibidem*, p. 7

[530] *Ibidem*, p. 7

*consommation de confort du groupe* [le plus aisé encore plus] *forte, et par conséquent, une perte sociale pour ce groupe bien plus grande* ».

Autrement dit, bien que la question de l'équilibre financier soit important et nous l'avons déjà abordé d'une autre façon précédemment en expliquant qu'il pouvait effectivement y avoir une baisse de chiffre d'affaires si le mécanisme est efficace et qu'il fallait donc en tenir compte, il semble bien que la tarification progressive par blocs puisse être trop efficace pour les ménages aisés et contre-productive pour les plus précaires les amenant à consommer davantage. Or s'agissant des plus précaires, n'oublions pas qu'ils sont toujours « dans la perte »[531]. Dans le doute, nous restons sur le fait que **cette étude soulève les difficultés de concilier deux objectifs pour la tarification progressive, à la fois lutter contre la précarité énergétique et contre une consommation excessive d'électricité**.

Nous en retirons (et des autres analyses de notre étude) que l'instauration de la tarification progressive (bonus-malus) doit compléter le mécanisme actuel (tarifs sociaux) mais pas le supprimer d'une part et que les limites des bornes hautes (malus) et basses (bonus) doivent être clairement définies par détermination de la loi et pas seulement comme le résultat d'un calcul économique, mathématique qui risquerait de faire porter une charge trop lourde sur les ménages les plus aisés *in fine*. Ce mécanisme ne remplace pas non plus l'efficacité des tarifs horo-saisonniers, il le complète.

*En bref*

Même si le tarif de première nécessité ne fonctionne pas très bien en pratique, la tarification progressive n'a pas vocation à le remplacer car ce mécanisme n'est pas construit pour répondre simultanément aux deux objectifs en théorie. La précarité énergétique nécessite des solutions étudiées spécifiquement pour y répondre. La formule et les bornes de la tarification progressive devraient être fixées par détermination de la loi.

### D - Le bonus-malus et l'action publique

Une limite importante de la tarification progressive est relative à sa mise sur l'agenda politique. Si la probabilité qu'il y soit inscrit est plus faible désormais (car ce serait ou sera la seconde fois), alors il n'est pas utile de poursuivre l'analyse même si c'est une bonne idée.

L'apport simplifié de la sociologie de l'action publique est alors intéressant dans notre analyse pour évaluer et hiérarchiser ce mécanisme comparé aux autres mesures mises en œuvre concrètement ou potentiellement. Nous ne faisons pas une analyse sociologique complète, ce n'est pas le but, mais nous

[531] Daniel KAHNEMAN, Système 1 système 2 : les deux vitesses de la pensée, Flammarion pour la traduction française, 2013, p. 358

comparons brièvement les coûts diffus ou concentrés et les effets diffus ou concentrés de différents mécanismes pouvant affecter la consommation d'électricité afin d'en déterminer l'intérêt politique à partir de deux approches.

Dans le premier tableau comparatif ci-après, nous présentons donc une proposition de synthèse faisant apparaître quelques solutions d'un point de vue de l'action publique, hiérarchisées des plus intéressantes, celles qui ont un coût diffus concernant l'ensemble de la population française et celles qui ont un effet concentré sur une partie de la population, vers les moins intéressantes politiquement, celles qui ont un coût concentré et un effet diffus :

| Mécanisme | Coût | Effet |
|---|---|---|
| Extension du tarif de première nécessité | Diffus (*via* la C.S.P.E.) | Concentré sur les plus vulnérables qui doivent bénéficier du service universel (droit U.E.) ou du service public de l'électricité (droit interne) |
| Chèque énergie | Diffus (probablement *via* la C.S.P.E.) | Concentré sur les plus vulnérables qui doivent bénéficier du service universel (droit U.E.) ou du service public de l'électricité (droit interne) |
| Discrimination des tarifs selon le critère qualité avec la qualité seuil du service universel | Diffus | Diffus pour le principe général, concentré ou individualisé pour le choix effectué (tarif évoluant avec le niveau de qualité proposé) |
| Tarification progressive : bonus-malus | Plutôt diffus (concentré pour les « gaspilleurs », à somme nulle entre les bonus et malus, réparti pour les frais de mise en œuvre, organisation et de gestion) | Diffus pour le principe général, concentré pour ceux qui ont le bonus ou l'un des deux malus |
| Tarification progressive alternative basée sur une taxation différenciée | Plutôt diffus (concentré pour les « gaspilleurs », à somme nulle entre les bonus et malus, réparti pour les frais de mise en œuvre, organisation et de gestion) | Diffus pour le principe général, concentré pour ceux qui ont le bonus ou l'un des deux malus |
| Compteur communicant Linky | Diffus (petite augmentation future du T.U.R.P.E.) | Diffus |
| Augmentation des tarifs bleus, jaunes, verts | Diffus | Diffus mais avec un effet moindre sur les ménages les plus aisés |
| Rénovation dans le résidentiel | Concentré pour au moins 90% des coûts des travaux, diffus pour moins de 10% des travaux sur la base des possibilités d'aide d'état aux particuliers | Concentré dans un premier temps, diffus dans un second temps par l'amélioration progressive de la performance énergétique du parc immobilier français |
| Rénovation dans le secteur tertiaire | Concentré | Diffus |

**Tableau 15 – Le coût et l'effet de plusieurs mesures**

Dans le second tableau, nous classons ces mêmes dispositifs en termes de coût de mise en œuvre croissant de façon simplifiée qualitativement et relativement :

| **Mécanisme** | **Éléments de coût** | *Source* |
|---|---|---|
| Extension du tarif de première nécessité<br>Chèque énergie | Inférieur à 189 M€ | *Rapport C.S.P.E. de la Cour des comptes sur les dispositifs à vocation sociale ; 61,7 M€ en 2010* |
| Tarification progressive : bonus-malus<br>Tarification progressive alternative basée sur une taxation différenciée | Coûts de gestion estimés à 200 M€<br>Gains espérés supérieurs à 550 M€ | *Estimation* |
| Discrimination des tarifs selon le critère qualité avec la qualité seuil du service universel | En fonction des coûts de mise en place des capacités d'effacement | |
| Compteur communicant Linky | 5 milliards d'€ différé | *Henri Proglio* |
| Rénovation dans le résidentiel | 2 milliards d'€ par an | |

Nota : Nous n'avons classé dans ce tableau ni l'augmentation des tarifs réglementés de vente car il est trop difficile d'estimer tous les effets en tenant compte de l'augmentation à venir des énergies fossiles, ni la rénovation dans le secteur tertiaire.

**Tableau 16 – Le coût de plusieurs mesures**

À partir de ces deux tableaux, en les croisant et en sachant qu'il s'agit d'une analyse certainement imparfaite mais suffisante, on en déduit que la tarification progressive est une mesure qui peut être représentée sur l'agenda politique.

Par ailleurs, le Conseil économique, social et environnemental a établi une série de mesures politiques acceptables dans les scénarios de réduction des émissions[532] parmi lesquelles :

- des mesures de gestion de la demande (contrats interruptibles, compteurs intelligents) servant à lisser la courbe de demande ;
- l'entrée en vigueur de la réglementation thermique 2012 excluant *de facto* le chauffage électrique à effet joule dans les bâtiments neufs (hors pompes à chaleur) ;
- **la tarification progressive** telle que pour tous les ménages, le dépassement du seuil de consommation de 60 kWh/m² déclenche une élévation de tarif de 5% à partir de 2014 et de 10% à compter de 2030

532 Avis du conseil économique, social et environnemental, La transition énergétique : 2020-2050 un avenir à bâtir, une voie à tracer, Journaux officiels, 2013, p. 109-110

Pour cette troisième mesure, cela concernerait plus de 99% des consommateurs finals compte tenu de l'état du parc actuel de logements en termes d'efficacité énergétique. Elle apparaît donc plutôt comme une augmentation des tarifs à court terme et comme une tarification différenciée à long terme.

*En bref*

La tarification progressive mériterait de figurer à nouveau sur l'agenda politique dès que possible après l'avoir modifiée pour ne pas risquer qu'elle soit rejetée à nouveau par le Conseil constitutionnel et après avoir confirmé que la distorsion de marché actuelle créée par la taxe E.E.G. en Allemagne qui soutient très largement les énergies renouvelables ne devrait pas d'abord être traitée avant la mise en place de la tarification progressive en France.

## SECTION II LE BONUS-MALUS N'EST PAS LE SEUL OUTIL

Le bonus-malus utilisé seul ne serait très probablement pas aussi efficace qu'associé à d'autres outils et inversement. Les premiers instruments sont ceux qui apportent de l'information claire et précise au consommateur sur sa consommation avec des solutions en parallèle pour l'aider à améliorer le bilan thermique de son logement (**I**) afin de permettre ensuite au bonus-malus de donner le signal-prix rémunérateur, incitatif ou dissuasif selon le comportement ou le bilan thermique du logement. Les outils suivants sont des compléments pour l'amélioration énergétique des logements (**II**). Toutefois, selon le contexte, d'autres outils peuvent être envisagés en renforcement ou en remplacement de ceux envisagés (la tarification progressive de l'électricité) ou déjà en place mais pas assez efficaces par rapport aux objectifs visés de missions de service public, d'efficacité énergétique, de marché de la fourniture d'électricité moins concentré (**III**).

### I - LA NECESSITE D'UNE INFORMATION CLAIRE ET DE SOLUTIONS PRAGMATIQUES POUR LES CONSOMMATEURS FINALS

Le consommateur final doit pouvoir disposer d'information claire, utile sur sa propre consommation. Dans ce but, le gouvernement a règlementé les informations devant obligatoirement être mentionnées sur les factures d'électricité[533]. Toutefois, constater sa consommation *a posteriori* n'est probablement pas le moyen le plus efficace de la maîtriser. Des compteurs communicants apporteraient alors des informations utiles pour permettre au consommateur final de maîtriser sa consommation (**A**) et face au défi de l'efficacité énergétique et pour permettre aux particuliers (ou professionnels) de pouvoir être utilement conseillés pour qu'ils puissent concilier une consommation d'électricité (ou d'énergie) plus sobre et des dépenses d'amélioration du bilan thermique de leurs logements, le service public de la performance énergétique de l'habitat a été créé (**B**).

#### A - DES COMPTEURS INTELLIGENTS ET INTELLIGIBLES

Selon Jeremy RIFKIN, la compétence essentielle des compagnies de production et de distribution d'électricité, c'est « gérer l'énergie », mais ce que leurs clients attendent vraiment d'elles, ce sont des conseils sur la façon de mettre en œuvre des systèmes énergétiques plus efficaces et moins gourmands[534].

Les compteurs communicants pourraient bien être cet outil permettant de relier les réseaux électriques intelligents aux consommateurs finals et leur

---

[533] Arrêté du 18 avril 2012 relatif aux factures de fourniture d'électricité ou de gaz naturel à leurs modalités de paiement et aux conditions de report ou de remboursement des trop-perçus (Journal Officiel 26 avril 2012)

[534] Jeremy RIFKIN, La troisième révolution industrielle, p. 88

permettre de suivre leur consommation au quotidien, donc de pouvoir être acteurs de leur façon de consommer l'électricité. Nous le saurons assez rapidement puisqu'une cinquantaine de millions de ces compteurs sont déjà installés dans le monde, principalement en Italie, en Suède et en Californie[535].

Dans l'Union européenne, l'objectif est d'équiper 80% des consommateurs finals de systèmes intelligents de mesure d'ici à 2020 dans le secteur de l'électricité[536] à un prix concurrentiel des compteurs individuels[537]. Par ailleurs, la directive 2009/72/CE prévoit, parmi les obligations de service public, que les « *États membres veillent à la mise en place de systèmes intelligents de mesure qui favorisent la participation active des consommateurs au marché de la fourniture d'électricité* »[538].

En France, le compteur communicant dit Linky a d'abord été expérimenté dans 300 000 foyers[539] et il se déploie désormais progressivement à grande échelle[540].

Le corollaire à ces compteurs intelligents est la protection de la vie privée. En effet, il a été expérimenté que sur la base des informations transmises par ce type de compteur, il avait été possible de déterminer la puissance, la nature et la marque d'une machine à laver ou tout autre appareil ménager[541]. Il est également possible de déterminer certaines informations sur la vie quotidienne des personnes (nombre, activité, …).

Par ailleurs, le Centre d'analyse stratégique évoque l'expérience faite aux Pays-Bas où le déploiement de ces compteurs révèle une forte demande de transparence et a fait l'objet d'une campagne d'opposition comme le montre ce visuel :

---

535 Christophe-Alexandre PAILLARD dans Les nouvelles régulations électriques 2 : productions, réseaux et demande, Hermès Science Lavoisier, 2012, p. 216

536 Considérant 27 de la directive 2012/27/UE du Parlement européen et du Conseil du 25 octobre 2012 relative à l'efficacité énergétique, modifiant les directives 2009/125/CE et 2010/30/UE et abrogeant les directives 2004/8/CE et 2006/32/CE (Journal Officiel Union Européenne 14 novembre 2012)

537 Considérant 30 de la directive précitée

538 Annexe 1 de la directive 2009/72/CE du parlement européen et du conseil du 13 juillet 2009 concernant des règles communes pour le marché intérieur de l'électricité et abrogeant la directive 2003/54/CE, J.O.U.E. L 211, 14 août 2009

539 Christophe-Alexandre PAILLARD dans Les nouvelles régulations électriques 2 : productions, réseaux et demande, Hermès Science Lavoisier, 2012, p. 206

540 La lettre du médiateur national de l'énergie n°14, Médiateur national de l'énergie, janvier – février 2013

541 Christophe-Alexandre PAILLARD dans Les nouvelles régulations électriques 2 : productions, réseaux et demande, Hermès Science Lavoisier, 2012, p. 208

Traduction : "Compteur intelligent : compteur sournois." "Arrêtez les compteurs "intelligents" ou compteurs espions pour le gaz et l'électricité."

*Source : Centre d'analyse stratégique*

**Figure 45 – Le compteur espion**

La Commission nationale de l'informatique et des libertés (C.N.I.L.) a formulé des recommandations dans sa délibération parue au Journal Officiel du 18 janvier 2013[542] et propose que « *des mesures techniques mises en œuvre dans les compteurs rendent strictement impossible la collecte, par l'intermédiaire de l'infrastructure des gestionnaires de réseau, de la courbe de charge à un pas inférieur* ***à dix minutes*** ».

Sur ce sujet, l'article 9 de la loi n°2013-312 du 15 avril 2013 dispose que le collège (de la C.R.E.) comprendra désormais également un membre « *nommé par le président de l'Assemblée nationale, en raison de ses qualifications juridiques, économiques et techniques dans le domaine de la protection des données personnelles* ».

Nous constatons donc que la boîte à outils s'enrichit progressivement d'instruments complémentaires interagissant sans que la sécurité ne soit oubliée. Ainsi, **le compteur Linky donne l'information et permet l'action, le bonus-malus encouragerait l'action et la C.N.I.L. présente dans le collège de la C.R.E. protège l'information**.

Il est utile de noter que l'Italie et la Californie disposent déjà de compteurs communicants qui peuvent faciliter l'adaptation du comportement des consommateurs grâce à une meilleure information sur la consommation électrique[543].

---

[542] Commission nationale de l'informatique et des libertés, Délibération n°2012-404 du 15 novembre 2012 portant recommandation relative aux traitements des données de consommation détaillées collectées par les compteurs communicants (Journal Officiel 18 janvier 2013)

[543] Rapport N°70 fait par le sénateur Roland COURTEAU au nom de la commission des affaires économiques sur la proposition de loi, adoptée par l'Assemblée nationale après engagement de la procédure accélérée, visant à préparer la transition vers un système énergétique sobre, Sénat, 23 octobre 2012, p. 9-10 ; Étude relative à la faisabilité de l'instauration d'une tarification progressive de l'électricité en Belgique, C.R.E.G., 10 juin 2010, p. 64

L'association de la tarification progressive et des compteurs intelligents permettrait de s'approcher de la consommation réelle et d'affiner les tranches de consommation du bonus-malus par retour d'expérience. L'Italie et la Californie ont adopté ce principe.

> *En bref*
>
> L'association des compteurs intelligents et de la tarification progressive amplifierait certainement l'efficacité du changement des comportements mais il convient d'être vigilant quant aux informations communiquées. Les compteurs (ou une « *energy box* ») devraient prévoir une interface qui pourrait apporter un signal-prix ou une information prévisionnelle de bonus ou malus.

### B - LE SERVICE PUBLIC DE LA PERFORMANCE ENERGETIQUE ET DE L'HABITAT POUR TOUS LES USAGERS

La loi BROTTES a créé le service public de la performance énergétique ajoutant un nouvel article L232-1 au code de l'énergie. Toutefois, après le rejet par le Conseil constitutionnel, la mesure conservée consiste à produire pour le 17 janvier 2014 « *un rapport sur la création d'un service public d'aide à la réalisation de travaux d'efficacité énergétique des logements résidentiels. Ce rapport fait état des moyens spécifiques affectés par l'État par rapport aux besoins identifiés* ».

Il s'agit donc de faciliter les travaux de réhabilitation de l'habitat. Le gouvernement, sur ce sujet, a d'ailleurs adopté un plan de soutien à la rénovation thermique en facilitant la réalisation de travaux d'amélioration de l'efficacité thermique des logements dans son programme national de réforme d'avril 2013[544].

Cependant, ce sont bien les propriétaires, même avec des aides, qui doivent investir dans des travaux de réhabilitation ou alors opter pour d'autres solutions comme le *statu quo*, la revente pour laisser au propriétaire suivant, le choix de réaliser ces travaux d'amélioration de la performance énergétique ou d'autres solutions.

Le rapport à venir comprendra peut-être des recommandations pour apporter un vrai service public de la performance énergétique de l'habitat qui ne soit pas uniquement des conseils techniques pour savoir comment réaliser et payer les travaux mais qui propose des options variées adaptées au cas par cas (par macro-situations).

---

[544] Programme national de réforme, République française, Avril 2013, p. 13

*En bref*

Il convient d'attendre la sortie du rapport relatif au service public de la performance énergétique de l'habitat d'ici janvier 2014.

## II - DES EXTENSIONS POSSIBLES

Associé à la tarification progressive (et aux autres mesures) visant les particuliers, il serait nécessaire de développer ou de mettre en place d'autres mesures. Elles contribueraient en même temps à répondre aux points de rejet du Conseil constitutionnel. Il s'agit notamment d'un outil intéressant à exploiter, à savoir le diagnostic de performance énergétique (**A**) ou de l'extension de la tarification progressive aux professionnels (**C**).

### A - LA PRISE EN COMPTE DU DIAGNOSTIC DE PERFORMANCE ENERGETIQUE

Les étiquettes énergétiques existent dans presque tous les pays. Selon Benjamin DESSUS et Bernard LAPONCHE[545], elles contribuent à sensibiliser aux questions énergétiques plus larges et ont un effet sur le marché à condition que leur conception soit techniquement bien réalisée.

En France, le diagnostic de performance énergétique (D.P.E.) est notamment défini dans le code de la construction et de l'habitation à l'article L134-1 qui dispose que : « *Le diagnostic de performance énergétique d'un bâtiment ou d'une partie de bâtiment est un document qui comprend la quantité d'énergie effectivement consommée ou estimée pour une utilisation standardisée du bâtiment ou de la partie de bâtiment et une classification en fonction de valeurs de référence afin que les consommateurs puissent comparer et évaluer sa performance énergétique. Il est accompagné de recommandations destinées à améliorer cette performance* ».

Un des intérêts du D.P.E. est qu'il s'adresse aux ménages comme aux professionnels, il concerne tous les bâtiments. L'intérêt est ensuite de pouvoir l'exploiter dans un premier temps macroscopiquement et à ce sujet l'article L134-4-2 du code de la construction et de l'habitation prévoit que les D.P.E. soient transmis à l'Agence de l'environnement et de la maîtrise de l'énergie « *à des fins d'études statistiques, d'évaluation et d'amélioration méthodologique* ». Il se traduit par l'étiquette énergie suivante de plus en plus connue :

[545] Benjamin DESSUS et Bernard LAPONCHE dans Les nouvelles régulations électriques 2 : productions, réseaux et demande, Hermès Science Lavoisier, 2012, p. 245

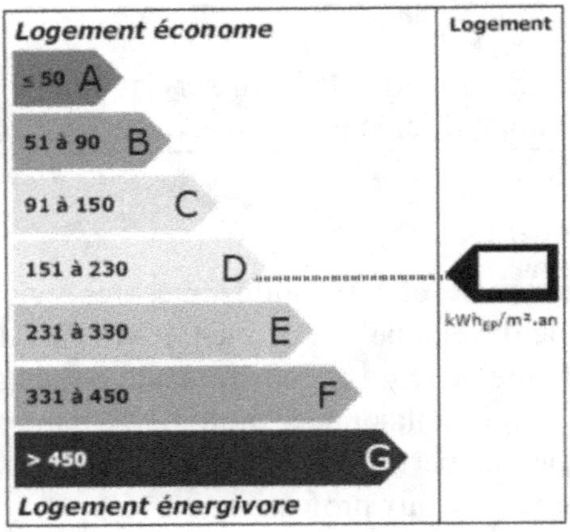


*Source : Arrêtés du 8 février 2012*

**Figure 46 – Le D.P.E. énergie**

L'outil D.P.E. est également potentiellement très intéressant au cas par cas pour contribuer à changer les comportements à condition que cette information soit couplée avec d'autres mesures telles que le service public de la performance énergétique de l'habitat pour les particuliers, les audits et les systèmes de management de la performance énergétique pour les professionnels[546], à l'instar du couplage du compteur intelligent avec la tarification progressive.

De plus, on a vu qu'avec la tarification progressive, l'attribution d'un malus dit de gaspillage peut effectivement correspondre à une consommation excessive du fait du comportement énergétivore, mais peut aussi correspondre à un logement qualifié de passoire énergétique ou d'épave thermique. Donc, sauf à déménager sans que cela règle le problème de l'état du logement, le D.P.E. en tant qu'information préventive vers les particuliers ou professionnels, ainsi que vers le service public de la performance énergétique, doit pouvoir contribuer à rendre possible la mise en place de la tarification progressive dans un premier temps, à orienter les choix des personnes dans un second temps.

Le marché de l'immobilier, avec l'affichage de cette étiquette effectuera progressivement une sélection des prix au m² par rapport à la classe du D.P.E. du logement. Ainsi, à condition de disposer des capacités intellectuelles suffisantes et d'avoir l'information aisément, les particuliers pourront orienter leurs choix entre un loyer ou un prix d'achat plus bas mais un risque de consommation d'énergie plus élevé et inversement.

Cependant, cet instrument n'est utile que s'il est fiable sinon des études pourtant très intéressantes comme l'illustre les deux graphiques suivants, peuvent être biaisées :

[546] Articles L233-1 à L233-3 et Article L233-4 du code de l'énergie

**Répartition des performances énergétiques par étiquette énergie D.P.E. selon l'âge du logement**

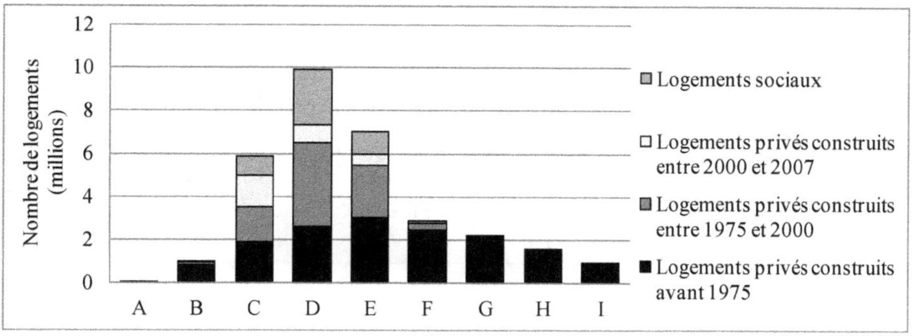


**Répartition des performances énergétiques par étiquette énergie D.P.E. selon l'âge du logement et distinction entre les logements rénovés et non rénovés**

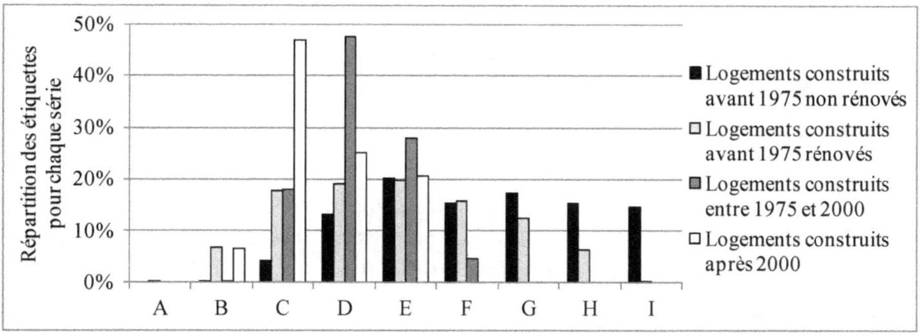


*Source : Julien MARCHAL, étude de modélisation des performances énergétiques des logements du parc résidentiel français à fin 2007*

**Figure 47 – Le D.P.E. et le parc de logements résidentiels**

Nous constatons que les logements les plus énergétivores sont bien les plus anciens grâce à l'exploitation de cette étiquette énergie. Et même si la fiabilité n'est pas certaine, on peut toutefois mesurer son intérêt afin de pouvoir orienter les efforts, les aides ou les conseils vers des catégories de logements ciblées ou vers des consommateurs excessifs pour comprendre la raison de la surconsommation.

Depuis le 1er avril 2013, l'ensemble du mécanisme de D.P.E., y compris les logiciels et méthodes de calcul, sont en principe améliorés et de meilleure qualité.

*En bref*

Le diagnostic de performance énergétique devrait être couplé avec trois autres mesures au minimum pour contribuer au changement des comportements individuels afin d'augmenter les chances d'obtenir le résultat escompté. Ces mesures sont le service public de la performance énergétique de l'habitat pour les particuliers, les audits et systèmes de management de l'efficacité énergétique dans les entreprises, le compteur intelligent et la tarification progressive pour les particuliers et les professionnels.

### B - DES REGLES INCITATIVES POUR LES AUTRES CATEGORIES DE LOGEMENTS

En résumé à ce stade de l'étude, nous avons vu que le Conseil constitutionnel avait rejeté le bonus-malus de l'électricité du fait de la rupture d'égalité devant les charges publiques et qu'il faudrait alors étendre cette tarification progressive aux entreprises ou mettre en place des mesures aux effets équivalents.

Dans sa directive 2012/27/UE[547], l'article 4 dispose que : « *Les États membres établissent une stratégie à long terme pour mobiliser les investissements dans la rénovation du parc national de* ***bâtiments à usage*** *résidentiel et* ***commercial, tant public que privé*** ».

Les logements professionnels ne doivent donc pas être exclus des mesures visant l'efficacité énergétique et, soit les mesures affectant les ménages peuvent être étendues aux professionnels, soit il convient de prévoir des mesures incitatives différentes par détermination de la loi ou selon la méthode douce (*nudge*). Toutefois, les mécanismes psychiques mis en œuvre dans le cas des ménages se heurtent à des externalités supplémentaires dans le cas des entreprises, surtout les grandes entreprises privées soumises à la pression des actionnaires et aux objectifs de court terme ou les entreprises publiques soumises à un budget en baisse. Les moyens de contournement ou d'évitement des professionnels sont également supérieurs à ceux des ménages. Il est alors certainement préférable de privilégier la voie règlementaire.

La première piste se met en place actuellement, c'est « simplement » le fait de ne plus limiter la performance énergétique à l'habitat. Ainsi **la loi n°2013-619 du 16 juillet 2013**[548] **a étendu la performance énergétique**

[547] Directive 2012/27/UE du Parlement européen et du Conseil du 25 octobre 2012 relative à l'efficacité énergétique, modifiant les directives 2009/125/CE et 2010/30/UE et abrogeant les directives 2004/8/CE et 2006/32/CE, J.O.U.E. L 315, 14 novembre 2012, p. 1-56

[548] Loi n°2013-619 du 16 juillet 2013, portant diverses dispositions d'adaptation au droit de l'Union européenne dans le domaine du développement durable (Journal Officiel 17 juillet 2013)

**aux entreprises** en créant plusieurs nouveaux articles relatifs aux audits énergétiques et systèmes de management de l'énergie ainsi qu'aux contrôles et sanctions associés. En résumé, les entreprises sont tenues à des obligations visant à l'amélioration continue de leur performance énergétique. Toutefois, seul l'audit énergétique est obligatoire pour l'instant, le système de management de l'énergie, lui, est incité. Cela rejoint notre analyse sur l'incitation par la méthode douce mais il n'est pas certain que cela fonctionne avec les entreprises et il ne sera pas surprenant qu'il faille modifier l'article 233-2 du code de l'énergie pour passer de l'incitation à l'obligation.

La deuxième piste consiste à proposer à nouveau au Parlement la tarification progressive de l'électricité corrigée des motifs de rejet du Conseil constitutionnel.

La troisième piste consiste à prendre des mesures ciblées visant les locaux publics, d'autres visant les entreprises selon leur taille (ou critères financiers comme le chiffre d'affaires, le résultat net, l'endettement, la valorisation, …) et leurs locaux installés sur le territoire français sans discrimination de leur nationalité ou d'autres critères provenant du droit primaire européen. Il convient cependant d'être vigilant en veillant à concilier les mesures incitatives et le maintien des occupations de bureaux et autres locaux professionnels en France. Il s'agit donc d'inciter ou d'accentuer progressivement les incitations d'investissement dans la fonction performance énergétique au regard du retour sur investissement raisonnablement atteignable en associant le secteur de l'immobilier d'entreprise.

Comme pour d'autres mesures étudiées ou simplement abordées dans cette étude, leurs effets peuvent se cumuler, se combiner entre elles.

Par ailleurs, dans le secteur de la défense, la Commission européenne a publié une Communication le 24 juillet 2013 en vue du Conseil européen défense en décembre 2013. En matière d'efficacité énergétique, elle propose des mesures, visant à exploiter le potentiel des forces armées qui « *sont le plus grand propriétaire public de terrains et d'infrastructures, avec un total estimé à 200 millions de m² de bâtiments et 1% de la superficie totale de l'Europe* »[549], notamment en utilisant les instruments existants dont la législation.

549 Communication de la Commission au Parlement européen, au Conseil, au Comité économique et social européen et au Comité des régions, Vers un secteur de la défense et de la sécurité plus compétitif et plus efficace, COM(2013) 542 final, 24 juillet 2013, p. 16-17

*En bref*

Nous ne proposons pas d'innovation particulière pour les locaux professionnels, nous confirmons que l'objectif ambitieux d'efficacité énergétique est l'affaire de tous, pas seulement de certains ménages. La tarification progressive (ou des mesures d'effet équivalent) devrait donc être étendue aux professionnels mais avec une formule calculée de telle sorte à ce que les entreprises ne partent pas s'installer en-dehors du territoire.

## III - D'AUTRES MOYENS SONT ENVISAGEABLES

Certaines mesures peuvent être instaurées différemment comme variantes de tarifications étudiées *supra* (**A**), pour traiter les conflits probables entre les propriétaires bailleurs et les locataires avec la mise en place du bonus-malus de l'électricité (**B**) et pour conclure, sur des évolutions possibles de la fiscalité avec un modèle de tarification progressive de l'électricité *a priori* plus sûr juridiquement (**C**).

### A - DES VARIANTES A LA TARIFICATION PROGRESSIVE A DEUX OU TROIS BLOCS

En-dehors du mécanisme de bonus-malus qui s'applique sur la facture du consommateur final, nous identifions d'autres solutions soit pour protéger les plus vulnérables dans le cadre d'une tarification progressive à deux blocs effective (**1**), soit comme alternative à la tarification progressive basée sur un signal-prix destiné à encourager la sobriété énergétique (**2**).

#### 1 - *Le chèque énergie*

Une proposition de loi présentée par 19 députés a été déposée au bureau de l'Assemblée nationale le 12 décembre 2012[550]. L'idée est de bâtir ce système par analogie au chèque-restaurant. Dans un article publié sur lemonde.fr le 17 juillet 2013[551] suite à la remise d'un rapport sur les tarifs sociaux au gouvernement, on apprend que cette mesure en suspend fait l'objet d'une proposition majeure de l'Agence de l'environnement et de la maîtrise de l'énergie qui serait applicable à toutes les énergies de chauffage en complément des tarifs sociaux. Ce chèque énergie permettrait également de réduire des inégalités d'application selon la source d'énergie où certains peuvent cumuler les deux tarifs, celui pour le gaz naturel et celui pour l'électricité. Depuis, une nouvelle proposition de loi a été déposée au bureau de l'Assemblée nationale le 24 juillet 2013 visant à créer une contribution

---

[550] Texte N°509, Proposition de loi visant à instituer un chèque-énergie, Assemblée nationale, 12 décembre 2012

[551] Site http://www.lemonde.fr/planete/article/2013/07/17/energie-des-recommandations-pour-ameliorer-les-tarifs-sociaux_3449205_3244.html consulté le 12 août 2013

climat-énergie[552], qui crée les « *chèques transition énergétique* » utilisables pour les achats et les paiements de services accompagnant la transition énergétique.

Quelle que soit la forme envisagée, le chèque énergie pourrait avoir un autre effet moins négatif que sans ce chèque, celui des sensations expérimentées ou mémorisées, un thème développé par Daniel KAHNEMAN dans ses deux facettes du moi[553]. Pour illustrer cela en résumé, nous citons les deux exemples que l'auteur propose en guise de brève conclusion :

« *"Vous pensez à l'échec de votre mariage uniquement du point de vue mémoriel. Un divorce est comme une symphonie se terminant par un son discordant – le fait qu'il s'est mal terminé ne signifie pas qu'il a été entièrement négatif."*

*"C'est un cas grave de négligence de la durée. Vous accordez un poids égal à la bonne et à la mauvaise partie de votre expérience, alors que la bonne partie a duré dix fois plus que l'autre"* »

Le principe est que notre esprit humain a été conçu avec une incohérence, à savoir que notre mémoire néglige la durée et cela ne sert pas notre préférence naturelle pour les plaisirs longs et les douleurs brèves. Partant de ce concept, nous l'avons adapté au chèque énergie où l'idée est de considérer la précarité énergétique comme la sensation de froid, une heuristique dans laquelle on englobe la population qui a « *un taux d'effort énergétique supérieur à 10% du revenu (3,8 millions de ménages)* » et celle qui est dans « *l'incapacité de chasser la sensation de froid dans le logement en se chauffant (3,5 millions de ménages)* »[554]. Puis, à partir de cette sensation de froid, l'idée sous-jacente est de mettre en place une mesure qui atténuera l'inconfort voire la douleur ressentie pendant une certaine période avec l'objectif de réduire le souvenir de cette sensation ayant précédé l'utilisation du chèque énergie. Toutefois, en hiver, les besoins sont naturellement plus importants, sur des durées plus longues, avec des possibles périodes de froid prolongées comme en février 2012. Ils peuvent rendre cet effet relativement temporaire et ce ne serait donc pas la panacée.

Il n'en demeure pas moins que c'est une initiative supplémentaire qui cherche à atténuer les effets de la précarité énergétique et que nous encourageons dans notre étude en complément de la tarification progressive et de l'extension de la C.S.P.E. aux consommateurs finals se chauffant au gaz naturel au minimum.

---

552 N°1317, Proposition de loi visant à créer une contribution climat-énergie, Assemblée nationale, 24 juillet 2013

553 Daniel KAHNEMAN, Système 1 système 2 : les deux vitesses de la pensée, Flammarion pour la traduction française, 2013, p. 451-490 (sur les deux facettes du moi)

554 Blandine BARREAU, Anne DUJIN et Marie VEDIE, Comment limiter l'effet rebond des politiques d'efficacité énergétique dans le logement ? L'importance des incitations comportementales, La note d'analyse du Centre d'analyse stratégique, Février 2013, n°320

### 2 - *Une tarification intégrant le critère qualité de l'électricité*

La tarification progressive telle que nous l'avons étudiée porte principalement sur la consommation d'électricité. Il existe potentiellement une autre composante qui peut faire l'objet d'une tarification progressive par blocs, indirecte : **le critère qualité**.

Cependant, cette piste consistant à introduire un facteur qualité dans la tarification de l'électricité est à développer avec prudence en raison du **service universel** et du **service public de l'électricité**. Ainsi à une échelle tarifaire progressive qui serait instaurée par le dispositif de bonus-malus, on mettrait en place une deuxième échelle imbriquée dans la tarification basée sur la qualité de l'électricité ou seulement la seconde échelle. Toutefois, il conviendrait de s'assurer de la faisabilité d'un tel dispositif car il faudrait au minimum respecter le seuil minimum de la qualité du service universel ainsi que les autres règles telles que la clarté, la transparence[555], …puis élaborer l'échelle à partir de ce seuil selon différents critères. De plus, la qualité de l'électricité regroupe trois notions : la continuité de l'alimentation électrique ou les coupures d'électricité, la qualité de l'onde de tension générant des dysfonctionnements des appareils électriques (creux de tension, tension haute sur une certaine durée, surtension ponctuelle, tension instable, variations de fréquence, …) et la qualité de service aux usagers.

S'agissant du service universel de l'électricité, cette notion est notamment précisée à l'article 3 de la directive électricité[556] du troisième paquet énergie de l'Union européenne qui dispose : « *Les États membres veillent à ce que tous les clients résidentiels et, lorsqu'ils le jugent approprié, les petites entreprises (à savoir les entreprises employant moins de 50 personnes et dont le chiffre d'affaires ou le bilan annuel n'excède pas 10 000 000 EUR) aient le droit de bénéficier du service universel, c'est-à-dire du droit d'être approvisionnés sur leur territoire,* ***en électricité d'une qualité définie****, et ce à des prix raisonnables, aisément et clairement comparables* ». En droit interne, le code de l'énergie définit des obligations de service public[557]. Il dispose au dernier alinéa de l'article L121-1 : « *Matérialisant le droit de tous à l'électricité, produit de première nécessité, le service public de l'électricité*

[555] La clarté et la transparence sont des obligations de service public notamment en vertu de l'article 3-2 de la directive 2003/54/CE repris par le Conseil d'État dans l'arrêt Sipperec du 22 octobre 2012 à propos des tarifs jaunes et verts

[556] Directive 2009/72/CE du parlement européen et du conseil du 13 juillet 2009 concernant des règles communes pour le marché intérieur de l'électricité et abrogeant la directive 2003/54/CE (Journal Officiel de l'Union européenne 14 août 2009)

[557] La directive 2009/72/CE a été transposée en droit interne dans le code de l'énergie par l'ordonnance n°2011-504 du 9 mai 2011 portant codification de la partie législative du code de l'énergie (Journal Officiel 10 mai 2011), le gouvernement ayant été habilité par l'article 4 de la loi n°2011-12 du 5 janvier 2011 portant diverses dispositions d'adaptation au droit de l'Union européenne, à transposer par voie d'ordonnance les directives 2009/72 et 2009/73 dans un délai de 6 mois

*est géré dans le respect des principes d'égalité, de continuité et d'adaptabilité et* ***dans les meilleures conditions*** *de sécurité,* ***de qualité****, de coûts, de prix et d'efficacité économique, sociale et énergétique* ». Et aux articles L321-18 et L322-12, il dispose que les gestionnaires du réseau public de transport et des réseaux publics de distribution d'électricité conçoivent et exploitent ces réseaux « *de façon à assurer une desserte en électricité* ***d'une qualité régulière, définie et compatible avec les utilisations usuelles de l'énergie électrique*** ». Plus précisément, les niveaux de qualité et les prescriptions techniques en matière de qualité qui doivent être respectés par les gestionnaires des réseaux publics de transport et de distribution d'électricité mentionnés en dehors de circonstances exceptionnelles, ont été définis dans un décret[558] et son arrêté d'application[559] du 24 décembre 2007 modifié successivement par les arrêtés du 18 février 2010[560], du 4 octobre 2012[561] et du 7 janvier 2013[562].

Sans rentrer dans le détail des règles, les gestionnaires doivent respecter des engagements chiffrés en termes de qualité sinon cela se traduit par une obligation pour le gestionnaire du réseau de remédier au problème, par un abattement tarifaire en cas de coupure longue (supérieure à 6 heures) sur la part fixe du T.U.R.P.E., par une indemnisation des usagers. La C.R.E. juge que les compensations restent cependant très faibles pour l'usager eu égard au préjudice subi. Le niveau de qualité du réseau public de distribution d'électricité est réputé non respecté notamment quand :

- **pour la tenue de la tension**, le pourcentage d'utilisateurs mal alimentés[563] à la fois du réseau de distribution et dans le département, dépasse **3%**[564] ;

---

[558] Décret n°2007-1826 du 24 décembre 2007 relatif aux niveaux de qualité et aux prescriptions techniques en matière de qualité des réseaux publics de distribution et de transport d'électricité (Journal Officiel 28 décembre 2007)

[559] Arrêté du 24 décembre 2007 pris en application du décret n°2007-1826 du 24 décembre 2007 relatif aux niveaux de qualité et aux prescriptions techniques en matière de qualité des réseaux publics de distribution et de transport d'électricité (Journal Officiel 28 décembre 2007)

[560] Arrêté du 18 février 2010 modifiant l'arrêté du 24 décembre 2007 pris en application du décret n°2007-1826 du 24 décembre 2007 relatif aux niveaux de qualité et aux prescriptions techniques en matière de qualité des réseaux publics de distribution et de transport d'électricité (Journal Officiel 25 février 2010)

[561] Arrêté du 4 octobre 2012 modifiant l'arrêté du 24 décembre 2007 pris en application du décret n°2007-1826 du 24 décembre 2007 relatif aux niveaux de qualité et aux prescriptions techniques en matière de qualité des réseaux publics de distribution et de transport d'électricité (Journal Officiel 20 octobre 2012)

[562] Arrêté du 7 janvier 2013 modifiant l'arrêté du 24 décembre 2007 pris en application du décret n°2007-1826 du 24 décembre 2007 relatif aux niveaux de qualité et aux prescriptions techniques en matière de qualité des réseaux publics de distribution et de transport d'électricité (Journal Officiel 18 janvier 2013)

[563] Au moins une fois dans l'année, moyenné sur 10 minutes, la tension est en-dehors de la plage 207-253 volts pour l'alimentation en basse tension en monophasé.

- **pour la continuité globale de l'alimentation électrique sur le réseau**, le pourcentage d'utilisateurs mal alimentés[565] à la fois du réseau de distribution et dans le département, dépasse **5%** ;

Par ailleurs, la qualité de l'électricité en France est très correcte depuis des décennies. Ainsi, en 2012, le temps moyen de coupure[566] a été :

**Répartition des départements en fonction du temps moyen de coupure en minutes en 2012 pour les utilisateurs raccordés aux réseaux basse tension**

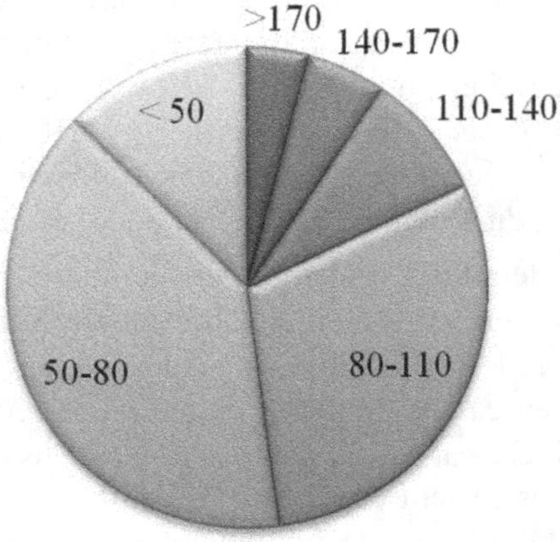


*Source : chiffres C.R.E.*

**Figure 48 – Temps moyen de coupure en 2012 par département**

Toutefois, depuis une dizaine d'années, les investissements d'EDF pour l'entretien et la modernisation des réseaux de distribution ont diminué et **il en résulte une augmentation du temps moyen annuel de coupure d'un facteur deux sur dix ans**[567]. Cela concerne surtout ERDF, la filiale d'EDF et très peu les entreprises locales de distribution (E.L.D.). Mais RTE est également concerné et la C.R.E., dans son communiqué de presse du 15 avril 2013 relatif au T.U.R.P.E. 4 HTB, a mis en avant le renforcement des incitations afin que le gestionnaire du réseau de transport améliore la qualité de service rendu aux utilisateurs, en fixant la durée moyenne de coupure de référence à **2,4** minutes et en élargissant le périmètre des incitations financières à la fréquence moyenne de coupure.

---

564 Ce pourcentage est porté à 5% en Corse, en Guadeloupe, en Martinique, à Saint-Barthélemy, à Saint-Martin, en Guyane, à La Réunion, à Saint-Pierre-et-Miquelon ou à Mayotte

565 Dans l'année, en zones interconnectées, le nombre de coupures longues (supérieures à 3 minutes) est supérieur à 6 ou le nombre de coupures brèves (entre 1 et 3 minutes) est supérieur à 35 ou la durée cumulée des coupures longues est supérieure à 13 heures

566 Source : http://www.cre.fr/reseaux/reseaux-publics-d-electricite/qualite-de-l-electricite#section1 consulté le 20 août 2013

567 Michel LAPEYRE, Les nouvelles régulations électriques 1 : monopole et concurrence, Hermès Science Lavoisier, 2012, p. 122-126

Selon le médiateur national de l'énergie[568], de nombreux différends difficiles à résoudre entre le gestionnaire du réseau de distribution et les consommateurs ont pour origine une coupure imprévue, une baisse de tension ou une surtension, avec une conséquence sur la disponibilité des appareils électriques.

Pour François MIRABEL[569], une stratégie de différenciation verticale, c'est-à-dire selon la qualité intrinsèque de l'électricité fournie et reconnue par l'ensemble des consommateurs, devrait se développer. Certains clients seront prêts à payer plus cher une électricité de très grande qualité sans coupure et d'autres souhaiteront payer moins cher quitte à subir des coupures d'électricité prédéterminées contractuellement et prévues par la loi NOME[570].

En fait, parmi ces critères, il s'avère que l'un deux est déjà une réalité, il s'agit de l'effacement aux périodes de pointe. Et avec la priorité donnée à la capacité d'effacement depuis la loi BROTTES, il est certain que les métiers relatifs à l'effacement en pointe, l'effacement diffus avec des microcoupures notamment, se développeront en parallèle de l'installation des compteurs Linky et des postes électriques intelligents.

On peut aussi faire confiance à l'imagination des fournisseurs d'électricité pour proposer des offres innovantes qui donneraient l'image que l'électricité n'est pas un produit unique, qu'il existe des électricités variées dont certaines de très grande qualité par rapport au niveau de base. Cette nouvelle possibilité serait renforcée par les dispositifs d'effacement couplés au compteur Linky d'une part, et potentiellement avec l'introduction du critère qualité dans la tarification qui deviendrait progressive telle que plus la qualité serait supérieure à la qualité définie à un coût raisonnable du service universel, plus l'électricité serait chère.

Mais, il faut alors examiner la référence de départ. Pour cela, l'apport de la théorie de l'effet de dotation[571] de Daniel KAHNEMAN dans la continuité de la théorie des perspectives est également intéressante ici puisque qu'il est possible d'effectuer une analogie avec *le statu quo* lié à cet effet de dotation qu'il développe à partir de la carte d'indifférence d'un individu pour deux produits et l'électricité. La carte d'indifférence dans la théorie classique consiste à considérer les jours de congé annuels en abscisse et les revenus

---

568 La lettre du médiateur national de l'énergie édition spéciale rapport d'activité n°15, Médiateur national de l'énergie, Juin 2013

569 François MIRABEL, La déréglementation des marchés de l'électricité et du gaz : Les grands enjeux économiques, Presses des Mines, 2012

570 Loi n°2010-1488 du 7 décembre 2010 portant nouvelle organisation du marché de l'électricité (Journal Officiel 8 décembre 2010)

571 Daniel KAHNEMAN, Système 1 système 2 : les deux vitesses de la pensée, Flammarion pour la traduction française, 2013, p. 347-369 (sur l'effet de dotation)

annuels en ordonnée[572]. On peut ensuite tracer des lignes d'égale attirance pour les produits, en l'occurrence pour A et B sur le schéma suivant tel qu'il n'est en théorie pas nécessaire de nous convaincre longtemps pour passer de A à B et réciproquement en échangeant des jours de congés contre des revenus et inversement selon les paramètres de cette courbe donnée[573].

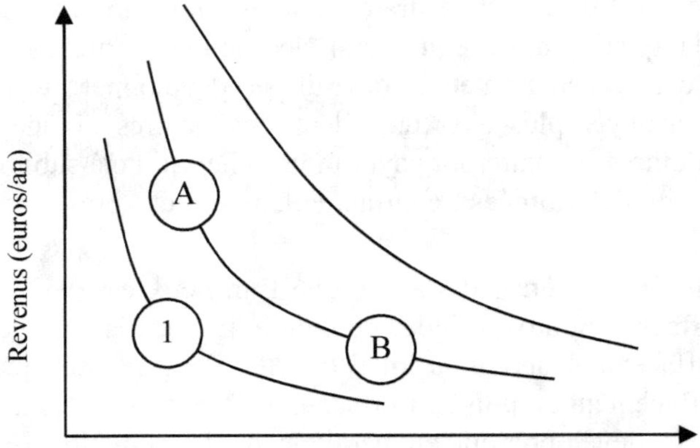


*Source : Système 1 système 2 : les deux vitesses de la pensée*

**Figure 49 – L'effet de dotation**

Dans son ouvrage, A et B sont deux jumeaux hédonistes *Albert* et *Ben* qui sont partis d'une situation initiale identique au point 1. C'était leur premier emploi dans la même société avec un faible salaire et peu de jours de vacances. Leur société leur a proposé deux postes, l'un mieux rémunéré (poste A), l'autre avec davantage de congés (poste B). Ils ont tiré à pile ou face. Selon la théorie classique, il serait ensuite assez facile de faire s'échanger leur poste à *Albert* et *Ben*. Toutefois, selon la théorie des perspectives, même si les deux postes sont sur la même ligne d'indifférence, les inconvénients d'un changement pèse davantage dans la décision d'acceptation de l'échange de postes par *Albert* ou par *Ben* que les avantages, c'est le phénomène de l'aversion à la perte qui intervient et crée un biais de *statu quo* car chacun doit faire des concessions à partir de sa situation de référence initiale (A ou B) qui pèsent plus lourd que les avantages perçus du nouveau poste.

Si nous appliquons maintenant cette théorie à l'électricité avec deux consommateurs finals (A et B), tous les deux sur une courbe d'indifférence sur le graphique suivant sur lequel nous plaçons également un

572 C'est l'exemple présenté par l'auteur américain pour lequel la culture américaine a peut-être une certaine influence telle qu'il ne serait pas forcément transposable intégralement aux cultures européennes

573 Nous n'avons pas cherché à comparer les cultures américaines et françaises et nous nous sommes contentés de conserver l'exemple étudié dans l'ouvrage précité

consommateur aux conditions de prix et qualité plancher de ce que pourrait être celles d'un service universel (1) et un consommateur au tarif bleu encore bas en 2012 et de très bonne qualité historique (2) :

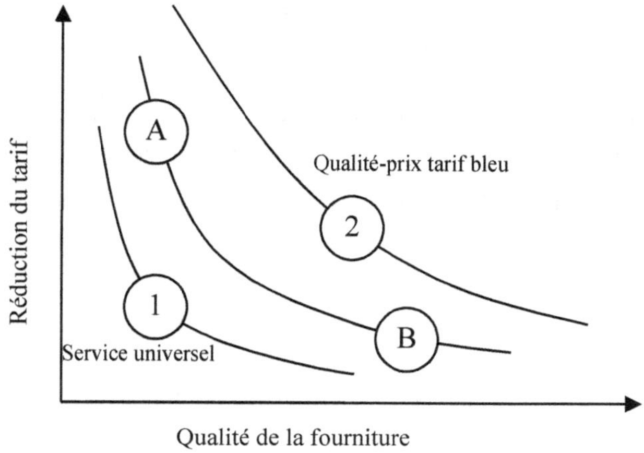


**Figure 50 – L'effet de dotation appliqué**

Nous avons vu qu'il est possible mais pas si simple de passer de A à B ou l'inverse en raison de l'effet de dotation. Donc, même si les fournisseurs d'électricité proposent des offres en ordre de marché intégrant le critère qualité, ils devront considérer cet effet d'autant plus que la qualité de l'électricité fournie aux consommateurs finals est très bonne depuis des décennies et le prix très bas.

En définitive, les prix de l'électricité ne nous semblent pas assez élevés pour que des offres en ordre de marché intégrant le critère qualité puissent se développer facilement actuellement. Cela réduit l'intérêt de cette mesure et cette possibilité de différenciation de la tarification de l'électricité pour quelques années encore sauf : à modifier le seuil du niveau de qualité de l'électricité par voie règlementaire, ce que nous n'avons pas envisagé dans la présente étude ; ou à encourager par voie règlementaire les capacités d'effacement, les métiers associés, la rémunération associée des fournisseurs. Ce second aspect se développe actuellement.

*En bref*

La tarification progressive selon le critère de la qualité pourrait permettre de contribuer davantage à l'ouverture du marché de l'électricité à la concurrence à condition de ne pas descendre en-dessous du niveau minimum de la qualité définie du service universel. Or actuellement, le rapport qualité-prix de la fourniture d'électricité en France réduit très fortement l'intérêt de cette piste pour l'instant sauf pour ce qui concerne les effacements diffus vis-à-vis de la pointe d'électricité hivernale.

En revanche, la mise en place du chèque énergie paraît une mesure séduisante à court terme pour protéger les plus vulnérables et atténuer des inégalités dans l'application des tarifs sociaux entre le gaz naturel et l'électricité.

## B - Des incitations pour les proprietaires et les locataires

La question des propriétaires bailleurs et des locataires est majeure dans le contexte actuel de transition énergétique et vis-à-vis de l'acceptabilité de la tarification progressive par la société puisqu'on a vu que les personnes qui se verraient appliquer le second malus dissuasif (zone rouge) seraient soit des gaspilleurs soit des personnes habitant dans des épaves thermiques. La tarification progressive vise en priorité la première catégorie, elle ne vise la seconde que pour que cela se traduise par une amélioration de la performance énergétique des logements concernés. Si les propriétaires résidents sont incités à investir ou à s'endetter pour réaliser des travaux avec le soutien des aides d'état mises en place et du service public de la performance énergétique de l'habitat quand il sera effectif, les propriétaires bailleurs ne sont pas forcément incités à réhabiliter leurs logements, au détriment des locataires. Dans ce cas, des mesures sont possibles, visant soit les propriétaires soit les locataires, notamment des primes à l'élimination de ces épaves (**1**) ou des encouragements (et des aides) à déménager pour les locataires si leur propriétaire refuse d'améliorer la performance énergétique (**2**). La tarification progressive bénéficiera alors de ces mesures.

### 1 - *Des primes à l'élimination des passoires énergétiques pour les propriétaires*

Avec la naissance du service public de l'efficacité énergétique de l'habitat le 17 avril 2013, on peut penser qu'un certain de nombre de propriétaires se renseigneront pour améliorer leur bilan thermique. Mais si aucune incitation n'est mise en œuvre, il est peu probable que les propriétaires bailleurs soient encouragés à réaliser des travaux de rénovation pour améliorer la performance énergétique de logements loués et ne parlons pas des véritables « passoires énergétiques » pour lesquelles, si ces propriétaires n'ont jamais réalisé d'investissement avant cette loi, pourquoi le feraient-ils après ? La question de l'allocation d'une prime suffisamment généreuse en échange soit de la réhabilitation complète quand c'est techniquement possible soit de la destruction-reconstruction à neuf dans l'autre branche de l'alternative, serait de nature à dynamiser l'ensemble du secteur, inciter les propriétaires à investir, faire bénéficier les locataires d'une réduction de leur facture d'électricité ou d'énergie.

Sur la question du patrimoine dont dispose les ménages bailleurs en France, en 2006, le patrimoine moyen net détenu était de **770 000 €** et le patrimoine médian était de 470 000 €[574].

Nous estimons donc qu'il serait pertinent d'encourager fortement les propriétaires bailleurs à réaliser des travaux de réhabilitation.

#### 2 - *Des incitations pour les locataires qui déménagent vers un logement de meilleure performance énergétique*

Pour éliminer progressivement les passoires énergétiques, une autre solution non plus orientée vers l'incitation des propriétaires pour faire bénéficier les locataires, mais orientée vers l'incitation des locataires afin de la répercuter sur les propriétaires, consiste à encourager les locataires à quitter leur logement pour un autre plus adapté ayant un meilleur bilan thermique ou des surfaces et volumes plus optimisés et qu'il soit rendu plus difficile pour les propriétaires de trouver un nouveau locataire tant que des travaux de réhabilitation ne sont pas effectués. Toutefois, on peut noter que le diagnostic de performance énergétique (D.P.E.) affiché sur les annonces est déjà un signal pour les locataires et les propriétaires. Et il devrait être plus efficace pour trois raisons : la fiabilisation du D.P.E. lui-même, la hausse des prix de l'énergie qui fait entrer ce critère en concurrence avec les autres critères de choix lors de la location ou la mise en location, l'irrigation progressive de ce nouveau mécanisme dans les esprits qui entraîne une modification de la structure de choix (ne pas louer un logement au D.P.E. classé G si le loyer est presque aussi élevé qu'un logement au D.P.E. classé D) et par conséquent a un effet sur le marché immobilier dans son ensemble.

Par ailleurs, il serait peut-être pertinent de réaliser un sondage pour estimer la proportion de locataires qui seraient capables, volontaires et suffisamment disponibles pour réaliser certains travaux de réhabilitation énergétique par eux-mêmes car en fonction des résultats d'un tel sondage, on se rendrait éventuellement compte de la possibilité d'organiser un plan national pour faciliter la mise en place des contrats normalisés entre propriétaires et locataires avec des règles de rémunération des locataires, des règles relatives

---

574 Service de l'observation des statistiques, Références, État du logement en 2011, Commissariat du développement durable, Juin 2013, p. 17 ; Début 2010, le patrimoine moyen brut était de 860 000 €.

aux travaux, … en veillant à la conformité aux règles de sécurité de conception et réalisation. Cette idée ayant certainement déjà été envisagée, elle a du se heurter à des difficultés mais nous ne sommes pas allés plus loin dans la recherche.

On se rend vite compte que la tarification progressive risque d'accentuer les conflits entre les propriétaires bailleurs et leurs locataires. Ce peut être vu comme un problème à éviter mais également comme un révélateur de difficultés à traiter, ce qui signifie alors que des solutions aient déjà été réfléchies et puissent être mises en œuvre rapidement. La création du service public de la performance énergétique de l'habitat semble aller dans ce sens mais reste à compléter (un rapport est attendu en janvier 2014 en application de l'article L232-1 du code de l'énergie).

*En bref*

La tarification progressive risque d'augmenter les conflits entre propriétaires bailleurs et locataires mais plutôt que de poser un problème, ce peut être une opportunité d'accélérer la réhabilitation énergétique des logements, en particulier les épaves thermiques, à condition de mettre en œuvre des mesures pour aider les locataires les plus vulnérables incités à déménager à se reloger et pour inciter et accompagner les propriétaires bailleurs à effectuer des travaux de réhabilitation. Les solutions proposées ici ne sont cependant pas approfondies et leur fiabilité n'est donc pas certaine.

### C - UN SYSTEME DE TAXES RENFORCE

La fiscalité est une piste « naturelle » à explorer en se gardant de perdre de vue que les taxes représentent de l'ordre de 30% du tarif bleu (*v. 1ère partie, ch. I, sect. I, I, A*). La première idée consiste à mettre en place une taxe dissuasive (**1**), la seconde idée représente une voie bien plus prometteuse semble-t-il par rapport à toutes les autres notamment en termes de sécurité juridique (**2**).

#### 1 - *Une taxe dissuasive sur les plus gros gaspilleurs*

Une des pistes qui pourrait être envisagée serait éventuellement de taxer davantage les gros gaspilleurs.

La question est de savoir si une telle taxe serait compatible du droit de l'Union européenne et du droit interne. En droit de l'Union, la taxation de l'électricité est définie dans la directive 2003/96[575] modifiée par les

[575] Directive 2003/96/CE du Conseil du 27 octobre 2003 restructurant le cadre communautaire de taxation des produits énergétiques et de l'électricité, J.O.U.E. L 283, 31 octobre 2003, p. 51-70

directives 2004/74/CE et 2004/75/CE. La réponse est alors oui en principe puisque « *des taux de taxation différenciés peuvent être appliqués sous contrôle fiscal par les pays de l'UE* [...] *lorsque les taux différenciés dépendent des niveaux quantitatifs de consommation de l'électricité et des produits énergétiques pour le chauffage* »[576] (*v. article 5 de la directive 2003/96*).

Il faut cependant être vigilant à ne pas taxer de manière injuste notamment un locataire qui n'y peut rien (sauf à déménager) parce que le logement qu'il occupe est une épave thermique. La notion d'acceptation sociale doit alors être prise en compte.

La taxe, tout ou partie, peut alors éventuellement être appliquée au propriétaire, qui pourrait être conditionnée à une obligation de réaliser des travaux comme on oblige à faire des ravalements de façade par exemple[577].

Par ailleurs, c'est associé à cette taxe de gaspillage que le dispositif de performance énergétique (D.P.E.) pourrait être intéressant car en commençant par taxer fortement les supposés gaspilleurs, on visera forcément les vrais sur-consommateurs, c'est bien le but recherché et ils représenteraient de l'ordre de 50% selon le Centre d'analyse stratégique[578], mais on atteindra aussi les autres 50% qui ont des factures importantes à cause principalement du bilan thermique de leur logement. L'utilisation du D.P.E. à ce stade permettrait, grâce à un croisement de fichiers, de rembourser *a posteriori* ou ce qui serait préférable, à ne pas faire payer *a priori*, les personnes qui peuvent justifier que c'est bien le bilan thermique qui est la raison principale de la consommation excessive. Dans cette proposition, l'idée serait bien l'application d'une taxe dite de gaspillage par défaut, toute minoration ou suppression devant être justifiée. Toutefois, elle présenterait l'inconvénient d'être une taxe en plus et de n'être que coercitive entre autres à la différence de la seconde mesure proposée au paragraphe suivant. Surtout, elle ne reconnaît pas **positivement** les comportements vertueux en matière de sobriété énergétique, ce qui semble un réel handicap.

### 2 - *La taxation progressive*

Pour aller plus loin qu'une taxe unique sur les plus gros gaspilleurs, il est tout à fait possible d'envisager une tarification progressive de l'électricité

---

[576]http://europa.eu/legislation_summaries/internal_market/single_market_for_goods/motor_vehicles/interactions_industry_policies/l27019_fr.htm consulté le 8 août 2013

[577] Articles L. 132-1 à L. 132-5 du code de construction et de l'habitation ; Loi n° 2000-1208 du 13 décembre 2000 relative à la Solidarité et au Renouvellement Urbain dite loi S.R.U. (Journal Officiel 14 décembre 2000) et décret n°2002-120 du 30 janvier 2002 (Journal Officiel 31 janvier 2002)

[578] Blandine BARREAU, Anne DUJIN et Marie VEDIE, Comment limiter l'effet rebond des politiques d'efficacité énergétique dans le logement ? L'importance des incitations comportementales, La note d'analyse du Centre d'analyse stratégique, Février 2013, n°320, p. 3

non pas directement sur le principe du bonus-malus sur la facture en fonction de la consommation mais de manière indirecte par une fiscalité différentielle. L'idée est de conserver le même principe de tranches de consommation et l'effet peut être identique sur la facture si la législation permet au fournisseur d'électricité d'appliquer automatiquement une taxe différenciée selon une formule règlementaire en fonction de la consommation et des autres paramètres[579].

Il convient donc dans un premier temps d'examiner la possibilité ou les difficultés de mettre en place un tel mécanisme par rapport au droit interne et celui de l'Union européenne et dans un second temps de regarder ce qui fonctionne déjà dans l'Union européenne, la tarification progressive mise en place par l'Italie.

*En droit interne*

L'article 3 de la loi POPE du 13 juillet 2005[580] dispose que « *l'État mobilise l'ensemble des instruments des politiques publiques* [...] *la fiscalité sur la consommation d'énergie* [...] *favorise les économies d'énergie et une meilleure protection de l'environnement* ».

Le régime de taxes sur l'électricité a été modifié en droit interne par l'article 23 de la loi NOME[581] qui a créé une taxe communale sur la consommation finale d'électricité et une taxe départementale sur la consommation finale d'électricité dans le code général des collectivités territoriales.

Un article 266 quinquies C a été créé dans le code des douanes par la loi NOME, qui dispose qu'il « *est institué une taxe intérieure sur la consommation finale d'électricité relevant du code NC 2716 de la nomenclature douanière, fournie ou consommée sous une puissance souscrite supérieure à 250 kVA* ».

Sans rechercher tous les textes, nous pouvons encore citer l'article 38 de la loi du 3 janvier 2003[582] qui a institué la contribution au service public de l'électricité (C.S.P.E.) actuelle[583] et le décret du 28 janvier 2004 qui identifie les trois catégories distinctes de surcoûts compensables (obligations d'achat, zones non-interconnectées, dispositifs sociaux).

---

579 C'est finalement le mécanisme du bonus-malus

580 Loi n°2005-781 du 13 juillet 2005 de programme fixant les orientations de la politique énergétique (Journal Officiel 14 juillet 2005)

581 Loi n°2010-1488 du 7 décembre 2010 portant nouvelle organisation du marché de l'électricité (Journal Officiel 8 décembre 2010)

582 Loi n°2003-8 du 3 janvier 2003 relative aux marchés du gaz et de l'électricité et au service public de l'énergie, (Journal Officiel 4 janvier 2003)

583 Elle a modifié l'article 5 de la loi n°2000-108 du 10 février 2000 relative à la modernisation et au développement du service public de l'électricité qui prévoyait déjà un mécanisme de compensation de charges

Donc, la fiscalité est un instrument qui peut être utilisé, qu'il l'est puisque que des modifications sont intervenues récemment fin 2010 (loi NOME). Par exemple, la C.S.P.E. pourrait évoluer pour prendre en compte la compensation de charges correspondant à une mission de service public[584] et l'article le plus précis sur ce point est certainement l'article L121-1 du code de l'énergie qui dispose : « *Le service public de l'électricité a pour objet de garantir, dans le respect de l'intérêt général, l'approvisionnement en électricité sur l'ensemble du territoire national.*

*Dans le cadre de la politique énergétique, **il contribue à l'indépendance et à la sécurité d'approvisionnement**, à la qualité de l'air et à la lutte contre l'effet de serre, **à la gestion optimale** et au développement **des ressources nationales**, **à la maîtrise de la demande d'énergie**, à la compétitivité de l'activité économique et à la maîtrise des choix technologiques d'avenir, comme à **l'utilisation rationnelle de l'énergie**.*

***Il concourt à la cohésion sociale**, à la lutte contre les exclusions, au développement équilibré du territoire, dans le respect de l'environnement, à la recherche et au progrès technologique, ainsi qu'à la défense et à la sécurité publique.*

*Matérialisant le droit de tous à l'électricité, produit de première nécessité, le service public de l'électricité est géré dans le respect des principes d'égalité, de continuité et d'adaptabilité et **dans les meilleures conditions** de sécurité, de qualité, de coûts, de prix et **d'efficacité économique, sociale et énergétique*** ».

*En droit européen*

La directive 2012/27/UE[585], à l'article 12, promeut les initiatives visant à changer les comportements « *afin de favoriser une utilisation efficace de l'énergie par les petits clients, y compris les ménages* [pouvant] *s'inscrire dans une stratégie nationale* », notamment par des incitations fiscales.

Et surtout, l'article 5 de la **directive 2003/96 permet l'application** (sous conditions) **de taux de taxation différenciés** notamment :

- quand ils sont liés à la qualité du produit ;
- quand ils dépendent des niveaux quantitatifs de consommation de l'électricité pour le chauffage ;
- entre la consommation professionnelle (d'une entreprise) et non professionnelle de l'électricité.

---

584 Article 194 du Traité sur le fonctionnement de l'Union européenne (Journal Officiel C 115 du 9 mai 2008) ; Article L100-1 du code de l'énergie

585 Directive 2012/27/UE du Parlement européen et du Conseil du 25 octobre 2012 relative à l'efficacité énergétique, modifiant les directives 2009/125/CE et 2010/30/UE et abrogeant les directives 2004/8/CE et 2006/32/CE (Journal Officiel de l'Union européenne 14 novembre 2012)

L'article 6 autorise les États membres à accorder les exonérations ou les réductions du niveau de taxation prévues dans la directive sous la forme d'un taux de taxe différencié.

Toutefois, la France a malgré tout été condamnée par la Cour de justice de l'Union européenne dans l'arrêt du 25 octobre 2012, affaire C-164/11, Commission européenne contre République française[586], pour ne pas avoir adapté son système de taxation de l'électricité avant la fin de l'expiration de la période transitoire. Depuis, la France a transposé la directive 2003/96 dans la loi NOME à l'article 23 qui a créé les deux taxes sur la consommation finale d'électricité (communale et départementale). Mais dans cet arrêt, c'est aussi les arguments des parties qu'il convient d'examiner afin de vérifier si une difficulté peut se présenter et en l'occurrence au considérant 36 « *Le Royaume d'Espagne, intervenant au soutien de la défenderesse, fait valoir qu'* ***il n'existe pas d'obligation de taux uniforme dans la directive 2003/96****. Selon cet État membre, la position de la Commission n'est pas cohérente au regard de* ***la possibilité d'imposer sur l'électricité d'autres taxes indirectes non harmonisées, comme le prévoit la directive 2008/118/CE*** *du Conseil, du 16 décembre 2008, relative au régime général d'accise et abrogeant la directive 92/12/CEE (JO 2009, L 9, p. 12), notamment l'article 1er, paragraphe 2, de celle-ci. Il observe, d'une part, que* ***les dispositions de la directive 2003/96 ne se réfèrent qu'à un taux minimum de taxation*** *et, d'autre part, que la Commission n'a pas démontré que la réglementation française entravait le bon fonctionnement du marché intérieur. Ainsi, compte tenu du libellé de cette dernière directive, du contexte de celle-ci et de ses objectifs, aucun manquement ne pourrait être constaté à charge de la République française.* »

La Cour n'ayant jugé que du non-respect du délai de transposition et aucun autre arrêt plus récent sur ce thème n'ayant été publié sur CVRIA[587], nous retenons qu'il pourrait éventuellement rester une difficulté mais que la probabilité semble toutefois assez faible même si le fait que le projet de refonte de la directive 2003/96[588] prévoit un article 18 modifié qui comprendrait un paragraphe 2 comme suit s'il était adopté : « *Nonobstant les dispositions de l'article 4, paragraphe 3, la France peut prévoir que les niveaux de taxation générale de la consommation d'énergie appliqués dans chacune des régions françaises peuvent être plus élevés que les niveaux de taxation nationaux correspondants (différenciation régionale). Les règles*

586 Arrêt de la Cour (huitième chambre), 25 octobre 2012, affaire C-164/11, Commission européenne contre République française, « Manquement d'État – Directive 2003/96/CE – Taxation des produits énergétiques et de l'électricité – Non-transposition dans le délai prescrit »

587 Site http://curia.europa.eu/ consulté le 8 août 2013

588 Site http://ec.europa.eu/taxation_customs/taxation/excise_duties/energy_products/legislation/index_fr.htm consulté le 8 août 2013

*applicables doivent respecter les conditions suivantes [...] ».* **Il ne faudrait alors pas que cet article soit interprété comme excluant d'autres possibilités de modulations de la taxation** toutefois l'article 5 modifié prévoit que « *des taux différenciés de taxation générale de la consommation d'énergie peuvent être appliqués* » dans les mêmes cas que ceux de la directive actuellement en vigueur.

*La tarification progressive en Italie*

Concernant l'utilisation de taxes destinées à créer une progressivité de la tarification résultante de l'électricité, un État membre l'a mise en œuvre : l'Italie.

Elle a donc instauré une tarification progressive de l'électricité en 1975 à la suite de la crise du pétrole de 1973 comme d'autres pays, elle a aussi introduit une option tarifaire limitée en puissance à 3 kVA afin de limiter la surcharge des capacités du réseau électrique[589] et elle a engagé une réforme majeure relative à la structure tarifaire réglementaire de l'électricité récemment. L'*Autorità per l'energica elettrita e il gas* en Italie a publié la résolution 204/2013/R/EEL du 16 mai 2013[590] dans laquelle elle explique les modifications de structures tarifaires de l'électricité par période tarifaire considérée.

Ainsi, pour la quatrième période réglementaire 2012-2015, elle a gelé la structure et l'articulation des tarifs de la troisième période réglementaire 2008-2011 pour les utilisateurs domestiques. Elle a conservé l'introduction d'**éléments de progressivité sur les frais pour couvrir les services réglementés qui a pour but de décourager l'utilisation du tarif de l'électricité sur la tranche haute de consommation**. Dans la résolution ARG / elt 117/08 du 6 août 2008, L'*Autorità per l'energica elettrita e il gas* a défini les montants et les modalités de paiement du mécanisme de compensation (bonus social).

Dans le cadre d'une étude pour mettre en place la tarification progressive en Allemagne[591], les cas de la Californie et de l'Italie ont été analysés. Pour l'Italie, l'auteur indique que 90% des consommateurs optent pour le tarif le plus bas D2 d'une puissance limitée à 3 kVA dont le taux est beaucoup plus faible que celui du tarif D3 pour les puissances supérieures à 3 kVA. La baisse de revenus du tarif D2 est couverte par le tarif D3, on a un effet de redistribution. Les composantes progressives de la tarification sont les **frais**

---

[589] Christian DEHMEL, Progressive electricity tariffs in Italy and California – prospects and limitations on electricity savings of domestic customers, E.C.E.E.E., 2011, p. 3

[590] Site internet de l'*Autorità per l'energica elettrita e il gas* http://www.autorita.energia.it/it/docs/13/204-13.htm consulté le 20 juillet 2013

[591] Christian DEHMEL, Progressive electricity tariffs in Italy and California – prospects and limitations on electricity savings of domestic customers, E.C.E.E.E., 2011

**généraux** du système, les **taxes** et les **coûts d'acheminement**[592], ce qui a permis à l'Italie de se conformer au droit de l'Union européenne.

La structure tarifaire pour l'année 2013 sur la base des informations disponibles sur le site de l'autorité de régulation italienne est la suivante pour le tarif D2 :

- une composante T1 de 612 centimes d'€ par point et par an pour les frais fixes ;
- une composante T2 de 550,32 centimes d'€/kW engagé par an pour l'examen de puissance ;
- une composante T3 en centimes d'€/kW pour la consommation d'énergie comme suit :

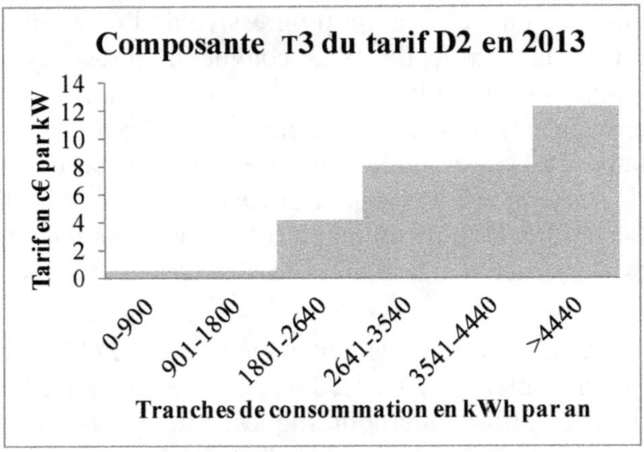


*Source : autorita.energia.it*

**Figure 51 – La tarification progressive en Italie**

Toutefois, nous devons nuancer ses effets. L'étude précise que la tarification progressive n'a pas joué un rôle important en ce qui concerne la politique globale d'efficacité énergétique en Italie[593]. Pourtant, quand on compare l'électricité consommée *per capita* en Italie par rapport à la moyenne des pays de l'Union européenne (à 27), elle est **30%** inférieure, et par rapport à la France, elle est **50%** inférieure **hors corrections climatiques**.

S'agissant de l'applicabilité à la France, nous écartons la progressivité sur le tarif d'acheminement contraire au principe d'égalité du service public pour formuler alors une proposition de tarification progressive dont la progressivité est assurée par les taxes.

---

[592] *Ibidem*, p. 4 ; site http://www.autorita.energia.it/it/d2d3.htm consulté le 7 août 2013

[593] Christian DEHMEL, Progressive electricity tariffs in Italy and California – prospects and limitations on electricity savings of domestic customers, E.C.E.E.E., 2011, p. 3

Concrètement, deux moyens seraient possibles : une nouvelle aide ou taxe supplémentaire, le bonus-malus de l'électricité ou une alternative qui serait d'introduire une grille de C.S.P.E. progressive. Si le second moyen est possible, alors il serait improbable que le premier ne le soit pas d'autant que le Conseil d'État a rendu un avis sur cet aspect le 6 décembre 2012[594], à savoir que « *Le bonus-malus énergie envisagé doit être ainsi analysé, dans la lignée de ce précédent, comme un dispositif double instituant d'une part, un impôt dissuasif et d'autre part, une aide, le premier finançant la seconde tout en poursuivant un objectif de lutte contre les surconsommations d'énergie. Dans ces conditions il convient de distinguer le bonus, support de l'aide, du malus, support de la taxation* ».

Nous proposons donc d'examiner plus particulièrement le second moyen envisageable, l'utilisation de la C.S.P.E. Elle aurait l'avantage d'être conforme au droit de l'Union européenne puisque nous avons déjà l'exemple de l'Italie qui a mis en œuvre un système basé sur la taxation d'une part et que la directive 2003/96 précitée prévoit la possibilité d'introduire une taxation différenciée d'autre part. Elle aurait trois autres avantages, le premier étant de pouvoir faire varier les taux et les assiettes en prenant comme référence de départ le coût complet alors qu'il serait logiquement plus difficile de proposer la même amplitude avec une composante tarifaire supplémentaire progressive basée sur le tiers de la tarification correspondant à la fourniture. Le deuxième avantage est de réunir dans cette C.S.P.E. les charges relatives aux obligations ou missions du service public, le bonus-malus de l'électricité répondant à l'intérêt général que représente la sécurité d'approvisionnement et qui se traduit par l'efficacité énergétique et par conséquent par la sobriété énergétique au vu de notre analyse au premier chapitre de cette seconde partie. Le troisième avantage est lié à la communication puisqu'elle est la seule composante qui peut permettre **la promotion d'une taxe qui diminue pour le consommateur final en fonction de son comportement, de ses efforts de contribution aux objectifs nationaux** sans être une création de nouvelle taxe d'autant que « *Le risque d'un "ras-le-bol fiscal" inquiète les responsables PS* » dans un article du 24 août 2013 paru dans LeMonde.fr[595].

En principe, le fait de rajouter une fonction à la C.S.P.E. ne devrait pas remettre en cause les fonctions actuelles de compenser les charges de l'opérateur historique dans le respect des quatre critères de l'arrêt

---

[594] N°387.195, Avis de l'Assemblée générale (section des travaux publics) concernant la mise en œuvre d'un dispositif de bonus-malus pour les consommateurs domestiques d'énergies dites de réseau, Conseil d'État, 6 décembre 2012

[595] Site http://www.lemonde.fr/politique/article/2013/08/24/le-risque-d-un-ras-le-bol-fiscal-inquiete-les-responsables-socialistes_3465874_823448.html?xtmc=fabius_ras_le_bol&xtcr=2 consulté le 24 août 2013

« *Altmark* » (*CJCE, 24 juill. 2003, aff. C-280/00, Altmark Trans GmbH*) notamment.

En plus, comme pour la tarification progressive, elle s'appliquerait aux consommateurs finals aux tarifs règlementés de vente et ceux aux tarifs en ordre de marché.

Par contre, afin d'éviter une rupture d'égalité ou du moins de l'accroître, il faudrait aussi revoir le cas des agents EDF car même si la majorité des français ne connaissent pas vraiment la C.S.P.E. ou les avantages cumulés des agents EDF, trop de citoyens sont dans la précarité énergétique pour qu'on ne se pose pas de question eu égard au principe d'égalité du service public de l'électricité. Ainsi, dans son rapport annuel 2012[596], la Cour des comptes relève que « *le tarif agent est calculé toutes taxes comprises : non seulement, la taxe sur la valeur ajoutée et les taxes locales sont comprises dans le tarif (à hauteur de 0,10 c€/kWh) mais, aussi, les taxes nouvellement créées (contribution au service public de l'électricité CSPE, contribution tarifaire d'acheminement CTA) ou récemment réformées (fiscalité locale réformée conséquence de la loi NOME,* [v. article 18-I]*). Cette exonération n'apparaît pas justifiée au regard du principe d'égalité devant l'impôt* ».

La mise sur l'agenda politique ou la presse seraient alors une opportunité de mise en lumière de la C.S.P.E. et d'autres aspects sur les tarifs de l'électricité : le service public, la libéralisation, … On verrait également que **c'est le consommateur d'électricité seul qui finance le soutien au développement des énergies renouvelables dans la C.S.P.E.** alors qu'il serait peut-être plus logique que ce soit le consommateur d'énergie[597].

En matière de fiscalité, la C.S.P.E. est déjà qualifiée « *d'imposition innommée* » par le Conseil d'État, de « *quasi-impôt* » par la Cour des comptes[598]. Pourquoi ne pas alors développer indirectement le caractère de redistribution qui existe déjà avec le financement des dispositions sociales ?

En choisissant la C.S.P.E. comme instrument support de la mise en œuvre du bonus-malus de l'électricité et sachant qu'elle devrait augmenter fortement de 77 € par an en 2011 à 199 € en 2020 sur la facture d'un ménage type, les ménages (et professionnels) les plus vertueux bénéficieraient alors d'un bonus sur la C.S.P.E., ce qui atténuerait l'effet de hausse. On pourrait même imaginer une C.S.P.E. négative, mais pas pour les gaspilleurs. Selon l'évaluation d'une évolution possible de la C.S.P.E. à l'horizon 2020 par la

---

596 Le rapport public annuel 2013 – Tome I : Les observations – Volume I-2 : La gestion publique – Chapitre IV : Les entreprises publiques – 1 : Les rémunérations à EDF SA : une progression rapide, une accumulation d'avantages, peu de liens avec les performances, Cour des comptes, 2013, p. 361-402

597 La contribution au service public de l'électricité (CSPE) : Suites données aux observations de la Cour dans le rapport public 2011, Cour des comptes, Juin 2012, p. 82

598 Avis du conseil économique, social et environnemental, La transition énergétique : 2020-2050 un avenir à bâtir, une voie à tracer, Journaux officiels, 2013, p. 42

Cour des comptes[599], celle-ci atteindrait 20 €/MWh, et si on considère le bonus (zone verte) et le malus (zone rouge) en 2017 de la proposition de loi BROTTES adopté par le Parlement le 11 mars 2013[600], on aurait alors une C.S.P.E. en 2020 de potentiellement de -10 €/MWh pour ceux qui se verraient appliquer ce bonus et de 50 €/MWh pour ceux qui se verraient appliquer ce malus de gaspillage.

Il faut également s'assurer à ne pas créer de rupture d'égalité devant les charges publiques. Cela signifie aussi que la taxation devrait logiquement s'appliquer aux entreprises[601] de manière différenciée ou non (l'article 5 de la directive 2003/96 le permet) pour tenir compte de particularités des professionnels par rapport aux particuliers en les conciliant avec un rééquilibrage entre les différents types de consommateurs. Cet aspect a fait l'objet d'une recommandation de la Cour des comptes eu égard aux exonérations de C.S.P.E. « *qui profitent actuellement uniquement aux gros consommateurs, donc aux entreprises,* [qui] *représentent presque 20% de la consommation d'électricité et ont tendance à progresser tant en volume qu'en pourcentage* »[602]. Par ailleurs, le Conseil d'analyse économique recommande une réorientation progressive de la fiscalité du travail vers la fiscalité de l'énergie, la France étant spécifique sur ce point avec peu de fiscalité de l'énergie[603].

En corollaire, en droit de l'Union européenne, la question que le bonus ou le malus appliqué à une entreprise puisse être considéré comme une pratique ou une concurrence fiscale dommageable pourrait se poser. Au vu des critères précisés sur le site internet Fiscalité et Union douanière de la Commission européenne[604], ce n'est pas le cas.

*Sur l'intérêt d'utiliser la C.S.P.E. plutôt qu'une nouvelle taxe*

Ce dernier paragraphe aborde un point qui n'a pas encore été traité et qui aurait pu l'être dans le cadre des insuffisances du système de bonus-malus puisque nous n'avons pas analysé les conséquences de l'itération des volumes de référence qui sont à réviser chaque année. En effet, nous avons montré que le mécanisme avait une forte probabilité d'être efficace et

---

599 La contribution au service public de l'électricité (CSPE) : Suites données aux observations de la Cour dans le rapport public 2011, Cour des comptes, Juin 2012, p. 11

600 Texte adopté N°94, Proposition de loi visant à préparer la transition vers un système énergétique sobre et portant diverses dispositions sur la tarification de l'eau et sur les éoliennes (texte définitif), Assemblée nationale, 11 mars 2013

601 Ou des mesures d'effets équivalents

602 La contribution au service public de l'électricité (CSPE) : Suites données aux observations de la Cour dans le rapport public 2011, Cour des comptes, Juin 2012, p. 84

603 Dominique BUREAU, Lionel FONTAGNE et Philippe MARTIN, Énergie et compétitivité, Les notes du conseil d'analyse économique, n°6, mai 2013, p. 12, recommandation n°4

604 Site http://ec.europa.eu/taxation_customs/taxation/company_tax/harmful_tax_practices/index_fr.htm consulté le 8 août 2013

d'entraîner une diminution de la consommation d'électricité et que pour que le système financier reste à l'équilibre entre les bonus attribués et les malus collectés, il faut réviser le volume de référence attribué à la baisse annuellement pour chaque catégorie par énergie de réseau (électricité, gaz, chaleur) et par résidence (individuelle ou en immeuble collectif, principale ou occasionnelle). Le rythme de la diminution de consommation d'énergie peut être plus ou moins rapide comme l'illustre les deux figures suivantes où nous savons choisi deux exemples qui ne reflètent pas forcément le rythme effectif qui serait constaté après quelques années d'application :

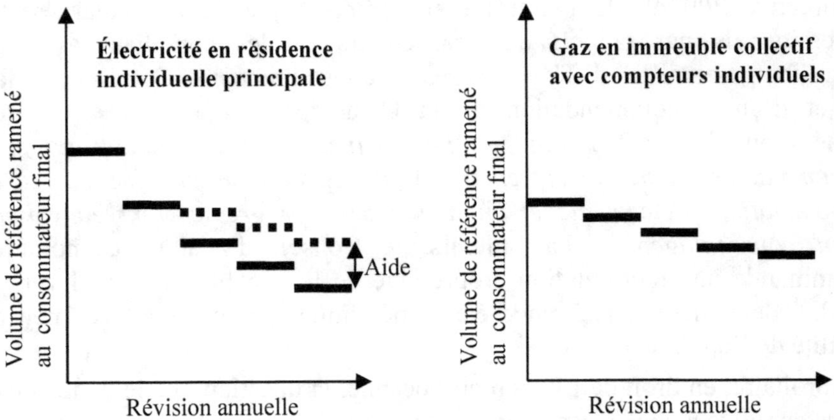


**Figure 52 - Deux exemples de révision annuelle du volume de référence**

Nous pouvons constater, à partir des deux exemples fictifs choisis, qu'une catégorie à gauche qui fait davantage d'efforts de réduction de consommation d'énergie (peut-être parce qu'elle commençait avec une marge de réduction plus forte) se voit appliquer un volume de référence ramené au consommateur final de plus en plus faible chaque année. Cela montre bien l'efficacité et c'est le but recherché mais les pouvoirs publics pourraient rechercher à limiter autant que possible un effet de rupture d'égalité devant les charges publiques[605] si une catégorie se trouvait pénalisée par rapport à une autre pour avoir fait des efforts de sobriété énergétique supérieurs aux autres. Dans ce cas, comme on le voit sur la figure de gauche, les pouvoirs publics pourraient appliquer un volume de référence (en pointillé) moins réduit par rapport à ce qu'il aurait été calculé pour l'année N+1 par rapport à l'année N. Il en résulterait que l'écart entre ce volume de référence appliqué et le volume de référence calculé constituerait une aide pour tous les consommateurs finals de cette catégorie sans exception en n'ayant pas trop baissé la limite entre bonus et malus. L'équilibre financier de cette catégorie serait rompu et tout l'intérêt d'utiliser

[605] Les charges publiques sont définies par le Conseil constitutionnel comme l'incitation des consommateurs finals à réduire leur consommation d'énergies de réseau

la C.S.P.E., **à condition de l'étendre aux énergies de réseaux gaz et chaleur**, serait de financer cette aide par une augmentation de cette C.S.P.E. dans son ensemble. Nous pouvons estimer que si l'écart de volume de référence représente un écart de consommation de 1,5% en moyenne pour une catégorie de 5 millions de consommateurs finals ayant une facture moyenne annuelle d'énergie de 800 €, alors l'aide pour cette catégorie s'élève à 60 M€. La hausse de la C.S.P.E. résultante de cette aide pour assurer l'équilibre financier dans son ensemble représente alors environ **2 €** sur chaque facture annuelle d'énergie soit de l'ordre de **0,25%** pour une facture annuelle d'énergie de 800 €. Cette aide ne serait donc pas disproportionnée et permettrait de respecter le principe d'égalité du service public.

S'agissant d'une aide d'état, la question de la conformité avec le droit de l'Union européenne se pose à nouveau. Encore une fois, les quatre critères de l'arrêt « *Altmark* » (*CJCE, 24 juill. 2003, aff. C-280/00, Altmark Trans GmbH*) doivent être respectés s'ils s'appliquent à la situation. Dans le cas présent, nous pouvons imaginer que les fournisseurs d'énergie ou les entreprises consommatrices d'énergie d'un secteur de l'énergie (électricité ou gaz) seraient éventuellement favorisés par rapport à ceux d'un autre secteur de l'énergie par cette aide d'état. Ce n'est pas le cas puisque que les fournisseurs qui bénéficieraient indirectement de cette aide subiraient une baisse de leur chiffre d'affaires supérieure aux autres fournisseurs en raison de la baisse de consommation et les entreprises consommatrices qui bénéficieraient directement de cette aide seraient en fait moins pénalisées à court terme d'avoir effectué des efforts de sobriété énergétique par rapport aux autres entreprises.

Enfin, notons que sans mesure instaurée en parallèle pour réduire le nombre d'« épaves thermiques », on pourrait se retrouver après cinq ou dix ans de retour d'expérience du bonus-malus à ce que la quasi-totalité des malus de gaspillage soient en fait appliqués à des ménages (ou professionnels) habitant ces « passoires énergétiques ». Ce serait plus facile d'identifier la raison de la surconsommation, c'est certain, mais il faudrait alors prévoir des mesures pour atténuer ou compenser cet effet pour ceux qui en seraient affectés sans autre choix possible (déménager, réaliser des travaux d'isolation thermique, ...).

*En bref*

La tarification progressive basée sur une taxation progressive en utilisant une grille de C.S.P.E. par exemple, représente une alternative possible conforme au droit de l'Union européenne et au droit national à condition de ne pas accentuer des différences de traitement préexistantes entre les ménages français, entre ceux qui sont dans la précarité énergétique et ceux qui n'auraient aucune incitation à la sobriété énergétique. Il faudra alors modifier le code de l'énergie pour intégrer cette grille tarifaire sans exonérer les agents EDF du bonus-malus.

Une nouvelle régulation de l'énergie est également possible à condition d'étendre la C.S.P.E. aux autres énergies de réseaux.

Il serait possible de promouvoir **une taxe qui diminue** pour le consommateur final en fonction de son comportement, de ses efforts de contribution aux objectifs nationaux

# CONCLUSION GENERALE

La consommation d'électricité devrait pouvoir être davantage lissée qu'actuellement à partir de la combinaison de plusieurs facteurs : l'évolution des comportements ; l'ouverture des marchés à la concurrence sensible aux fluctuations des prix *spot* de l'électricité ; les dispositions en droit interne comme les effets de la loi NOME ; la priorité à l'effacement pour maîtriser les pointes d'électricité hivernales ; les compteurs intelligents pour maîtriser la consommation ; les mesures de l'Union européenne dans le cadre de la transition énergétique. Ce lissage ainsi que la convergence de la tarification de l'électricité dans le cadre du marché européen de l'électricité seront, à terme, de nature à permettre de réaliser des économies globales qui se répercuteront sur le consommateur final à qualité égale à condition de non-distorsion du marché de l'électricité (taxe E.E.G.) et d'égale ouverture à la concurrence dans les États membres. Ainsi, sur le plan du réseau interconnecté avec la France, dans un premier temps de l'ouverture des marchés à la concurrence, nous constatons des différences de prix significatives entre les États membres mais dans un deuxième temps, ces différences s'estompent avec le développement des interconnexions d'une part, l'efficience des marchés de gros de l'électricité d'autre part.

En France, avec le marché intérieur en achèvement, la disparition des tarifs verts et jaunes au 1er janvier 2016, l'ouverture progressive et lente des marchés de l'électricité en cours, nous pouvons déjà dégager plusieurs conclusions. D'une part, les fournisseurs français bénéficieront de la convergence des prix de l'électricité en Europe alors que la tarification pour les consommateurs finals français augmentera afin de réduire le ciseau tarifaire entre autres. D'autre part, cette phase d'augmentation ou de régression vers la moyenne devrait être une phase transitoire. Par ailleurs, l'ouverture du marché de l'électricité à la concurrence et la législation française[606] qui accompagne ce mouvement en ayant le souci de concilier plusieurs exigences (le marché intérieur concurrentiel, les objectifs Europe 2020, le service public de l'électricité et la protection des plus vulnérables) permettent la multiplication des offres aux tarifs en ordre de marché et surtout une palette de tarifs de plus en plus riche. Des tarifications innovantes (différenciée, progressive) de l'électricité non seulement sur les prix mais potentiellement sur d'autres critères comme les taxes ou la qualité, devraient se développer. De plus, le consommateur final, en devenant acteur de sa consommation (à l'exception des plus vulnérables), devrait contribuer à rendre le marché de l'électricité en France théoriquement de plus en plus efficient et dynamique au bénéfice des usagers du service public de l'électricité, et à lisser la consommation électrique dans une sorte de cercle vertueux.

---

[606] L'ensemble des textes désormais regroupés dans le code de l'énergie

Toutefois, il convient de ne pas perdre de vue certaines réalités. La pointe hivernale représente un risque potentiel réel de « *black-out* » du système physique électrique compte tenu des tensions entre l'offre et la demande d'électricité observées sur les bourses de l'électricité et de l'augmentation régulière de la consommation d'électricité de 2,4% par an depuis quelques années des particuliers et professionnels[607]. Une tarification progressive sur le critère de la qualité avec des coupures déterminées devrait se développer (capacité d'effacement, effacement diffus) et la Commission de régulation de l'énergie devra notamment veiller à ce que cette qualité reste supérieure ou égale à celle requise par le service universel de l'électricité.

Sans incitation au changement des comportements individuels soit sous forme de contrainte liée à la « crise » soit sous forme d'un bonus-malus, les habitudes bien ancrées n'ont pas de raison d'évoluer. Pourquoi réduire sa consommation d'électricité si on n'a aucune motivation à le faire et qu'en plus on peut la suivre grâce au compteur Linky et faire quelques optimisations sans réduire son confort ? Or, c'est bien un effort de tous en termes de réduction de consommation d'électricité qui sera nécessaire pour tendre vers un standard de confort à prix raisonnable, sauf à payer plus cher le confort supplémentaire.

Le prix des énergies fossiles augmente structurellement, la réduction des gaz à effet de serre est nécessaire et la sécurité énergétique est impérative pour une croissance durable.

Nous n'avons donc plus guère le choix entre un réseau électrique national du passé[608] où le consommateur reste passif et un réseau intelligent sécurisé du futur où le consommateur final est informé, sobre, actif-proactif, protégé, bénéficie d'une gamme d'offres variées en termes de prix, de mix énergétique, de qualité, ainsi que de prix compétitifs efficients sur les bourses de l'électricité autour d'un « euro de l'électricité ». Ce réseau électrique dynamique pourra alors être capable de réagir très rapidement aux variations de productions locales en restant équilibré, sans s'effondrer.

Nous avons traité l'électricité dans notre étude. Toutefois, un certain nombre d'analyses présentées *supra* peuvent être transposées au gaz naturel.

D'un côté, avec la tarification progressive et les compteurs intelligents pour changer structurellement les comportements ou la priorité à l'effacement pour gérer les pointes d'électricité par grand froid, nous sommes allés vers la voie de **la sobriété énergétique** dans notre étude. Elle est nécessaire dans le contexte actuel des finances publiques dégradées, d'augmentation constatée

---

[607] Hors grande industrie et hors P.M.E.-P.M.I.

[608] Ce réseau donnait entière satisfaction tant que l'offre d'électricité produite par le parc de centrales nucléaires de façon fiable et stable était suffisante pour couvrir la demande avec une marge de sécurité et permettre d'assurer l'indépendance énergétique de la France.

de la consommation d'électricité[609] et de la modification rapide du mix énergétique avec un taux d'électricité renouvelable intermittente croissant. D'un autre côté, **une autre voie serait possible et compatible des futurs *smart grids***, c'est celle d'une croissance économique classique mais décarbonée par **l'augmentation de la production** et de l'amélioration du stockage de l'électricité. Elle nécessite de poursuivre les efforts de R&D[610] alignés sur les objectifs européens, dont trois percées qui restent à confirmer[611] : le nucléaire de génération IV sûr aux déchets réduits et le projet de réacteur au sodium Astrid, le captage et la séquestration du carbone (C.S.C.) en envoyant le $CO_2$ produit dans les couches géologiques profondes, et la production de biocarburant dit de seconde génération[612]. Dans le stockage à grande échelle de l'électricité par le recours massif à l'hydrogène notamment[613], les percées sont nettement moins évidentes pourtant il permettrait de lisser l'offre, d'éviter les effets pervers de prix négatifs de l'électricité constatés sur EPEX SPOT du fait de l'injection d'électricité intermittente renouvelable et obligeant des producteurs à payer de l'électricité produite afin de ne pas arrêter leurs centrales.

Notons alors que pour le Conseil économique, social et environnemental, le nucléaire représente « *un outil incontournable pour la période de transition, dont la sûreté et la transparence doivent être améliorées en permanence* »[614]. Et même si cette autre voie (l'augmentation de la production) n'était pas l'objet de notre étude, nous avons tenu compte de cette composante nucléaire du mix énergétique présent et futur dans notre analyse de la tarification progressive en ce sens que le **bonus-malus pour une consommation économe en électricité** associée à la capacité de production plafond d'électricité en France, est une solution pour permettre aux pays voisins de bénéficier de notre électricité plus efficace d'une part, **qu'il pourra éventuellement être supprimé** quand la France sera en

---

609 Liée à l'électrification croissante des usages de l'énergie entre autres
610 Le C.E.S.E. recommande d'accroître et fédérer l'effort de recherche et développement sur l'énergie (*ibidem*, p. 50)
611 Paul MATHIS, Les énergies : Comprendre les enjeux, Éditions Quae, 2011, p. 197-203
612 Vis-à-vis des filières présentant un réel potentiel de développement pour les entreprises françaises, le C.E.S.E. recommande de concentrer les efforts notamment sur le photovoltaïque, l'éolien offshore, les biocarburants avancés, les énergies marines (Avis du conseil économique, social et environnemental, La transition énergétique : 2020-2050 un avenir à bâtir, une voie à tracer, Journaux officiels, 2013, p. 29)
613 Jacques PERCEBOIS, Stockage massif de l'énergie: un impératif pour réussir le mix énergétique de demain? Quelques éléments de prospective en matière électrique, C.R.E.D.E.N., 31 janvier 2013
614 *Ibidem*, p. 33

mesure d'augmenter ce plafond d'électricité tout en l'exportant. Ceci répond à une condition de la Cour de justice européenne dans sa jurisprudence[615].

Toutes ces voies et mesures technologiques, organisationnelles, comportementales se complètent, se combinent et toute l'habileté consiste, par l'action publique cohérente de la politique énergétique comme compétence partagée de l'Union européenne, à planifier judicieusement les investissements à réaliser. S'agissant du bonus-malus, il serait dommage, eu égard au coût de mise en œuvre inférieur aux économies globalement atteignables, de se priver de cet instrument de politique énergétique. De plus, pour atteindre les objectifs environnementaux ambitieux ou pour garantir la sécurité énergétique, les mesures techniques ou technologiques seules ne suffiront pas à court et moyen terme et c'est bien l'association de plusieurs dispositions combinées qui serait la solution la plus efficace. Il pourrait alors être pertinent de remettre à l'ordre du jour du Parlement un projet ou une proposition de loi sur la tarification ou taxation progressive de l'électricité instaurant un mécanisme de bonus-malus étendu à toutes les catégories (professionnels, agents EDF) ou en mettant en place des mesures d'effets équivalents pour les professionnels de telle sorte que de la réunion des différents moyens dont le déploiement des compteurs intelligents, il résulte un effet amplificateur. Et malgré une élasticité-prix de l'électricité jugée faible par la plupart des experts, nous estimons que le mécanisme de bonus-malus sera réellement efficace en termes de diminution de la consommation d'électricité sur la base de notre approche par l'économie comportementale et plus particulièrement de notre analyse comparative du bonus-malus de l'électricité avec la théorie des perspectives du prix Nobel d'économie Daniel KAHNEMAN.

Et si nous reprenons les cinq piliers de Jeremy RIFKIN cités dans l'introduction de cette étude, nous pouvons conclure que le deuxième pilier sur le logement qui se traduit en pratique par des investissements très importants d'amélioration de la performance énergétique des logements, ne pourra pas se réaliser sans la participation des propriétaires et la tarification progressive est un véritable outil incitatif qu'il ne faut réellement pas sous-estimer, nous avons l'exemple de la Californie pour nous le rappeler…

---

615 En l'occurrence, la deuxième condition « *durant une période nécessairement limitée dans le temps* » dans l'arrêt « *Federutility* » (*CJUE, 20 avril 2010, affaire C-265/08, Federutility e.a. contre Autorità per l'energia elettrica e il gas*)

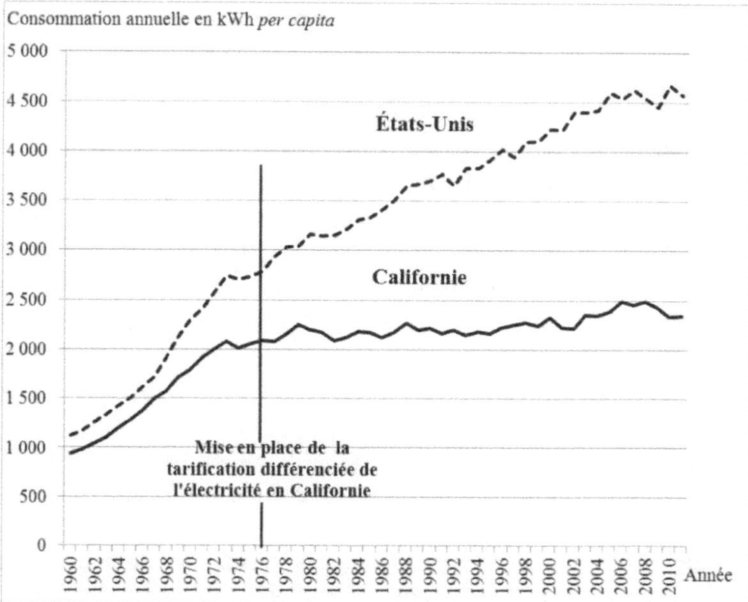


**Figure 53 – La tarification progressive de l'électricité en Californie**

…mais c'est aussi du chiffre d'affaires en moins pour EDF, GDF Suez et les autres alternatifs sauf à augmenter les tarifs (*c'est en cours*) ou aller à la conquête du marché extranational de l'électricité. Et si nous devons ne retenir que deux raisons de mettre en place une tarification incitative au changement des comportements vers la sobriété énergétique, la première est de **limiter l'effet rebond dû à l'amélioration progressive de la performance énergétique du parc immobilier** français, la seconde est de contribuer aux autres mesures relatives au risque d'effondrement du système électrique en période de pointe lors des hivers à venir. Sur ce risque, il est alors nécessaire de souligner que la distorsion de marché induite par la taxe E.E.G. allemande[616] augmente la probabilité de « *black out* » lié à l'apport important d'électricité produite par des énergies intermittentes et déséquilibrantes sur le réseau physique électrique alors que les infrastructures ne sont pas encore prêtes d'une part et que des centrales en fin de classement dans l'ordre de préséance économique sur les bourses de l'électricité pourraient être arrêtées pour raison de rentabilité insuffisante, réduisant alors la capacité de production d'autre part. Face à cette problématique, dix grands groupes énergétiques européens ont commencé une stratégie d'influence auprès de la Commission européenne et des États membres afin de supprimer les aides publiques en faveur des énergies renouvelables considérées comme matures à l'instar de l'éolien et de

[616] Au niveau actuel, nous l'estimons trop élevée, elle ne permet plus de garantir une concurrence saine et non faussée

financer des projets de centrales à gaz avec la question sous-jacente d'un marché de capacités de production en Europe vis-à-vis des pics de consommation hivernaux.

Nous considérons que les différentes mesures étudiées ou mises en œuvre, les différentes tarifications comprenant la tarification progressive, sont fonctionnellement imbriquées les unes dans les autres, ont un effet cumulatif, par rapport à la fonction efficacité énergétique qui est un des défis majeurs de la France et de l'Union européenne.

Nous avons maintenant terminé cette exploration de la tarification différenciée (la tarification progressive en est une particulière). Elle n'est pas exhaustive mais nous avons déjà vu que chaque composante, chaque tarif différencié n'est pas un simple prix, elle a un rôle, elle remplit une fonction, souvent une mission de service public de l'électricité. L'A.R.E.N.H. est l'archétype du tarif unique qui concilie de nombreux intérêts divergents, des missions de service public et l'ouverture du marché de l'électricité à la concurrence. Elle est riche, elle évolue, des composantes disparaissent (les tarifs jaunes et verts), d'autres sont découvertes (la tarification progressive en Polynésie française) ou peuvent apparaître (la tarification différenciée selon la qualité ou l'effacement diffus, la tarification ou la taxation différenciée ou progressive par blocs, la tarification différenciée selon l'horo-saisonnalité). Certaines doivent rester inchangées tout en cherchant à promouvoir l'efficience (le T.U.R.P.E.), d'autres doivent évoluer vers la convergence (les tarifs *spot*, le ciseau tarifaire). Et à chaque fois, chaque composante ou chaque tarif produit un effet sur le secteur de l'électricité sur le consommateur final. Ainsi, avec la priorité donnée à l'effacement, on a une nouvelle forme de tarification différenciée qui créera des emplois, qui permettra d'enrichir la gamme des fournisseurs d'électricité.

Enfin, en complément, si nous reprenons en synthèse notre rubrique des « *En bref* » regroupés en annexe 8, nous avons dégagé plusieurs conclusions partielles. Une tarification différenciée a été mise en place le 1er août avec le nouveau tarif de transport d'électricité haute tension. Il convient de s'assurer que la Commission de régulation de l'énergie dispose de suffisamment de moyens pour éviter tout risque de concurrence faussée par un effet de capture ou d'asymétrie d'information.

**La C.S.P.E. devrait être étendue à tous les consommateurs d'énergie de réseaux** car il n'est pas juste qu'une seule catégorie de consommateurs finals contribue financièrement au développement des énergies renouvelables. **Cette C.S.P.E. pourrait être utilisée pour construire une taxation progressive de l'électricité à trois tranches** puisque qu'elle est conforme au droit de l'Union européenne et national sous réserve d'évolution du code de l'énergie. Elle serait **une taxe qui diminue** pour le consommateur final en fonction de son comportement et de ses efforts de contribution aux objectifs nationaux. Il conviendrait toutefois de s'assurer du respect des règles de la directive 2003/96 dont un projet de refonte est disponible[617]. **Nous recommandons alors le développement de la tarification progressive de l'électricité en France**. Le modèle italien peut inspirer la construction tarifaire française sans toucher au tarif d'utilisation des réseaux publics de l'électricité. Les critères liés à la localisation géographique et à la composition du foyer pris en compte dans la formule de bonus-malus seraient à atténuer légèrement. Par ailleurs, ce dispositif de taxation progressive ou de mécanisme combiné d'aide (bonus) et de taxes (malus) pourrait contribuer à une fiscalité de l'énergie ou écologique en évolution régulière avec un effet indirect de redistribution, voire de redistribution croisée (entre le gaz naturel et l'électricité). Le chèque énergie devrait aussi être mis en œuvre afin de compléter le dispositif de protection des plus vulnérables, une sorte de véritable « bouclier énergétique » avec là aussi un effet de redistribution croisée ou de rééquilibrage entre ceux qui se chauffent au gaz naturel et ceux qui se chauffent à l'électricité.

Nous estimons également que les compteurs intelligents devraient être déployés aussi vite que raisonnablement possible, que les réseaux électriques devraient être renforcés et adaptés pour les rendre intelligents et permettre de supporter des déséquilibres croissants du fait des sources d'énergies intermittentes, que la voie à privilégier pour les véhicules n'est pas forcément le 100% électrique d'ici 2020 puisqu'elle augmente la consommation d'électricité et pose potentiellement un problème[618] alors qu'elle représentait une réponse à la pollution des moteurs thermiques. Dans le logement, les mesures pour encourager les propriétaires aisés, en particulier les propriétaires bailleurs, à réaliser des travaux d'amélioration de l'efficacité énergétique des logements devraient être couplées avec une utilisation accrue du D.P.E. énergie fiabilisé qui possède intrinsèquement un véritable potentiel d'accélérateur de la réhabilitation thermique des logements. Le chauffage électrique devrait être découragé au moins temporairement pendant la phase actuelle de transition énergétique[619] sauf à réellement accélérer à grande échelle la rénovation thermique des logements

---

617 Site http://ec.europa.eu/taxation_customs/taxation/excise_duties/energy_products/legislation/index_fr.htm consulté le 11 août 2013

618 Il convient plutôt de privilégier les solutions d'amélioration des moteurs thermiques et les solutions hybrides pour viser une consommation de carburant des véhicules automobiles de 2 l/100 km. Le risque serait que l'augmentation du nombre de véhicules 100% électrique soit trop rapide par rapport à la capacité de production et à la modernisation des réseaux électriques sachant qu'**1 million de véhicules 100% électriques** particuliers représente de **3** à **10 GW** de puissance supplémentaire soutirée selon le temps de charge et potentiellement pendant les heures d'hyper pointe en hiver quand les gens rentrent du travail.

619 La **RT 2012** entraîne déjà une sélectivité de l'usage des différentes énergies et équipements associés sans que le chauffage électrique ne se trouve exclu des solutions techniques (v. article http://www.lemoniteur.fr/201-management/article/actualite/20916299-la-rt-2012-ne-discrimine-pas-la-filiere-electrique consulté le 26 octobre 2013)

anciens et obtenir des résultats effectifs de réduction de consommation d'électricité aux heures d'hyper pointe dès 2015 ou de réduire son usage pendant ces heures critiques pour l'équilibre et la sécurité du réseau électrique. Le besoin de puissance minimal produit en plus ou consommé en moins est évalué à 6 GW par RTE[620], il est atteignable mais il ne faudrait pas gâcher des gains obtenus à cause de l'**effet rebond**.

C'est bien à partir d'une analyse de la tarification dans le droit et l'économie, en l'occurrence **la tarification différenciée de l'électricité** et la puissance de ses effets, que nous avons développé puis conclu sur tous ces aspects du système électrique français dans sa globalité et nous n'avons finalement pas divergé par rapport au logigramme introduit au début de notre étude qui serait certainement complété d'un item sur l'augmentation des capacités de production dans le cadre d'une étude sur l'autre voie évoquée *supra*.

[620] v. paragraphe sur les conséquences à ne pas modifier les comportements

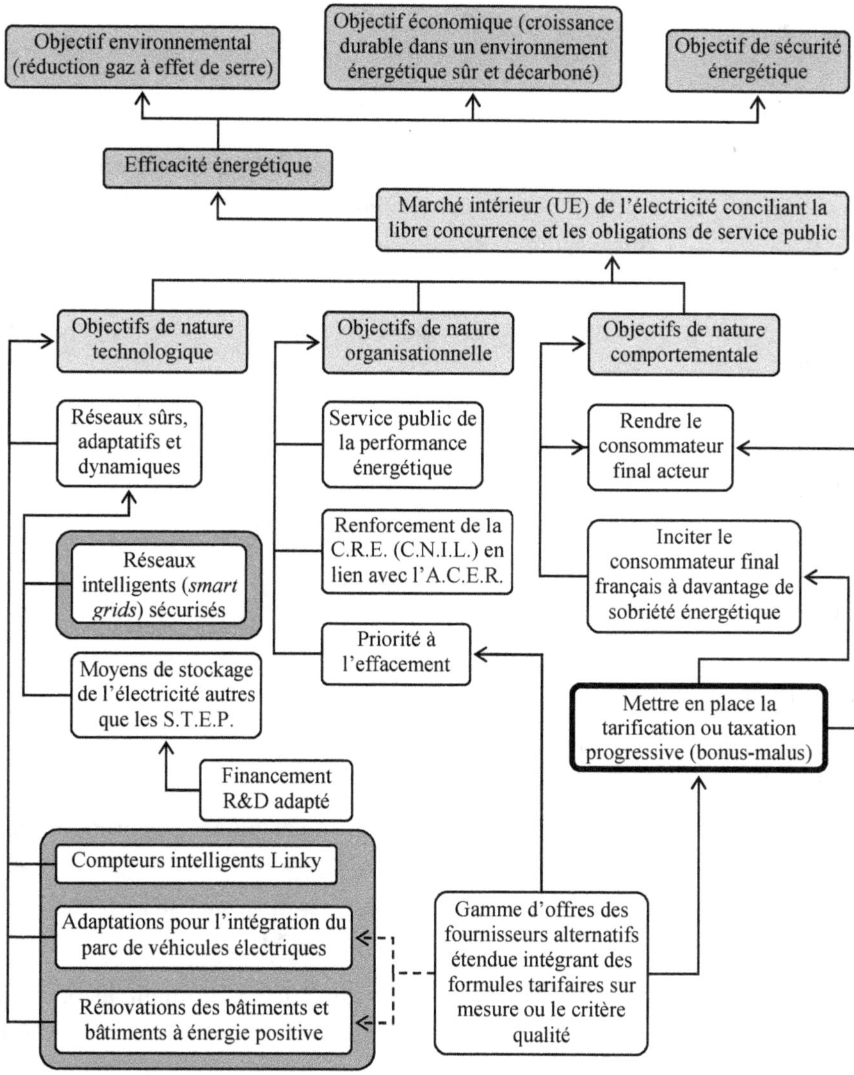


Nota : le gouvernement a présenté 34 plans de « reconquête industrielle » le 12 septembre 2013[621]. Ceux qui sont communs avec notre analyse sont identifiés sur la partie gauche du logigramme en blanc sur fond grisé.

**Figure 54 – Quelques moyens contribuant à atteindre les objectifs européens**

[621] http://www.gouvernement.fr/gouvernement/34-plans-de-reconquete-pour-dessiner-la-france-industrielle-de-demain consulté le 13 septembre 2013

# BIBLIOGRAPHIE

## ACRONYMES[622]

| | |
|---|---|
| A.D.E.M.E. | Agence de développement et de maîtrise de l'énergie |
| C.E.S.E. | Comité économique, social et environnemental |
| C.R.E. | Commission de régulation de l'énergie |
| C.R.E.D.E.N. | Centre de recherche en économie et droit de l'énergie |
| C.R.E.G. (Belgique) | Commission de régulation de l'électricité et du gaz |
| E.C.E.E.E. | European council for an energy efficient economy |
| I.F.R.I. | Institut français des relations internationales |
| J.O.R.F. | Journal officiel de la République française |
| J.O.U.E. | Journal officiel de l'Union européenne |

## OUVRAGES


KAHNEMAN Daniel, Système 1 système 2 : les deux vitesses de la pensée, Flammarion pour la traduction française, 2013

LAPEYRE Michel, Les nouvelles régulations électriques 1 : monopole et concurrence, Hermès Science Lavoisier, 2012

LAPEYRE Michel, Les nouvelles régulations électriques 2 : productions, réseaux et demande, Hermès Science Lavoisier, 2012

MIRABEL François, La déréglementation des marchés de l'électricité et du gaz : Les grands enjeux économiques, Presses des Mines, 2012

RIFKIN Jeremy, La troisième révolution industrielle : Comment le pouvoir latéral va transformer l'énergie, l'économie et le monde, Les liens qui libèrent pour la traduction française, 2012

PREVOT Henri, Avec le nucléaire : Un choix réfléchi et responsable, Seuil, Juin 2012

SOCIETE FRANÇAISE DE PHYSIQUE, La situation énergétique en France et dans le monde : Quels choix politiques, EDP Sciences, 2012

THALER Richard H. et SUNSTEIN Cass R., Nudge : la méthode douce pour inspirer la bonne décision, Vuibert pour la traduction française, 2012

MATHIS Paul, Les énergies : Comprendre les enjeux, Éditions Quae, 2011


---

622 Limitée à la bibliographie puisque les différents acronymes utilisés dans le mémoire sont en principe tous précisés la première fois qu'ils sont cités.

DESSERTINE Philippe, La décompression (des solutions après le krach), Éditions Anne Carrière, 2011

MORIN Edgar, La Voie : Pour l'avenir de l'humanité, Fayard, 2011

HANSEN Jean-Pierre et PERCEBOIS Jacques, Énergie : Économie et politiques, De Boeck, 2010

## RAPPORTS

Agence de l'environnement et de maitrise de l'énergie, Rapport d'audit sur les tarifs sociaux de l'énergie, A.D.E.M.E., Juillet 2013

MINISTERE DE L'ECOLOGIE, DU DEVELOPPEMENT DURABLE ET DE L'ENERGIE, Panorama énergies-climat édition 2013, Ministère de l'écologie, du développement durable et de l'énergie, 30 juillet 2013

COMMISSION DE REGULATION DE L'ENERGIE, Rapport d'activité 2012, C.R.E., 4 juillet 2013

COMMISSION DE REGULATION DE L'ENERGIE, Réseaux : Échanges d'électricité aux frontières. Utilisation et gestion des interconnexions en 2012, C.R.E., Juin 2013

Le médiateur de l'énergie, Rapport d'activité 2012, Le médiateur de l'énergie, Juin 2013

COMMISSION DE REGULATION DE L'ENERGIE, Analyse des coûts de production et de commercialisation d'EDF dans le cadre des tarifs réglementés de vente d'électricité, C.R.E., 4 juin 2013

CONSEIL ECONOMIQUE POUR LE DEVELOPPEMENT DURABLE, La rénovation énergétique des bâtiments : Politique publiques et comportements privés, Ministère de l'écologie, du développement durable et de l'énergie, Avril 2013

COMMISSION DE REGULATION DE L'ENERGIE, Observatoire des marchés de l'électricité, du gaz et du $CO_2$, C.R.E., Premier trimestre 2013

COUR DES COMPTES, Le rapport public annuel 2013 – Tome I : Les observations – Volume I-2 : La gestion publique – Chapitre IV : Les entreprises publiques – 1 : Les rémunérations à EDF SA : une progression rapide, une accumulation d'avantages, peu de liens avec les performances, Cour des comptes, 2013, p. 361-402

COMMISSION DE REGULATION DE L'ENERGIE, Le fonctionnement des marchés de détail français de l'électricité et du gaz naturel : Rapport 2011-2012, C.R.E., Janvier 2013

AVIS DU CONSEIL ECONOMIQUE, SOCIAL ET ENVIRONNEMENTAL, Efficacité énergétique : un gisement d'économie ; un objectif prioritaire, Journaux officiels, 2013

AVIS DU CONSEIL ECONOMIQUE, SOCIAL ET ENVIRONNEMENTAL, La transition énergétique : 2020-2050 un avenir à bâtir, une voie à tracer, Journaux officiels, 2013

Réseau de transport d'électricité (RTE), Actualisation du bilan prévisionnel de l'équilibre offre-demande d'électricité en France. Édition 2013, RTE, 2013

Réseau de transport d'électricité (RTE), Bilan électrique 2012, RTE, Janvier 2013

COMMISSION DE REGULATION DE L'ENERGIE, La régulation du système électrique polynésien, C.R.E., Décembre 2012

COMMISSION DE REGULATION DE L'ENERGIE, Marchés : Observatoire des marchés de l'électricité et du gaz, C.R.E., 4ème trimestre 2012

COUR DES COMPTES, La contribution au service public de l'électricité (CSPE) : Suites données aux observations de la Cour dans le rapport public 2011, Cour des comptes, Juin 2012

PERCEBOIS Jacques et MANDIL Claude, Rapport énergies 2050, Ministère de l'Économie, des Finances et de l'Industrie, Février 2012

AVIS DU CONSEIL ECONOMIQUE, SOCIAL ET ENVIRONNEMENTAL, Bilan du Grenelle de l'environnement pour un nouvel élan, Journaux officiels, Février 2012

Service de l'observation des statistiques, Références, État du logement en 2011, Commissariat du développement durable, Juin 2013

Centre d'analyse stratégique, La voiture de demain : carburants et électricité, La documentation française, Rapports & documents n°37, 2011

COMMISSION DE REGULATION DE L'ELECTRICITE ET DU GAZ (Belgique), Étude relative à la faisabilité de l'instauration d'une tarification progressive de l'électricité en Belgique, C.R.E.G., 10 juin 2010

**REVUES, NOTES, PUBLICATIONS, COMMUNIQUES DE PRESSE, PRESENTATIONS**

La lettre du médiateur national de l'énergie édition spéciale rapport d'activité n°15, Médiateur national de l'énergie, Juin 2013

BENHMAD François et PERCEBOIS Jacques, Les distorsion induites par les énergies intermittentes sur le marché *spot* de l'électricité, C.R.E.D.E.N., Cahiers de recherche, Cahier N°13.05.98, 13 mai 2013

BUREAU Dominique, FONTAGNE Lionel et MARTIN Philippe, Énergie et compétitivité, Les notes du conseil d'analyse économique, n°6, Mai 2013

Décryptages N°35, La lettre de la Commission de régulation de l'énergie (CRE), Mai / Juin 2013

AUTORITES FRANÇAISES, Mise en œuvre de la directive 2012/27/UE relative à l'efficacité énergétique – Communication par les autorités françaises de leur rapport annuel (article 24 de la directive), Note, Ministère de l'écologie, du développement durable et de l'énergie, Avril 2013

BARREAU Blandine, DUJIN Anne et VEDIE Marie, Comment limiter l'effet rebond des politiques d'efficacité énergétique dans le logement ? L'importance des incitations comportementales, La note d'analyse du Centre d'analyse stratégique, Février 2013, n°320

Centre d'études et de recherches économiques sur l'énergie, Présentation : Les enjeux énergétiques de l'industrie française, C.R.E.D.E.N., février 2013

La lettre du médiateur national de l'énergie n°14, Médiateur national de l'énergie, Janvier – Février 2013

PERCEBOIS Jacques, Stockage massif de l'énergie: un impératif pour réussir le mix énergétique de demain? Quelques éléments de prospective en matière électrique, C.R.E.D.E.N., 31 janvier 2013

HANNE Hugo, Économie comportementale et consommation, Ministère de l'économie et des finances, Note dgccrf éco n°10, Décembre 2012

PERCEBOIS Jacques, Les nouvelles contraintes pour le mix électrique en France, C.R.E.D.E.N., 19 novembre 2012

Le médiateur national de l'énergie, 6ème édition du baromètre annuel Énergie-Info sur l'ouverture des marchés, C.R.E., 30 octobre 2012

CRAMPES Claude et LOZACHMEUR Jean-Marie, Tarif progressif, efficience et équité : 1. Consommation vitale et distorsions tarifaires, Institut d'économie industrielle, Mai 2012

HANNE Hugo, Évolution des dépenses contraintes et de « la relation client » sectorielle, Ministère de l'économie et des finances, Note dgccrf éco n°2, Janvier 2012

COLLOMBET Catherine, L'adaptation du parc de logements au vieillissement et à la dépendance, La note d'analyse du Centre d'analyse stratégique, Octobre 2011, n°245

BORENSTEIN Severin, The Redistributional Impact of Non-Linear Electricity Pricing, Berkeley, California, Energy Institute at Haas, Revised April 2011

DEHMEL Christian, Progressive electricity tariffs in Italy and California – prospects and limitations on electricity savings of domestic customers, E.C.E.E.E., 2011

MARCHAL Julien, Modélisation des performances énergétiques du parc de logements. État énergétique du parc en 2008, Agence nationale de l'habitat, 2008

**ARTICLES**

CHARLIER Dorothée, La rénovation énergétique en France dans le secteur résidentiel privé, OFCE, Revue de l'OFCE, 2013/2 N°128, p. 395-419

JAUREGUY-NAUDIN Maïté, Transition énergétique et nucléaire en France : je t'aime, moi non plus, I.F.R.I. Note publiée par la D.G.A.P. (Deutsche Gesellschaft für Auswärtige Politik e.V), 2012/4

ECKERT Gabriel, L'indépendance des autorités de régulation économique à l'égard du pouvoir politique, Revue française d'administration publique, 2012/3 n° 143, p. 629-643

DEZOBRY Guillaume, L'indépendance des autorités de régulation économique à l'égard des opérateurs régulés, Revue française d'administration publique, 2012/3 n° 143, p. 645-654

BEATRIX Olivier, L'indépendance de la Commission de régulation de l'énergie, Revue française d'administration publique, 2012/3 n° 143, p. 769-778

JAUREGUY-NAUDIN Maïté, Une électricité européenne sobre en carbone : l'impasse ?, I.F.R.I. Politique étrangère, 2012/1 Printemps, p. 175-186

BENTO Nuno, Le défi du déploiement des nouveaux réseaux énergétiques : quel rôle de l'État ?, Vie & sciences de l'entreprise, 2012/1 N° 190, p. 71-94

LAURENT Éloi, Pour une justice environnementale européenne : Le cas de la précarité énergétique, Revue de l'OFCE, 2012/1 n° 120, p. 99-120

BOUQUET Gaël et KLARGAARD Olaf, Regards sur les évolutions des missions de service public dans les industries de réseaux, Revue française d'administration publique, 2011/4 n° 140, p. 773-786

DEFEUILLEY Christophe, Choix des consommateurs et libéralisation des marchés de l'électricité, Flux, 2011/2 n° 84, p. 31-41

RIFFAULT-SILK Jacqueline, La régulation de l'énergie : bilan et réformes, Revue internationale de droit économique, 2011/1 t.XXV, p. 5-41

MARTEAU Theresa, OGILVIE David, ROLAND Martin et SHUHRCKE Marc, Judging, nudging : can nudging improve population health ?, BMJ n°342, 2011, p. 263-265

FERRIMAN Annabel, Nudging, fudging and politics, BMJ n°342, 2011, p. 265

GALIZZI Matteo M., Label, nudge or tax ? A review of health policies for risky behaviours, Journal of Public Health Research, 2011, vol. 1:e5, p. 14-21

BOVENS Luc, The Ethics of Nudge, in Till GRÜNE-YANOFF and S.O. HANSSON (2008) Preference Change: Approaches from Philosophy, Economics and Psychology, Berlin and New York: Springer, Theory and Decision Library A, 2008

SALIES Evens *et al.*, L'électricité est-elle un bien public ?, Revue de l'OFCE, 2007/2 no 101, p. 399-420

## JURISPRUDENCE DE LA COUR DE JUSTICE DE L'UNION EUROPEENNE

Arrêt de la Cour (huitième chambre), 25 octobre 2012, affaire C-164/11, Commission européenne contre République française, « Manquement d'État – Directive 2003/96/CE – Taxation des produits énergétiques et de l'électricité – Non-transposition dans le délai prescrit »

Arrêt de la Cour (deuxième chambre), 21 décembre 2011, affaire C-242-10, Enel Produzione SpA contre Autorità per l'energia elettrica e il gas, « Directive 2003/54/CE – Marché intérieur de l'électricité – Installations de production d'électricité essentielles au fonctionnement du réseau électrique – Obligation de présenter des offres sur le marché de la bourse nationale de l'électricité conformément aux limites et aux critères établis par le gestionnaire de réseau de transport et de distribution de l'énergie électrique – Service d'appel et d'ajustement – Obligations de service public »

Arrêt de la Cour (première chambre), 15 septembre 2011, affaire C-264/09, Commission européenne contre République slovaque, « Manquement d'État – Énergie – Marché intérieur de l'électricité – Directive 2003/54/CE – Contrat d'investissement – Accord bilatéral sur la protection des investissements conclu antérieurement à l'adhésion à l'Union européenne – Article 307 CE»

Arrêt de la Cour (grande chambre), 20 avril 2010, affaire C-265/08, Federutility e.a. contre Autorità per l'energia elettrica e il gas, « Directive 2003/55/CE – Marché intérieur du gaz naturel – Intervention de l'État sur le prix de fourniture du gaz naturel après le 1er juillet 2007 – Obligations de service public des entreprises opérant dans le secteur du gaz »

Arrêt de la Cour (quatrième chambre), 29 octobre 2009, affaire C-274/08, Commission des Communautés européennes contre Royaume de Suède, « Manquement d'État – Directive 2003/54/CE – Article 15, paragraphe 2 – Article 23, paragraphe 2 – Marché intérieur de l'électricité – Approbation préalable des méthodologies utilisées pour calculer ou établir les conditions de raccordement et d'accès aux réseaux nationaux, y compris les tarifs de transport et de distribution – Autorité de régulation nationale»

Arrêt de la Cour, 24 juillet 2003, affaire C-280/00, Altmark Trans GmbH, «Règlement (CEE) n° 1191/69 - Exploitation de services réguliers de transports urbains, suburbains et régionaux - Subventions publiques - Notion d'aide d'État - Compensation représentant la contrepartie d'obligations de service public»

Arrêt de la Cour, 27 avril 1994, affaire C-393/92, Gemeente Almelo e.a., « Concurrence - Accord entravant l'importation d'électricité - Service d'intérêt général

**REGLEMENTS, DIRECTIVES, DECISIONS DE L'UNION EUROPEENNE**

REGLEMENT (CE) n°714/2009 du Parlement européen et du Conseil du 13 juillet 2009 sur les conditions d'accès au réseau pour les échanges transfrontaliers d'électricité et abrogeant le règlement (CE) n°1228/2003, J.O.U.E. L 211, 14 août 2009

DIRECTIVE 2012/27/UE du Parlement européen et du Conseil du 25 octobre 2012 relative à l'efficacité énergétique, modifiant les directives 2009/125/CE et 2010/30/UE et abrogeant les directives 2004/8/CE et 2006/32/CE, J.O.U.E. L 315, 14 novembre 2012, p. 1-56

DIRECTIVE 2009/72/CE du parlement européen et du Conseil du 13 juillet 2009 concernant des règles communes pour le marché intérieur de l'électricité et abrogeant la directive 2003/54/CE, J.O.U.E. L 211, 14 août 2009

DIRECTIVE 2003/96/CE du Conseil du 27 octobre 2003 restructurant le cadre communautaire de taxation des produits énergétiques et de l'électricité, J.O.U.E. L 283, 31 octobre 2003, p. 51-70

DIRECTIVE 2003/54/CE du Parlement européen et du Conseil du 26 juin 2003 concernant des règles communes pour le marché intérieur de l'électricité et abrogeant la directive 96/92/CE, J.O.U.E. L 176, 15 juillet 2003, p. 37-56

DIRECTIVE 2003/55/CE du Parlement européen et du Conseil du 26 juin 2003 concernant des règles communes pour le marché intérieur du gaz naturel et abrogeant la directive 98/30/CE, J.O.U.E. L176, 15 juillet 2003, p. 57-78

DECISION DE LA COMMISSION du 12 juin 2012, concernant l'aide d'État SA.21918 (C 17/07) (ex NN 17/07) mise à exécution par la France – Tarifs réglementés de l'électricité en France [notifiée sous le numéro C(2012) 2559], J.O.U.E. C 398/10, 22 décembre 2012, p. 12-32

DECISION DE LA COMMISSION (Résumé) du 17 mars 2010 relative à une procédure d'application de l'article 102 du traité sur le fonctionnement de l'Union européenne et de l'article 54 de l'accord EEE (Affaire COMP/39.386 — Contrats long terme France), J.O.U.E., 22 mai 2010

**COMMUNICATIONS L'UNION EUROPEENNE**

COMMUNICATION de la Commission au Parlement européen, au Conseil, au Comité économique et social européen et au Comité des régions, Vers un secteur de la défense et de la sécurité plus compétitif et plus efficace, COM(2013) 542 final, 24 juillet 2013

COMMUNICATION de la Commission au Parlement européen, au Conseil, au Comité économique et social européen et au Comité des régions pour un bon fonctionnement du marché intérieur de l'énergie, COM/2012/0663, 15 novembre 2012

**DECISION DU CONSEIL CONSTITUTIONNEL**

Décision N°2013-666 DC CONSEIL CONSTITUTIONNEL, Loi visant à préparer la transition vers un système énergétique sobre et portant diverses dispositions sur la tarification de l'eau et les éoliennes, 11 avril 2013

**CODE**

CODE DE L'ENERGIE, Août 2013

**LOIS**

LOI n°2013-619 du 16 juillet 2013, portant diverses dispositions d'adaptation au droit de l'Union européenne dans le domaine du développement durable, J.O.R.F. n°0164, 17 juillet 2013, Texte 2 sur 148

LOI n°2013-312 du 15 avril 2013 visant à préparer la transition vers un système énergétique sobre et portant diverses dispositions sur la tarification de l'eau et sur les éoliennes (dite loi « BROTTES »), J.O.R.F. n°0089, 16 avril 2013, Texte 1 sur 93

LOI n°2010-1488 du 7 décembre 2010 portant nouvelle organisation du marché de l'électricité (dite loi « NOME »), J.O.R.F. n°0284, 8 décembre 2010, Texte 3 sur 143

LOI n°2010-788 du 12 juillet 2010 portant engagement national pour l'environnement, J.O.R.F. n°0160, 13 juillet 2010 (dite loi « Grenelle 2 »), Texte 1 sur 126

LOI n° 2010-607 du 7 juin 2010 autorisant les petits consommateurs domestiques et non domestiques d'électricité et de gaz naturel à accéder ou à retourner au tarif réglementé, J.O.R.F. n°0130, 8 juin 2010, Texte 2 sur 110

LOI n°2009-967 du 3 août 2009 de programmation relative à la mise en œuvre du Grenelle de l'environnement (dite loi « Grenelle 1 »), J.O.R.F. n°0179, 5 août 2009, Texte 2 sur 110

LOI n°2006-1537 du 7 décembre 2006 relative au secteur de l'énergie, J.O.R.F. n°0284, 8 décembre 2006, Texte 1 sur 173

LOI n°2005-781 du 13 juillet 2005 de programme fixant les orientations de la politique énergétique (dite loi « POPE »), J.O.R.F. n°0163, 14 juillet 2005, Texte 2 sur 138

LOI n°2004-803 du 9 août 2004 relative au service public de l'électricité et du gaz et aux entreprises électriques et gazières, J.O.R.F. n°0185, 11 août 2004, Texte 1 sur 94

LOI n°2003-8 du 3 janvier 2003 relative aux marchés du gaz et de l'électricité et au service public de l'énergie, J.O.R.F., 4 janvier 2003, Texte 3

LOI n°2000-108 du 10 février 2000 relative à la modernisation et au développement du service public de l'électricité, J.O.R.F. n°35, 11 février 2000, p. 2143

LOI n° 46-628 du 8 avril 1946 sur la nationalisation de l'électricité et du gaz, J.O.R.F., 9 avril 1946, p. 2651

LOI du 15 juin 1906 sur les distributions d'énergie, J.O.R.F., 17 juin 1906, p. 4105

### DECISIONS, AVIS DU CONSEIL D'ÉTAT

N°330548, 332639, 332643 CONSEIL D'ÉTAT, Décision du Conseil d'État statuant au contentieux, Société Direct Énergie et autres, Conseil d'État, 28 novembre 2012

N°332641 CONSEIL D'ÉTAT, Décision du Conseil d'État statuant en contentieux, Sipperec, Conseil d'État, 22 octobre 2012

N°321595 CONSEIL D'ÉTAT, Décision du Conseil d'État, Société Poweo, 1er juillet 2010

N°387.195 CONSEIL D'ÉTAT, Avis de l'Assemblée générale (section des travaux publics) concernant la mise en œuvre d'un dispositif de bonus-malus pour les consommateurs domestiques d'énergies dites de réseau, Conseil d'État, 6 décembre 2012

## DECISIONS, AVIS DE L'AUTORITE DE LA CONCURRENCE

Décision n° 13-D-04 relative à une demande de mesures conservatoires concernant des pratiques mises en œuvre par le groupe EDF dans le secteur de l'électricité photovoltaïque, Autorité de la concurrence, 14 février 2013

Avis n°13-A-13 concernant un projet de décret relatif aux tarifs sociaux du gaz et de l'électricité, Autorité de la concurrence, 24 juillet 2013

## TEXTES DE L'ASSEMBLEE NATIONALE

N°1317 ASSEMBLEE NATIONALE, Proposition de loi visant à créer une contribution climat-énergie, Assemblée nationale, 24 juillet 2013

ASSEMBLEE NATIONALE, Compte rendu n°26, Office parlementaire d'évaluation des choix scientifiques et technologiques, Assemblée nationale, Jeudi 4 avril 2013

Texte adopté N°94 ASSEMBLEE NATIONALE, Proposition de loi visant à préparer la transition vers un système énergétique sobre et portant diverses dispositions sur la tarification de l'eau et sur les éoliennes (texte définitif), Assemblée nationale, 11 mars 2013

N°761 ASSEMBLEE NATIONALE, Rapport fait au nom de la commission des affaires économiques en vue de la lecture définitive de la proposition de loi visant à préparer la transition vers un système énergétique sobre et portant diverses dispositions sur la tarification de l'eau et sur les éoliennes, Assemblée nationale, 28 février 2013

Texte adopté N°80 ASSEMBLEE NATIONALE, Proposition de loi visant à préparer la transition vers un système énergétique sobre et portant diverses dispositions sur la tarification de l'eau et sur les éoliennes (adoptée par l'Assemblée nationale en nouvelle lecture), Assemblée nationale, 17 janvier 2013

N°579 ASSEMBLEE NATIONALE, Proposition de loi visant à préparer la transition vers un système énergétique sobre (texte de la commission des affaires économiques, nouvelle lecture), Assemblée nationale, 9 janvier 2013

N°579 ASSEMBLEE NATIONALE, Rapport fait au nom de la commission des affaires économiques, en nouvelle lecture, sur la proposition de loi, rejetée par le Sénat, visant à préparer la transition vers un système énergétique sobre, Assemblée nationale, 9 janvier 2013

N°509 ASSEMBLEE NATIONALE, Proposition de loi visant à instituer un chèque-énergie, Assemblée nationale, 12 décembre 2012

Texte adopté N°17 ASSEMBLEE NATIONALE, Proposition visant à préparer la transition vers un système énergétique sobre, Assemblée nationale, 4 octobre 2012

N°199 ASSEMBLEE NATIONALE, Proposition de loi visant à préparer la transition vers un système énergétique sobre (texte de la commission des affaires économiques, procédure accélérée), Assemblée nationale, 19 septembre 2012

N°199 ASSEMBLEE NATIONALE, Rapport fait au nom de la commission des affaires économiques sur la proposition de loi instaurant une tarification progressive de l'énergie (n°150), Assemblée nationale, 19 septembre 2012

N°150 ASSEMBLEE NATIONALE, Proposition de loi instaurant une tarification progressive de l'énergie, Assemblée nationale, 6 septembre 2012

**TEXTES DU SENAT**

N°99 SENAT, Proposition de loi modifiée par le Sénat en nouvelle lecture visant à préparer la transition vers un système énergétique sobre et portant diverses dispositions sur la tarification de l'eau et sur les éoliennes (adoptée), Sénat, 14 février 2013

N°333 SENAT, Avis présenté au nom de la commission du développement durable, des infrastructures, de l'équipement et de l'emménagement du territoire sur la proposition de loi, adoptée par l'Assemblée nationale en nouvelle lecture, visant à préparer la transition vers un système énergétique sobre et portant diverses dispositions sur la tarification de l'eau et sur les éoliennes, Sénat, 5 février 2013

N°270 SENAT, Proposition de loi visant à préparer la transition vers un système énergétique sobre et portant diverses dispositions sur la tarification de l'eau et sur les éoliennes, Sénat, 18 janvier 2013

N°70 SENAT, Rapport fait par le Sénateur Roland COURTEAU au nom de la commission des affaires économiques sur la proposition de loi, adoptée par l'Assemblée nationale après engagement de la procédure accélérée, visant à préparer la transition vers un système énergétique sobre, Sénat, 23 octobre 2012

N°66 SENAT, Proposition de loi tendant à répondre à l'urgence sociale en matière énergétique, Sénat, 23 octobre 2012

N°19 SENAT, Proposition de loi visant à préparer la transition énergétique vers un système énergétique sobre, Sénat, 4 octobre 2012

**ORDONNANCE**

MINISTERE DE L'ÉCONOMIE, DES FINANCES ET DE L'INDUSTRIE, Ordonnance n°2011-504 du 9 mai 2011 portant codification de la partie législative du code de l'énergie, J.O.R.F. n°0108, 10 mai 2011, Texte 56 sur 123

**DECRETS**

MINISTERE DE L'ECOLOGIE, DU DEVELOPPEMENT DURABLE ET DE L'ENERGIE, Décret n°2013-753 du 16 août 2013 relatif au Conseil national de la transition écologique, J.O.R.F. n°0191, 18 août 2013, Texte 12 sur 36

MINISTERE DE L'ECOLOGIE, DU DEVELOPPEMENT DURABLE ET DE L'ENERGIE, Décret n°2012-1405 du 14 décembre 2012 relatif à la contribution des fournisseurs à la sécurité d'approvisionnement en électricité et portant création d'un mécanisme d'obligation de capacité dans le secteur de l'électricité, J.O.R.F. n°0294, 18 décembre 2012, Texte 17 sur 84

MINISTERE DE L'ECONOMIE, DES FINANCES ET DE L'INDUSTRIE, Décret n°2012-309 du 6 mars 2012 relatif à l'automatisation des procédures d'attribution des tarifs sociaux de l'électricité et du gaz naturel, J.O.R.F. n°0057, 7 mars 2012, Texte 9 sur 97

MINISTERE DE L'ECONOMIE, DES FINANCES ET DE L'INDUSTRIE, Décret n° 2011-466 du 28 avril 2011 fixant les modalités d'accès régulé à l'électricité nucléaire historique, J.O.R.F. n°0100, 29 avril 2011, Texte n° 9 sur 96

MINISTERE DE L'ECONOMIE, DES FINANCES ET DE L'INDUSTRIE, Décret n°2009-975 du 12 août 2009 relatif aux tarifs réglementés de vente de l'électricité, J.O.R.F. n°0186, 13 août 2009, Texte 1 sur 110

MINISTERE DE L'ECOLOGIE, DU DEVELOPPEMENT ET DE L'AMENAGEMENT DURABLES, Décret n°2007-1826 du 24 décembre 2007 relatif aux niveaux de qualité et aux prescriptions techniques en matière de qualité des réseaux publics de distribution et de transport d'électricité, J.O.R.F. n°0301, 28 décembre 2007, Texte 3 sur 142

MINISTERE DE L'ECONOMIE, DES FINANCES ET DE L'INDUSTRIE, Décret n°2006-924 du 26 juillet 2006 modifiant le décret n°2004-325 du 8 avril 2004 relatif à la tarification spéciale de l'électricité comme produit de première nécessité, J.O.R.F. n°0173, 28 juillet 2006, Texte 13 sur 107

Décret n°2005-1750 du 30 décembre 2005 modifiant le décret n°2001-365 du 26 avril 2001 relatif aux tarifs d'utilisation des réseaux publics de transport et de distribution d'électricité, J.O.R.F. n°304, 31 décembre 2005, Texte n°82

MINISTERE DE L'ECONOMIE, DES FINANCES ET DE L'INDUSTRIE, Décret n°2004-325 du 8 avril 2004 relatif à la tarification spéciale de l'électricité comme produit de première nécessité, J.O.R.F., 10 avril 2004, p. 6773

Décret n° 2002-1014 du 19 juillet 2002 fixant les tarifs d'utilisation des réseaux publics de transport et de distribution d'électricité en application de l'article 4 de la loi n°2000-108 du 10 février 2000 relative à la modernisation et au développement du service public de l'électricité, J.O.R.F. n°170, 23 juillet 2002,Texte n°13

Décret n°2001-365 du 26 avril 2001 relatif aux tarifs d'utilisation des réseaux publics de transport et de distribution d'électricité, J.O.R.F. n°100, 28 avril 2001, Texte n°4

MINISTERE DE L'ECONOMIE, DES FINANCES ET DE L'INDUSTRIE, Décret n°2000-1196 du 6 décembre 2000 fixant par catégorie d'installations les limites de puissance des installations pouvant bénéficier de l'obligation d'achat d'électricité, J.O.R.F. n°285, 9 décembre 2000, Texte n°1

**ARRETES**

MINISTERE DE L'ECOLOGIE, DU DEVELOPPEMENT DURABLE ET DE L'ENERGIE, Arrêté du 26 juillet 2013 relatif aux tarifs réglementés de vente de l'électricité, J.O.R.F. n°0176, 31 juillet 2013, Texte 21 sur 122

MINISTERE DE L'ECOLOGIE, DU DEVELOPPEMENT DURABLE ET DE L'ENERGIE, Arrêté du 26 juillet 2013 relatif aux tarifs de cession de l'électricité aux entreprises locales de distribution, J.O.R.F. n°0176, 31 juillet 2013, Texte 22 sur 122

MINISTERE DE L'ECOLOGIE, DU DEVELOPPEMENT DURABLE ET DE L'ENERGIE, Arrêté du 7 janvier 2013 modifiant l'arrêté du 4 mars 2011 fixant les conditions d'achat de l'électricité produite par les installations utilisant l'énergie radiative du soleil telles que visées au 3° de l'article 2 du décret n°2000-1196 du 6 décembre 2000 (rectificatif), J.O.R.F. n°0072, 26 mars 2013, Texte 23 sur 135

MINISTERE DE L'ECOLOGIE, DU DEVELOPPEMENT DURABLE ET DE L'ENERGIE, Arrêté du 27 février 2013 modifiant l'arrêté du 19 mai 2011 fixant les conditions d'achat de l'électricité produite par les installations qui valorisent le biogaz (rectificatif), J.O.R.F. n°0070, 23 mars 2013, Texte 13 sur 102

MINISTERE DE L'ECOLOGIE, DU DEVELOPPEMENT DURABLE ET DE L'ENERGIE, Arrêté du 14 février 2013 fixant les tarifs réglementés de vente de l'électricité pour la période comprise entre le 15 août 2009 et le 13 août 2010, J.O.R.F. n°0063, 15 mars 2013, Texte 21 sur 111

MINISTERE DE L'ECOLOGIE, DU DEVELOPPEMENT DURABLE ET DE L'ENERGIE, Arrêté du 27 février 2013 modifiant l'arrêté du 19 mai 2011 fixant les conditions d'achat de l'électricité produite par les installations qui valorisent le biogaz, J.O.R.F. n°0050, 28 février 2013, Texte 42 sur 144

MINISTERE DE L'ECOLOGIE, DU DEVELOPPEMENT DURABLE ET DE L'ENERGIE, Arrêté du 7 janvier 2013 modifiant l'arrêté du 4 mars 2011 fixant les conditions d'achat de l'électricité produite par les installations utilisant l'énergie radiative du soleil telles que visées au 3° de l'article 2 du décret n°2000-1196 du 6 décembre 2000, J.O.R.F. n°0026, 31 janvier 2013, Texte 18 sur 129

MINISTERE DE L'ECOLOGIE, DU DEVELOPPEMENT DURABLE ET DE L'ENERGIE, Arrêté du 7 janvier 2013 portant majoration des tarifs de l'électricité produite par certaines installations utilisant l'énergie radiative du soleil telles que visées au 3° de l'article 2 du décret n°2000-1196 du 6 décembre 2000, J.O.R.F. n°0026, 31 janvier 2013, Texte 19 sur 129

MINISTERE DE L'ECOLOGIE, DU DEVELOPPEMENT DURABLE ET DE L'ENERGIE, Arrêté du 7 janvier 2013 modifiant l'arrêté du 24 décembre 2007 pris en application du décret n°2007-1826 du 24 décembre 2007 relatif aux niveaux de qualité et aux prescriptions techniques en matière de qualité des réseaux publics de distribution et de transport d'électricité, J.O.R.F. n°0015, 18 janvier 2013, Texte 30 sur 134

MINISTERE DE L'ECOLOGIE, DU DEVELOPPEMENT DURABLE ET DE L'ENERGIE, Arrêté du 21 décembre 2012 portant modification de l'annexe au décret n°2004-325 du 8 avril 2004 modifié relatif à la tarification spéciale de l'électricité comme produit de première nécessité, J.O.R.F. n°0300, 26 décembre 2012, Texte 60 sur 154

MINISTERE DE L'ECOLOGIE, DU DEVELOPPEMENT DURABLE ET DE L'ENERGIE, Arrêté du 10 décembre 2012 pris en application de l'article L. 321-19 du code de l'énergie, J.O.R.F. n°0303, 29 décembre 2012, Texte 42 sur 121

MINISTERE DE L'ECOLOGIE, DU DEVELOPPEMENT DURABLE ET DE L'ENERGIE, Arrêté du 4 octobre 2012 modifiant l'arrêté du 24 décembre 2007 pris en application du décret n°2007-1826 du 24 décembre 2007 relatif aux niveaux de qualité et aux prescriptions techniques en matière de qualité des réseaux publics de distribution et de transport d'électricité, J.O.R.F. n°0245, 20 octobre 2012, Texte 21 sur 102

MINISTERE DE L'ECOLOGIE, DU DEVELOPPEMENT DURABLE ET DE L'ENERGIE, Arrêté du 20 juillet 2012 relatif aux tarifs réglementés de vente de l'électricité, J.O.R.F. n°0169, 22 juillet 2012, Texte 7 sur 57

MINISTERE DE L'ECOLOGIE, DU DEVELOPPEMENT DURABLE ET DE L'ENERGIE, Arrêté du 20 juillet 2012 relatif aux tarifs de cession de l'électricité aux entreprises locales de distribution, J.O.R.F. n°0169, 22 juillet 2012, Texte 8 sur 57

MINISTERE DE L'ECONOMIE, DES FINANCES ET DE L'INDUSTRIE, Arrêté du 18 avril 2012 relatif aux factures de fourniture d'électricité ou de gaz naturel à leurs modalités de paiement et aux conditions de report ou de remboursement des trop-perçus, J.O.R.F. n°0099, 26 avril 2012, Texte 31 sur 192

MINISTERE DE L'ECONOMIE, DES FINANCES ET DE L'INDUSTRIE, Arrêté du 28 juillet 2011 relatif aux tarifs de cession de l'électricité aux entreprises locales de distribution, J.O.R.F. n°0176, 31 juillet 2011, Texte 14 sur 49

MINISTERE DE L'ECONOMIE, DES FINANCES ET DE L'INDUSTRIE, Arrêté du 28 juin 2011 relatif aux tarifs réglementés de vente de l'électricité, J.O.R.F. n°0150, 30 juin 2011, Texte 73 sur 153

MINISTERE DE L'ECOLOGIE, DU DEVELOPPEMENT DURABLE, DES TRANSPORTS ET DU LOGEMENT, Arrêté du 19 mai 2011 fixant les conditions d'achat de l'électricité produite par les installations qui valorisent le biogaz (rectificatif), J.O.R.F. n°0124, 28 mai 2011, Texte 11 sur 142

MINISTERE DE L'ECOLOGIE, DU DEVELOPPEMENT DURABLE, DES TRANSPORTS ET DU LOGEMENT, Arrêté du 19 mai 2011 fixant les conditions d'achat de l'électricité produite par les installations qui valorisent le biogaz, J.O.R.F. n°0118, 21 mai 2011, Texte 27 sur 127

MINISTERE DE L'ÉCONOMIE, DES FINANCES ET DE L'INDUSTRIE, Arrêté du 17 mai 2011 fixant le prix de l'accès régulé à l'électricité nucléaire historique à compter du 1er janvier 2012, J.O.R.F. n°0117, 20 mai 2011, Texte 38 sur 147

MINISTERE DE L'ÉCONOMIE, DES FINANCES ET DE L'INDUSTRIE, Arrêté du 17 mai 2011 fixant le prix de l'accès régulé à l'électricité nucléaire historique, J.O.R.F. n°0117, 20 mai 2011, Texte 37 sur 147

MINISTERE DE L'ECOLOGIE, DU DEVELOPPEMENT DURABLE, DES TRANSPORTS ET DU LOGEMENT, Arrêté du 4 mars 2011 fixant les conditions d'achat de l'électricité produite par les installations utilisant l'énergie radiative du soleil telles que visées au 3° de l'article 2 du décret n°2000-1196 du 6 décembre 2000, J.O.R.F. n°0054, 5 mars 2011, Texte 9 sur 148

MINISTERE DE L'ÉCONOMIE, DES FINANCES ET DE L'INDUSTRIE, Arrêté du 23 décembre 2010 portant modification de l'annexe au décret n°2004-325 du 8 avril 2004 modifié relatif à la tarification spéciale de l'électricité comme produit de première nécessité, J.O.R.F. n°0303, 31 décembre 2010, Texte 144 sur 167

MINISTERE DE L'ECOLOGIE, DE L'ENERGIE, DU DEVELOPPEMENT DURABLE ET DE LA MER, EN CHARGE DES TECHNOLOGIES VERTES ET DES NEGOCIATIONS SUR LE CLIMAT, Arrêté du 31 août 2010 fixant les conditions d'achat de l'électricité produite par les installations utilisant l'énergie radiative du soleil telles que visées au 3° de l'article 2 du décret n°2000-1196 du 6 décembre 2000, J.O.R.F. n°0202, 1er septembre 2010, Texte 7 sur 125

MINISTERE DE L'ECOLOGIE, DE L'ENERGIE, DU DEVELOPPEMENT DURABLE ET DE LA MER, EN CHARGE DES TECHNOLOGIES VERTES ET DES NEGOCIATIONS SUR LE CLIMAT, Arrêté du 12 août 2010 relatif aux tarifs réglementés de vente de l'électricité (rectificatif), J.O.R.F. n°0223, 25 septembre 2010, Texte 8 sur 80

MINISTERE DE L'ECOLOGIE, DE L'ENERGIE, DU DEVELOPPEMENT DURABLE ET DE LA MER, EN CHARGE DES TECHNOLOGIES VERTES ET DES NEGOCIATIONS SUR LE CLIMAT, Arrêté du 12 août 2010 relatif aux tarifs réglementés de vente de l'électricité, J.O.R.F. n°0186, 13 août 2010, Texte 1 sur 103

MINISTERE DE L'ECOLOGIE, DE L'ENERGIE, DU DEVELOPPEMENT DURABLE ET DE LA MER, EN CHARGE DES TECHNOLOGIES VERTES ET DES NEGOCIATIONS SUR LE CLIMAT, Arrêté du 12 août 2010 relatif aux tarifs de cession de l'électricité aux distributeurs non nationalisés, J.O.R.F. n°0186, 13 août 2010, Texte 2 sur 103

MINISTERE DE L'ECOLOGIE, DE L'ENERGIE, DU DEVELOPPEMENT DURABLE ET DE LA MER, EN CHARGE DES TECHNOLOGIES VERTES ET DES NEGOCIATIONS SUR LE CLIMAT, Arrêté du 18 février 2010 modifiant l'arrêté du 24 décembre 2007 pris en application du décret n°2007-1826 du 24 décembre 2007 relatif aux niveaux de qualité et aux prescriptions techniques en matière de qualité des réseaux publics de distribution et de transport d'électricité, J.O.R.F. n°0047, 25 février 2010, Texte 14 sur 162

MINISTERE DE L'ECOLOGIE, DE L'ENERGIE, DU DEVELOPPEMENT DURABLE ET DE LA MER, EN CHARGE DES TECHNOLOGIES VERTES ET DES NEGOCIATIONS SUR LE CLIMAT, Arrêté du 13 août 2009 relatif aux tarifs réglementés de vente de l'électricité (rectificatif), J.O.R.F. n°0193, 22 août 2009, Texte 20 sur 118

MINISTERE DE L'ECOLOGIE, DE L'ENERGIE, DU DEVELOPPEMENT DURABLE ET DE LA MER, EN CHARGE DES TECHNOLOGIES VERTES ET DES NEGOCIATIONS SUR LE CLIMAT, Arrêté du 13 août 2009 relatif aux tarifs réglementés de vente de l'électricité, J.O.R.F. n°0187, 14 août 2009, Texte 1 sur 97

MINISTERE DE L'ECOLOGIE, DE L'ENERGIE, DU DEVELOPPEMENT DURABLE ET DE LA MER, EN CHARGE DES TECHNOLOGIES VERTES ET DES NEGOCIATIONS SUR LE CLIMAT, Arrêté du 13 août 2009 relatif aux tarifs de cession de l'électricité aux distributeurs non nationalisés, J.O.R.F. n°0187, 14 août 2009, Texte 2 sur 97

MINISTERE DE L'ECOLOGIE, DE L'ENERGIE, DU DEVELOPPEMENT DURABLE ET DE L'AMENAGEMENT DU TERRITOIRE, Arrêté du 17 novembre 2008 fixant les conditions d'achat de l'électricité produite par les installations utilisant l'énergie mécanique du vent, J.O.R.F. n°0290, 13 décembre 2008, Texte 8 sur 155

MINISTERE DE L'ECOLOGIE, DE L'ENERGIE, DU DEVELOPPEMENT DURABLE ET DE L'AMENAGEMENT DU TERRITOIRE, Arrêté du 12 août 2008 relatif au prix de l'électricité, J.O.R.F. n°0189, 14 août 2008, Texte 12 sur 141

MINISTERE DE L'ECOLOGIE, DU DEVELOPPEMENT ET DE L'AMENAGEMENT DURABLES, Arrêté du 24 décembre 2007 pris en application du décret n°2007-1826 du 24 décembre 2007 relatif aux niveaux de qualité et aux prescriptions techniques en matière de qualité des réseaux publics de distribution et de transport d'électricité, J.O.R.F. n°0301, 28 décembre 2007, Texte 24 sur 142

MINISTERE DE L'ECOLOGIE, DE L'ENERGIE, DU DEVELOPPEMENT DURABLE ET DE L'AMENAGEMENT DU TERRITOIRE, Arrêté du 5 août 2008 portant modification de l'annexe au décret n°2004-325 du 8 avril 2004, J.O.R.F. n°0189, 14 août 2008, Texte 6 sur 141

MINISTERE DE L'ECOLOGIE, DE DEVELOPPEMENT DURABLE ET DE L'AMENAGEMENT DURABLES, Arrêté du 13 août 2007 relatif au prix de l'électricité, J.O.R.F. n°0188, 15 août 2007, Texte 12 sur 108

**CIRCULAIRES, DECISIONS**

MINISTERE DE L'ÉCOLOGIE, DU DEVELOPPEMENT DURABLE ET DE L'ÉNERGIE, Circulaire du 30 janvier 2013 sur l'organisation du débat national de la transition énergétique, 2013

MINISTERE DE L'ÉCONOMIE, DES FINANCES ET DE L'INDUSTRIE, Décision du 24 mai 2013 relative aux tarifs d'utilisation d'un réseau public d'électricité dans le domaine de tension HTA ou BT pour la période du 1er août 2009 au 31 juillet 2013, J.O.R.F. n°0120, 26 mai 2013, Texte 10 sur 37

## DELIBERATIONS

COMMISSION DE REGULATION DE L'ENERGIE, Délibération du 25 juillet 2013 portant avis sur le projet d'arrêté relatif aux tarifs réglementés de vente de l'électricité, J.O.R.F. n°0176, 31 juillet 2013, Texte 88 sur 122

COMMISSION DE REGULATION DE L'ENERGIE, Délibération du 25 juillet 2013 portant avis sur le projet d'arrêté relatif aux tarifs de cession de l'électricité aux entreprises locales de distribution, J.O.R.F. n°0176, 31 juillet 2013, Texte 89 sur 122

COMMISSION DE REGULATION DE L'ENERGIE, Délibération de la Commission de régulation de l'énergie du 28 mai 2013 portant décision relative aux tarifs d'utilisation d'un réseau public d'électricité dans le domaine de tension HTA ou BT pour la période du 1er août au 31 décembre 2013, J.O.R.F. n°0175, 30 juillet 2013, Texte 71 sur 87

COMMISSION DE REGULATION DE L'ENERGIE, Délibération du 29 mars 2013 portant proposition relative aux tarifs d'utilisation d'un réseau public d'électricité dans le domaine de tension HTA ou BT pour la période du 1er août 2009 au 31 juillet 2013, J.O.R.F. n°0120, 26 mai 2013, Texte 25 sur 37

COMMISSION DE REGULATION DE L'ENERGIE, Délibération du 3 avril 2013 portant décision relative aux tarifs d'utilisation d'un réseau public d'électricité dans le domaine HTB, J.O.R.F. n°0150, 30 juin 2013, Texte n° 37

Commission nationale de l'informatique et des libertés, Délibération n°2012-404 du 15 novembre 2012 portant recommandation relative aux traitements des données de consommation détaillées collectées par les compteurs communicants, J.O.R.F. n°0015, 18 janvier 2013, Texte 91 sur 134

## SITES INTERNET DE L'UNION EUROPEENNE

http://eur-lex.europa.eu/fr/index.htm

http://ec.europa.eu/energy/gas_electricity/index_fr.htm

http://europa.eu/legislation_summaries/energy/internal_energy_market/en0016_fr.htm

### SITES INTERNET D'INSTITUTIONS FRANÇAISES

http://www.conseil-constitutionnel.fr/

http://www.conseil-etat.fr/

http://www.assemblee-nationale.fr/

http://www.senat.fr/

http://www.senat.fr/dossier-legislatif/ppl12-019.html

http://www.developpement-durable.gouv.fr/

http://www.lecese.fr/

http://www.ccomptes.fr/

http://www.autoritedelaconcurrence.fr/

http://www.transition-energetique.gouv.fr/

http://www.legifrance.gouv.fr/

### SITES INTERNET RELATIF AUX STATISTIQUES

http://epp.eurostat.ec.europa.eu/portal/page/portal/eurostat/home/

http://www.statistiques.developpement-durable.gouv.fr/

http://www.insee.fr/fr/

http://www.kyxar.fr/~jalac/

### SITES INTERNET RELATIFS A L'ENERGIE

http://www.cre.fr/

http://www.creden.univ-montp1.fr/fr/accueil.html

http://www.energie-mediateur.fr/

http://www.energie-info.fr/

http://www2.ademe.fr

http://france.edf.com/

http://www.rte-france.com/fr/

http://www.erdfdistribution.fr/Accueil

http://www.epexspot.com/fr/

http://www.ifpenergiesnouvelles.fr/

## ANNEXE 1 : LES PRINCIPALES DATES CONCERNANT LE MARCHE DE GROS FRANÇAIS

| | |
|---|---|
| Novembre 2000 | La CRE valide la première version du contrat de responsable d'équilibre (RE) |
| Début 2001 | Premiers achats de pertes sur le marché par RTE |
| Mai 2001 | Premières cotations OTC publiées concernant le marché français |
| Septembre 2001 | Premières mises aux enchères de capacités de production par EDF (VPP) |
| Novembre 2001 | Lancement du marché Powernext Day-Ahead |
| Juin 2004 | Lancement du marché Powernext Futures |
| Juillet 2004 | Premiers achats de pertes sur le marché par ERDF |
| Janvier 2006 | Mise en place d'enchères de capacités explicites aux frontières (à l'exception de la Suisse) |
| Novembre 2006 | Démarrage du *market coupling* entre la France, la Belgique et les Pays-Bas |
| Juillet 2007 | Lancement des marchés Powernext Intraday et Continuous |
| Avril 2009 | Fusion de Powernext et EEX ; lancement d'EPEX SPOT et d'EPD pour les produits à terme |
| Novembre 2010 | Extension du *market coupling* entre la France, la Belgique et les Pays-Bas au Luxembourg et à l'Allemagne |
| Juillet 2011 | Ouverture des droits à l'ARENH (loi NOME) |
| Novembre 2011 | Les produits *futures* négociés sur EPD France deviennent à règlement financier |
| Novembre 2011 | Arrêt des enchères VPP13 |
| Janvier 2012 | Début des allocations de capacités long-terme d'interconnexion entre la France et la Suisse par enchères explicites |
| Janvier 2012 | Début des allocations infra-journalières de capacités d'interconnexion entre la France et la Suisse |
| Juin 2013 | Début des allocations infra-journalières de capacités d'interconnexion entre la France et l'Italie |

*Source : Observatoire des marchés de l'électricité, du gaz et du CO2 Premier trimestre 2013*

## ANNEXE 2 : SCHEMA SIMPLIFIE DU SYSTEME ENERGETIQUE

Illustration de la participation de l'électricité au système énergétique

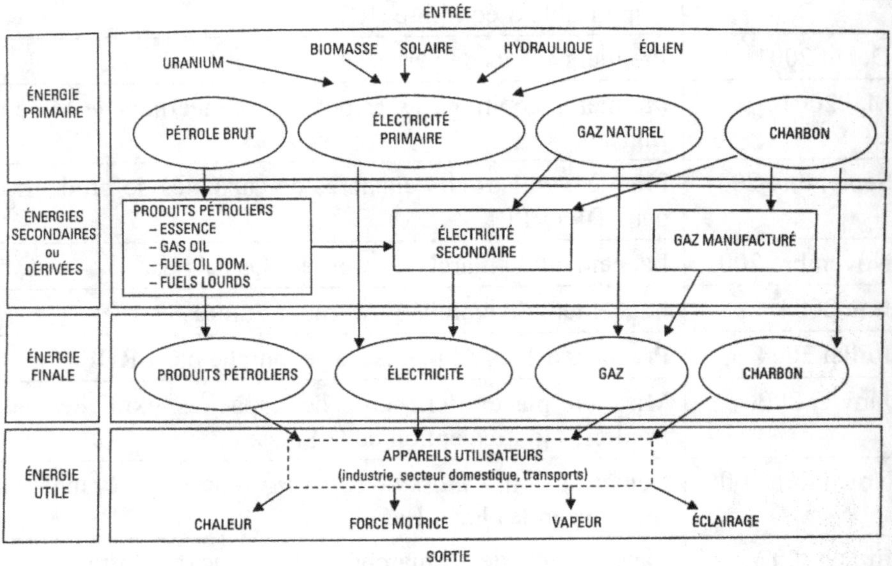


*Source : Énergie : Économie et politique, De Boeck, 2010*

## ANNEXE 3 : STATUT JURIDIQUE DES TERRITOIRES D'OUTRE-MER ET DE LA CORSE

Source : http://www.smartgrids-cre.fr/index.php?p=zonesinsulaires-contexte-legislatif-reglementaire

Les territoires d'outre-mer et la Corse ont des statuts juridiques multiples en droit français (voir tableau ci-dessous).

Les lois et décrets de la République, notamment les dispositions du code de l'énergie s'appliquent dans tous ces territoires, conformément aux articles 73 et 74 de la Constitution, et aux dispositions de la loi organique n°2007-223 du 21 février 2007 portant dispositions statutaires et institutionnelles relatives à l'outre-mer. En revanche, les dispositions législatives et réglementaires ne sont pas applicables en Nouvelle-Calédonie (article 6-2 et 22 de la loi organique n° 99-209 du 19 mars 1999) et en Polynésie française (article 7 de la loi organique n° 2004-192 du 27 février 2004).

En droit communautaire, la Guadeloupe, la Guyane, la Martinique, la Réunion, Saint-Barthélemy et Saint-Martin ont le statut de région ultrapériphérique indépendamment de toute évolution statutaire en droit interne (articles 349 et 355 du traité sur le fonctionnement de l'Union européenne). Les dispositions des traités leur sont applicables.

Le droit communautaire n'est pas applicable dans l'archipel de Saint-Pierre-et-Miquelon, les îles Wallis et Futuna, Mayotte, la Polynésie française et la Nouvelle-Calédonie. Ces territoires font l'objet d'un régime spécial d'association à l'Union européenne (article 355 et annexe II du traité sur le fonctionnement de l'Union européenne).

| | **Statut en droit français** | **Statut en droit communautaire** |
|---|---|---|
| **Guadeloupe, La Réunion** | Départements et régions d'outre-mer régis par l'article 73 de la Constitution | Régions ultrapériphériques<br>(articles 349 et 355 TFUE) |
| **Guyane et Martinique** | Collectivités territoriales régies par l'article 73 de la Constitution qui exercent des compétences attribuées à un département d'outre-mer et à une région d'outre-mer | |
| **Saint-Barthélemy et Saint-Martin** | Collectivités d'outre-mer autonomes régies par l'article 74 de la Constitution | |
| **Nouvelle-Calédonie** | Collectivité sui generis d'outre-mer régie par le titre XIII de la Constitution | |
| **Archipel de Saint-Pierre-et-Miquelon, îles Wallis et Futuna et Polynésie française** | Collectivités territoriales régies par l'article 74 de la Constitution | Régime spécial d'association<br>(article 355 et annexe II du TFUE) |
| **Mayotte** | Départements et régions d'outre-mer régis par l'article 73 de la Constitution | |
| **Nouvelle-Calédonie** | Collectivité sui generis d'outre-mer régie par le titre XIII de la Constitution | |

## ANNEXE 4 : TARIFS DE VENTE D'ELECTRICITE BASSE TENSION PAR ÉLECTRICITE DE TAHITI

Il s'agit des tarifs de vente basse tension applicables à partit du 1er mars 2012.

| ENERGIE | | |
|---|---|---|
| **Désignation** | **Tranche** | **Prix unitaire (XPF / kWh)** |
| Tarif "Petits consommateurs" | Tranche 1 : 0 à 180 kWh/mois | 20,00 |
| | Tranche 2 : 181 à 300 kWh/mois | 49,80 |
| | Tranche 3 : Au-delà de 300 kWh/mois | 61,90 |
| Tarif "Classique" | Tranche 1 : 0 à 300 kWh/mois | 30,80 |
| | Tranche 2 : 301 à 450 kWh/mois | 48,80 |
| | Tranche 4 : Au-delà de 450 kWh/mois | 56,90 |
| Usage Professionnel | Tranche 1 (0 à 3 000 kWh /mois) | 42,20 |
| | Tranche 2 (au-delà de 3 000 kWh /mois) | 46,20 |
| Éclairage Public | Tranche unique | 35,90 |
| Pré-paiement | 2,2 kVA de Puissance Souscrite | 22,72 |
| | 3,3 kVA de Puissance Souscrite | 32,58 |
| | 4,4 kVA de Puissance Souscrite | 38,26 |
| | 5,5 kVA de Puissance Souscrite | 40,32 |
| | 6,6 kVA de Puissance Souscrite | 43,11 |

**PRIME D'ABONNEMENT**

Tarif "Petit consommateur"
Prime d'Abonnement = 13,68 X ACE x kVA de puissance souscrite soit : 242 XPF x kVA de puissance souscrite
Tarif "Classqiue"
Prime d'Abonnement = 20,50 X ACE x kVA de puissance souscrite soit : 363 XPF x kVA de puissance souscrite
Tarifs Usages Professionnels et Eclairage public
Prime d'Abonnement = 17,10 x ACE x kVA de puissance souscrite soit : 303 XPF x kVA de puissance souscrite

ACE (autres charge d'exploitation) = 17,70

| TAXES | | |
|---|---|---|
| | | **Prix unitaire (XPF / kWh)** |
| Taxe Municipale | Tahiti | 4,00 |
| | Moorea, Tahaa, Huahine, Bora Bora, Maupiti, Taputapuatea, Tumaraa, Nuku Hiva | 4,00 |
| | Tubuai, Rurutu, Rimatara, Raivavae | 4,00 |
| | Ua Pou, Hiva Oa | 3,00 |
| | Rangiroa : Usages Domestiques | 4,00 |
| | Usages Professionnels | 2,00 |
| | Ua Huka | 2,00 |
| | Hao (pas de taxe applicable) | |
| Taxe Territoriale (Tahiti) | Tarif Domestique jusquà 100 kWh/mois | 0,50 |
| | Autres tranches tarifaires et autres Tarifs BT | 1,50 |
| T.V.A. | 5% sur Énergie | |
| | 5% sur Prime d'Abonnement | |
| | 5% sur Avance Sur Consommation | |

**AVANCE SUR CONSOMMATION**

**Tarif "Petits consommateurs"**
ASC = 50 x P x kVA de puissance souscrite
ASC = 2 440 XPF x kVA de puissance souscrite

**Tarif Usages Domestiques**
ASC = 50 x P x kVA de puissance souscrite
ASC = 2 440 XPF x kVA de puissance souscrite

**Autres Tarif Basse Tension**
ASC = 100 x P x kVA de puissance souscrite
ASC = 4 880 XPF x kVA de puissance souscrite

P = 48,80 F XPF

*Source : edt.fr*

# ANNEXE 5 : LES MODIFICATIONS DU MECANISME DE BONUS-MALUS AU COURS DU PARCOURS LEGISLATIF DE LA LOI BROTTES

*Dans la proposition de loi initiale du 6 septembre 2012 examinée par l'Assemblée nationale*[623]

La résidence principale et les communs des immeubles collectifs sont pris en compte ainsi que chaque type d'énergie.

Les critères zone climatique et composition du foyer sont également pris en compte mais aucune formule précise n'est proposée,

Le malus de première tranche peut être appliqué pour une consommation comprise entre 100% et 150% du volume de base, le malus de troisième tranche pour une consommation au-delà de 150% du volume de base.

À partir de 2015, le bonus peut varier de -30 à 0 €/MWh, le malus de la deuxième tranche de 0 à 9 €/MWh et le malus de la troisième tranche de 0 à 30 €/MWh.

Pour les ménages ayant droit aux tarifs sociaux, à partir de 2015, le bonus peut être deux fois supérieur à celui appliqué aux autres ménages, le malus de la zone orange peut être un bonus, le malus de la zone rouge est au plus deux fois inférieur à celui appliqué aux autres ménages.

Les bonus-malus font l'objet d'une mention distincte sur les factures, le système est équilibré financièrement entre les bonus, les malus, les frais de gestion.

Un locataire a la possibilité de déduire une partie du malus de son loyer s'il habite dans un logement dont la performance énergétique est inférieure à un seuil fixé par voie réglementaire.

*Dans le texte de la commission des affaires économiques de l'Assemblée nationale de la proposition de loi du 19 septembre 2012 en première lecture selon la procédure accélérée*[624]

Les volumes de référence sont définis de manière à ne pas introduire de distorsion de concurrence entre énergies.

L'utilisation d'équipements spécifiques dont la liste est déterminée par voie réglementaire et l'âge de l'un des membres du foyer supérieur à un seuil fixé par voie réglementaire, sont des critères pris en compte dans le calcul du volume de base à ce stade du parcours législatif.

---

[623] Texte N°150, Proposition de loi instaurant une tarification progressive de l'énergie, Assemblée nationale, 6 septembre 2012

[624] N°199, Proposition de loi visant à préparer la transition vers un système énergétique sobre, Assemblée nationale, 19 septembre 2012

*Dans le texte de la proposition de loi adopté par l'Assemblée nationale le 4 octobre 2012*[625] *et la proposition de loi du 5 octobre 2012 examinée en première lecture au Sénat*[626]

Aucun changement dans le calcul n'est à souligner.

*Dans le texte de la commission des affaires économiques de l'Assemblée nationale de la proposition de loi du 9 janvier 2013 en nouvelle lecture selon la procédure accélérée*[627]

Les définitions sont précisées, notamment les énergies de réseaux : l'électricité, le gaz naturel et la chaleur. La composition du foyer est précisée : 1 pour la première personne, 0,5 pour la deuxième personne, 0,3 pour chaque personne supplémentaire. Un taux « moitié-moitié » est appliqué pour les mineurs en résidence alternée. Les coefficients extrêmes d'effet du climat selon la localisation géographique sont définis. En revanche les critères présence d'équipements spécifiques et âge supérieur à un seuil sont supprimés.

Les résidences occasionnelles sont désormais prises en compte à partir de cette étape en nouvelle lecture.

Le tableau des bonus-malus relatif aux tarifs sociaux est remplacé par un malus minoré pour les consommateurs ayant droit à la tarification spéciale « produit de première nécessité »

L'application effective des bonus-malus est décalée de deux ans.

Le malus de zone rouge est doublé et passe au maximum à 60 €/MWh à partir de 2017 et pour une consommation qui dépasse désormais 300% du volume de base au lieu de 150% du volume de base.

Les locataires n'ont plus la possibilité de déduire une partie du malus de leur loyer s'ils habitent dans des logements dont la performance énergétique est inférieure à un seuil fixé par voie réglementaire.

*Dans le texte de la proposition de loi adopté par l'Assemblée nationale le 17 janvier 2013 en nouvelle lecture*[628] *et la proposition de loi du 18 janvier 2013 examinée en nouvelle lecture au Sénat*[629]

---

625 Texte adopté N°17, Proposition visant à préparer la transition vers un système énergétique sobre, Assemblée nationale, 4 octobre 2012

626 N°19, Proposition de loi visant à préparer la transition énergétique vers un système énergétique sobre, Sénat, 4 octobre 2012

627 N°579, Proposition de loi visant à préparer la transition vers un système énergétique sobre (texte de la commission des affaires économiques, nouvelle lecture), Assemblée nationale, 9 janvier 2013

628 Texte adopté N°80, Proposition de loi visant à préparer la transition vers un système énergétique sobre et portant diverses dispositions sur la tarification de l'eau et sur les

Une seule modification mineure est à signaler, la consommation individuelle pour le malus sur la troisième tranche (zone rouge) peut varier de 3 à 20 €/MWh au lieu de 0 et 40 €/MWh en 2016 et de 6 à 60 €/MWh au lieu de 0 à 60 €/MWh à partir de 2017.

*Dans la proposition de loi adoptée par le Sénat en nouvelle lecture le 14 février 2013*[630]

Le Sénat n'a pas modifié le calcul du bonus-malus de l'électricité.

*Dans le texte de la proposition de loi adopté par l'Assemblée nationale le 11 mars 2013*[631]

L'Assemblée nationale n'a pas modifié le calcul du bonus-malus de l'électricité.

éoliennes (adoptée par l'Assemblée nationale en nouvelle lecture), Assemblée nationale, 17 janvier 2013

629 N°270 SENAT, Proposition de loi visant à préparer la transition vers un système énergétique sobre et portant diverses dispositions sur la tarification de l'eau et sur les éoliennes, Sénat, 18 janvier 2013

630 N°99 SENAT, Proposition de loi modifiée par le Sénat en nouvelle lecture visant à préparer la transition vers un système énergétique sobre et portant diverses dispositions sur la tarification de l'eau et sur les éoliennes (adoptée), Sénat, 14 février 2013

631 Texte adopté N°94, Proposition de loi visant à préparer la transition vers un système énergétique sobre et portant diverses dispositions sur la tarification de l'eau et sur les éoliennes (texte définitif), Assemblée nationale, 11 mars 2013

## ANNEXE 6 : LES INCITATIONS DOUCES OU *NUDGES*

L'approche néoclassique ramène à une vision rationnelle et de maximisation des individus or parfois ils ont des comportements irrationnels qui viennent généralement du fait qu'ils ne disposent pas assez d'information. C'est l'exemple classique des débuts du tabagisme.

Dans la nouvelle théorie de l'économie comportementale, la rationalité est limitée. Pour le tabagisme, on a beau dire que tuer tue, cela a un effet limité. Cette économie rapatrie tous les enseignements de la psychologie cognitive et comportementale qui cherche à expliquer pourquoi les individus ont des comportements irrationnels. On va alors modifier les structures des choix des individus. Cela a donné naissance à un nouveau type d'action publique : le *nudge* ; c'est finalement une sorte de compromis ou d'entredeux entre le laisser faire et le paternalisme coercitif et d'un point de vue de l'action publique, le coût n'est généralement pas très élevé.

Dans le cas du bonus-malus de l'électricité, si l'objectif partagé par tous est bien de viser un comportement plus sobre des consommateurs finals, alors ce système va pouvoir influer sur la structure des choix un peu comme les exemples ci-dessus ou d'autres dispositifs de bonus-malus déjà expérimentés dans le monde, en Californie ou au Japon notamment.

On pourrait également penser que le bonus-malus n'est pas utile du fait du déploiement du compteur communicant de type Linky qui pourrait jouer ce rôle de changement des comportements. Toutefois, cet équipement ne fera que donner une information théoriquement neutre sur la consommation d'électricité (sauf à modifier l'interface homme-machine). L'effet serait peut-être même contre-productif vis-à-vis de l'objectif de sobriété puisque pourquoi un ménage qui n'est pas dans la précarité énergétique, qui a été habitué à vivre de manière confortable avec une température moyenne intérieure de 20°C ou plus, changerait ses habitudes parce qu'il a désormais une information qui ne fait que confirmer qu'il n'a aucune raison de changer ses habitudes indépendamment de la hausse prévisionnelle du coût de l'énergie ? Pourquoi un chef d'entreprise imposerait ou susciterait des changements de comportements de ses employés avec un risque social supérieur aux bénéfices escomptés toujours indépendamment de la hausse prévisionnelle du coût de l'énergie ?

Tant que le bénéfice d'un changement des comportements n'apparaît pas assez clairement, une réflexion de bons sens est que ce n'est pas de l'information supplémentaire qui aurait un effet positif. Alors des *nudges,* en mettant en place une tarification progressive de l'électricité, on aurait potentiellement un effet plus efficace qu'avec d'autres moyens

Notons au passage toutefois que le Conseil économique, social et environnemental affirme dans son avis de 2013, que : « *Dès lors que l'utilisateur connaît sa consommation réelle, il est démontré que cela l'incite à réduire ses consommations et donc sa facture de 15 à 20% »*[632].

Alors quel type de *nudges* pourrait-on envisager pour changer les comportements ? Les idées peuvent être assez nombreuses. En matière de protection des plus vulnérables, un *nudge* a été créé récemment par le décret n°2013-309 du 6 mars 2012[633] qui ouvre désormais le T.P.N. « **sauf refus exprès de leur part** », au lieu de « **sur leur demande** », aux ayants droit. On peut par exemple imaginer des compteurs intelligents comprenant, parmi les choix de programmes, un mode programmé tel que l'approche de la zone de malus orange ou rouge (basé sur une moyenne mobile d'une mesure à quelques jours ou quelques semaines) couplé à un thermomètre correctement positionné dans le logement, réduise automatiquement la température à 19°C et qu'il faille dans un second temps une action volontaire pour remonter la température d'un manière incrémentale de 0,5°C en 0,5°C par exemple. Il est à parier que progressivement, le corps s'adapte à une nouvelle température de confort inférieure et ce n'est peut-être pas plus mal pour la santé, à condition que le *nudge* soit réellement efficace. Et sur ce point, quelques études ont été réalisées afin de le montrer, notamment celle de Matteo GALIZZI sur la santé et les comportements à risques[634]. L'auteur s'appuie sur plusieurs expériences pour montrer l'efficacité des incitations et confirmer que s'agissant de la santé, des facteurs comportementaux et internalités (coûts que les gens s'imposent) sont profondément enracinés dans les attitudes des êtres humains et il est peu probable qu'ils puissent être modifiés simplement par l'information uniquement. Il se pose également une question liée au risque que les incitations n'évincent la motivation intrinsèque et y répond en s'appuyant sur une expérience qui semble montrer que ce risque n'est pas avéré.

Nous devons apporter une autre nuance ici sur l'éthique associée et sur l'efficacité des incitations douces. Sur le premier point, comme le fait remarquer Luc BOVENS dans son article sur l'éthique du nudge[635], les mécanismes mis en œuvre fonctionnent mieux s'ils ne sont pas mis en lumière ou expliqués mais il précise aussi que les *nudges* doivent être conçus tels que leur principe de fonctionnement puisse être facilement révélé par une personne vigilante, qu'ils soient suffisamment transparents et ne se transforment pas en outils de manipulation contre la volonté des gens, car

---

632 Avis du conseil économique, social et environnemental, Efficacité énergétique : un gisement d'économie ; un objectif prioritaire, Journaux officiels, 2013, p. 28

633 Décret n°2012-309 du 6 mars 2012 relatif à l'automatisation des procédures d'attribution des tarifs sociaux de l'électricité et du gaz naturel (Journal Officiel 7 mars 2012)

634 Matteo M. GALIZZI, Label, nudge or tax ? A review of health policies for risky behaviours, Journal of Public Health Research, 2011, vol. 1:e5, p. 14-21

635 Luc BOVENS, The Ethics of Nudge, in Till GRÜNE-YANOFF and S.O. HANSSON (2008) Preference Change: Approaches from Philosophy, Economics and Psychology, Berlin and New York: Springer, Theory and Decision Library A, 2008

comme le souligne Annabel FERRIMAN dans un article paru dans BMJ[636], les gens n'aiment pas l'idée que des politiciens ou des experts leur disent quoi faire. Tout le monde tient au droit de vivre sa vie à sa guise à condition de ne pas nuire à autrui, de respecter les règles de vie en société, ...Cela doit donc réellement rester un coup de pouce.

Sur le second point, selon les auteurs de l'article « *Judging, nudging : can nudging improve population health ?* »[637], dans le domaine de la santé, peu de *nudges* mis en œuvre ont été évalués pour leur efficacité dans le changement durable des comportements et l'amélioration de la santé à long terme. Toutefois, ils précisent qu'il convient de mettre en place des règlementations pour limiter les effets puissants de *nudges* malsains existant dans notre environnement et façonnés par l'industrie (du tabac par exemple). Mais alors, si les *nudges* négatifs sont efficaces, les *nudges* positifs devraient pouvoir l'être également.

Nous n'analysons pas davantage ce sujet par l'approche du *nudge* mais concluons en donnant notre opinion, à savoir que l'effet du bonus-malus sur la sobriété énergétique devrait être supérieur à celui du compteur individuel communicant et les deux dispositifs cumulés devraient avoir un meilleur effet d'autant plus si le compteur comprend une intelligence innovante.

---

636 Annabel FERRIMAN, Nudging, fudging and politics, BMJ n°342, 2011, p. 265

637 Theresa MARTEAU, David OGILVIE, Martin ROLAND et Marc SHUHRCKE, Judging, nudging : can nudging improve population health ?, BMJ n°342, p. 263-265

## ANNEXE 7 : CONSOMMATION D'ENERGIE DANS DEUX REGIONS

Les deux graphiques représentent la consommation énergétique de chauffage et surface de logements en fonction de la date de construction respectivement pour les régions Bretagne et Île-de-France.

Source : Rapport d'analyse détaillée du parc résidentiel actuel, Règles de l'Art Grenelle Environnement, Septembre 2012

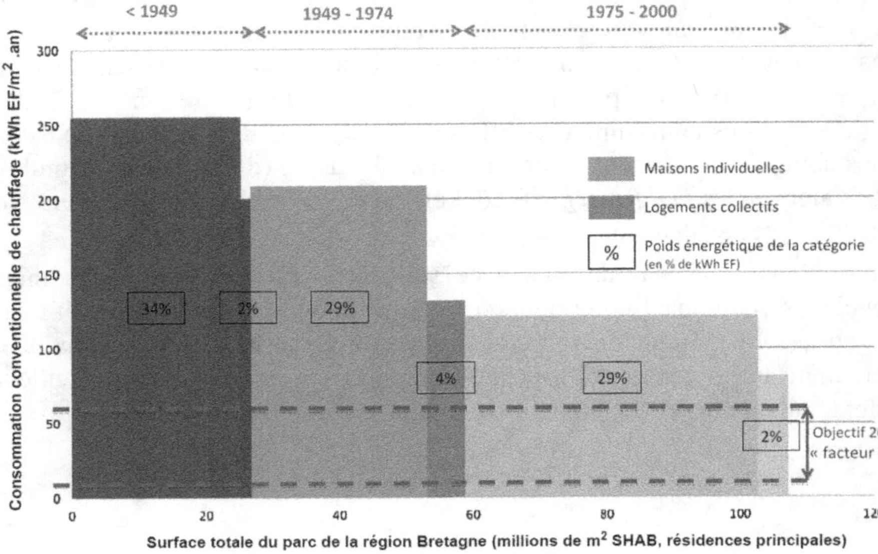


*Consommation énergétique de chauffage en Bretagne : 18 553 GWh /an*

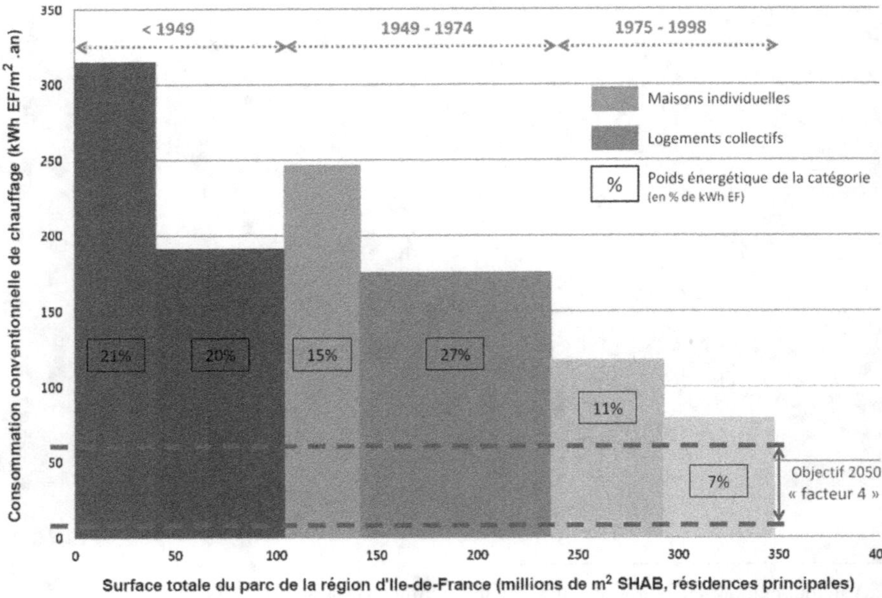


*Consommation énergétique de chauffage en IDF: 61 640 GWh /an*

## ANNEXE 8 : LA RUBRIQUE DES « EN BREF » A LA SUITE

La décomposition d'un seul tarif, le tarif bleu, permet de mettre en évidence plusieurs tarifications différenciées (composante fourniture des tarifs réglementés de vente et des tarifs en ordre de marché, ciseau tarifaire, taxes) et d'autres non différenciées (T.U.R.P.E., C.S.P.E.).

La libéralisation du secteur de l'électricité a entraîné la dé-intégration d'EDF et l'apparition de tarifs différenciés comprenant des composantes tarifaires différenciées (production, fourniture) ou communes (T.U.R.P.E. pour l'acheminement, taxes).
En-dehors de la composante fourniture au prix du marché, toutes les autres composantes sont encadrées par loi (A.R.E.N.H., T.U.R.P.E., tarifs jaunes, verts, bleus, taxes).
Le tarif d'acheminement (T.U.R.P.E.) n'est pas régionalisé, il répond à des obligations de service public et ne peut pas constituer une forme de tarification différenciée ou une composante de tarification progressive, il est au contraire unique sur l'ensemble du territoire.
La tarification de l'électricité est cependant légèrement différenciée géographiquement mais localement du fait des taxes locales (communales et départementales)
Le ciseau tarifaire suite à la mise en place de l'A.R.E.N.H. aura disparu au 1er janvier 2016.

Les tarifs règlementés sont différenciés par catégorie d'électricité, chacune faisant l'objet d'options et versions pour ce qui concerne les tarifs bleus, jaunes et verts. Ils font apparaître des mécanismes de fixation de ces tarifs relativement complexes et on peut constater une tendance à la hausse sur toutes les composantes de la tarification, sauf sur l'A.R.E.N.H. qui n'a été modifié qu'une fois mais sa création est récente. Dans le secteur résidentiel, les tarifs bleus devraient ainsi augmenter de 25% pour retrouver leur niveau de 1996 en euros constants. Le tarif bleu ne prévoit désormais que des tarifs différenciés temporellement sur la journée ou sur l'année.
Une nouvelle tarification différenciée est en place depuis le 1er août 2013, elle concerne le T.U.R.P.E. 4 HTB qui comprend une différenciation selon la puissance souscrite (composante progressive) et l'horo-saisonnalité de l'utilisation de cette puissance.
La C.S.P.E. pourrait éventuellement être élargie au consommateur d'énergie, pas seulement au consommateur d'électricité.

La tarification différenciée est traitée dans le code de l'énergie jusqu'à la dernière réforme majeure, celle de la loi NOME. La législation interne concilie le service public de l'électricité et la libéralisation du marché. Ainsi, la disparition du ciseau tarifaire est prévue. Toutefois, toute introduction d'un nouveau mécanisme tarifaire (tarification progressive) devra se traduire par une modification des textes en vigueur. Enfin, la tarification différenciée, comme la tarification règlementée, pourrait s'écarter d'un prix jugé juste par une autorité de régulation (C.R.E.) qui ne serait pas indépendante. La question des moyens de la C.R.E. est alors importante pour éviter que la concurrence ne soit faussée par un effet de capture ou d'asymétrie d'information.

La tarification différenciée de l'électricité s'est largement développée en accompagnant le mouvement de libéralisation du secteur de l'électricité au plan européen et la création du marché intérieur de l'électricité intégré et interconnecté.

La tarification différenciée de l'électricité peut contribuer à l'efficacité énergétique mais c'est surtout la tarification progressive qui devrait remplir le mieux cet objectif et cela ne pose pas de difficultés vis-à-vis de la nouvelle directive 2012/27/UE en-dehors de l'atteinte effective des objectifs.

À condition de respecter en les conciliant à la fois les règles de concurrence et les obligations de service public, de nombreuses formes de tarification de l'électricité peuvent en principe être mises en place par les États membres.

Tendanciellement et eu égard à la construction du marché intérieur de l'électricité, tout porte à croire que la tarification différenciée entre les pays interconnectés régressera progressivement vers la moyenne de l'Union européenne au bénéfice des producteurs d'électricité mais aussi en théorie des consommateurs des autres États membres que la France qui la paieraient plus cher autrement.

La tarification différenciée entre pays interconnectés du marché intérieur de l'électricité en achèvement (pour 2014), n'est pas la tarification progressive telle qu'elle sera analysée dans la suite de l'étude, mais des prix de l'électricité différents historiquement et qui convergent puisque le taux de prix identiques en 2012 entre la France, l'Allemagne, la Belgique et les Pays-Bas a été de 50% du temps.

Pour les consommateurs finals français, la convergence des prix entre pays interconnectés a un effet sur l'évolution des tarifs de vente de l'électricité en France, c'est ce qu'on a appelé la régression vers la moyenne, l'augmentation progressive des flux d'électricité transfrontaliers fait augmenter les prix de la fourniture d'électricité.
L'augmentation des capacités d'échange contribue à deux objectifs importants : un meilleur fonctionnement du marché intérieur de l'électricité et des revenus complémentaires probables pour les opérateurs d'électricité qui viendraient compenser une diminution de la consommation liée au changement des comportements vers la sobriété énergétique et aussi maintenir une compétition sur le territoire national. Elle devrait également faire disparaître la tarification différenciée entre les pays du marché intérieur au profit d'un « euro de l'électricité ».

La tarification différenciée entre les pays interconnectés disparaît de plus en plus souvent avec l'augmentation des capacités d'échanges entre les pays considérés deux à deux et avec l'achèvement des mécanismes de marché, mais la saturation des capacités d'échanges physiques en cas de demande importante d'un pays importateur a tendance à faire diverger les prix à nouveau malgré le couplage des marchés.
La tarification de l'électricité est différenciée entre le prix de gros et le prix de détail, le premier influençant le second avec un effet retard correspondant à la durée des contrats conclus entre les fournisseurs d'électricité et les consommateurs finals.
La pointe de consommation de février 2012 aurait des conséquences autrement plus graves si elle devait se reproduire et que les conditions de l'offre et de la demande étaient défavorables.

La tarification différenciée est déjà une réalité entre les grands-moyens consommateurs et les petits consommateurs résidentiels ou non. Elle l'est aussi entre les tarifs bleus et les tarifs en ordre de marché. La part de marché des concurrents d'EDF progresse régulièrement depuis quelques années, davantage dans le secteur non résidentiel en matière de consommation, mais les clients résidentiels ne sont éligibles en France que depuis le 1er juin 2011. Toutefois, dans le secteur résidentiel, l'ouverture à la concurrence pourrait rester lente puisque la moitié des ménages français ne savent pas qu'ils peuvent changer de fournisseur d'énergie.
Dans le secteur non résidentiel, la difficulté pour les fournisseurs alternatifs apparaît davantage liée au *statu quo* en termes de répartition des sites de consommation.

La tarification différenciée pour le consommateur final qui s'est développée avec la libéralisation du secteur de l'énergie entraîne une individualisation progressive en le rendant acteur de sa consommation avec un transfert des risques par rapport à la situation antérieure où il était passif et ne pouvait que subir les hausses tarifaires mal maîtrisées. Face à ces nouvelles possibilités, ce menu à la carte, des inégalités peuvent se développer et les plus vulnérables doivent être protégés.
Le système électrique continentalisé du futur avec les *smart grids*, doit intégrer tous les consommateurs finals, y compris les plus vulnérables qui n'ont pas les mêmes possibilités d'être des acteurs éclairés.

Le tarif de première nécessité a créé une tarification différenciée à vocation sociale. Par son effet de redistribution, faible actuellement puisqu'il ne représente que 0,5 €/MWh sur une facture d'électricité environ, il pourrait constituer une tarification progressive effective à deux tranches dans l'hypothèse où la tarification progressive selon le mécanisme de bonus-malus ne serait pas proposée à nouveau à l'ordre du jour d'une des deux chambres du Parlement.

La tarification de l'électricité est différenciée entre les agents EDF et les autres particuliers de manière qui apparaît disproportionnée voire contraire au principe d'égalité (du service public, devant l'impôt). Des mesures de réduction des inégalités devraient être mises en œuvre par rapport à l'objectif d'efficacité et de sobriété énergétique.

La tarification progressive constituée par le bonus-malus de l'électricité est une tarification à trois tranches conçue pour que l'équilibre financier entre les bonus et malus attribués *via* un fonds de compensation du bonus-malus soit toujours assuré.
Les plus vulnérables ne sont plus exclus du dispositif à l'inverse des professionnels.

En première approche, la tarification progressive apparaît être conforme au droit de l'Union européenne primaire et dérivé. Un point du second ordre devrait être réexaminé selon le mécanisme qui serait adopté : le malus minoré doit-il être maintenu ?
Et en vertu de l'article 3-15 de la directive 2009/72, la France devrait informer la Commission européenne dans le cas de la mise en œuvre de la tarification progressive.

L'analyse jurisprudentielle n'a pas montré d'incompatibilité manifeste à ce stade à condition de mettre en application le mécanisme avec les corrections relatives aux discriminations résiduelles et d'informer la Commission européenne. Toutefois, l'utilisation d'un complément tarifaire n'est probablement pas le moyen juridiquement le plus sûr d'arriver à mettre en place une tarification progressive. Il reste donc à compléter l'analyse en considérant un mécanisme de taxation progressive.

La tarification progressive apparaît compatible avec le droit de l'Union européenne. Toutefois, le tarif bleu est finalement *a priori* assimilable à une dérogation de la Commission européenne acquise jusqu'en 2025 d'après l'analyse effectuée et le risque que la Commission revoie sa position à l'occasion de la mise en œuvre de la tarification progressive n'est pas totalement exclu.

La formule initiale du bonus-malus est devenue plus claire et plus simple au cours du parcours législatif, des critères non pris en compte pourraient l'être par les fournisseurs d'électricité par des offres innovantes ou par des mesures en parallèle par détermination de la loi (service public de l'efficacité énergétique de l'habitat) toujours en conciliant les règles du marché concurrentiel et les obligations de service public.

Nous recommandons de ne pas appliquer le D.P.E. dans la formule. Toutefois, l'information du D.P.E. énergie devrait être communiquée au moment de l'attribution des volumes de référence du mécanisme de bonus-malus.

En ne mettant pas en place le bonus-malus de l'électricité, des inégalités entre les consommateurs finals augmenteront certainement. Modifier la C.S.P.E. permettrait de répondre à plusieurs questions.

Le mécanisme doit être regardé en priorité comme un système de taxation progressive ou plus précisément comme le Conseil d'État l'a recommandé, une aide pour le bonus, une taxation pour le malus.

Le mécanisme de bonus-malus n'a été rejeté ni sur son principe de fonctionnement, ni par rapport aux objectifs poursuivis mais parce qu'il restreignait son application aux seules consommations domestiques en excluant les professionnels d'efforts de sobriété énergétique équivalents et en créant des inégalités dans la répartition des bonus-malus dans les logements collectifs.

Il conviendrait d'accélérer l'installation des compteurs individuels dans tous les logements quand c'est techniquement réalisable afin de mettre en œuvre la tarification progressive dans les logements collectifs.

Le bonus-malus de l'électricité pourrait contribuer à une fiscalité de l'électricité toujours en évolution avec un effet indirect de redistribution et plus largement à la fiscalité écologique en développement.
L'utilisation de la C.S.P.E. pourrait être une piste et il faudrait l'élargir au moins au gaz naturel afin que ce ne soit pas une seule catégorie de ménages qui soutiennent la catégorie des énergies renouvelables.

Malgré une élasticité-prix jugée faible et un marché de l'électricité difficile à pénétrer, si la loi NOME avec l'A.R.E.N.H. contribuera à favoriser l'ouverture à la concurrence, la tarification progressive serait potentiellement un accélérateur de la transition énergétique vers la sobriété ainsi qu'un contributeur à un marché libéralisé plus efficace, plus dynamique avec un consommateur final également plus actif. Cette tarification a par ailleurs un effet indirect de réduction d'inégalités sociales qu'il convient de prendre en compte.

La capacité d'effacement en période de pointe est une priorité par détermination de la loi. Dans le contexte des pointes d'électricité par grand froid, la tarification progressive peut contribuer partiellement à une meilleure gestion des pics d'électricité lors des jours de forte demande en hiver en complétant les effets des options tarifaires dans les contrats avec les consommateurs finals.

L'augmentation future des prix de l'énergie est une réalité qui incite à promouvoir les mesures d'efficacité énergétique. L'augmentation des prix de l'électricité dans les prochaines années devrait encourager les consommateurs finals à davantage de sobriété énergétique.

L'augmentation du parc automobile électrique ou hybride devrait être très progressive. À l'horizon 2020, on peut estimer le nombre de véhicules électriques en France à 2 millions pour une consommation de l'ordre de 6 TWh/an.

Les objectifs à atteindre sont ambitieux et certains modes de consommation d'électricité sont actuellement en opposition avec l'efficacité énergétique. Un changement (des comportements) est donc nécessaire pour faire converger la consommation réelle avec la consommation théorique possible compte tenu des moyens de production d'électricité disponibles opérationnellement dans la période 2013-2020 dans un premier temps.

Des incertitudes sur le financement et le déploiement des innovations conduisent à devoir trouver d'autres solutions à court terme pour gérer la demande d'électricité croissante.

Les *smart grids* commencent à se développer localement en France. Ces réseaux intelligents permettront aux fournisseurs d'innover en matière d'offres d'électricité, de faciliter la diversité des approches commerciales vis-à-vis du consommateur final en lui proposant une gamme de produits « électricité » différenciés (mix énergétique, 100% vert, qualité supérieure, service universel, effacement minimum, etc.) et en lui permettant d'être acteur de sa consommation en apparence au moins, au bénéfice de l'équilibrage des réseaux en retour ainsi que de prix plus justes sur le marché de gros de l'électricité (EPEX SPOT). C'est un cercle vertueux dans lequel la tarification progressive a aussi un rôle à jouer en aval. Elle pourrait être déployée très rapidement au contraire des réseaux intelligents qui ne pourront de toute façon pas être opérationnels à l'échelle nationale avant plusieurs années.

Les solutions de stockage à grande échelle de l'électricité peinent à émerger, il n'y a pas encore eu de véritable rupture technologique dans ce domaine, les efforts de recherche et développement sont nécessaires eu égard aux bénéfices attendus notamment en termes de capacités disponibles en période de pointe et d'atténuation des effets d'intermittence des énergies renouvelables sur les réseaux et les prix (prix négatifs sur EPEX SPOT).

Le gisement d'économie dans le bâtiment est important, notamment dans ceux qualifiés de passoires énergétiques mais le retour sur investissement des travaux d'amélioration de la performance énergétique reste long, il se compte en plusieurs dizaines d'années au tarif bleu 2012, moins s'il augmente.
La concrétisation des économies d'énergie peut se faire par des mesures techniques ou comportementales. Nous retenons un gisement possible d'économie d'électricité de 40 TWh/an.

L'électrification croissante des usages énergétiques et en particulier la progression du nombre de véhicules électriques d'ici 2020 entraîne en priorité un besoin de renforcement des réseaux électriques de moyenne tension. La demande supplémentaire sur le réseau électrique n'est pas une difficulté à court ou moyen terme comparativement à la gestion de la pointe d'électricité hivernale par exemple et à condition que le succès des véhicules 100% électriques ne soit pas trop rapide.

La France a effectivement une consommation d'électricité (pas d'énergie) par habitant qui est supérieure à la majorité des autres pays de l'Union européenne qui s'explique en partie par un comportement énergétivore et en partie par l'état et les équipements du logement, en particulier le chauffage électrique par effet joule très développé en France.

Le *statu quo* dans les habitudes de consommation contraindrait à prendre potentiellement davantage de mesures pour réduire le risque lié à la pointe hivernale ou pour atteindre les objectifs d'efficacité énergétique Europe 2020.

La tarification progressive instituée par le mécanisme du bonus-malus à trois tranches est la principale tarification étudiée dans cette étude, elle présente un réel intérêt que davantage de concurrence ou d'information ne peuvent *a priori* pas remplacer aussi efficacement.

En cumulant différentes approches théoriques ou expérimentales par comparaison et même sans être exhaustif, nous avons acquis un très bon niveau de confiance sur le fait que la tarification progressive sur la base d'au moins un bonus, un malus et sans possibilité de *statu quo*, est un instrument potentiellement très efficace en association avec un compteur réellement intelligent pour réduire la consommation d'électricité.

L'évaluation sommaire des coefficients de la proposition de loi BROTTES ne donne pas des résultats trop différents. Toutefois, le critère géographique pourrait être atténué, les coefficients du critère de composition du foyer pourraient être légèrement réduits.

La tarification progressive couplée à une politique d'incitation vers les constructeurs et les sociétés de rénovation dans le secteur du logement peut contribuer à réorienter davantage le choix de la source d'énergie des systèmes de chauffage de l'électricité vers le gaz naturel mais il ne faut pas perdre de vue que ces choix sont engageants sur le long terme.

Les métiers de l'effacement sont amenés à se développer avec la priorité donnée à l'effacement par détermination de la loi, qui reste la solution la plus efficace à l'horizon 2020.

La politique énergétique relative aux aides publiques en faveur des énergies renouvelables pourrait évoluer, les principaux énergéticiens européens ayant engagé une stratégie d'influence auprès de la Commission européenne afin de corriger la distorsion de marché actuelle.
La tarification progressive, si elle est aussi efficace qu'on peut le montrer dans la présente étude en termes de diminution de la consommation d'électricité, se heurte logiquement à l'intérêt divergent des opérateurs historique et alternatifs d'accroître continuellement leurs chiffres d'affaires et leurs bénéfices sauf à ce qu'ils puissent conquérir de nouveaux marchés. Ce pourra être le cas avec le marché intérieur de l'électricité en achèvement. La question de l'instauration de la tarification progressive devient alors celle du meilleur moment pour l'instaurer dans l'intérêt général en conciliant la bonne santé financière des entreprises de ce secteur et celle des consommateurs finals.
L'un des dessins et l'une des marques EDF ou ERDF devrait changer pour être conforme au code de l'énergie. La confusion actuelle qui résulte d'une non-distinction visuelle claire est de nature à créer une distorsion dans la concurrence et de ralentir la transition du petit consommateur final d'un rôle passif à un rôle actif donc de ralentir le processus d'élargissement des gammes d'offres des fournisseurs alternatifs d'électricité avec de nouveaux tarifs différenciés.
Et la question des moyens de la Commission de régulation de l'énergie est un vrai sujet.

Contrairement à une limite au changement initialement envisagée, la tarification progressive constitue un outil potentiellement très important pour limiter l'effet rebond global et devrait donc être mise en œuvre rapidement pour ne pas que l'amélioration progressive de la performance énergétique des logements en particulier ne change les comportements de manière négative et durable au bénéfice des entreprises d'électricité certes mais pas des objectifs européens.

Même si le tarif de première nécessité ne fonctionne pas très bien en pratique, la tarification progressive n'a pas vocation à le remplacer car ce mécanisme n'est pas construit pour répondre simultanément aux deux objectifs en théorie. La précarité énergétique nécessite des solutions étudiées spécifiquement pour y répondre. La formule et les bornes de la tarification progressive devraient être fixées par détermination de la loi.

La tarification progressive mériterait de figurer à nouveau sur l'agenda politique dès que possible après l'avoir modifié pour ne pas risquer qu'elle soit rejetée à nouveau par le Conseil constitutionnel et après avoir confirmé que la distorsion de marché actuelle créée par la taxe E.E.G. en Allemagne qui soutient très largement les énergies renouvelables ne devrait pas d'abord être traitée avant la mise en place de la tarification progressive en France.

L'association des compteurs intelligents et de la tarification progressive amplifierait certainement l'efficacité du changement des comportements mais il convient d'être vigilant quant aux informations communiquées. Les compteurs (ou une « *energy box* ») devraient prévoir une interface qui pourrait apporter un signal-prix ou une information prévisionnelle de bonus ou malus.

Il convient d'attendre la sortie du rapport relatif au service public de la performance énergétique de l'habitat d'ici janvier 2014.

Le diagnostic de performance énergétique devrait être couplé avec trois autres mesures au minimum pour contribuer au changement des comportements individuels afin d'augmenter les chances d'obtenir le résultat escompté. Ces mesures sont le service public de la performance énergétique de l'habitat pour les particuliers, les audits et systèmes de management de l'efficacité énergétique dans les entreprises, le compteur intelligent et la tarification progressive pour les particuliers et les professionnels.

Nous ne proposons pas d'innovation particulière pour les locaux professionnels, nous confirmons que l'objectif ambitieux d'efficacité énergétique est l'affaire de tous, pas seulement de certains ménages. La tarification progressive (ou des mesures d'effet équivalent) devrait donc être étendue aux professionnels mais avec une formule calculée de telle sorte à ce que les entreprises ne partent pas s'installer en-dehors du territoire.

La tarification progressive selon le critère de la qualité pourrait permettre de contribuer davantage à l'ouverture du marché de l'électricité à la concurrence à condition de ne pas descendre en-dessous du niveau minimum de la qualité définie du service universel. Or actuellement, le rapport qualité-prix de notre fourniture d'électricité en France réduit très fortement l'intérêt de cette piste pour l'instant sauf pour ce qui concerne les effacements diffus vis-à-vis de la pointe d'électricité hivernale.

En revanche, la mise en place du chèque énergie paraît une mesure séduisante à court terme pour protéger les plus vulnérables et atténuer des inégalités dans l'application des tarifs sociaux entre le gaz naturel et l'électricité.

La tarification progressive risque d'augmenter les conflits entre propriétaires bailleurs et locataires mais plutôt que de poser un problème, ce peut être une opportunité d'accélérer la réhabilitation énergétique des logements, en particulier les épaves thermiques, à condition de mettre en œuvre des mesures pour aider les locataires les plus vulnérables incités à déménager à se reloger et pour inciter et accompagner les propriétaires bailleurs à effectuer des travaux de réhabilitation. Les solutions proposées ici ne sont cependant pas approfondies et leur fiabilité n'est donc pas certaine.

La tarification progressive basée sur une taxation progressive en utilisant une grille de C.S.P.E. par exemple, représente une alternative possible conforme au droit de l'Union européenne et au droit national à condition de ne pas accentuer des différences de traitement préexistantes entre les ménages français, entre ceux qui sont dans la précarité énergétique et ceux qui n'auraient aucune incitation à la sobriété énergétique. Il faudra alors modifier le code de l'énergie pour intégrer cette grille tarifaire sans exonérer les agents EDF du bonus-malus.
Une nouvelle régulation de l'énergie est également possible à condition d'étendre la C.S.P.E. aux autres énergies de réseaux.

# TABLE DES MATIERES

**SOMMAIRE** ........................................................................ **17**

**INTRODUCTION** ........................................................................ **19**

**PREMIERE PARTIE : LA TARIFICATION DIFFERENCIEE EN CONSTRUCTION** ........................................................................ **29**

**CHAPITRE I Une individualisation progressive des tarifs de d'électricité** ........................................................................ **30**

SECTION I La tarification différenciée dans la législation ............31

I - Dans la législation interne ........................................................31

A - Construction des prix et tarification différenciée..........................32

*1 - La fiscalité de l'électricité* ........................................................ *34*

*2 - L'acheminement* ........................................................ *37*

*3 - La fourniture* ........................................................ *37*

B - Le code de l'énergie et la tarification différenciée ........................38

*1 - L'évolution de la tarification dans l'histoire de l'électricité* .............. *39*

*2 - La séparation des activités et la tarification différenciée* .................. *44*

*3 - La tarification différenciée et le service public* ................................ *48*

*4 - Le ciseau tarifaire* ........................................................ *53*

C - Réglementation et tarification ........................................................54

D - Les effets de la Commission de régulation de l'énergie ...............63

II - Dans la législation européenne ........................................................67

A - Vers un marché intégré et interconnecté de l'électricité ...............67

B - Vers l'efficacité énergétique........................................................71

C - La tarification différenciée et le service public............................72

SECTION II La tarification différenciée dans les marchés de l'électricité ........................................................75

I - La tarification différenciée en amont des consommateurs finals ........................................................75

A - Les tarifs moyens dans les États membres........................................75

B - Les réseaux transfrontaliers et la tarification différenciée ............77

*1 - Les capacités d'échanges* ........................................................ *77*

*2 - Les échanges* ........................................................ *78*

*3 - L'effet des énergies renouvelables sur la tarification différenciée et l'exemple de l'Allemagne* ........................................................ *79*

*4 - L'effet sur la tarification différenciée en aval* ................................ *80*

C - Les bourses de l'électricité, ses effets sur la tarification en aval....83

*1 - La formation des prix d'équilibre sur les bourses de l'électricité* ....... *84*

*2 - Un exemple de prix atteints sur le marché de gros en février 2012*..... *90*

*3 - L'effet sur la facture du consommateur final* ................................ *91*

II - La tarification différenciée pour les consommateurs finals .....94

A - L'ouverture à la concurrence et la tarification différenciée ...........95

*1 - Le segment des tarifs jaunes et verts et l'ouverture à la concurrence* . *95*

*2 - Le segment des tarifs bleus et l'ouverture à la concurrence* ............... *97*

B - Une individualisation progressive ................................................101

*1 - Les facteurs de différenciation des tarifs pour le consommateur final ...... 101*
*2 - Un consommateur final progressivement acteur ...... 102*
*3 - Les limites actuelles à son rôle d'acteur ...... 103*
C - La tarification différenciée et la solidarité ...... 105
D - Des tarifications spécifiques ...... 108
*1 - Les zones non interconnectées ...... 108*
*2 - Les agents d'EDF ...... 110*

**CHAPITRE II Un système de bonus-malus pour une tarification plus dynamique ...... 113**

SECTION I Une proposition de loi dans un contexte d'amélioration de l'efficacité énergétique ...... 114
I - Le Principe général du mécanisme de bonus-malus ...... 114
II - Le cadre européen ...... 118
A - Le droit de l'Union européenne et le bonus-malus ...... 118
*1 - Dans le droit primaire ...... 119*
*2 - Dans le droit dérivé ...... 121*
B - La jurisprudence et le bonus-malus ...... 125
*1 - Comparaison sélective des directives ...... 126*
*2 - L'arrêt « Federutility » ...... 127*
*3 - L'arrêt « Enel Produzione » ...... 135*
*4 - L'arrêt « Altmark » ...... 135*
*5 - L'arrêt « Commune d'Almelo » ...... 137*
C - Conclusion de l'analyse de compatibilité avec le droit de l'Union européenne ...... 138

SECTION II Un parcours législatif mouvementé ...... 141
I - Une construction du dispositif contrariée ...... 141
A - L'absence d'étude d'impact préalable et les reproches ...... 143
*1 - Sur la complexité ...... 143*
*2 - Sur l'incapacité d'apprécier la teneur du système ...... 144*
*3 - Sur les moyens mis en œuvre pour faire fonctionner le bonus-malus 144*
*4 - Sur les injustices qui restent flagrantes ...... 145*
*5 - Sur ceux qui habitent des « épaves thermiques » ...... 146*
B - Une formule fluctuante, une discrimination des paramètres pris en compte ...... 146
II - Des insuffisances à combler en parallèle ...... 148
A - La fiabilisation du diagnostic de performance énergétique et la tarification progressive ...... 149
B - Les consommateurs finals affectés par cette proposition de loi... 150
C - L'absence de clarification initiale de la nature juridique du bonus-malus ...... 151
III - Des conséquences prévisibles dans un contexte de finances publiques dégradées ...... 153
A - La décision du Conseil constitutionnel ...... 153
B - Une fiscalité de l'électricité en développement ...... 157
C - Un catalyseur pour un marché de vente de l'électricité aux consommateurs finals concurrentiel ...... 162

*1 - L'élasticité de la demande au prix de l'électricité théoriquement faible* ...... *162*
*2 - L'ouverture à la concurrence expliqué par un équilibre de Stackelberg* ...... *163*
*3 - La loi Brottes* ...... *165*

**SECONDE PARTIE : LA TARIFICATION DIFFERENCIEE DE L'ELECTRICITE POUR CHANGER LES COMPORTEMENTS** ...... **167**

**CHAPITRE I Un changement des comportements nécessaire** ...... **168**
SECTION I Les évolutions techniques seules insuffisantes pour atteindre les objectifs Europe 2020 ...... 169
I - La progression de la demande dans un contexte d'augmentation des prix de production de l'énergie ...... 169
A - Des pics hivernaux à l'encontre des objectifs d'efficacité ...... 170
B - L'augmentation future des prix de l'énergie et de la volatilité ...... 174
C - L'augmentation du parc automobile électrique ...... 176
II - L'Insuffisance de l'innovation technologique seule ...... 177
A - Des objectifs d'efficacité énergétique à atteindre ...... 178
B - Des incertitudes et des besoins de capitaux ...... 180
C - Les *smart grids* ou réseaux intelligents ...... 181
D - Le stockage de l'électricité ...... 184
SECTION II Des gains potentiellement importants en termes d'efficacité énergétique ...... 186
I - Les principaux gisements d'amélioration techniques connus ...... 186
A - Les bâtiments et les passoires énergétiques ...... 186
*1 - Les bâtiments* ...... *187*
*2 - Le cas particulier des logements dits passoires énergétiques* ...... *190*
B - Les véhicules électriques ...... 192
II - Le comportement en France plus énergétivore que dans la plupart des autres États membres de l'Union européenne ...... 194
A - Des raisons historiques ...... 194
B - Des conséquences à ne pas modifier les comportements ...... 197
*1 - Sur la pointe d'électricité hivernale* ...... *197*
*2 - Sur le fonctionnement du marché intérieur de l'électricité* ...... *199*
*3 - Sur l'économie nationale* ...... *200*
*4 - Sur la recherche et développement* ...... *200*

**CHAPITRE II Un dispositif de bonus-malus et de mesures d'accompagnement incitatives au changement** ...... **202**
SECTION I Un outil complémentaire au dispositif tarifaire vers l'efficacité énergétique ...... 203
I - Les incitations au changement ...... 203
A - Le bonus-malus ...... 203
B - L'incitation au changement par la théorie de l'économie comportementale ...... 205
*1 - L'économie comportementale pour inciter au changement* ...... *205*
*2 - La tarification progressive comme mesure d'incitation douce* ...... *208*

*3 - La théorie des perspectives et le bonus-malus* ........ *208*
*4 - L'application de la tarification progressive en Californie et au Japon* ........ *212*
C - L'influence de facteurs discriminants ........ 216
*1 - La géographie* ........ *216*
*2 - La composition du foyer* ........ *220*
D - La priorité à l'effacement ........ 221
II - Des limites aux effets du changement ........ 224
A - Une réglementation encore insuffisante ........ 224
*1 - Les intérêts divergents des industriels et leurs stratégies* ........ *225*
*2 - L'exploitation du cadre législatif et réglementaire par les industriels* ........ *231*
B - La réalité économique ........ 234
*1 - L'incertitude sur le retour sur investissement des travaux d'amélioration énergétique* ........ *235*
*2 - La précarité énergétique en augmentation, un frein* ........ *235*
*3 - Le risque d'organisation de l'augmentation tarifaire par certains acteurs ou groupes d'acteurs* ........ *238*
*4 - L'effet rebond* ........ *239*
C - Le bonus-malus ne remplace pas le tarif de première nécessité ..241
D - Le bonus-malus et l'action publique ........ 242
SECTION II Le bonus-malus n'est pas le seul outil ........ 247
I - La nécessité d'une information claire et de solutions pragmatiques pour les consommateurs finals ........ 247
A - Des compteurs intelligents et intelligibles ........ 247
B - Le service public de la performance énergétique et de l'habitat pour tous les usagers ........ 250
II - Des extensions possibles ........ 251
A - La prise en compte du diagnostic de performance énergétique ...251
B - Des règles incitatives pour les autres catégories de logements....254
III - D'autres moyens sont envisageables ........ 256
A - Des variantes à la tarification progressive à deux ou trois blocs .256
*1 - Le chèque énergie* ........ *256*
*2 - Une tarification intégrant le critère qualité de l'électricité* ........ *258*
B - Des incitations pour les propriétaires et les locataires ........ 264
*1 - Des primes à l'élimination des passoires énergétiques pour les propriétaires* ........ *264*
*2 - Des incitations pour les locataires qui déménagent vers un logement de meilleure performance énergétique* ........ *265*
C - Un système de taxes renforcé ........ 266
*1 - Une taxe dissuasive sur les plus gros gaspilleurs* ........ *266*
*2 - La taxation progressive* ........ *267*

**CONCLUSION GENERALE ........ 279**

**BIBLIOGRAPHIE ........ 288**

Annexe 1 : Les principales dates concernant le marché de gros français ........ 307
Annexe 2 : Schéma simplifié du système énergétique ........ 308
Annexe 3 : Statut juridique des territoires d'outre-mer et de la Corse ..309

Annexe 4 : Tarifs de vente d'électricité basse tension par Électricité de Tahiti ....... 311
Annexe 5 : Les modifications du mécanisme de bonus-malus au cours du parcours législatif de la loi Brottes ....... 312
Annexe 6 : Les incitations douces ou *nudges* ....... 315
Annexe 7 : Consommation d'énergie dans deux régions ....... 318
Annexe 8 : La rubrique des « en bref » à la suite ....... 319

**TABLE DES MATIERES ....... 330**

**TABLE DES ILLUSTRATIONS ....... 335**

# TABLE DES ILLUSTRATIONS

## LES FIGURES

Figure 1 – Déclinaison d'objectifs en moyens ........ 28
Figure 2 – La France faiblement émettrice de CO2 ........ 31
Figure 3 – Le tarif bleu 2012 ........ 32
Figure 4 – L'historique du prix de l'électricité ........ 44
Figure 5 – EDF et ses deux filiales ........ 46
Figure 6 – L'évolution des tarifs règlementés de vente de l'électricité ........ 47
Figure 7 – Évolution prévisionnelle du T.U.R.PE. ........ 60
Figure 8 – Tarifs moyens dans six États membres ........ 75
Figure 9 – Capacités d'échanges transfrontaliers en 2012 ........ 77
Figure 10 – Historique des échanges transfrontaliers ........ 78
Figure 11 – Flux de puissance électrique par vent faible et vent fort en 2008 ........ 80
Figure 12 – Évolution comparée du prix à terme (à un an) des énergies ........ 81
Figure 13 – EPEX SPOT en Europe ........ 84
Figure 14 – L'ordre de préséance économique ........ 85
Figure 15 – Évolution de la différence de prix avec l'Allemagne ........ 89
Figure 16 – Pic du prix de l'électricité le 9 février 2012 à 10h ........ 90
Figure 17 – Parts de marché des fournisseurs alternatifs ........ 96
Figure 18 – Taux de *switch* ........ 98
Figure 19 – Offre des fournisseurs (6 kVA) ........ 99
Figure 20 – Offres des fournisseurs (9 kVA) ........ 99
Figure 21 – La tarification progressive en Polynésie française ........ 109
Figure 22 – Consommation électrique des ménages en Polynésie française ........ 110
Figure 23 – Illustration du principe d'attribution des bonus et malus ........ 117
Figure 24 – Illustration de ruptures d'égalité devant les charges publiques 155
Figure 25 – Relation simplifiée entre la demande et prix de l'électricité ........ 164
Figure 26 – L'option TEMPO RESIDENTIEL ........ 173
Figure 27 –Évolution prévisionnelle du tarif bleu 2012 ........ 175
Figure 28 – Prévisions d'émergence de la voiture électrique ........ 176
Figure 29 – Consommation mensuelle d'électricité des particuliers et des professionnels ........ 179
Figure 30 – Projets de *smart grids* ........ 183
Figure 31 – Dépenses des ménages par décile en 2006 ........ 189
Figure 32 – Ancienneté du parc de logements résidentiels en France ........ 190
Figure 33 – Consommation finale d'électricité par secteur ........ 193
Figure 34 – Consommation d'énergie en France et en Allemagne ........ 194
Figure 35 – Consommation d'électricité *per capita* dans l'Union européenne ........ 195
Figure 36 – Extrêmes annuels de consommation d'électricité ........ 196

Figure 37 – Consommation d'électricité corrigée de l'aléa climatique et du 29 février 2012 ........ 198
Figure 38 – Évolution du pic d'appel de puissance hivernal mxaimal ........ 199
Figure 39 – Effet de la mise en place du bonus-malus écologique sur les émissions de $CO_2$ fin 2007 ........ 203
Figure 40 – L'aversion à la perte ........ 210
Figure 41 – La tarification progressive en Californie ........ 214
Figure 42 – Consommation d'énergie des ménages par région en 2001 ........ 219
Figure 43 – Identités visuelles d'EDF et d'ERDF ........ 229
Figure 44 – Évolution du cours de bourse d'EDF SA ........ 230
Figure 45 – Le compteur espion ........ 249
Figure 46 – Le D.P.E. énergie ........ 252
Figure 47 – Le D.P.E. et le parc de logements résidentiels ........ 253
Figure 48 – Temps moyen de coupure en 2012 par département ........ 260
Figure 49 – L'effet de dotation ........ 262
Figure 50 – L'effet de dotation appliqué ........ 263
Figure 51 – La tarification progressive en Italie ........ 272
Figure 52 - Deux exemples de révision annuelle du volume de référence . 276
Figure 53 – La tarification progressive de l'électricité en Californie ........ 283
Figure 54 – Quelques moyens contribuant à atteindre les objectifs européens ........ 287

## LES TABLEAUX

Tableau 1 – La séparation des activités du secteur de l'électricité ........ 45
Tableau 2 – Évolutions successives des tarifs bleus, jaunes, verts ........ 56
Tableau 3 – Options ouvertes du tarif bleu le 1er août 2013 ........ 57
Tableau 4 – Le prix moyen de l'électricité par énergie ........ 86
Tableau 5 – Convergence des prix aux interconnexions électriques avec la France ........ 88
Tableau 6 – Indice de concentration sur le marché transfrontalier ........ 93
Tableau 7 – Valeurs du bonus et des deux malus ........ 115
Tableau 8 – Comparaison de considérants des directives 2003/55, 2003/54, 2009/72 ........ 126
Tableau 9 – Comparaison d'articles des directives 2003/55, 2003/54, 2009/72 ........ 126
Tableau 10 – La taxation de l'électricité en Europe ........ 158
Tableau 11 – Évolution prévisionnelle du prix des énergies ........ 174
Tableau 12 – La tarification progressive dans le monde ........ 213
Tableau 13 – Historique météorologique de 12 villes de France ........ 218
Tableau 14 – Évaluation du critère composition du foyer ........ 220
Tableau 15 – Le coût et l'effet de plusieurs mesures ........ 244
Tableau 16 – Le coût de plusieurs mesures ........ 245

**L'HARMATTAN ITALIA**
Via Degli Artisti 15; 10124 Torino

**L'HARMATTAN HONGRIE**
Könyvesbolt ; Kossuth L. u. 14-16
1053 Budapest

**L'HARMATTAN KINSHASA**
185, avenue Nyangwe
Commune de Lingwala
Kinshasa, R.D. Congo
(00243) 998697603 ou (00243) 999229662

**L'HARMATTAN CONGO**
67, av. E. P. Lumumba
Bât. – Congo Pharmacie (Bib. Nat.)
BP2874 Brazzaville
harmattan.congo@yahoo.fr

**L'HARMATTAN GUINÉE**
Almamya Rue KA 028, en face
du restaurant Le Cèdre
OKB agency BP 3470 Conakry
(00224) 657 20 85 08 / 664 28 91 96
harmattanguinee@yahoo.fr

**L'HARMATTAN MALI**
Rue 73, Porte 536, Niamakoro,
Cité Unicef, Bamako
Tél. 00 (223) 20205724 / +(223) 76378082
poudiougopaul@yahoo.fr
pp.harmattan@gmail.com

**L'HARMATTAN CAMEROUN**
BP 11486
Face à la SNI, immeuble Don Bosco
Yaoundé
(00237) 99 76 61 66
harmattancam@yahoo.fr

**L'HARMATTAN CÔTE D'IVOIRE**
Résidence Karl / cité des arts
Abidjan-Cocody 03 BP 1588 Abidjan 03
(00225) 05 77 87 31
etien_nda@yahoo.fr

**L'HARMATTAN BURKINA**
Penou Achille Some
Ouagadougou
(+226) 70 26 88 27

**L'HARMATTAN SÉNÉGAL**
10 VDN en face Mermoz, après le pont de Fann
BP 45034 Dakar Fann
33 825 98 58 / 33 860 9858
senharmattan@gmail.com / senlibraire@gmail.com
www.harmattansenegal.com

**L'HARMATTAN BÉNIN**
ISOR-BENIN
01 BP 359 COTONOU-RP
Quartier Gbèdjromèdé,
Rue Agbélenco, Lot 1247 I
Tél : 00 229 21 32 53 79
christian_dablaka123@yahoo.fr

Achevé d'imprimer par Corlet Numérique - 14110 Condé-sur-Noireau
N° d'Imprimeur : 115248 - Dépôt légal : janvier 2015 - *Imprimé en France*

www.ingramcontent.com/pod-product-compliance
Lightning Source LLC
LaVergne TN
LVHW011438061026
849535LV00004BA/864
* 9 7 8 2 3 4 3 0 3 8 6 7 4 *